A HISTORY OF

EDUCATION FOR CITIZENSHIP

公民教育发展史

〔英〕德里克·希特（Derek Heater） 著

饶从满 等 译

A History of Education for Citizenship
Derek Heater
Copyright © 2004 Derek Heater. All rights reserved.
Authorised translation from the English language edition published by Routledge, a member of the Taylor & Francis Group.
Copies of this book sold without a Taylor & Francis sticker on the cover are unauthorized and illegal.

本书中文简体翻译版授权由商务印书馆独家出版并限在中国大陆地区销售。未经出版者书面许可，不得以任何方式复制或发行本书的任何部分。
本书封面贴有 Taylor & Francis 公司防伪标签，无此防伪标签者不得销售。

简　介

在这个对公民教育的独到考察中，作者纵观了2500年的历史，并且几乎涉及了每一个大陆。其对公民教育的考察始于古典时期，直至世界公民和多元文化主义思想的盛行，这些思想在当今世界甚为重要。该著作揭示了这一领域的动机、政策、建议和实践等常量，以及由政治、社会和经济环境所决定的变量，这些变量反过来又说明了当今公民教育背后的原因。

该著作按照以下几个标题进行了分析：

- 古典起源
- 反叛与革命的时代
- 自由民主教育
- 集权或极权国家中的公民教育
- 多元公民教育

《公民教育发展史》势必引起公民身份领域的教师和学者，特别是那些关心公民教育者的兴趣。它对工作在教育政治学和教育史领域的学者们也具有借鉴意义。

德里克·希特具有在中等教育和高等教育机构从教的经历，并且是政治学会的共同发起人，他在教育领域著述颇丰，近期主要聚焦于公民教育主题。

《公民教育历史与理论译丛》序言

现代公民教育是在现代民族国家中形成并发展起来的。公民教育事关国家稳定与社会发展的基础,是现代民族国家得以凝聚、延续、稳定与可持续发展的根本所在。因此,开展适合本国国情的现代公民教育已经成为世界各国的一个根本性选择。尤其是20世纪90年代以来,随着全球化的持续深入、国际竞争的加剧,公民教育在世界范围内又一次掀起热潮,如何培养负责任的、有效参与的主动公民成为世界范围内的热点议题。

公民教育在世界上尤其是西方发达国家已经拥有很长的历史,并且积累了丰富的经验。在中国,虽然早在一百多年以前梁启超先生就提出"新民说",而且在民国时期也曾经有过公民教育实践,但总体来说,公民教育在中国还是一个有待开拓的领域和讨论的话题。改革开放以来,中国的现代化建设取得了举世瞩目的成就,社会发生了翻天覆地的变化。伴随中国现代化进程的不断深化,特别是进入21世纪以来,越来越多的学者和有识之士指出公民教育的欠缺正在制约着我国现代化的进程,因而愈发强调在中国实施公民教育的必要性。丛日云先生曾指出:"当我们为国家的落后和各种问题成堆而不得不'慢慢地着急'的时候,我们都意识到制约我们发展的一个重要因素是国民素质。但很少有人意识到,在综合的国民素质中,我们最落后的是其中的公民意识。不仅是政治的发展受到它的制约,就是经济发展和科技文化的发展,也严重地受到它的制约。"[①] 2010年颁布的《国家中长期教育改革和发展规划纲要(2010—2020年)》中也明确提出:"加强公民意识教育,树立社会主义民主法治、自由平等、公平正

---

① 丛日云:论传统政治教育向公民教育的转变[EB/OL], http://sixiangzhe.xiloo.com/13-007-congriyun.htm,2003-04-10。

义理念,培养社会主义合格公民。"因此,伴随着我国社会主义民主与法制的建设,以及市场经济化与政治民主化的进程,公民教育的充分发展将是必然趋势。因此,如何使国人成为具有现代意识的公民,成为摆在我们面前的一大课题。

策划这一译丛主要有两方面的考虑:一是这些著作对于我国的公民教育研究与实践非常具有参考价值;二是这套译丛也符合我国倡导的政治文明建设等大形势需要。公民教育在国内很长一段时间里处于研究的荒漠,近些年来随着政治文明建设进程的展开,开始受到人们的重视。许多学校都设立了公民教育研究机构,开设了与公民教育有关的课程或讲座,但是,国内关于此方面的文献非常有限,从已有的很多政策和研究性文献来看,存在许多对公民教育理论与实践的误读。由于公民和公民教育概念或思想源于西方,因此,准确理解西方语境下的公民教育理论与实践,对于我国的公民教育研究与实践,无论如何是必要的。正是基于此考虑,我们策划选译在国际公民教育理论与实践中形成较大影响的著作。

本译丛共由5本著作构成:(1)德里克·希特所著的《公民教育发展史》;(2)莫里斯·雅诺维茨所著的《公民意识教育》;(3)安德鲁·彼得森所著的《公民共和主义与公民教育》;(4)安弗里尔·基廷所著的《欧洲公民教育:欧洲的政策、民族国家的调整和青年的态度》;(5)伊安·戴维斯等主编的《帕尔格雷夫全球公民身份与教育手册》。

《公民教育发展史》是国际著名公民教育研究者德里克·希特(Derek Heater)的一本力作。该书对世界公民教育的历史进程进行了深度梳理和分析,是迄今为止涉及面最广、历史跨度最大的一本公民教育史研究著作。这本著作主要围绕由亚里士多德"一个国家的公民总是应当被教育去适应一个国家的政体(constitution)"这一名言所引发的道德问题而展开的:作为公民个体,其利益总是要服从于国家的稳定而无论这种稳定性是如何获得的吗?是否要为了国家稳定而对那些正在学习成为公民的人进行灌输?如果是这样的话,公民意识和政治判断力的发展——尤其是当"国家"被认为是与政权(regime)同义的时候——会有什么样的代价呢?正是基于自古希腊直至当代世界的公民教育历史可以为我们思考这些根本性问题提供丰富的养料这一认识,德里克·希特开始了其庞大而又复杂的工程——

考察了自古希腊、罗马时期至今长达两个半世纪、涉及世界各大洲的公民教育发展历程。全书将世界公民教育发展分成五个大的时期，并按照这一历史分期，对每个时期公民教育的目的或出发点、政策、实践及其政治、社会和经济背景进行了简明但却不失深刻性的分析。

《公民意识教育》一书的作者对美国公民教育的历史、现状与未来进行了独到的分析，对长期以来在美国乃至西方占据主导地位的自由主义公民教育理论提出了挑战。正如莫里斯·雅诺维茨在书的前言中所指出的那样，此书有两个目的：一是探索美国公民教育的源头和长期发展趋势，二是分析当代公民教育所面临的困境。在雅诺维茨看来，美国公民教育的活力和清晰度一直在下降。大萧条弱化了公民教育体系。社会压力和经济衰退使人们心力交瘁，破坏了社会和政治上的统一。公民教育的分裂从新政时期开始发展，至1945年后成为普遍。雅诺维茨在本书中致力于分析1945年后公民教育作用的下降。针对长期以来特别是1945年以来长期存在的在不明晰公民义务的情况下强调公民权利的这一趋势，雅诺维茨提出重建爱国主义情操的提议。雅诺维茨并非复古主义者，他指出，将公民教育仅仅局限于传统爱国主义或是常规的民族主义意识形态的教化，对于一个先进的工业社会和高度依存的世界来说是不够的。他认为"民族的"或是"爱国的"这样的字眼不足以表达他的意思，因此提出使用"公民意识"一词，意指一个人对于国家政权发展的积极的、有意义的归属，"既兼容了民族的和国际的责任和义务，又符合两者的要求。它包含了理性因素、自我批评的意识以及个人承诺"。莫里斯·雅诺维茨在前言中指出："尽管我所关注的是美国，但所谈及的问题对所有西方政治民主国家普遍适用。"其实不仅对西方政治民主国家，对于像中国这样一个高度重视爱国主义教育并且正在开展民主政治文明建设的国家来说，也具有重要的参考价值。

任何公民教育都一定或明或暗地建立在某种理论或模式的基础上。因此，要理解某种公民教育政策与实践，一定要分析其立足的理论或模式。众所周知，在公民教育领域中存在着自由主义、共和主义、社群主义等多种理论或模式。特别值得指出的是，20世纪90年代开始，公民共和主义的复兴给全球公民教育带来了一场新的变革。公民共和主义所强调的不仅仅是公民参与，还包括公共善、公民义务、公民美德和公民审议等核心概念。然而，这些核心概念的内涵及其对于公民教育的意味并非不言自明，许多人对其一知半解或存在误解。因此，安德鲁·彼得森（Andrew Peterson）2011年出版的《共和主义与公民教育》一书就花了很大篇幅带领读者系统梳理了这些术语从古代到现代的来龙去脉，并探讨了这些术语在共和主义、自由主义和社群主义传统中是如何理解和解释的。这本书为我们深入系统地理解公民共和主义及其与自由主义的理论分野提供了一个很好的线索。特别值得指出的是，它是第一本深入思考公民共和主义是如何影响和塑造未来西方国家公民教育发展的著作。正如本书所指出的那样，对于教育者而言，熟悉政治理论中的关键争论至关重要，因为它能够使我们更清晰地思考公民教育的性质、目标和内容。用作者的话来说，按照公民共和主义的精神，这不是要为人们确立一个"明确而又确定的答案"，而是提供"能够激发进一步讨论的一系列问题、议题和想法"。这本书正是贯彻了这样一种精神。

第二次世界大战后，欧洲启动了欧洲一体化进程。进入20世纪90年代之后，伴随全球化进程的加速，欧洲主要国家组成了欧盟，欧洲一体化在广度和深度上更进了一步。欧洲一体化不仅取决于政治决心和举措，更有赖于教育来培养欧洲人的欧洲公民意识。因此，欧盟也在积极推动所谓"欧洲维度"的教育。那么，欧盟所推动的"欧洲维度"教育在民族国家中是如何并在多大程度上得到落实？成效如何？"欧洲维度"教育在政策层面是否存在问题？等等。这些都是有待进一步厘清的问题。安弗里尔·基廷所著的《欧洲公民教育：欧洲的政策、民族国家的调整和青年的态度》一书在很大程度上就是回应这些问题的一本著作。该著作的特点在于其采用跨学科的视角和混合研究方法，对于教育在1949年以来的欧洲公民培养中发挥的作用进行了深度分析。该著作基于多渠道的资料和数据（包括历史的和现状的、定性的和定量的），探讨了如下几个主要问题：民族国家、公民身份和公民教育之间的关系经历了一个什么样的历史进程？公民身份概念在欧洲机构提出的教育政策中是如何被界定的？又是如何随着时代变迁而变化的？欧洲公民教育政策在民族国家的教育政策领域中又是如何被诠释、调整的？关于欧洲公民身份的教育对于年轻人的知识、态度等又产生了什么样的影响？吉福德（Chris Gifford）教授在《公民身份研究》

（*Citizenship Studies*）（2015）杂志上对这本书给予了高度评价："安弗里尔·基廷的《欧洲公民教育》是一本简洁但不失厚重的著述"。《国际与比较教育研究》（Research in International & Comparative Education）期刊也刊文对其进行推荐，认为它于所有对欧洲公民教育感兴趣的教育者而言是一本重要的参考资源。

伴随全球化进程的加速和深化，全球公民身份问题日益摆在世人的面前，并成为学界讨论的一个热点话题，甚至在自由主义、共和主义、社群主义思潮之后兴起了全球公民教育思潮。但是，人们对于全球公民身份与民族国家的公民身份之间是一种什么关系、全球公民身份相关的权利由谁来予以保障、全球公民教育是否可行等一系列问题，依然存在诸多争议，许多相关概念和议题有待澄清。伊安·戴维斯等主编的《帕尔格雷夫全球公民身份与教育手册》就是在此背景下为了给从事公民教育研究与实践的人们提供参考而出版的。《帕尔格雷夫全球公民身份与教育手册》至少有以下几个特点：（1）作者队伍实力雄厚。该手册由七位公民教育领域国际知名的专家担任主编，作者群涵盖50多位公民教育研究知名专家。（2）内容多维丰富。手册内容涉及全球公民教育的理论、政策和实践等各个维度。而且理论探讨涉及了全球公民教育相关的核心概念和议题；政策与实践的考察涵盖了南部非洲、澳大利亚、欧洲、中东、北美洲、拉丁美洲、东欧、东南亚以及东亚的公民教育。这为我们全方位理解全球公民教育提供了很好的线索。（3）反映最新进展。手册出版于2018年，反映了当前全球公民教育理论、政策与实践的最前沿。前世界比较教育联合会主席李荣安教授，美国加州大学洛杉矶分校名誉教授、联合国教科文组织"全球学习与全球公民教育"首席专家托雷斯（Carlos Alberto Torres）教授等均对此手册给予了高度评价。该手册对于从事公民教育和比较教育研究的学者、研究生和相关政策制定者和实践者具有重要的参考价值。

尽管这套译丛并不足以反映公民教育的所有方面，但是希望这套译丛能够有助于读者大体把握世界公民教育的来龙去脉和理解公民教育的主要理论视野。

翻译公民教育著作是一项极具挑战性的工作，因为它不仅对译者的语言能力有很高的要求，而且要求译者具有一定的政治学、社会学、历史等相关学科知识。尽管在当前的学术评价体系中，学术翻译不太受到重视，译者们依然不计得失、直面挑战性工作。因此，我在这里要对参与翻译的所有人员致以崇高的敬意。

  这套译丛之所以能够出版，还要感谢东北师范大学社科处将这套译丛列入东北师范大学人文社会科学研究重点培育项目，提供经费资助；感谢商务印书馆将译丛列入出版选题。

饶从满

东北师范大学国际与比较教育研究所

2019 年 5 月 31 日

目　录

前　言 ··· 1

第一章　古典起源 ··· 1
　　一、基础与变异 ·· 1
　　二、斯巴达和雅典 ··· 4
　　三、柏拉图和亚里士多德 ·· 14
　　四、罗马 ·· 22
　　五、古代世界的遗产 ··· 27

第二章　反叛与革命的时代 ··· 33
　　一、早期的民族国家 ··· 33
　　二、适应绝对主义君主制 ·· 34
　　三、法国计划的泛滥 ··· 43
　　四、激进思想的传播 ··· 58
　　五、建立美利坚合众国 ··· 66

第三章　自由民主教育 ·· 80
　　一、新的维度 ·· 80
　　二、法国：从复辟时期到第五共和国 ································· 86
　　三、英格兰：从激进主义到帝国时期 ································· 100
　　四、英格兰：通向国家课程的漫漫长路 ····························· 114
　　五、美国：社会的复杂性和教育的不确定性 ······················ 123

六、美国：建构公民教育 ································· 139
　　七、殖民地的经验 ····································· 153
　　八、独立后的亚非国家 ································· 176

第四章　集权或极权国家中的公民教育 ························· 186
　　一、言辞与现实 ······································· 186
　　二、苏联的政策 ······································· 191
　　三、苏联政策的制定机构 ······························· 197
　　四、新俄罗斯风格 ····································· 207
　　五、纳粹体制及其背景 ································· 210
　　六、1945年以来的德国体制 ····························· 219
　　七、日本 ··· 227

第五章　多元公民教育 ······································· 234
　　一、国家—公民模式的不足之处 ························· 234
　　二、公民身份、文化和种族性 ··························· 236
　　三、某些多元文化国家的政策 ··························· 241
　　四、欧盟 ··· 257
　　五、世界公民身份：理论起源 ··························· 263
　　六、世界公民：实践与理论的回归 ······················· 271

参考文献 ··· 283
译后记 ··· 304

前　言

　　以亚里士多德（Aristotle）的名言开篇总是没错的。因此，让我们从其著作《政治学》中摘取一句，即"一个国家的公民总是应当被教育去适应一个国家的政体（constitution）[①]"（Aristotle 1948：1337aⅡ）。记得他所说的"politeia"这个词——我们往往将其译为"政体"——不仅包含政府形式（form of government），而且包含生活方式和社会伦理，我们就差不多为本书找到了一个引语。除了那个微不足道的词汇"应当"之外。毫无疑问，古斯巴达和雅典、第三共和国时期的法国和第三帝国时代的德国的公民教育实践表现出诸多差异，这些差异均可以从它们拥有不同的"politeia"中获得解释。但正是这些例子的选取提出了这些不同是为了国家还是为了公民的福祉这一问题。亚里士多德的"应当"源于他对国家稳定的关切，并由他的假定引发出两个道德问题。作为公民个体，其利益总是要服从于国家的稳定而无论这种稳定性是如何获得的吗？是否要为了国家稳定而对那些正在学习成为公民的人进行灌输？如果是这样的话，公民意识和政治判断力的发展——尤其是当"国家"被认为是与政权（regime）同义的时候——会有什么样的代价呢？

　　自古希腊直至当代世界的公民教育历史可以为我们思考这些以及其他也许不那么具有根本性的问题提供丰富的养料。就个人而言，写作本书是一项胆大妄为的尝试，我相信其他没有人敢碰这样一个庞大而又复杂的主题，即使以呈现在这里的相对有限的形式。因为它需要作者对历史、政治理论和教育都有兴趣。由于我花了半个世纪的时间阅读了这三门学科的

[①] 政体一词的原初含义来自古希腊语中的"波里德亚"（politeia），英文中对应的词是"regime"，经常也用"constitution"来翻译。"constitution"这个词比汉语中的宪法有更丰富的含义，不仅指文字意义上的最高法律，也指一个社会实际的政制。大致上，我们可以用政府形式（forms of government）和政治秩序——即一个政治社会运转的一般模式，来解释政体的含义。——译者

东西，所以在我写作生涯的全盛时期，我认为该是把有关这一主题的所有东西归纳整理到一起的时候了。

主题的复杂性给本书带来了很多内容组织上的困难。深思熟虑之后，我决定把全书划分为五章。前两章按照年代顺序考察古代世界（尽管以对其遗产的阐述作为结尾）和近代早期两个时期，就我们的目的而言，这也是因为反叛和革命的政治经验在论题上具有统一性。其他三章也各有主题，每一章都将自由国家、不同背景下的极权主义政权和公民身份（citizenship）形式的多元化放在特定的时间跨度中按照各自的年代顺序进行考察。每一章的覆盖面都有所不同，因此为了便于理解，每章都分成若干小节。

我十分感激我的妻子在运用计算机的技能方面为我提供的帮助，以及她坚信我能够在一定程度上完成这项工作。读者是最好的评判家，他们一定会对我尝试这项工作是否是一种有勇无谋的行为做出评价的。

德里克·希特
写于罗汀迪恩

第一章 古典起源

一、基础与变异

公民教育最早出现于古风时代的希腊（公元前776—前479年），并在接下来的古典时代繁荣起来，在那个时期，它是一些杰出思想家思考的热门主题。教育和文学活动都是由公民身份的发展而引发的：个体需要学习如何按照那种身份去行动。到了8世纪，典型的希腊社会政治实体不再是王国或是部落，而是城邦（polis）。城邦（我们应该避免使用存在某种误导的翻译——"城市国家"）——如斯巴达（Sparta）、科林斯（Corinth）、底比斯（Thebes）——按照今天的标准来看是一个微型国家。即使在人口膨胀和实行民主统治的雅典，其鼎盛时期最多也可能只有5万名来自公民家庭的成员，尽管在这个数字基础上还须加上外国居民和奴隶。人口的规模和结构以及地理空间的狭小，的确给公民身份的起源提供了基本的线索。城邦是一种紧密结合的共同体，规模上相对较小而在种族上具有凝聚力的群体占据主导地位，而那些局外人——外国人和奴隶——承担维持生存所必需的工作。结果，主导群体享有相对财富和闲暇的特权，从而可以参与城邦的管理事务，简而言之，就是成为公民。

但在成为公民的这个机会背后存在另外两个决定性因素。一个是对城邦福祉的承诺（commitment），包括参与公共事务的意愿和愿望，这本身也包含积极和消极两个方面的要素。消极方面的要素是指对不尊重法律的独裁统治的憎恶。据说，"专制的政府在灵魂深处冒犯了希腊人"（Kitto 1951：9）。积极的要素就是指聚集起来讨论共同体事务的习惯，它表示的是一种浓厚的公民兴趣，这种积极要素可以在荷马所描绘的英雄时代找到其源头。第二个决定性因素是希腊人抽象思维能力的产物。公民政治效忠的目标不再是酋长、君主或是国王，而是一个概念实体，即国家。用通俗的语言来表达的话，公民事实上就是能够"在政体中有所分担"的个体（参见 Hornblower and Spaworth 1998：152），尽管分担的具体程度取决于国家的政体模式，例如，是寡头政治还是民主政治。

希腊城邦（先不管公元前5世纪雅典的帝国扩张）的规模始终很小，他们的公民团体也是小型的，而罗马国家的历史却是一个领土持续扩张直至公元1世纪和公民权利间断性扩展直至公元3世纪的历史。这种差别可以在希腊和罗马的公民身份概念之间存在的根本差异中获得解释。希腊公民身份的本质是参与，而罗马公民身份的本质是法律权利的拥有。的确，罗马公民身份的含义中并不缺失参与公共事务的原则，但是罗马的社会和地理现实严重制约了参与实践。贵族和平民之间的区分，使得政治和司法权力置于前者即特权阶级的手中，尽管后者也获得了重要权利。罗马统治权的无限扩展必然意味着，对于一个诸如生活在山外高卢（Transalpine Gaul）或卡帕多西亚（Cappadocia）的公民来说，到罗马去参加政治是不可能的。尽管传说罗马仍然是一个"城市"，一个"civitas"，但是只有那些罗马本地的居民或生活在易于旅行的距离之内的人，才能够过上公民，即罗马公民（civis Romanus）的完整生活。

就像对于希腊－罗马世界的公民身份做出过于笼统的陈述将会产生误导一样，在古典时代人们设计的公民教育的形式也有许多不同。但是，这些差异与希腊城邦（poleis）和罗马在表述公民身份的方式上存在的差异没有主要联系。这些差异更多地源于对男孩和青少年应当经历的教育经验的目的和方法缺乏全面的共识。

在可以确定的四个领域中，不同的重点或方式得到了倡导和实践。首先，也是最根本的领域，就是公民教育的目标问题。亚里士多德对此非常明确。他解释说："城邦……是许多成员的集合体；因此教育就是使之成为一个共同体并赋予其统一性的那个手段（Aristotle 1948：1263b）。为了国家的凝聚力乃至稳定做出贡献，正是公民的责任，因此，他们必须学会怎样去做出这种贡献。第二个目标就是对于公民义务的具体的、实践性的学习。公民美德（civic virtue）被置于古典公民身份概念的最核心，并且美德意味着履行自己的义务。学习这些义务既涉及理解期待于公民承担的活动的范围，也包括训练他们有效履行义务所需的技能。第三个目标是让年轻的公民知晓他们的社会、法律和政治权利。现在，虽然这三个目标是可以区分的，但是它们可能都同时可见于当时的教育计划之中。即使在高度重视凝聚力和义务教育的斯巴达,也让年轻的公民们了解其拥有的土地所有权。

然而,平衡义务和权利的学习提出了有关公民活动领域的问题,这可能并且实际上也是在市民和军事两个意义上被理解的。这是四个差异领域中的第二个。由于希腊公民的重要职能之一就是为城邦而战,因此,公民教育,特别在古风时代,主要是训练古希腊的重装备步兵所需的技能和灌输英勇战斗的意志,这也是"aretē"(美德)的一个本质特征。以国家及其传统为荣的自豪感不可避免地成为这个要素的一部分。但是,让公民知晓公民遗产不仅具有军事的目的,也有非军事的目的,而且不仅是希腊也是罗马公民教育的一个构成要素。随着岁月的流逝,政治的艺术和结构不断发展,人们对于公民应当了解法律和立法、政策和决策的事实与程序这一点变得谨慎了。只有在斯巴达,严格的军事训练一直是针对公民实施的教育计划的最突出特征。

不言而喻,军事形式的公民教育是由国家组织的。另一方面,在早期的几个世纪里,希腊和罗马的体系中也有由家庭或私人机构提供的非军事模式的公民教育;这就把我们引入第三个差异领域——国家的安排还是私人的安排。私人教师——在这些人当中,智者派、柏拉图(Plato)、亚里士多德、西希昂的齐诺(Zino)和昆体良(Quintilian)最声名远扬——为有限的追随者提供教育:那些拥有聪明才智的年轻人可以从中获益,而且富有的父亲可以为其接受这类学校教育支付费用。对于绝大多数人而言,开始接触司法和政治事务是由家庭或亲密朋友的亲密圈内组织的:成年公民,通常是父亲,对新公民进行传授。亚里士多德意识到他自身所处时代的这种划分和惯例:"儿童的教育是否应当由私人来进行,正如甚至在当前、在绝大多数情况下依然如此的那样。"注意"甚至在当前"这个词。接着他建议通过"公共行为"提供教育(Aristotle 1948:1337a)。我们将会看到这的确发生了。

参观法庭、集会或论坛,用教育学的术语来讲,为青年提供的是对公民身份的一种非正式的、非结构化的入门。这也并没有什么不好,而只是可选择的方式之一。那么,这就是我们有关古典时代公民教育方式的第四个选择——结构化的教育还是非结构化的教育。显然,斯巴达所体现的军事训练形式和亚里士多德的学园所体现的学术形式,都为了适于教授必要的技能和与这类课程相关的理解,而进行了非常精心和详细的设计与准备。

本章我们的结构将沿着如下路线展开。部分是因为它们的历史重要性，部分是因为我们关于它们的知识比较丰富，我们将集中考察斯巴达、雅典和罗马的公民教育实践，以及柏拉图、亚里士多德和罗马的雄辩术倡导者们的理想。通过这一考察，我们将会看到上述事项是如何体现在希腊和罗马历史中的。最引人注目的是，斯巴达为古希腊和随后几个时代的一些教育家们提供了一种国家供给教育的模式和出于严格公民训练目的的教育控制模式。事实上，尤其是雅典的柏拉图和亚里士多德都住在雅典，都为他们自己的城邦缺乏这样一种有组织的体系而深感遗憾。因此，斯巴达应当是我们的出发点。

二、斯巴达和雅典

在整个公民教育史上，斯巴达青年的公民训练是由国家为了满足切身需要而最格外坚决实施的一项塑造全体公民的事业。只有克里特岛（Crete）和波斯（Persia）发展了类似于这种制度的安排［参见 Aristotle 1948：1272a；Xenophon 1914：4，6；在关于"派系"（faction）的作品《居鲁士的教育》（*Cyropaedia*）中，色诺芬生动地勾勒了一个具有浓厚政治色彩的社会图景，在这个社会中，甚至连幼童也在学校中学习法律和练习法庭论辩术］。为了充分理解这些受训公民的经验和被灌输的行为，我们必须概要地了解一下斯巴达国家的情况，并以此来解释这些需求。

在公元前 8 世纪的最后几十年里，斯巴达开始了一场扩张运动，向西征服米塞尼亚人（Messenians），使他们处于被称之为"农奴制"（helotry）的奴役境地。当斯巴达扩张到整个伯罗奔尼撒半岛的南部（拉哥尼亚或古斯巴达地区）时，被征服的人数远远超过了大城市的人口。为了使被征服的人臣服，斯巴达人逐渐发展成为一个精英军事阶层：这些就是斯巴达人（Spartiates），[①] 即城邦的公民。并且为了落实强制推行和维护斯巴达人的霸权地位，斯巴达公民不得不经受严酷的训练。因此，斯巴达人的教育，包括公民教育，从公元前 6 世纪中期开始成为一个锻炼体格，发展军事技能，培养对斯巴达公民同胞的绝对归属和忠诚，养成无条件的服从，首要的是

---

① 城邦中的全权公民，是斯巴达国家的统治阶层，完全靠剥削奴隶劳动生活，最盛时约有 9000 户。——译者

发展对城邦的全身心奉献的培养计划。的确，就像所有城邦所做的一样，斯巴达也对其青年进行教育，而且基本上是军事训练；然而古风时代出现的其他国家在一定程度上将他们的教学非军事化，在此方面，雅典独领风骚，而斯巴达却强化了军事化教学。按照古斯巴达的传说，是政治家—立法者莱克格斯（Lycurgus）①巩固了斯巴达的社会、法律、政治、军事和教育制度。而且，贵族政治性质的斯巴达公民体系的确立也归功于他，在此，公民们免受体力劳动之苦，所有体力劳动均由希洛人（helot）②来承担。这样，公民就获得空闲来履行公民和军事职责。根据普卢塔克（Plutarch）（他的《莱克格斯传》和被认为是色诺芬写的关于《斯巴达社会》的著作是我们的主要资料来源），莱克格斯"使得公民习惯于既没有私人生活的渴望，也没有私人生活的知识，而是宁愿像蜜蜂一样，总是依附于共同体，成群聚集在他们领导者的周围"（Plutarch 1988：37）。

这种政体，把"agogē"③作为其基本的准备，使得斯巴达有别于其他所有城邦。正如我们将在本章中所看到的那样，在希腊和罗马公民身份中，真正关键的一面是美德品质（quality of *aretē*）["aretē"对应拉丁语中的"virtus"一词，大体可翻译为"善"（goodness）或"卓越"（excellence）或"公民美德"（civic virtue）]。但是，对于斯巴达人来说，美德实际上主要是"英勇"或"坚韧"。著名的哀歌体诗人提尔泰奥斯（Tyrtaeus）于公元前7世纪以米西尼亚战争为背景而撰写的诗定下了这一基调。他所传达的思想令人振奋，这些思想被斯巴达学生学习并作为行军进行曲而得到传唱。他赞扬那些在战场前线上立场坚定和毫不动摇的人们，他们的英勇牺牲会赢得整个城邦的哀悼和颂扬（参见 Edmonds 1961：75）。

为了实现这一理想，斯巴达公民阶级的男孩和年轻男子们被聚集到军营中，过一种同性的和僧侣式的生活，在那里，他们经受严格和苛刻的训

---

① 被认为是斯巴达法典的创造者。在公元前9世纪，斯巴达的英雄莱克格斯创立了斯巴达宪政，建立了一个正式而且稳定的公权体系，莱克格斯的宪政体制持续了800年，城邦也保持了800年的稳定。——译者
② 斯巴达的国家农奴。——译者
③ 希腊人用两个词来表示教育：一是"agogē"，义为指印、约束、管教等，相当于斯巴达式的严格训练；一是"Paideia"，该词来自"Paris"和"Paidia"。"Paris"意为儿童运动或游戏；"Paidia"并不包括强迫儿童做些什么，而是表示指导儿童的自发活动，其中既包括教师有计划、有目的地指导和培养，又包括儿童在活动中、在受教育中，身心得到自然而和谐地发展。——译者

练，随着世纪的演进和时间的流逝，这种训练变得越来越凶残。因为，除了练习军事技能之外，青年不得不经受忍耐力的考验，这种考验超越人的体力和意志力的局限（任何斯巴达男婴如果被判定为不能承受后来的这些严格训练，就会被弃掷在公共麦堆上。）。

这种"agogē"课程从 7 岁持续到 20 岁，分为三个阶段进行。每一个男孩都被分配到一个组（pack）或一个群［斯巴达语中的"agela"这个词意思是"群"（herd）］中去，尽管在此人们更倾向于用"troop"这个词来进行翻译（Plutarch 1988：28，168）。［事实上，在这一点上，我们有必要解释一下，关于"agogē"训练的管理，存在一些解释上的具体差别。以下的观点是本章所采用的在普卢塔克和色诺芬的文本中所呈现的，但应当和马娄（Marrou）的相比较（1956：20，364 n.23）。］这个训练课程的总支配权掌握在"paidonomus"，即总教练的手中。正如色诺芬所阐述的那样，这个人"有权召集男孩子们，并在他的掌管下，无论什么时候发现有行为不端的情况，他能够严厉地惩罚他们。必要的时候，他也……会安排一组配备鞭子的年轻成人去执行惩罚"（Plutarch 1988：168）。每一个群都由一个被称作埃壬（eiren）的20岁高年级学生指挥[①]。关于第二阶段，也就是青少年阶段的认识，色诺芬为我们提供了一个有趣的洞见，"青年变得非常任性，尤其容易骄傲自大"；结果在这个年龄段，他们"被要求承担了最大量的工作"，"绝大部分时间都忙忙碌碌"（Plutarch 1988：170）。

这种制度在对待学生和对学生行为的期待两方面上都是严厉、严酷和残忍的。尤其从 12 岁开始，配给的衣物是最低限度的，获得的食物是稀少的；唯一慷慨的是鞭子的使用，惩罚是以疼痛和羞辱来行使的，鞭打有时是不间断的，甚至导致受害人死亡。普卢塔克转述了有关这种行为的两个著名事例，这是高年级学生所经历的可怕训练的结果。一个涉及教唆犯式的诱导。男孩们被教导去偷窃，以作为发展主动性、机敏和练习逃避的一种手段。偷窃不是犯罪，被抓住才算是犯罪。有一件轶事是这样的："一位少年偷了一只幼狐，把它藏在自己的大氅里，这畜生用尖牙利爪扒出了他的肠子，他还是强忍痛苦，宁愿死去，也不愿让人发现他的偷窃行径。"（Plutarch 1988：30）。不管这是杜撰的还是真实的，普卢塔克都认为这是斯巴达训练模式的一种可信例证。另一个骇人听闻的例子是有关克里普提

[①] 所谓"埃壬"是种称号，指那些从少年班出去已经两年的青年。——译者

（krypteia）的[①]，这是一种突击队训练。这是普卢塔克的描述：

> 掌管者一般会不时地派一些看起来特别聪明的青年战士到乡下的各个方向去；他们只带着短剑和必需的给养，除此之外别无他物。白天他们绕开大路，分散地躲在隐蔽之处，悄悄地躲在那里休息。但是到了晚上，他们就来到大路上，杀死他们抓住的每一个希洛人。有时，他们还到希洛人干活的田野里去，屠杀最结实有力的希洛人。
>
> （Plutarch 1988：40–41）

最后一个句子揭示了这些征程的次要目的：剔除希洛人中可能威胁斯巴达人统治的危险叛逆分子。

另一方面，普卢塔克也让我们大致了解了可能被恰当地称之为教育的活动：

> 且说埃壬吃罢晚饭，往榻上一躺，往往命令这个孩子唱个歌，问问那个孩子几个问题，要他仔细、审慎地回答诸如："谁是城邦里最优秀的男人？"或者"你认为某某的品行怎样？"这些问题。孩子们就这样慢慢地习惯了对卓越性进行判断，从一开始就学会对公民为人行事的批判性评价。一个孩子若被问及谁是优秀的公民……答话不仅要有理、有据，还要言辞简洁准确。
>
> （Plutarch 1988：3）

但是，由学生向完全公民的身份转变并不是一蹴而就的。年轻成人首先要成为一个准公民，履行军事义务但不享有公民权利，也不承担责任。然后，当他做好进入公民这一群体的准备时，他必须被推选成为一个公共食堂（mess）的成员，并能够支付他的"共餐费"（mess dues）。选举和支付共餐费对于成为一个公民并保持这种身份都至关重要。普卢塔克再一次为我们提供了一个关于选举过程的生动描述：

[①] 克里普提，即秘密警察。——译者

> 每个共餐成员，手里都拿着一小块松软的面团，当仆人顶着碗走过来时，他们就一言不发地将面团放到碗里去，像投票一样。如果同意接收那位申请人，就将面团保持原样投进去，如果不赞成的话，就事先在手中将面团捏扁。因为捏扁了的面团具有否决票的效力。如果碗里有这么一块扁面团，申请人加入那个食堂的要求就算没有获准，因为他们希望所有成员都志趣相投、好恶一致。
>
> （Plutarch 1988：21）

这样，即使经受了"agogē"的考验，也并不能保证被允许进入公民阶层或维持公民身份。

那些成年公民被称作"Homoioi"，即"平等人"（peer），因为，在他们的特权阶层内，无论他们的财产多少，所有人的待遇都是平等的。特别是所有人都被要求在公共食堂（phiditia）节约用餐，这在一定程度上是作为确保成人公民教育的一种手段而实施的。斯巴达人认为持续进行公民教育至关重要，这一点可以从普卢塔克的这些记述中得到证明："斯巴达人的训练一直持续到他们完全成熟的壮年，因为谁都不能随心所欲地生活……如果没有别的公务在身，他们就去督察少年们；要么指点他们做有益的事情，要么自己去向长辈求教。"（Plutarch 1988：36）。公共食堂对跨代教育尤其有效，还是正如普卢塔克所揭示的那样，"男孩子们常常光顾食堂。对他们来说，这就像被带到了自我修养的学校一样，在那儿，他们……耳濡目染的是政治讨论"（Plutarch 1988：21）。每逢节日时，主要活动就是演唱军歌，这也有助于把各年龄段的人联结到一起（参见 Plutarch 1988：34）。

上面勾画的斯巴达公民教育的图景与关于 21 世纪公民学习的任何解说几乎没有相似之处。然而无论是在古代还是在现代，都不乏对斯巴达公民教育的仰慕者。色诺芬就是一个重要的例子。他出生于公元前 430 年的雅典，后来在斯巴达的军队中服役，参加了与波斯的战斗，并成为斯巴达国王的好友，他甚至把他的两个儿子送到斯巴达城邦去接受教育。在本章的最后一节我们将考察斯巴达教育实践对后期影响的一些例子。在这里，我们表明，作为一种公民教育方法，斯巴达的制度在两个半世纪里激起了不同的反响。一些人，尤其是柏拉图，甚至还有亚里士多德，都对这种国家组织教育过程的目标明晰性和管理效率钦佩不已,尽管诋毁者自不待言,甚至是仰慕者也经常会为其"课程"——如果可以用课程这一词来描述"agogē"的话——过于狭隘而感到遗憾。斯巴达公民因其在培养过程中逐渐养成的坚定的爱国主义和勇气而令人敬畏。然而它的非人性当然也在那些阅读普卢塔克记述的人们脑中留下了恐怖的印象。

然而,我们千万不要忽略这样一个事实:到目前为止,对斯巴达人的反思,源于那些对政治理论和历史、军事历史,在某种程度上还有对教育方法感兴趣的人们;不过,我们这里的焦点是公民身份。因此我们需要记住,斯巴达人仅仅是一小部分精英——在公元前500年它的鼎盛时期可能大约有8000人。直到20世纪,极权主义的政权只有借助现代技术(正如我们将在第四章所看到的那样),才有可能对数以百万人的大规模公民进行类似的培养塑造。显而易见的是,在公民身份发展史的背景中,年轻的斯巴达人在13年的"agogē"训练中接受的极其狭隘的教育(constricted education)正是为了极其狭隘的公民身份(constricted citizenship)而设计的。借用亚里士多德的话来说,"整个立法系统都仅仅指向培育善中的一小部分或一种元素——战争中的善"(Aristotle 1948:1271b)。斯巴达的历史实际上就是关于公民身份概念与相关的公民教育制度之间相互作用的最生动的例证。

在古风时代,随着希腊城邦的不断发展,城邦之间经常处于相互猜忌和怀疑的状态,对公民进行军事技能训练的需要也很容易被理解。然而令人迷惑的是,正像我们已经观察到的那样,就在斯巴达人于公元前6世纪中期强化对其军校学员-公民(cadet-citizen)的训练时,几乎与此同时,雅典人却放松了他们的训练。而且,随着雅典在社会层面变得日益民主,对教育的需求也拓展了,并且随着她在政治方面变得日益民主,教育机构的扩大也就势所必须。结果,尽管在此前教育仅仅限于对贵族后代的私人教学,但是对大规模人群进行教育的需求导致了学校的开设。而且,随着教育的重要性被逐渐接受,国家开始施加更多的掌控。最初,就像柏拉图在他的著作《普罗塔哥拉》中所揭示的那样,富人的儿子总是被教导说:"当他们接受完学校教育时,国家强迫他们去学习法律,并把这些法律作为其生活的一种模式"(Plato 1956:326)。于是,就学在全体公民中获得普及,国家也为学校制定了规章(参见Gwynne 1964:27)。陶片放逐法[1]的引入表明，至少具备基本读写能力的人数在不断增加。克利斯提尼（Cleisthenes），公元前6世纪末期重要民主改革的发起者，设计了这个政治责难制度[2]；这个制度假定公民大会的成员都有能力在陶片上写下被告的名字。实际上，毛洛（Morrow）已经指出："最迟从公元前5世纪中期开始，雅典的民众一定有很高的文化水平，大小和富裕程度不一的其他国家可能与其并驾齐驱"（Morrow 1960：320）。

即便如此，在公元前5世纪末期发展起来的教育领域革命性变革之前，雅典人在明确地提供公民教育方面上乏善可陈。年轻人和成年人获得政治意识的主要媒体均是口头艺术之类——诗、唱歌和戏剧。出生于公元前640年的梭伦（Solon）是雅典伟大的立法者；他的诗"不仅在学校而且在雅典的公共场合作为'雅典公民身份的灵魂'而被吟诵"（Castle 1961：73-74）。戏剧为娱乐和公民教育的结合提供了大众化且有力的形式。萨福克里斯（Sophocles）[3]的《安提戈涅》（*Antigone*）在严肃的悲剧中提出法治的问题；与此大不相同的是，阿里斯托芬（Aristophanes）[4]在他的作品《黄蜂》（*The Wasps*）中以嬉笑怒骂的方式嘲弄陪审团制度，在《女议员》（*The Assemblywomen*）中讽刺了妇女参与政治的观念，在讽刺作品《骑士》（*The Knights*）中对雅典的整个政治制度和领导极尽挖苦之意。

---

[1] 陶片放逐法（"ostracism"，希腊文："ὄστρακον"），也被翻译为"陶片放逐制"、"陶片流放法"、"贝壳放逐法"或"贝壳放逐制"等。陶片放逐法是古希腊雅典等城邦实施的一项政治制度，由雅典政治家克里斯提尼于公元前510年左右创立，约公元前487年左右陶片放逐法才首次付诸实施。雅典公民可以在陶片上写上那些不受欢迎的人的名字，并通过投票表决将企图威胁雅典民主制度的政治人物予以政治放逐。——译者

[2] 雅典政治家克利斯提尼（约公元前570—前508年）联合平民通过公民大会推行的一系列重大改革。首先，设立10个地区部落，取代原来的四个氏族部落。雅典被分为城区、沿海和内地三大地区，各大地区再分为十部分，称为"三一区"。"三一区"下分若干德莫斯（自治村社），构成雅典公民政治、社会和宗教活动的基层单位。年满18岁的雅典男性青年，在其父母所隶属的德莫斯内通过一定的入籍仪式便可取得公民权。一些外邦人也在德莫斯内取得雅典公民权。于是，地域原则代替了血缘原则，公民的人数增加，组织程度和政治积极性大为提高，氏族贵族在各方面的影响削弱。其次，规定每个地区部落每年各选50名30岁以上的公民，组成五百人议事会，代替梭伦创设的四百人议事会，使其成为公民大会各项提案的起草机构，并负责处理国家日常行政事务。——译者

[3] 古希腊剧作家。他与欧里庇得斯以及埃斯库罗斯三人被认为是古希腊最伟大的剧作家。他现存的剧作包括《埃涅阿斯纪》《俄狄浦斯王》《安提戈涅》以及《俄狄浦斯在科勒罗斯》。——译者

[4] 雅典剧作家，被认为是最伟大的古典讽刺喜剧作家。现存的剧本有《云》（公元前423年）和《吕西斯特拉特》（公元前411年）。——译者

阿里斯托芬在《云》(*The Clouds*)中对他所说的"旧教育"(archaia paideia)进行了嘲讽,此时(这个剧本公元前 423 年首次问世),许多新型教育正在成为时尚。苏格拉底开始了他的问答式教学,智者们以逍遥学派[①]的形式开展他们的讲演,修辞术被精心塑造成为一种口头艺术形式,军事化的公民训练方式的雏形被建立起来,柏拉图和亚里士多德也为教学理论贡献了自己的思想。智者的著作、修辞术和青年军事训练(ephēbeia)将是本节和下一节重点探讨的内容。

在公元前 6 世纪,当独裁者("暴君")实施的古希腊统治方式开始衰落,许多城邦政治权力的分配变得更加广泛之时,自然也就产生了关于新被赋权去履行那种职责者的能力问题。从道德的角度来看这个问题的话,对于贵族而言,更不要说雅典的民众(hoi polloi)了,被解释为精英公民的军事英勇之美德,也不得不被政治智慧的美德所补充。那么,智慧是如何获得的呢?

上层阶级对于成年家庭成员都有他们自己的安排,向年龄稍大一些男孩子们教授城市法律,带他们去参观法庭和剧院,鼓励他们在公共场所的闲聊中吸收政治思想和传言。但这是偶发性的。显然需要一种更精心设计的教育;并且对于那些能够负担得起教育费用的人来说,智者满足了他们的需要。事实上,他们的教育足迹并不限于雅典,然而由于我们对他们的了解更多地源于雅典的资料,因此把他们放在本节有关雅典的论述中是合适的。智者们在公元前 5 世纪下半叶处于鼎盛时期;柏拉图的确了解他们中的一些人,包括普罗塔哥拉和高尔吉亚(Gorgias),这两个人在柏拉图的两个对话中是作为名祖(eponymously)而出现的。他们的目的是教授所有的科目,以使学生的思维达到极高的水平。但他们的目的也包括实用的目标,即灌输和提升学生的知识,以及可能被用到的理解和智力技能。在追求这种愿景的过程中,他们与苏格拉底产生了冲突。与其不同的是,苏格拉底主张,美德的本质是个人道德而非军事和政治承诺,教育的根本目的是探求真理而不是追求效用。

智者们的主要关切是向他们的学生传授政治艺术,包括好公民的特征。因而在《普罗塔哥拉》中,柏拉图让普罗塔哥拉(最先说话的人)向苏格拉底解释这个问题:

---

① 由古希腊哲学家亚里士多德在学园内漫步讲学而得此名。——译者

"从我这里（学生）将仅仅学到其所欲学的东西。那个主题是什么？就是对他个人事务的恰当料理，以便他可以更好地管理他自己的家庭；也包括对国家事务的恰当关照，以便既可以作为讲演者也可以作为行动者成为城市中一股真正的力量。"

"我领会了你的意思了吗？"我说。"我认为你是在描述政治艺术，并旨在使人们成为好公民。"

他说："那恰恰是我所做的事情。"

然而，苏格拉底对此持怀疑态度："事实是，我认为这是不能传授的东西"（Plato 1956：318-319）。因为，对于"好"，普罗塔哥拉意指的是"娴熟"（skillful）：他所用的术语是"politikē technē"，即政治艺术；他对政治教育的特殊贡献在于其教给学生赢得辩论的技巧！普罗塔哥拉完善了自己在处理任何主题上的教学技巧，以至于达到被形容为"在无所顾忌的实用主义方面厚颜无耻"和"在实践有效性方面令人惊讶"（Marrou 1956：51）的程度。一些智者及其学生们在运用辩证工具去说服别人时的确达到了无所顾忌的程度，以至于"诡辩"（sophistry）这个单词已经进入英语语言，被用来描述这种语言操纵。

辩论的效果可以通过按照"游戏规则"磨炼修辞技巧来获得提升。建构有效的论辩规则首先是由另一个智者高尔吉亚（Gorgias）完成的。但是伊索克拉底（Isocrates）[①] 在教授这种技能方面可能是最有影响的。有趣的是，就像在同一个世代中，苏格拉底（生于公元前470年）与普罗塔哥拉（生于公元前490年）在教育主题上存在意见分歧一样，在下一个世代中，柏拉图（生于公元前427年）与伊索克拉底（生于公元前436年）也意见相左，尽管他们之间的分歧更深。修辞术，虽然并不局限于政治和公开辩论的目的，但一直是古典世界相当长一段时间里——从高尔吉亚（生于公元前485年）的阐述到昆体良（卒于公元1世纪90年代的某个时间）的著述——公民教育的主干，修辞术学校一直维持到罗马帝国时代的末期。修辞术在欧洲甚至直到18世纪仍然是课程的组成部分。

到目前为止，我们概述的正规公民教育的大部分——斯巴达的

[①] 雅典智者和修辞术家，他的信件和小册子是古代希腊政治思想的一个宝贵源泉。——译者

"agogē"和智者的教学——完全或主要是为城市国家社会的精英阶层而设计的。伊索克拉底，高尔吉亚的一个学生，他的目标也在于培养精英。他的重要性不仅体现在他作为一位有影响的修辞术教师吸引了一些远道而来的学生在他设立在雅典的学校中学习，而且还在于他是一个精心准备和出版政治演讲的首创者。因为伊索克拉底的雄心在于提升公民意识，达到泛希腊统一的理想。对他而言，修辞术有一种道德政治的目的。"我确信，"他写道，"没有什么能比学习政治智慧和雄辩术更有助于公民道德的践行。"（引自 Gwynne 1964：47）。这位有着害羞性格但却非常长寿的人，从教半个多世纪，然而仅以小型研讨班的形式培养了总共不过 100 多名学生。不过，由于他出版的"示范性"演讲以及他培养的富有献身精神、才华横溢的早期学生对其道德政治修辞术理想的传播，他的影响与其培养的学生人数之少是不成比例的。

伊索克拉底卒于公元前 338 年。可能是在三年以后，作为雅典管理者莱克格斯（不要与他在斯巴达的同名者相混淆）改革的一部分，雅典的青年军事训练（ephēbia）制度被规范化了。作为区分公民与非公民的一种手段，这种训练方式扩展到了当时的整个希腊世界，尽管各个城邦之间、不同的年代之间，在具体的运用方面有一些差异。下面是公元前 330 年雅典制度安排的描述。"Ephēboi"（经常被译为"军校学员"）是 18 到 20 岁的年轻小伙子们，他们学习一门教育和训练课程，以为履行公民义务和权利做好准备。最初，学习内容可能完全是军事方面的，到了公元前 4 世纪的时候，一些带有公民目的的道德和宗教教育内容被补充到这门课程当中。公元前 335 年的改革很有可能就是在公元前 338 年马其顿王国的菲利普在喀罗尼亚（Chaeronea）历史性地战胜希腊之后，为了恢复雅典的公民士气和军事优势而实施的。

精心设计的雅典青年军事训练制度始于所有 18 岁青年的登记，他们要能够证明自己有资格成为雅典公民。接下来是两年的义务国家服务期，尽管后来这个服务期被压缩为一种自愿性的一年服务期。重点看起来是一直放在军事训练和保卫职责上（参见 Aristotle 1984：42.3–42.5）。但是第一年年末宣誓的誓言揭示了这种训练的政治目的。关键句可以重释如下：

在战斗中，我将不会玷辱这些神圣的武器，也不会抛弃我的战友；我将为了上帝，为了家园而战，并且我不会听任我的国家变小，通过我自己的努力或是在与战友的合作下，（我将使它）变得比我发现它时更加伟大和强盛……而且我将服从拥有（统治我的）权威，并以智慧的方式（行使这种权威）的任何人，我将遵守现行的法律和那些可能运用了统治者的智慧而施行的法律……还有那些建立在人们一致同意基础上而由人民施行的法律……如果任何人试图颠覆它们，我不会坐视不管，或是亲自或者联合我的同伴们加以阻止；我将尊敬我的父辈们所景仰的人们。

（引自 Marrou 1956：106）

顺便提一下，注意这里具有民主意味地提及了"人民"的立法权。

必须承认的是，雅典的公民教育方式中没有一个提供了一种完整、平衡的课程。柏拉图和亚里士多德以不同的方式思考了这个问题，每个人都对自己关于希腊公民教育传统的看法进行了反思。

三、柏拉图和亚里士多德

虽然关于政治或教育的理论建构很少能够摆脱哲学家工作的社会和思想环境，但是理论家还是能够生产出不为实践考虑所束缚的思想和建议——实际上，这也正是理论家的作用。关于柏拉图和亚里士多德对公民教育思考的贡献，不仅要考虑其发挥作用时的时空影响，也要考虑他们的那些可能具有永恒价值的思想的价值，只有这样，才能给予其恰当的评价。

但是，在考察他们关于我们这一主题的作品之前，我们必须尽力澄清另一个问题，即本章到目前为止所持的公民教育定义所划定的范围很宽泛，也许是过于宽泛的问题。这种澄清对于理解柏拉图和亚里士多德的思想至关重要。我们最好能够通过承认无论在理论上还是在实践中均有不同范畴的个体属于这种教育的接受者或受益者来阐明这个定义问题。让我们根据每个范畴的数量把这些不同的范畴建构成一个谱系。首先从数目最大的开始，民主雅典的情况是，公民实体占总人口的比例相对庞大，而且强制的青年军事训练把所有新公民纳入到这一计划之中。在其他国家，尤其是斯巴达，涉及的人数相对较少，只是因为公民权利没有被广泛授予。然而，第三个也是更重要的是，许多种公民教育仅仅局限于全体公民中的一小部分人，因为很少有人具有开展私人形式公民教育所必需的悠闲和金钱。我们可以列举由智者和各种学校提供的教学,其中伊索克拉底、柏拉图和亚里士多德尤其声名远扬,还有由有兴趣也有闲的家庭自身开展的这种活动。第四个范畴——或是第三个的特征,取决于人们如何看待它——是由这种许多精英教育活动的目的所确定的。这是给少数人提供主动参与政治和司法以及领导所必需的知识和技能。

当我们从第一个范畴移到第四个范畴时,结果就会出现这样一个问题:"公民教育"这个术语是否能被恰当地应用到所有方面。比如,有人可能会认为伊索克拉底所做的和柏拉图在他的著作《理想国》中所建议的并不是公民教育,而是为要成为职业政治家的年轻个体提供的教育。麻烦的是,也有人可能认为,在希腊的背景下,如果不仅在技术和智力方面,而且也在道德方面受到教育的话,成为职业政治家的那些人事实上也就是最好的或者是精英公民。

不过,这个插入已经阻碍了完成我们的谱系;因为,当我们由大众教育进入到少数人的教育(selected education)时,最后一个也就是第五个范畴可能就是空洞的:即不应当试图为任何人提供任何公民教育。这是柏拉图的老师苏格拉底提出的一个观点。在《普罗塔哥拉》中,他在判断一个商人的能力和一个个体作为公民的"美德"之间作了区分:

> 但当辩论涉及这个城邦政府事务的时候,站出来给他们提供建议的人就有可能是任何行业或背景的人。没有人会对此有任何疑义……在此,这个人没有任何技术资格,也不能指望任何人做他的老师,但却在试图提供建议。原因一定是他们认为这不是一个能够传授的主题。
>
> 你一定不要以为只是对于共同体事务如此,个人私事亦皆如此。我国中最优秀聪明的公民也不能把自己所拥有的美德传诸他人。
>
> (Plato 1956:319 C–E)

我们现在准备分析柏拉图和亚里士多德关于这个主题的观点,他们两个都是因为公元前4世纪雅典社会和政治水准的衰落而被吸引到这个主题上的:他们感到欠缺有效的公民教育,并且正是这种欠缺有助于解释这种危险的状态。我们以柏拉图的两本讨论公民教育最充分的著作开始:这两部著作是《理想国》和《法律篇》。柏拉图在公元前 375 年完成了《理想国》，这是他关于一个理想的、乌托邦似的国家的规划。他卒于公元前 347 年，遗留下《法律篇》，这是一个更实用的设计，基本上已经成稿。另外，《理想国》更关注对精英的高级教育，而《法律篇》更关注的是公民一般性的基本课程。两本书都反映了他那个时代的教育实践，尤其是雅典、斯巴达和克利特岛的教育实践，《法律篇》则是以来自这几个城邦的公民之间对话的形式来表达的。实际上，他对斯巴达的教育系统有一种有保留的欣赏。在他自己的作品中，他采纳了斯巴达教育的国家供给和共餐制，但仍然对以放弃培养节制和训练智力为代价而过分强调勇气和军事技能的培养深感遗憾（参见 Plato 1934：630，633-634）。

柏拉图的教育哲学建立在这样的信念基础上："paideia"（全人教育）的真正目的在于发展个人的精神和品格，而不是使个体成为一个运动员或是商人之类的人。柏拉图遵循前犬儒学派的传统，把只有在城邦的政治架构中才能实现人的发展这一点视为公理。结果，人文主义教育与公民教育是，或者应当是，通过公民教育共生地联系在一起。他在《法律篇》中明确了这种联系，尤其是在这个段落中："任何旨在获得财富或者强壮的体格，或者甚至某种不受理智和正义引导的知识才能的训练，我们该称它（即他的观点）是粗鲁的和无教养的，根本不值得称之为教育（即"paideia"）"（Plato 1934：644）。相反，真正的教育是"来自于从少年时代开始在善的方面接受的学校教育（即美德），这种教育鼓舞着受教育者渴望成为一个完美的公民，他既知道怎样行使又知道如何服从正义的统治"（Plato 1934：643）。面对着专制和无政府状态的双重危险，尊重"eunomia"（平衡的正义）的教育至关重要：因此，"教育实际上是吸引和引导儿童服从由法律宣称为正当的统治"（Plato 1934：659）。

这样，作为统治者的公民必须接受教育，以做到英明公正和合法地统治，作为被统治者的公民也必须接受教育，以接受他所要求的是合法的，即他的行为必须是符合德行的。但是正如苏格拉底所宣称的那样，道德是不能被传授的。柏拉图的解决方案是，主张善源于对终极真理的理解，并且步智者训诫的后尘，认为只有经过十分漫长的、精心规划的学生生涯以投身于追求知识、培养理解和推理能力，真理才能够被洞悉。在《理想国》中，这一"处方"获得最详尽彻底的阐释，在书中，柏拉图要求开设一种课程，包括一个最终阶段的十五年在职工作经验，直到 50 岁时才结束。那么，

> 他们必须抬起灵魂之眼，去注视使人明了一切事物的东西。当他看见了善本身的时候，他们得用它作为原型，管理好国家和个体，包括他们自己。在其余生里，他们得用大部分时间来研究；但是他们每个人都将轮流管理烦冗的公共生活，为了城邦而走上统治者的岗位——不为了荣耀而是考虑到必要。
>
> （Plato 1941：Ⅶ，540）

这些人就是"哲学王"，是柏拉图公民教育课程中的完美公民。或者称之为政治精英的教育可能更恰当。他在《法律篇》中关于公民教育的阐述，对我们而言更具有相关性。在那里，他明确指出，除了数学的分支，还包括天文学，他的课程是为所有人而设计的。因此，具体地考察这一文本，探讨这一假想国的教育组织以及各个科目和课外学习的作用，是大有益处的。[详细的分析，请读者参见 Marrou（1960）。]

柏拉图坚持教育必须由国家管理。他在《法律篇》中创设了"教育部长"这一职位，并以不同的术语予以指称，包括"教育者"，这一点尤其具有启发意义。因为人的品格和行为是培养的产物，这个"职位是国家官制中最高、最重要的位置"，并且必须由"在各方面都是所有公民中最优秀的人"来担当（Plato 1934：765，766）。他将负责各种形式的教育，包括学校教育和课外活动。古斯巴达的影响是显而易见的，尽管甚至连斯巴达也没有总管全面的行政官。影响还体现在柏拉图坚持就学应该尽可能是强制的主张中，"根据是儿童不仅是父母的财产更是国家的财产"（Plato 1934：804）。事实上，《法律篇》中暗含的一点是，教育具有重要的公民目的。在论述艺术和手艺一节中，柏拉图主张公民不需要这方面的教学，因为，

> 每个公民都拥有一种职业，这种职业要求其在维持和享受公共社会秩序方面不断地实践和广泛地学习，从而使他拥有了一项不容等闲视之的工作任务。
>
> （Plato 1934：846）

虽然在柏拉图假想的体制中设置的国家教育管理者具有创新性，但是其教育计划的一些内容借鉴了希腊的真实实践，特别是雅典和斯巴达的做

法。例如，"音乐"——各种形式的缪斯①女神的活动——在希腊教育中至关重要。美国音乐学者保罗·郎（Paul Lang）曾写道：

> （例如）阿卡迪亚人（the Arcadians）制定了国家法律和规定，要求对每个公民实施音乐教育，直到三十岁为止……并非每种音乐都适合教育目的。最受重视的是多利安人（Dorian）调式的旋律，因为他们的节俭被视为一种建构品格的力量而备受青睐。
>
> （Lang 1942：15）

他继续解释说，不同的音阶或调式具有不同的精神气质，反过来，这些也与不同的希腊部落有关联。"因而形成了一种民族音乐具有国家建构特性，而外来音乐具有产生令人道德颓废效应的伦理教条"（Lang 1942：15）。柏拉图特别希望能够给予音乐学科教学以最大的关注，这不仅仅是因为音乐教学所具有的积极属性，而且是因为他为错误的"教学大纲"可能会给社会带来的危害而感到惴惴不安。在《理想国》中，他主张"韵律与和谐渗透于灵魂深处并在那里扎根"（Plato 1941：Ⅲ，401）。正如柏拉图在《法律篇》（Plato 1934：798，799）中所坚持的那样，一旦确立了有益的表达调式，就应该不惜任何代价在学校和节日庆典上予以保存，反对进行任何变更；因为变动将危及道德，破坏国家的稳定。用现代英语的术语来说，"希望与光荣的国土"（Land of Hope and Glory）②就是好音乐，摇滚乐就是不好的（关于从公民意义而言后者对制造"疯狂节奏"的青年产生的不良影响，参见 Bicât 1970：324-325）。文学（"音乐"的一种形式）、诗歌、戏剧和散文的学习——作为阅读练习、背诵和记忆——也局限于获得教育部长批准的文本。柏拉图毫不谦虚地让雅典人说出这样的观点："在我所遇到

---

① 是主持艺术和科学的希腊女神。——译者
② 英国著名音乐家爱德华·埃尔加（Edward Elgar, 1857—1934年）所作的《威仪堂堂》（Pomp and Circumstance）进行曲的第一曲。《威仪堂堂》总共包括埃尔加在1901年至1903年间陆续完成的五首短小的进行曲，其中的第一号被公认为最成功，因而也最著名。英国在几乎所有的中小学毕业典礼上，广播肯定都会播放这首曲子，甚至许多学校的毕业典礼，都是用这首曲子来领取文凭。其在西方的影响深远，可见一斑。埃尔加这部作品的成功，在很大程度上要归功于这个乐曲的中段。中段的优美旋律打动了爱德华七世，他建议将此曲调配上歌词，英国作家豪斯曼为此写了抒情诗《希望和光荣的国土》。1902年，此曲以《希望和光荣的国土》（Land of Hope and Glory）为名出现在《加冕颂》（Coronation Ode）中。可以说，这段旋律在英国的地位，几乎与国歌一样神圣。——译者

的或是听过的所有作品中……我发现（我的作品）是最令人满意，也最适合于年轻人倾听的"（Plato 1934：811）。简而言之，《法律篇》该是一本"指定书籍"（set-book）——一本比现代美国中学生学习的美国宪法还稍微庞大一点的文献！

对希腊人来说，爱国公民身份主要意味着以军事服务为目的的训练。柏拉图在《法律篇》中保留了两年的成人军事训练，尽管既包括男人也包括年轻的妇女。他还引入体操来对"音乐"予以补充。正如我们所看到的那样，他不屑于那种把体育运动仅仅视为为了竞技而竞技的活动的做法。他认为身体训练应该考虑满足其作为公民在持久力和技能两方面的需要，一旦发生战争，可以应召作为重装备步兵去参战。顺便提一下，我们要注意公民的身体也会得到发展和锻炼，通过体操运动形成的敏捷性既是舞蹈这种和平时期活动的一种必要准备，也带来一种公民意义上有益的节奏感。

"音乐"课程中培养出来的技能和态度将在公共节日中得到很好的发挥，在《法律篇》中安排了许多这样的节日。通过共同聚会，参与对上帝的集体赞颂活动，公民的凝聚力得到巩固，忠诚也获得加强。任何不能参与到此类唱诗班和舞蹈活动的人，用柏拉图的话说，就应该被视为没有教养（Plato 1934：654）。公民的团体意识每日还通过另一种终身教育形式得到强化，即共餐制度。柏拉图明确地以斯巴达和克利特岛为榜样，支持国家进入通常被认为是私人生活一部分的领域，尽管他不仅在规定中而且在《法律篇》中也把妇女纳入进来（Plato 1934：783）：他断言，过分强调私人生活弱化了对法律的遵守（Plato 1934：780–781）。

亚里士多德与他的老师对"共餐制度"（common tables）有同样的热情（Aristotle 1948：1330a），而且事实上，共同之处还有许多其他建议，尤其是在教育的国家供给和"音乐"的首要位置方面。但是在考察亚里士多德关于公民教育的具体观点之前，我们应当意识到他对两种可能的政治教育之间所做的一种重要区分，以下面的摘录为证：

> 年轻男子并不适合学习关于政治的（演讲）；因为他在涉及人类生活的行动方面缺乏经验，而讨论始于（有关那些行动的前提），并关涉（那些行动）。而且，由于具有为激情所牵引的倾向，他会毫无所获，徒劳无益，因为这种讨论的目的不是知识而是行动。
>
> （Aristotle 1948：1095a）

在确保政体稳定的所有方法中……最重大的一端——也是被当代各邦所普遍忽视的一端——还是按照其政体的精神实施公民教育。即使是完善的法制，而且也为全体公民所赞同，如果公民们的情操尚未经习俗和教化陶冶而符合于正确的政体精神（constitutional temper）——在订立了民主法制的城邦，这种精神就是民主精神，而在订立了寡头法制的城邦，就将是寡头精神——终究也是徒劳无益的。

（Aristotle 1948：1310a；另参见 1337 aⅡ）

这两个摘引之间是否矛盾？只要我按照如下的方式来对其进行解释，它们就可能是不矛盾的。我们可以把第一段"关于政治的演讲"解释为"政治科学"（参见 Aristotle 1955：28）；并且我们应当把第二段中的"政体"（politeia）不仅理解为一种政府形式，而且看作是包含社会伦理的一种体系〔参见 Aristotle（1948：lxvi）和 1289a，在此他对这个定义作了补充："由社团及其所有成员所追求的目标的性质是预定的"〕。这样，就变得十分明了了，即亚里士多德认为不应该向年轻人教授有关政体结构和政治政策之类的事项，而是应当——事实上至关重要的是，他们应当——接受教育，以便他们的行动与各自城邦的政治文化保持一致。

然而，这一相对原则（relative principle）因为另一种考虑而获得平衡，即教育应该尽可能地使公民成为有德行的人。所有人都希望富有德行，因为德行是幸福的前提条件；但是个人对于德行的自然趋向必须由培养好的习惯和推理能力来予以补充；也就是说，需要由教育来予以补充。而且国家的福祉和个人的幸福是一致的（Aristotle 1948：1324a），因此好的国家会希望其所有公民都获得向善的教育。由这一希望（desideratum）衍生出两种逻辑上的必然结果。其一是国家应为年轻人提供学校教育。"所有人都会同意，"亚里士多德主张，"立法者应该把年轻人的教育视为其主要和首要的关切。"于此有两个理由，即前面已经提及的需要使教育的方式适合政体，以及"如果教育被忽视，国家的政体将会遭殃"（Aristotle 1948：1337 aⅡ）。把公民培养成有德行的人这一希望衍生的第二个推论是，所有有能力受教育的人〔并且他承认一些人没有能力接受教育（1316 a）〕，应当根据每个个体的可能拓展那种能力。

那么，亚里士多德指导公民教育的双重原则——即适应政体和培养德性——二者之间的共存性到底意味着什么？一位现代权威人士解释道：

> 教育应当形成支持政体的品格，但也应该培养和鼓励个体去实现他们的潜能。在吁求潜能实现方面，我们应该记住，亚里士多德所吁求的不仅是卓越性，而且也包括多样性，因为一个城市的存在取决于对无损于德行的差异性的保存……简而言之，教育必须同时使个人成为卓越的公民、卓越的人和卓越的个体。
>
> （Swanson 1992：144–145）

我们现在一定会问，关于年轻人应该如何接受最好的教育以成为好公民，亚里士多德是如何建议的？他认为，从根本上来说，非理性的习惯和推理能力都是培养的产物，前者与关于理性告诉个体何谓善之理解相一致。所谓"善"就是公民美德；并且公民美德由五个品质构成，即中庸、可靠、判断力、保护的精神和善意。这需要将过德性生活的政治告诫，阻吓不良行为的法律传授和灌输公民美德的教育这三方面结合起来。

在亚里士多德看来，完善的教育是一项复杂的事业，没有一个希腊城邦成功地将教育变成真正好的实践。必须明白的是，灵魂被分为一个习惯领域和一个理性领域。前者与行动有关系——从事必需的或是有用的行动和参战；后者与休闲（或文化）相关——从事善的行为和培养和平的艺术。后者居于上位（参见 Aristotle 1948：1333b）。

习惯教育应当通过指导儿童的道德行为和教他们以体操和"音乐"来实施。后者对于从青春期到成熟成人期的良好公民素质的培养和保持至关重要，因为表演和聆听各种节奏与和谐的调式将会激发各种公民美德品质（参见 Aristotle 1948：1342b）。实际上，亚里士多德所谈的广义"音乐"与希腊人，尤其是柏拉图的观点并无二致，这在上面已经论述了。因为音乐影响灵魂的品格，所以它是公民卓越性的首要塑造者（Aristotle 1948：1340b）。

然而，音乐需要由不那么强调主动性的自由教育（less active kind of liberal education）来予以补充。原因是好公民必须学会明智、审慎和做出好的判断——所有这些都是恰当地参与公共事务所必需的。然而如果一个人的全部时间都被谋生训练和谋生所占据，那么要进行这种慎思的思维教育和公民参与，几乎是不可能的。亚里士多德的教育计划，正如他的公民定义一样，都预先假定一个社会，就像雅典那样，所有耗时而费力的经济活动均由非公民的奴隶和外国居民来承担。

没有这样的自由时间，就不可能进行一种彻底的、拓展的和国家供给的公民教育。由父亲给男孩子提供一种基本公民教学这一早期罗马制度是一种可能的选择。

四、罗马

"被俘虏的希腊俘虏了她野蛮的征服者，并把艺术介绍给了未开化的拉丁姆[①]。"罗马诗人贺拉斯（Horace）在其作品《书札》（*Epistles*）中概述了希腊文化从公元前2世纪开始对罗马社会的逐渐渗透，这一点广为世人所知。虽然这种影响在教育中是显著的，但是与公民教育相关的两种教学体系之间的差别依然如故。三个重点差异应当——部分是重述要点——要给予特别考虑。首先，希腊公民身份，尤其是雅典公民身份，本质上是一种政治概念和身份，界定的是公民的政治功能；而罗马公民身份主要是一种法律概念，界定的是谁是公民和他在法律上的权利，尽管两个民族都期望他们的公民具有德性的品质——在他们各自的语言中分别是"aretē"和"virtus"。第二，希腊教育是基于不同于军事训练的公民目标而设计的，主要聚焦于通过音乐学科的情感氛围来引导灵魂或人格趋向于良好的德行。任何文化水平的罗马人都视音乐为有失其身份之物，视跳舞为彻头彻尾地降低和损害其引以为自豪的庄重，从实用主义方面来看，罗马的公民教育主要关注的是学习如何在法律的框架下生活和解释法律。第三，希腊人——除了斯巴达和克利特岛这几个特殊例子之外——逐渐接受了学校教育制度化的必要性；罗马更坚定地，尽管不是完全地，深信教育本来就是一种家庭的责任。

家庭实际上是罗马生活的实质。在整个共和时期，甚至可能早在罗马君主政体时期，具有公民身份的父母承担对其孩子的教育任务。母亲或家庭成员中的另一位女性塑造最年幼孩子的品格，例如正像塔西佗（Tacitus）[②]所揭示的那样。他解释说，

> 当孩子的品格还是未经雕琢、开放和纯洁无瑕的时候，应当

[①] 意大利中西部一古国，毗邻第勒尼安海。公元前3世纪被罗马占领。——译者
[②] 古罗马元老院议员，历史学家。——译者

教育他全身心地拥抱德性实践；并且不管他注定成为士兵、律师还是演说者，他的全部精力应绝对集中于尽职尽责之中。

（引自 Gwynne 1964：14）

在儿子 7 岁到大约 16 岁这个年龄段里，父亲继续在生活各个方面对其进行教育和训练。的确，作为家长，他有权在其一生中对他的家庭行使专制的权力。在这种家庭安排的背后，隐含着一个根本的公民目标。正如令人称羡的品质源于对年轻人的教育一样，人们深信，成熟的罗马国家的优势和稳定源于经过数代人尝试和检验的令人称羡的习惯。因此，必须教育每一个新生代去理解"祖先的习俗"（mos maiorum），并引以为豪和无条件地遵从。当然，公民和宗教仪式在强化这种社会化的进程中也发挥了巨大作用。

显然，以家庭为基础的教育，其准确性和有效性取决于父母的才能，尤其是父亲承担和履行其教育职能的意愿和能力。我们拥有的大部分证据涉及的是富裕并参与公共生活的公民，要对他们尽心尽力履行其教育职责的活动进行归纳概括，是要冒风险的。例如，西塞罗在他的著作《论法律》（De Legibus）中提及了先前的要求，即所有的学生都要死记硬背《十二铜表法》（the Twelve Tables）——尽管随着他长大成人，这将会失效（参见 Cicero 1928b：Ⅱ，59）。这对我们而言尤其值得玩味。它证实了古人在法律方面的荣耀成就，因为这些把刑法、民法和公法编纂成典的铜表最初出现在西塞罗时代的四个世纪之前。而且他们持续不断的牢记也反映了罗马公民教育的法律进程（参见 Cowell 1948：152–154）。但是，还需澄清我们的疑问：所有的罗马儿童都的确"学习他们的铜表"了吗？这意味着父亲和子女都要勤奋刻苦。毕竟，学校不提供这种学习的环境：西塞罗在另一部著作《论国家》（De Re Publica）中也明确了这一点。他主张："我们的人民从来不希望有任何针对自由民的教育体系，无论它是由法律明确规定的，或者是官方建立的，抑或是所有情况下都是同一的，尽管希腊人在这个问题上做了大量徒劳无益的工作"（Cicero 1928a：Ⅳ，3）。然而在西塞罗的时代（卒于公元前 43 年），的确存在教授读、写、算的学校。开展公共事务方面的教育是父亲职责的一部分。他的儿子们和他一道去参加宗教仪式和论坛上的公开辩论。对于少数注定要进入公共生活的男孩子们，在正规教育结束与成年期之间插入一年的过渡期：这被称为学徒期（tirocinium fori），即论坛的见习期。一个有经验的家族朋友负责对这个青年进行类似于雅典做法的这种训练。

随着希腊的思想和实践自公元前 200 年开始逐渐进入到罗马教育中，变化亦随之出现，尤其体现在私人教师的日趋增加、更多学校的建立和修辞术的教学上。并且，随着罗马帝国的不断扩张，希腊—罗马的教育方式也必然在整个地中海盆地和西欧大陆传播开来。而且，相比于古罗马的传统，正规教育越来越被接受。在公元 1 世纪，普卢塔克写了《儿童的教育》(The Education of the Children) 这篇文章（尽管有一些人质疑他的作者身份）。在这篇文章中，他对提出这个建议的那位诗人大加赞誉："孩提时代应当教授贵族功绩的故事"（Plutarch 1960：17），这种观点与斯巴达或是柏拉图式的希腊差不多。与罗马教育传统相反的柏拉图式教育是普卢塔克深信的哲学所应当扮演的重要角色：他写到，"使哲学原封不动地成为教育的领头者"，"是必要的"，因为所有德行均源于这种学习（Plutarch 1960：35）。理想的教育事实上应该把哲学和政治学结合起来，因为，正如他所主张的，"我认为，只要人们能够做得到的话，那些把政治能力和哲学有机结合起来的人，才是完美的"，也就是说，将一种讲究实用的生活方式与沉思冥想的生活方式有机结合起来（Plutarch 1960：37）。

但是，普卢塔克并不赞成修辞术教育，而这个科目是从共和后期到帝国时代最流行的科目之一（参见 Gwynne 1964：各处）。在公元前 1 世纪，西塞罗撰写了几部关于这个主题的著作，特别值得一提的是《论雄辩者》(De Oratore)；在公元 1 世纪末，昆体良也撰写了多卷本的《雄辩者的教育》(Institutio Oratoria)。教授修辞术的教师们，从智者派、亚里士多德到昆体良，再往后至少到 15 世纪的弗吉里奥（Vergerio），对于公共雄辩术的目的、结构与方式的观点并不一致。必须承认的是，事实上所学的大部分内容与公民教育没有多大关系；即使如此，它也足以证明此处所做的评论。拉丁散文现存的最早著作之一可追溯到公元前 85 年，是一本关于修辞术的教科书。在此类书籍收录的示范演说中，包含了一定数量涉及当代政治和法律的议题。举两个例子："西庇阿（Scipio）[1]是否应当不受担任执

---

[1] 全名"Publius Cornelius Scipio Africanus"，第二次布匿战争中的罗马将军。生于贵族家庭，他的家族曾产生过几名罗马执政官。他在坎尼战役（公元前 216 年）中担任军官，战败时设法逃脱。年轻时曾于公元前 206 年为罗马夺取西班牙，将迦太基人赶出西班牙，并为他的父亲报仇。公元前 205 年担任执政官，受命进攻非洲的迦太基人。公元前 202 年，他在札马战役中打败汉尼拔，结束了第二次布匿战争，得名西庇阿。——译者

政官职务的法定年龄限制？"；"意大利人应当有公民权吗？"［参见 Gwynne 1964：68；关于后一个问题，赋予半岛全部人口以公民权以及与凯尔特高卢（Celtic Gaul）的边界划分在当时是有争议的话题。］

因此，接下来要谈西塞罗对把雄辩术作为公民教育的一种形式的贡献。西塞罗完全是在罗马和希腊的传统中接受教育的，并成为一位无与伦比的拉丁语文学自成流派者和他那个时代的第一流法庭雄辩者。出生于公元前106年的西塞罗，在55岁撰写著名的《论雄辩者》——这本书被一位权威人士称为"一部杰作，称之为雄辩者的教育改革计划也许不会有失公正"（Gwynne 1964：81）——时，已是一位成熟而阅历广泛的人。有点像智者派，西塞罗主张，为了能够谈论各种主题，雄辩者所受教育必须足够宽泛。同时，他也明确指出，哲学、历史和法律是最有用的。在写到雄辩者需要理解人性的全部时，他解释说："所有这一切都被认为是哲学家的专有领域，如果他接受我的建议，雄辩者也不会抵制他们的要求"（Cicero 1948：Ⅰ，54）。关于其他两科，我们可以选择这个评论来说明问题："解释我为什么认为雄辩者必须熟悉公法并不需要长篇大论，因为公法专注的是国家和帝国，还有过去事件的记录和古代的先例"（Cicero 1948：Ⅰ，201）。

昆体良是这一科目的杰出教师，他追随的是西塞罗详释雄辩术原理的传统，尽管他对雄辩者教育是否需要一种哲学基础持怀疑态度。而且我们必须要记住，他是在弗拉维（Flavian）王朝[①]统治的末期出版其《雄辩者的教育》一书的，而这个时期是西塞罗所经历的那种政治公民身份几乎不为人所知的时代。不过，昆体良会让他的学生辈雄辩者们学习政治学（参见 Quintilian 1922：Ⅻ，25-26），虽然他更优先考虑法律（参见 Quintilian 1921：Ⅶ，30-34）。甚至，他主张：

> 能够真正扮演公民角色，能够满足公众和私人事业需要，能够通过协商引领一个国家，通过立法为国家奠定一个坚实的基础，

[①] 经过公元68—69年一些行省总督争夺皇位的内战，由 T.F.S. 韦斯巴芗（69—79年在位）建立弗拉维王朝。该王朝皇位也由皇帝亲属继承，提图斯（79—81年在位）和图密善（81—96年在位）相继为帝。韦斯巴芗和提图斯继承和发展了奥古斯都和克劳狄推行的授予行省居民罗马公民权、吸收行省贵族参加帝国管理机构的政策，使许多行省的贵族，特别是西部诸行省的贵族参加罗马元老院。图密善死后，M.C. 涅尔瓦（96—98年在位）继位，开创了罗马史上的安东尼王朝。——译者

和借助一个法官的决定来清除罪恶，这样的人肯定非雄辩者莫属。

（Quintilian 1920：Ⅰ，10）

显而易见，昆体良是在努力恢复西塞罗把雄辩术视为对公民履行政治职能的一种促进的理念。但是，其中蕴涵着一种令人悲哀的讽刺。尽管一代又一代的帝王（尤其是奥古斯都①、克劳迪亚斯和卡拉卡拉②）在整个帝国时期授予越来越多的人以公民身份，但是罗马皇帝通过将所有权力集中于帝王手中，从罗马公民身份中排除了所有政治意义，从而使得罗马公民身份仅仅作为一种法律地位。而且，雄辩术的教学和实践失去了它的公民和道德目的，堕落成为为了修辞而修辞的纯粹技巧。

共和时代的后期和帝国时代的公民教育，更多地采用新设学校的手段来承担乡下的上层阶级和城市阶级罗马化的具体政策工作。在这些机构中，特权家庭的儿子们学习拉丁语，吸收拉丁文化。一位法国学者列举了一些覆盖一个世纪（公元前79年到公元85年）和三个行省的例子，他写道：

> 罗马的做法开始在所有地方以相同的方式实施：罗马把新征服土地的所有最好家庭的孩子当作人质，并在罗马的学校里对其进行培养。西班牙的塞尔托里乌斯（Sertorius）③所采用的方法沿着莱茵河被卡利古拉（Caligula）④和英格兰的阿古利可拉（Agricola）⑤所重复。
>
> （Marrou 1956：295）

结果，他们获得了公民身份的基本前提。

---

① 罗马帝国第一任皇帝（公元前27年—公元14年），尤利斯·恺撒的侄孙。他于公元前31年打败马克·安东尼及克娄巴特拉，然后得到了整个帝国的统治权，于公元前29年称皇帝，并于公元前27年被授予奥古斯都荣誉称号。——译者

② 罗马皇帝（211—217年），曾着迷于效仿亚历山大大帝。然而，由于其残暴和不合理的统治而被暗杀。——译者

③ 塞多留（122—72年），领导西班牙人反对罗马议会的罗马将军。——译者

④ 罗马帝王（37—41年在位），在一场重病之后，显示出残酷、荒淫无度以及狂妄自大，因而被谋杀。——译者

⑤ 罗马士兵和政治家，在其任英格兰总督期间（77—84年）把大部分居民置于罗马统治之下。——译者

五、古代世界的遗产

关于公民教育的古代思想和实践并没有随着哲学家们的逝去和希腊罗马国家的消亡而消逝。为了说明古代传统的存续，谈谈对于斯巴达的兴趣、柏拉图学派和亚里士多德学派思想的复兴以及罗马式修辞术教育的延续，以作为对本章的三个主要小节的评论，将是十分有益的；而且这也是为了说明一下自文艺复兴以后最广义的公民教育的古典意识和内容。

文艺复兴和启蒙运动的古典复兴引发了人们对斯巴达教育的重新迷恋，这一点不足为奇。帕多瓦大学的教授皮埃尔·弗吉里奥（Pier Vergerio）在其写于15世纪初的极具影响的教育论文中，称赞了斯巴达人对其孩子的严格训练。然而，借用研究斯巴达传统的一位权威的话来说，"法国的18世纪后期是拉哥玛尼亚（lacomania）的伟大时代，它将自文艺复兴以来一直是分离的线索——道德的、社会的、教育的和政治的——归拢到了一起。"（Rawson 1969：227）。因为18世纪最后40年里法国教育思想和计划非同寻常的萌生将是第二章的主要内容，所以这一评论应该在那种背景中被重新提起。

尤其与公民教育更为相关的是20世纪德国的思想和实践的两个方面：一是对斯巴达人优越性的一种错误的种族化解释，这种解释是以假定的多里安裔（Dorian）和爱奥尼亚裔（Ionian）的希腊人之间的差异为基础的。如下是对此的一段简短解说：

> 从K.O.穆勒（Müller）（1824年）到W.雅各尔（Jager）（1932年），德国学者把（斯巴达教育）捧上了天，认为它是多里安人所拥有的日耳曼民族精神的产物——一种激进的、军国主义极权主义政策的有意识体现——关于始终鼓舞着德国人灵魂的理想的……一种模式。
>
> （Marrou 1956：23）

一旦掌权，纳粹就有机会为他们的精英建立寄宿式学校，毫无疑问是经过元首批准的（参见Rawson 1969：342-343）。"Napolas"（国家政治教育学院）是其中的一种形式，它是这样被描述的：

培养计划重点集中于培养一种军事精神，融合普鲁士和国家社会主义价值观，养成勇气、奉献和朴素的品格。其管理者处于高级党卫军军官指导之下，均是冲锋队和党卫军的成员。

（Bracher 1978：331）

在描绘这些机构时，人们很容易想起"斯巴达式"这个术语，并不足为奇（参见如 Shirer 1964：317）。

也有人曾经将纳粹与柏拉图的教育目标之间作了比较。例如一个美国学者评论说："像柏拉图一样，他们计划建立一个分层的社会……在这里，只要每个阶层中的每个人的观点通过合适的教育和宣传得到控制的话，就可以实现圆满的和谐"（Brady 1937：123-124）。同年一位英格兰学者出版了一本书，名叫《今日柏拉图》（*Plato Today*），在其中的一些部分，作者在对话中设计了一些虚构或半虚构的人物。一位带有明显同情纳粹倾向的"哲学家"就斯巴达、柏拉图、纳粹德国和教育之间的关系这一主题做了如下的发言：

斯巴达教育是我们雅利安人理想的极佳原型。它使个人服从于国家，追随者听命于领导者；它培养了作为一个勇士之标志的勇气、朴素和纪律这些品质——这些也是统治阶级的品质。

斯巴达是柏拉图的理想，也是我们德国人的理想。

（Crossman 1937：239）

进行简单化的联系，以提升或贬低纳粹所假定的古典凭据，这就是那个时代的学术氛围。即使除了极权主义与柏拉图的《理想国》的共鸣之外，20世纪的任何一位教育史或教育理论方面的作者如果没有大量参照这本书的话，似乎都不会认为自己的著作是完美无缺的。许多人以类似的方式利用柏拉图学派的思想，其他的人有时则生拉硬扯一些大哲学家的名字。这里有关于费希特的一段话是一个可以说明第二种趋向的例证。无可否认，费希特如同柏拉图一样，把政治和教育紧密联系在一起。作者们写道，这个普鲁士人作品的一个重要之处在于"表明了对柏拉图的学习"，而且他们继续写道，"也许出自于相同的来源"（Curtis and Boultwood 1956：353；着重处为作者所加）。

诚然，一些对柏拉图作品感兴趣的人避开了其政治内容的成分——比如法律的成分就被忽略了。另一方面，就对亚里士多德《政治学》的研究而言，他关于教育思想的政治维度几乎是无法回避的。他的作品于公元13世纪再次在欧洲家喻户晓。在意大利的影响是这样被描述的：

> 随着亚里士多德的《伦理学》，尤其是《政治学》的翻译和传播——拉丁文版本是由威廉·莫尔贝克（William of Moerbeke）[①]翻译并于1260年出版的，为意大利市民出版的缩印本是由圭道·佛纳利（Guido Vernari）于14世纪20年代完成的——古希腊的政治或城邦哲学开始渗透于意大利文化的各个方面……尤其是有关政府的作品。
>
> （Jones 1997：463）

亚里士多德的政治思想，特别是其关于主动的、参与型公民的希腊理念，在意大利的城邦中，尤其是在佛罗伦萨得到了广泛传播。托钵修会行乞修道士（the Domican Friars）通过大学的教学、讲道坛的演说和出版物致力于普及亚里士多德的思想——莫尔贝克是一位托钵修会修道士；他们甚至在佛罗伦萨建立了学校，在那里，他们教授亚里士多德关于人的政治本性的理念。而且，具有政治意识的城邦公民都必须读佛纳利的文摘，这似乎是当时畅销的一部作品。因此，亚里士多德对中世纪后期公民教育的贡献，与其说归功于他在《政治学》第7章和第8章中有关教育的阐述，莫如说是归功于其使意大利公众认识到最完整意义上的公民身份真正意味着什么。

然而，不像柏拉图，亚里士多德很少激起教育作家们的兴趣，尽管我们可能注意到三个例外，因为事实上这些例外的确表明了亚里士多德比柏拉图的思想对今天的自由社会有更大的相关性。首先是美国的哲学家杜威（参看第三章），他之所以称赞亚里士多德思想的适切性（relevance），主要有两个原因：亚里士多德关于技能训练与自由教育的区别和道德教育最恰当形式的思想。"在主张操作上的纯粹技能和外部成果的单纯积累相对于

[①] 威廉·莫尔贝克（1215—1286年）应阿奎那之请，从希腊文翻译亚里士多德全集，向西方世界贡献了《政治学》的第一个译本。根据他的译文，阿奎那构建了中世纪集大成的学说体系，亚里士多德从此也成为西方学术至高无上的权威。——译者

理解、意气相投（sympathy of appreciation）和思想的自由发挥而言居于次要和从属地位方面，"杜威认为，"亚里士多德永远是对的"（Dewey 1961：256）；尽管这两种素质在现代工业民主社会中都是必需的。杜威也赞同亚里士多德拒斥柏拉图关于道德是借由知识而获得的命题，赞成道德借由习惯、实践和经验而获得（参见 Dewey 1961：355）。英格兰教育家 E.B.卡斯特尔（E.B. Castle）关注的是亚里士多德的另外一个不同观点，即公民应当按照政体的精神接受教育（参见 Aristotle 1948：1310a，1337aⅡ，及以上）；因此，在当代英格兰，教育应当支持民主政体。不过，卡斯特尔认为亚里士多德的进一步陈述——"一个国家的教育制度必须……是单一的和对所有人是相同的"（Aristotle 1948：1337a）——太过分了，他支持1944年后关于恰当教育的三轨制概念（参见 Castle 1961：201）。与此相反，加拿大学者伊蒙·卡尔兰（Eamonn Callan）既支持亚里士多德关于道德教育的阐释，也赞同对所有人施以相同教育的倡导，尽管关于后一点只是言下之意而并无直接引证。卡尔兰认为现代的多元社会需要由公立学校（用美国的术语来说）来提供凝聚力：

> 亚里士多德的论题表明，合理性的增长会在一定阶段要求在对话背景下践行互惠主义，以超越我们的社会分裂，我们可称之为公立教育的对话任务。显而易见，公立学校是在履行公民职责之前为完成这个任务创造必要环境的一种方式。
>
> （Callan 1997：177）

如果说亚里士多德成为政治学的主要指引，那么昆体良就是教育的主要引路人（尤其在修辞术方面，与西塞罗共同成为引路人）。昆体良的重要拥护者，尤其是后古典时代教育的公民目的的倡导者，当属帕多瓦（Padua）的弗吉里奥（Vergerio，1349年出生）和他的学生菲尔特（Feltre）的维托利诺（Vittorino）。弗吉里奥出版了一本昆体良著作《雄辩者的教育》的注解本，这促进了昆体良思想的复兴。用一位教育史学家的话来说，"每个复兴期的教育家（即文艺复兴期），无论是理论家还是实践家，也不管是在意大利还是在日耳曼人的土壤上，都沉浸于昆体良论述的文本与精神之中"（Boyd 1932：171）。

但是，最普遍的影响来自于对希腊人，尤其是自文艺复兴时期至19世纪对拉丁文学的研究，和由这种学习而衍生出的对古典文明的高度珍视。这种珍视部分归功于公民身份的古典形式。有四个特别重要的例证。

第一个例证是在文艺复兴时期的意大利。这里我们可以找到一些城市国家，如波洛尼亚、帕维亚、米兰、威尼斯，和作为典范的佛罗伦萨，那里发展起了在当时最为发达的公民身份模式；例如在布鲁尼（Bruny）和马基雅弗利（Machiavelli）的作品中，还可以发现关于公民美德（virtù）的相应政治理论。每一个国家都试图培育一种对于公民美德和爱国主义的期望，为实现这一目标而采取的各种教育措施中都以各种不同形式表现出一种古典共振。各城市都试图证明和强调他们的罗马血统，以获得作为"拉丁城市"的地位。另外，教会被征用为公民事业的合作者，以表明共同体和谐的至关重要性。传教士们在教室、讲道坛，以及重大的和大众性的城市庆典和节日盛会期间传经布道，这些庆典和节日盛会很可能是最有效的公民宣传方法。这些节日盛会建立在一种公民宗教基础上，是典型的践行希腊和罗马的"公民的"或是"古典共和主义"形式的公民身份。但逐渐地，宗教因素在弱化，例如在佛罗伦萨，世俗的教师运用斯巴达、雅典和共和罗马的模式以使他们的学生铭记公民理想。又如，据说，在维托利诺向其学生教授个人诚实和公民责任的教学中，他"认为这两种美德均可以从对古典研究中习得"（引自 Dynneson 2001：107）。

第二和第三个例证是由 18 世纪晚期的北美和法国提供的，在那里对古典作家的兴趣和对带有古典公民美德色彩的共和政府形式的青睐，为教育思考提供了一种背景，这将在第二章中予以揭示。

第四个例证可以在 18 世纪和 19 世纪的英格兰找到。在那儿，捐款设立的文法学校和公学培养的是主导国内、殖民地政府和管理的精英公民。直到 19 世纪，这些学校设置的课程几乎全是古典的——事实上，这也是文法学校的目的所在（参见 Barnard 1947：17–20；也可以参见下面的第三章）。必读的拉丁文散文的作者通常都是西塞罗。例如，当萨缪尔·巴特勒（Sameul Butler）于 1789 年就任什鲁斯伯里学校（Shrewsbury school）的校长时，他在一封信中提到，西塞罗的作品在一周内的四个不同场合中被教授（参见 Sylvester 1970：205–206）。西塞罗是一位公民美德的笃信者。

简要地总结一下：古典世界主要在三个方面对几个世纪的公民教育发挥一种影响。通过对古典文献和希腊、罗马历史的学习，青年人已经习得了有关公民身份的观念以及斯巴达人、雅典人、罗马人践行公民角色的不同形式。带有很强辩论和政治色彩的古代修辞术持续存留于学校课程中，一些教育理论家和政治家们一直主张，为了现代国家的福祉，应该以最广泛的教育手段来恢复公民意识这一古典美德。在质疑旧制度君主政体的专制主义时，在法国大革命时达到高潮的那个时代的革命者们可以回顾共和主义和公民身份的古典传统，将其作为一种极富吸引力的备选。实施这一变革不仅是一种政治挑战，也是一种教育挑战。

第二章　反叛与革命的时代

一、早期的民族国家

当政治上分裂的德国和意大利将在古代和中世纪城市国家环境下享有的象征地位的公民身份一直保持到现代之时，英格兰和法国正在形成统一的民族国家。而且，这些国家都由君主们统治着，他们声称其绝对权力源于上帝赋予的权威。如果君主因为神权而比他最高贵的臣民都尊贵，那么公民身份能够存在于理论或是实践中吗？简短的回答是，公民身份的概念在政治思想中已经根深蒂固，即使在这种明显不适宜的威权主义环境下，也无法被摈弃。它不得不进行调整，并且，为了让公众理解这种调整，教育也必须与之适应。我们这一章将按照年代顺序从16世纪开始，直至18世纪末。我们把这一章命名为"反叛与革命的时代"，意在强调这个时间跨度的特点，这些特点有助于我们理解这些年来公民教育在理论上和实践上的性质。

我们称之为"反叛的时代"，是一种存在于绝对主义表面权力之下的情境，关于这个时代的论述是沿着如下线索展开的。绝对主义君主制是对欧洲王国分裂趋势的一种回应，它从不是真正绝对的，皇室正努力维护其绝对主义统治，但不得不面对具有政治野心或敌对思想的臣民的反叛。在英格兰，这种威胁导致了16世纪北方的两次起义和17世纪的内战。法国也经历了16世纪的宗教战争和17世纪的投石党运动（the Fronde）。因此，为了加强君主制，各国设立了中央集权的官僚机构，英格兰和法国官僚机构的发展尤其与托马斯·克伦威尔（Thomas Cromwell）和红衣主教黎塞留（Cardinal Richelieu）两人的名字联系在一起。这些官僚骨干可以被视为精英公民，这就要求教育能够培养他们适应其角色。再者，尽管按照恰当的政治术语来说，这些王国的居民都是君主统治下的臣民，但政治理论家们仍时常会令人困惑地使用"公民"这一古典术语以强调国民维护国君权威的义务。人们再一次认识到，为了使"公民"能够理解这一义务，需要对他们进行教育。

因为，作为宗教改革的结果，宗教发展成为强有力的政治力量，教会在民族国家如同在意大利那样的城市国家一样被作为传播公民思想的手段（参见第一章）。而且，在宗教争执和冲突的时代，宗教争执和冲突会明显激起一种反叛情绪，在讲道坛上传授国家"真正"的宗教本身就是旨在强化对君主制国家忠诚的一种公民教育形式。宗教也通过削弱绝对主义君主统治而起到一种完全相反的作用，因为，新教派的教义有一款条文有助于形成一种倾向，即主张主权并不属于君主而是属于人民。一位英国学者指出："在英格兰内战的过程中，加尔文教派思想中的个人主义要素从宗教领域扩展到了政治领域……主权现在被认为是'上帝之下所有权力之源'，属于人民"（Cobban 1960：91）。君主专制受到了威胁，我们正处于革命时代的边缘。

大约在英格兰内战一个多世纪以后，卢梭在他的《社会契约论》（*Social Contract*）中强烈主张，公民集体构成人民，他们通过社会契约而建立一个政治实体，借此也表明主权理所当然地属于人民。在这个世纪随后发生的美国内战和法国大革命正是建立在人民和民族主权思想的基础上，并因此获得正当性证明。违背人民的意志而分别统治着美国殖民地和法兰西民族的乔治三世和路易十六的王权如同波旁王朝一样，注定遭受唾弃。结果，公民身份全面盛行；因为君主制国家要求臣民忠于他们的君主；而共和国则要求公民忠于他们的国家。同样，公民教育在理论上也发生了革命性的变化，并随着民族国家中共和政府的诞生，公民教育实践也于19和20世纪发生了革命性变化。世俗教育取代了宗教教育；培育国家认同和使学生不仅了解自己的义务还要了解自己的权利的教育开始流行。但这将在下一章中阐述。

二、适应绝对主义君主制

对全章作一个概览之后，我们将首先考察靠前的部分，并且还要揭示，在18世纪之前的几十年里，已经出现了后绝对主义公民教育的迹象。我们可以发现，在16和17世纪的欧洲，公民教育的实践和主张主要有三个特点。首先概括一下要点，然后再展开，第一个特点是君主制和国家的安全要求王国内的臣民接受教育以实现这些目标的原则。第二个特点是这些目标的提出以及付诸实践具有宗教背景。第三个特点是，集中于培养"绅士"以便为国家提供忠诚、有效的管理者。在 16 世纪中期到 17 世纪中期这段动荡的岁月里，引领风骚的政治理论家是布丹（Bodin）和霍布斯（Hobbes）。布丹于法国长达一代人之久的宗教战争中期的 1576 年出版了他的《国家六论》（*Six Livres de la République*）；霍布斯在 1651 年查理一世被处死两年后出版了他的《利维坦》（*Leviathan*）。因此，这些政治理论家的目的在于力主强大的中央政府建立在不可分割的主权基础上，并且他们关于教育的观点应该体现这种优先性也就不足为奇了。

实际上，布丹对他所在时代政治动荡的关注始于法国一系列内战开始之前；在欧洲大陆的其他地方也爆发了很多次冲突，布丹非常关注这些冲突。因此，1559 年布丹在图卢兹（Toulouse）所做的一次演讲中，对这种好战的局面感慨不已，并认为如果要结束这种暴力泛滥的局面，必须对教育实践进行一次根本的变革。他主张，在私人环境下接受教育的话，孩子们就无法习得社会凝聚的美德和习惯。为了矫正这种缺陷，他力主建立一种我们今天称之为"综合学校"和"公共"学校的机构，他称之为"统一"（identical）学校。他宣称：

> 不久以前我们看到，内战的浪潮威胁到了邻邦的王国和人民，他们仍然没有完全恢复到和平状态，他们只有通过引进一种由基本法所节制、为了所有公民子弟而提供的统一教育，才能够恢复和平。
>
> （Mesnard 1951：58；作者译）

霍布斯关于公民教育的对策来源于两种主张：确保政体安全的原则，这点很容易理解；由于掌权者和掌握知识者出于维护私利的考虑而不让这些原则为大众所知，这一点却不易被公众察觉。他继续阐述道：

> 因此我的结论是，教导人民认识主权的基本权利（即自然的基本性法律）并没有什么困难……困难的是他们自己或他委托治理国家的人有过失；因此，他便有义务让他们受到这样的教导，

这不仅是他的义务，而且也是他的利益所在；同时这也是一种安全保障，可以防止叛乱对他的自然人身所带来的危险。

（Hobbes 1914：ch.30：180）

霍布斯为"人民"提供了七点计划：

第一，应当教导人民不要爱好自己在邻邦中所见到的任何政府形式更甚于自己的政府形式……因而见异思迁。

第二，应当教导人民，任何其他臣民以及主权会议以外的任何会议不论其地位怎样高，也无论其在国内怎样显赫，当他们在各人的职位上代表主权者时，都不要因为慕品德而以尊主权者之礼尊敬他们或以服从主权者的方式服从于他们……

第三，还应当使他们认识到主权代表者（不论是一个人还是一个会议），如果加以非议，议论或抗拒其权力；或是以任何不尊敬的方式称其名，使之在臣民中遭到轻视，因而使臣民松懈（国家安危所系的）服从关系时，将是怎样大的一种过错……

第四，如果不从日常劳动中拨出一定的时间以便听取指定的人员进行讲解，就不可能教导臣民认识这个道理，即使教导了也记不住……因此就必须规定出这样的时间让他们集合在一起，在祈祷和礼拜万王之王——上帝以后，就听人讲解他们的义务，听人宣读和解释与他们全体普遍有关的成文法，并让他们记住为他们制定法律的当局……

第五，由于子女最初的教导要依靠父母的照管，所以当他在父母的教养下时便应当服从父母……

第六，每一个主权者都应当让臣民学习到正义之德……因此人民就能够受到教育不夺他人之所有……不以暴力或欺诈手段夺取根据主权当局的规定应属旁人的任何东西……

最后，教导人民认识，不仅是非正义的事实，而且连不义的打算和企图，纵使由于偶然原因受阻而没有实现……也是不义的。

（Hobbes 1914：ch.30：182-183）

虽然主要是针对成人"阶层"而提出的，但这无疑是一个精心设计的培养有德性的、明智的（informed）好公民的计划。要特别注意霍布斯所提出的第四点，即提供强制的公民教育。

这自然就引出了公民教育将怎样实施这个问题。这个问题把我们引入了这个时期公民教育的第二个特点，即我们即将阐述的宗教的重要性。霍布斯指定教会作为传播有关好公民的思想的主要途径。然而，宗教的这种作用只是有助于塑造18世纪后期的革命爆发之前这一时期公民教育的三个要素之一。其他要素是马丁·路德（Martine Luther）和公民教育中公认的宗教内容的重要作用。

马丁·路德的主张不仅导致了西方基督教会的分裂，而且还因为他否认罗马教皇权威而开辟了建立国教的道路。在这些成就之外，他还深信国家应该为所有儿童提供教育，以便使他们能够学习基督教和公民道德的原则，我们可以从一个德国教育权威的话语中有所体会："路德被德国教育家看作是公民教育的奠基人"（Kosok 1933：150）。路德在1524年通过发表《致德国所有镇长和议员的一封信：敦促建立和维持基督学校》（*Letter to the Burgomasters and Councillors of all the towns in German Lands, urging the Establishment and Maintenance of Christian Schools*）发起了他的运动。显然，在新教领土上摧毁罗马天主教会对学校的控制需要新的政策来取代。不过，路德的理想只停留在：重建的学校系统几乎没有关注大部分年轻人的需要。

教会本身就经常行使公民教育者的职能，这种安排是再合适不过的，因为在这个宗教意识提升和充满可怕争执的时代，公民教育如果缺乏坚实的神学基础将收效甚微，实际上也是不可想象的。让我们以英格兰实施的这些政策为例，英格兰把宗教教育作为公民教育的一种形式，而且利用学校和教会去传播经过批准的思想。1558年伊丽莎白一世登基，她最关切的就是实施宗教和解，结束她姐姐玛丽统治时期的狂热恐怖政策。她也意识到教育对巩固其统治的重要性。她颁布了一系列王室命令、教会教规和议会法案，来确保王室对学校的控制。第一项命令是《1559年王室命令》（the Injunctions of 1559）。只有那些"正确理解上帝的真正信仰"的人才有资格成为教师；而且，命令要求"所有教师都要激发和鼓舞学生去热爱和尊重现在真正为公共权力所提出的属于上帝的真正信仰"，即《最高权威法》（the Acts of Uniformity and Supremacy）（Sylvester 1970：125）。由于耶稣会及其支持者策划以苏格兰女王、信奉天主教的玛丽来取代伊丽莎白的图谋暴露，致使颁布了反对耶稣会的《1585年法案》（Act of 1585），该法案条文包括，任何英格兰臣民"把她（他）的子女……送入超出女王陛下管辖范围的任何海外领地……都是非法的，以上任何一条如若违反则罚每人100英镑"（Sylvester 1970：127-128）。因此，在英格兰[①]，任何儿童都必须接受"真正的"宗教方面的教育，不允许接受天主教信仰的灌输。此外，在伊丽莎白统治时期，教会也在推动一种带有世俗和爱国主义要旨的公民教育。例如，当枢密院（从作者处）获悉一本学校教材，"De Proeliis Anglorum"——一本讴歌从百年战争直到伊丽莎白即位期间所发生的英格兰人英勇事迹的历史，即告知主教们保证把它作为学校教材。为了进入到对下一个世纪的考察，我们需要再次提及霍布斯。他坚信他所规定的一部分教育将会从那些学问比自己高明的邻人或熟人那里得来。然而，这些知识将"主要是从讲坛上的神职人员方面"得来的。他总结道："这……很明显，对人民的教导，完全取决于正确地教育大学中的青年"，因为大学是神职人员获得知识的场所（Hobbes 1914：ch.30：183）。

英格兰国家和教会的完全同一——英格兰教会和英格兰王国在成员资格上的同一性——由理查德·胡克（Richard Hooker）于16世纪末在他的《教会组织法》（Laws of Ecclesiastical Polity）中提出，并广为世人所知。很明显，霍布斯也希望在他关于教育的建议中表达这一思想，因为他提出的七条中每一条都是以圣经的教义为支持的。教会与国家之间的这种相互关系不仅仅被哲学家所察觉。从1549开始流行一种教义问答，详细阐释了要求每一个基督教徒，因而也是每一个英格兰人都应履行的义务。它的结束语是："终身履行我对国家的义务，直到上帝满意并且召唤我。"所传达的是一种顺从的公民思想。正如下面的评论所表明的那样，它流传相当广泛：

> 每个礼拜天的晨祷之后，英格兰10 000个教区中的每个人都会或者应当会聚集在一起，那些来自于贵族和自耕农、农夫、商人、手工业者甚至乞丐家庭的青少年们，都会向牧师学习作为一名基督徒的含义……

> 年轻人被告知的关于服从、权威、社会和政治秩序的知识只来自于教义问答。而且许多或者大多数少男少女们无法证实或修

[①] 此处原文为"法国"，疑为印刷错误，因此根据上下文改为"英格兰"。——译者

正那些庄重的牧师不得不告知他们的东西,因为他们不识字。

(Laslett 1983:217-218;另参见:336 n.4)

现在我们将要开始了解这一时期公民教育的第三个特点,即绅士或贵族阶级的教育。由于正是这个阶级显著地为政府的所有三个部门供给人才——中央政府的官员、法官和仲裁、议会议员,这个阶级中活跃于公共生活的男性们可以被认为构成了精英公民阶层。因此他们为履行这种角色而接受的教育就是我们的兴趣所在。作为精英公民之一,托马斯·埃里奥特(Thomas Elyot)出版了第一本用英语写的教育论著,即《行政官之书》(*The Boke named the Governour*),问世于 1531 年。该书的主要目的在于明确培养国家未来的公仆即"行政官"的技能和道德所需的适宜教育;到 16 世纪末之前印刷了第 9 版这一事实本身就揭示出这本书的宝贵价值。他建议,应该借助柏拉图、西塞罗的著作教授给 17 岁年轻人以道德哲学。罗杰·阿斯克姆(Roger Ascham)的《校长》(*The Schoolmaster*),出版于 1570 年,具有类似的目的,即倡导一种适于年轻绅士的教育,以使他们过一种"为了他们生于斯并服务于斯的祖国的利益"的生活(引自Riesenberg 1992:213)。而且,他抱怨道,特权阶层青年的懒惰使得"低微阶层的子女"占据了重要的政府职位(参见 Sylvester 1970:139,140)。

实际上,到 17 世纪末,在许多欧洲国家,为了把特权阶层的儿子们培养成为承担公共服务职能的"精英公民",已经对他们进行地理、历史、法律、政治方面的教育。正是在此背景下,洛克(Locke)在其《教育漫话》(*Some Thoughts Concerning Education*)中为满足这些需要安排了繁重的课程。所指定的西塞罗、葛洛休斯(Grotius)和普芬道夫(Pufendorf)的著作构成"民法和历史的概论部分……是一个绅士不仅要接触,而且应该时常研读,永远不能放置之物"。年轻学生的阅读也应该包括对英格兰法律、政体和政府的学习;因为,"无论身在哪个国家,(这个国家的法律)都是不可或缺的,从治安推事到政府大臣,我知道缺少了法律的知识他都无法很好地履行职责"(Locke,1989:239-240)。对于思考更为民主的公民身份和公民教育形式,他热情不高。

在该领域以创新思想辈出而闻名的一个世纪中,洛克的教育著作是最杰出的。英格兰内战引起的政治、宗教和社会混乱激起了清教徒关于学校在塑造更富德性、更有秩序的社会方面应发挥作用的思考。这一方面的中心人物是政治家和慈善家萨缪尔·哈特里布（Samuel Hartlib），他说服他的朋友约翰·杜里（John Dury）写了一本书《改革后的学校》（*The Reformed School*），出版于 1650 年。哈特里布在书的序言中概述了他的关切。他认为：

> 在世界上各个国家，奉命管理其他人民的所有地方官员、国家大臣、指挥官都来自于普通学校，他们在学校中获得关于美德与恶习的印象，然后，在他们占据的教会或共和国的职位中将之实践成为善行或罪恶：所以学校被看作是普通、自然的立足（settlement）源泉，既是我们腐败的源泉，假如上帝能够保佑我们，也是我们革新的源泉。
>
> （Sylvester 1970：157）

把确保领土内领袖公民的道德品质作为社会改善出发点的需求，大体上也反映了与其同时代的霍布斯的观点。此外，国家能够并应该采取措施以确保学校积极地促进社会环境的改善，这也是哈特里布信条的一部分。

杜里著作的文本中包含一个沿着他和哈特里布所期望的方针而改革了的具体学校课程。该课程建议为 13 至 20 岁儿童提供一种极其彻底和有趣的普通教育"以使之适应教会和共和国的任何岗位"。这些课程非常适合这一年龄段学生的需要，因此，直至 18 世纪，这些课程为许多英格兰非国教学园（dissenting academies）提供了一种模式，在他所列的 10 个主题中，第 5 条与公民教育尤其密切相关：

> 关于经济学、市政管理和国家法律中的自然正义和公正的教育，应当作为出自于查士丁尼法典[①]和标准法理学的法学基础授予他们。

[①] 公元 526 年东罗马帝国查士丁尼大帝颁布一项敕令，组织一个由 10 名法学家组成的委员会，委员会有权力运用现存的所有资料，并可加以增删、修订，随后把这些敕令分别标上发布皇帝的名号，以及施行的对象与日期，再按内容分类，按时间先后排列。这部《敕法汇集》在公元 529 年颁布施行，也就是著名的《查士丁尼法典》。《查士丁尼法典》是世界上第一部完备的奴隶制成文法，对以后欧洲各国的法学和法律的发展有着较大的影响。——译者

在第 10 条中，他也提倡为了个人的社会性发展进行历史学习：

> 为了获得支配一个人自身生活的智慧和审慎，通过观察他人行事方式，判断、判定、明辨和公民讨论的指引，来形成他们自己触类旁通的处事方法。
>
> （Sylvester 1970：160-162）

杜里试图对学校系统进行改革，而不是要使其发生革命性变革。例如，他的公民教育目的如同埃里奥特的一样，依然是培养精英。他对在学校中开展大众公民教育毫无关切：教授社会道德被认为是教会的功能。然而，与此同时，对维持绝对主义君主制的整套原则提出质疑的更加激进的思想开始广泛传播。毕竟从 1649 年至 1660 年，英格兰出现了共和政府，国家政体是共和国而并非君主统治。而 17 世纪中期的革命活动必然激起革命思想。这一时代最激进的思想者和活动分子是杰拉德·温斯坦利（Gerrard Winstanley）[①]，他描绘的政治思想远远超越了绝对主义君主制和从属于该政权形式的教育观念。1652 年，在他的萨里郡共产主义掘土派共同体解体两年后，他写了一本重要的小册子《自由法则》(*The law of freedom in a platform*, *or True Magistracy Restored*)，实际上是一部共产主义国家的宪法。例如，它规定成年人享有投票权和通过选举产生地方官员。温斯坦利对教育能促成一个合乎德性、公正的社会之潜力充满浓厚的兴趣，他在小册子中用一整章的篇幅来阐述这个主题。他声称，人有四个年龄段。在童年期，"他的父母应该教给他文明、谦逊地对待所有人的行为方式"；然后父母要把他送入学校接受更加正规的教育。青年阶段延伸到 40 岁，此时参加生产劳动的工作将会结束；成年期和老年期包括从 40 岁到 80 岁的年龄段。从第三和第四个"成人阶段"（degrees of manhood）中，"应当选拔出所有的官员和管理者去确保共和国的法律得到遵守"（Winstanley 1944：174）。温斯坦利的计划是学校应当培养年轻人不仅在退休前而且还要在退休后过一种积极、有效的公民生活。再者——这也是温斯坦利不同于同时代其他思

[①] 英国资产阶级革命时期的掘土派领袖，空想共产主义理论家。曾在伦敦做布商，破产后当雇工。英吉利共和国建立后，温斯坦利和 W. 埃弗拉德领导一批城乡贫民到圣乔治山开垦公用地。此后，温斯坦利撰写小册子，宣传掘土派的思想。其主要著作有《英国被压迫贫民宣言》《新正义法典》《自由法则》等。——译者

想者之处——所有的学生都应被平等对待（尽管对于女孩设置了单独的家务课程），因此，所有的努力都是为了培养主动公民。他指出了学校学习的三个目标：

> 第一，熟悉世界事务的知识，利用传统的知识，他们才能像理性的人那样能够更好地自我管理。
> 第二，通过理解政府的本质，他们才能成为支持政府的优秀共和国公民。
> 第三，假如英格兰有机会向其他国家派遣大使，我们就应该熟悉他们的语言；或者假如有其他国家的大使来到英格兰，我们应该能听懂他们的演讲。
>
> （Winstanley 1944：173–174）

作为结果，个体将会成长为一名在个人、政治和国际意义上的公民。

然而，无论是温斯坦利的空想宪法，还是他的掘土派共同体，都以失败而告终。1660年斯图亚特王朝英格兰教会的复辟结束了克伦威尔的空位时代[①]，詹姆斯二世的绝对主义野心也是昙花一现，把国家推向了君主立宪的道路。另一方面，虽然对于教育思想没有发挥显见的作用，但是从17世纪末开始，公民美德和古典公民身份观念在英格兰繁荣兴盛起来（例如参见Burtt 1992）。然而，在欧洲大陆，公民身份词汇也同样获得复兴，并且的确开始渗入到教育思想之中。实际上，这种古典复兴起初并非质疑君主统治。的确，由于公民共和主义的公民身份强调义务甚于权力，因此这可以被解释为是为了维持现状。例如，1673年，萨缪尔·冯·普芬道夫在他的《两论人和公民的义务》（*Two books on the Duties of Man and Citizen*）中宣称：

---

① 查理一世被处死后，英格兰进入"英格兰联邦"（Commonwealth of England, Scotland and Ireland）时期，或称"护国公时期"（Protectorate），1653—1659年在"护国公"（Lord Protector）奥利弗·克伦威尔（Oliver Cromwell, 1599年4月25日至1658年9月3日）和他的儿子理查德·克伦维尔（Richard Cromwell, 1626年10月4日至1712年6月12日）的统治下，英国法律上没有国王，属于"空位期"（The Period of Interregnum）。直到1659年查理二世的王朝复辟（English Restoration）。——译者

被任命来向公民大脑灌输知识的教师，不应该教授那些错误和有害的知识：真理应该以这样的方式进行传递，即学习者对真理的赞同并不是基于习惯，而应当是因为他们被告知了充分的理由；教师不应当传授那些扰乱公民社会的知识，也不应当使之拥有多余的人类知识，假如这些知识无益于公民生活的话。

（Clarke 1994：92）

温斯坦利的作品超越了绝对主义君主制的范畴，他没有使用"公民"这一术语，但倡导国家提供一种为了全体人民和国家利益的教育；普芬道夫没有明确提出这样的条文，但是却使用了公民身份的话语。他们都可以在各自的见地方面被看作稍微超前于其时代的过渡性人物，因为他们的思想在始于1760年的40年间才在法国获得复兴，在此之前一直处于蛰伏状态。

三、法国计划的泛滥

在旧制度下的法国，学校教育掌握在修道会尤其是耶稣会的手中。这个时期政治上野心勃勃的机构有高等法院（senior lawcourts），即"*parlements*"，最突出的是巴黎高等法院。高等法院自诩为法兰西民族的代表及其利益的捍卫者，对耶稣会充满强烈的敌意，他们把耶稣会视为一个削弱法国政体的外来入侵团体。1762年，耶稣会以政治无能为由对巴黎高等法院发起了一场道德抨击。高等法院派人士裁定耶稣会的信条"有损于基督教道德，有害于公民社会，具有煽动性，是对国家的权利和王室权威的一种挑战"，或者影响更严重（引自 Cobban 1957：86—87）。国王除了颁布命令废除法国耶稣会之外别无选择。废除耶稣会的重要结果之一就是耶稣会的神父失去了教师职业，他们的位置被其他修道会的成员所取代，主要是奥拉托利会会友（Oratorians）和一些世俗教师。课程却没有发生任何改变。然而，尽管废除耶稣会事件对教育实践影响甚微，但是它却激起了一股空前的关于这一主题的著述热潮。单从1762年至1765年，就有32部出版物问世。

正如帕尔默（R.R. Palmer）所做的有益解释，参与到这场出版热潮的那些人是高等法院派人士、启蒙思想家和教授们（Palmer 1985，例：55）。

由于他们的著述具有不同的背景和视角，他们自然也就提出了不完全相同的解决问题的方案，尽管建立一个由国家而不是由教会组织的全国性学校系统这一需求是他们的共同主题。尽管如此，关于是否应该把显性的公民教育作为该改革提议的一部分并未取得普遍的共识。无论是许多启蒙思想家还是年轻农民的父母，都不希望看到国家的劳动力和家庭新生代的家计负担者为了参与主动公民身份而脱离他们的首要经济职能（例如参见：Linton 2001：122）。而且，启蒙思想家所推崇的世俗教育观念也引发了一些反对意见。法国大革命爆发后，这也成为导致伯克（Burke）对发生于海峡对岸的 1789 年大革命充满强烈敌意的重要因素之一。他强烈抨击那些"政治狂热者"，主张宗教的政治稳定作用可以被一种教育所取代：

> 这是一种他们所设想的教育，它建立在人的物质需求基础上；逐渐扩展以至于唤醒人们的利己观念，他们声称，如果充分理解了这一点的话，这将等同于为一种更大范围的公共利益。这种教育计划早为人知，最近他们称之为公民教育……以示区别。
>
> （Burke 1910：145；另参见：354 n.）

伯克可能已铭记爱尔维修（Helvétius）在其《论精神》（*De l'Esprit*）中的阐述。在其另一部著作《论人》（*De l'homme*）中，爱尔维修提出了著名的论断，即"l'éducation peut tout"——"教育万能"。正是对这种学校教育潜能的乐观主义激励了改革的倡导者们致力于其选定的工作。

我们将简短地探讨改革计划在多大程度上倡导了公民教育。然而我们首先需要了解一下在耶稣会被废除之前已经采取了何种教学形式——并且实际上一直延续到法国大革命，几乎没有变更。公民教育仅限于特权阶层的儿子们，主要通过高级中学（collèges）的历史教学来进行，这种教育形式适应了不同学业水平和年龄阶段学生的广泛需要。尽管主要的课程由拉丁文本构成，但是也教授一些现代史。在 18 世纪有政治意识的成人中，所探讨的最重要主题就是被认为源于斯巴达和罗马共和国的共和主义公民美德概念。例如通过研读普鲁塔克关于斯巴达的著作、李维（Livy）和塔西佗关于罗马的著作和修辞术大师西塞罗的著作来学习古代历史，可以想象，这些成人在学生时代应该已经领会了一些公民身份原则，这些原则随后也可以转化为对当代法国的一种批判性理解。但是事实真的如此吗？帕尔默声称历史的价值"在于提供道德和政治原则的具体示范……它传达的是一种萌芽形态的政治科学"（Palmer 1985，18）。另一方面，玛丽萨·林顿（Marlisa Linton）却不那么肯定。她指出人们可以从罗马作者本身发现践行共和公民身份的理想有多么困难（Lionton，2001：39）；并且：

> 人们不应该夸大……革命的一代在其成长期经受共和公民美德洗礼的程度。不重视美德、忽视社会改善思想而专注于个人救赎问题的宗教作品仍然占有优势。
>
> （Lionton 2001：183）

即使如此，关于正直和公共服务的古典理想已经纳入高级中学的课程，并教授给学生。至少这些公民教育的要素是通过古典课程这个媒介得以传授的。

现在我们再将视角转向耶稣会销声匿迹后的出版物。这些出版物可以用如下的话语来概括："所有的出版物都试图培养更有用的社会成员"，在他们看来，这包括成为"一个心系民族和祖国的好公民"（Palmer 1985：56）。其中有四位作者的著述对于我们考察的公民教育具有尤其重要的意义：夏洛泰（La Chalotais）[①]、纳瓦尔（Navarre）、卢梭和杜尔哥（Turgot）。

由 1769 年出版的《论国家教育》（*Essai d'éducation nationale*）开始非常切合我们的主题，主要有三个原因。这本书的作者夏洛泰是布列塔高等法院的领袖性人物，他对耶稣会的行径很愤慨，并被高等法院授权处理耶稣会被驱逐后产生的教育问题；通过著述的主题来宣传国家教育的思想，这也成为 18 世纪 60 年代改革计划的主题；而且，或许因为他在政治上的杰出表现，这部著作格外广为人知。他延续了对耶稣会的宿怨，指责那种允许忠诚于外国制度的教师来教授法国年轻人的卑劣行为，并痛斥他们可笑、无用的课程。他解释道，"既然教育应当为国家培养公民"，"那么显然教育应当与国家的宪法和法律相联系"（de la Fontainerie 1932：49）——这正是耶稣会无法实现的。因为这些修道士缺乏关于世界本身的认识，"这

[①] 夏洛泰，法国法官，1752年任布列塔尼高等法院总检察长。1761年和1762年两次为高等法院草拟《关于〈耶稣会规程〉的报告》，抨击耶稣会对法国政治与教育的不良影响。1763年出版《论国家教育》，阐述他的教育主张。不久被捕流放。1774年被赦免，1785 年 7 月逝世。——译者

种教育最大的缺点"应该是"完全缺乏道德和政治美德的指导"（de la Fontainerie 1932：55）。夏洛泰提出了他的补救办法：

> 年轻人应当了解自然法、伦理学和政治学的原则……
> 　　历史将起到教授伦理学的作用；体验和阅读将发展这些原则，并有助于得出结论。它们教我们去了解人：这是一种作为伦理学和政治学基础的知识。
>
> （de la Fontainerie 1932：146）

注意"阅读"和"知识"：夏洛泰推崇书本学习（book-learning），是为了实现其以公民理解为中心的国民教育目标。其建议的一个重要特色就是出品新教材，这将"取代其他教学方法"；而且，"如果这些教材制作精良的话，将不再需要受过培训的教师"，要求教师具备的唯一资格就是，他们应该"有宗教信仰，品行端正，知道如何流利地阅读"！（de la Fontainerie 1932：168）

我们的第二位作者是一个不太著名的人物。佩莱·让·纳瓦尔（Père Jean Navarre）是修道会的成员，他在其发表的一篇论文中阐述了他关于适合法国的最佳教育制度的观点，并因此于1763年获奖。下面的摘录恰如其分地反映了我们的主题：

> 　　为什么我们的孩子不应从他们的老师那里学习不仅要做一名社会人、基督徒，而且还要做一名公民？为什么文学教育（literary education）不应起到培养更多有政治美德的奇才的作用？为什么那么多无味和无用的学习都忽略了关于个人对国家义务的崇高学习？为什么在法国，我们的大学不能如同在斯巴达和雅典一样，成为爱国主义的学校？可以说，为了国王和为了法国，是两种感情，教育应当将其整合起来，使其在法国年轻人的心中有机整合起来，就如同他们在国家宪法中那样。
>
> （引自 Palmer 1985：56）

让-雅克·卢梭（Jean-Jacques Rousseau）从一个默默无闻的牧师成长为18世纪法国最著名的政治和教育作家。尽管卢梭是公民身份和教育领域最杰出、最有影响的一位理论家,但反常的是,他关于公民教育却所言甚少。原因却很清楚,推理如下。人有两个相冲突的身份——人与公民;因此也存在两种"相冲突的教育制度类型"——"一个是公共的,为许多人所共有的,另一个是私人的、家庭内部的"(Rousseau 1911:8)。显然,前者是提供公民教育的类型,从整体上把握其论著可见,关于这个问题卢梭有三个基本观点。一个是目前的教育制度——"我们可笑的高级中学"(Rousseau 1911:8)——无法履行这一功能。第二个观点是为了提高民族凝聚意识,需要一种显性教育。卢梭关于这个问题的第三个观点是,在一种理想的国家,如同他在《社会契约论》中所专门勾画的那样,培养公民使其养成公民美德的态度和履行其公民职能,源于国家的广泛教育活动,而不仅仅局限于学校。因此,尽管卢梭没有写过一本著作甚至一章来专门阐述公民教育,但关于这个问题他作了很多思考,这也是显而易见的。因此,了解他在这三个标题下都作了什么样的论述是很有意义的。

面对着这两种类型的教育,个体(或者更确切地说,是父母)必须在这两个相近的理想之间做出选择:通过在远离社会不良风气影响的环境下进行个人学习以谋求自我实现;或者是国家对青年人进行莱克格斯式和柏拉图式的正式控制(例如参见 Shklar 1969:5,160)。他甚至在其为《百科全书》撰写的一篇论述政治经济学的文章中认为,让儿童脱离他们的家庭以便国家可以控制对他们的教育,这种斯巴达、克里特和波斯式的制度值得推崇。因为,通过这种手段,年轻人长大之后就能够深切地理解和尊重公意(General Will),这是卢梭确保政治自由和稳定的核心概念。"正是通过(教育)",他声称,"从早期开始就培养年轻的公民,以把他们所有的激情都引向对祖国的热爱,所有的意志都聚合于公意上"(引自 Cobban 1964:112;作者译)。自由制度的正确运作和凝聚的民族意识的塑造,都取决于由国家组建和管理的教育系统。

1771 年,当处于危机之中的波兰人来向卢梭咨询如何改善他们的境况时,卢梭特别意识到教育在塑造民族国家意识中的作用。他坚定地断言:"教育必须按照国家的模式来塑造青年人的心灵"(引自 Palmer 1985:52)。但是,这只是为一个在政治上孱弱、文化和社会方面异质的国家开出的一个急救处方。从理想上来说——这是卢梭在《社会契约论》及其重要论文中主要感兴趣并阐述的理想——他假定一个国家应该已经享有了必要的同质性,而这正是 18 世纪的波兰所不具备的。这个假定在一定程度上源于卢梭深信最好的国家就是城市国家。这样，我们就涉及了他关于公民教育的第三个观点，即公民教育应通过国家的普通教育活动来进行。我们可以发现卢梭认为借此可以实现这一公民教育目标的四种方式：政治参与、公共娱乐、公民宗教和监察官制（参见 Oldfield 1990：69-74）。从渗透这个意义上来说，卢梭提出的公民教育复杂多样，以至可以明确的是，他不相信学校和教师，因而认为其他一些开展公民教育和支持公民履行公民角色的途径更为可取。

参与即教育。通过参与集会，公民不仅在了解程序而且在感受有别于自利活动的公共活动的意义上，能够学习到合乎公民身份的行为方式。这就是作为启发式学习的教育。所以，参与的机会越多，学习就越透彻。因此，公民教育的质量也就取决于政体的质量："国家的构成越合理，公共事业就越能在公民意识中胜于私人事务……在一个管理有序的国家，每一个人都积极地参与公共集会"（Rousseau 1968：III，15）。

然而这是一种稳重严肃的学习方式，很难激发那些不关心政治者的兴趣。不过，大多数人都会乐意响应演出活动。因此，卢梭建议：

> 在广场中间打上一个桩子，上面装饰上花朵。让人们聚集到那里，这样你就会看到一个节日。不过还可以做得更好，让观众也自我娱乐；如此一来每一个人都能在他人身上发现自我，珍爱自我，这样大家也就能更好地团结起来。
>
> （引自 Oldfield 1990：72）

公民应和其他公民紧密联系在一起；没有比社区娱乐更好的方法了——尽管这也带着公民教育的意味。当我们接触到大革命岁月时，我们还有机会看到这一观念得到最生动的体现。

还有一种更有潜力、更具持久性而非偶发性的教育力量能够让公民产生义务感并增强他们按照公民义务生活的决心。这就是宗教。不过它不是一种绝对意义上的教义宗教，而是一种公民宗教。卢梭在其《社会契约论》中用了最后一章的篇幅来阐述这一观点。他写道：

> 有……很多纯粹公民性质的宗教信仰，规定信仰条款正是主权者（即全体公民）的职责，这些条款并非严格意义上的宗教教

义，而是社会性的感情（sentiments of sociability），若没有这种感情，既不可能成为一个好公民，也无法成为一个忠诚的臣民。

（Rousseau 1968：IV，8）

所有的公民必须学习和遵守公民宗教的信条，这并非是为了个人来生的救赎，而是为了对当今和未来世界政体的救赎。而且，应当设立监察官法庭（Rousseau 1968：IV，7），以防公民产生错误的观念和判断。这一条反映了卢梭关于公民身份的本质以及应该培养公民以使其不辱公民身份的理解之精髓。这个精髓就是公民美德，是个体对共同体的道德承诺。只有使公民领会了国家传授的教训和思想，才能够使公民个体的心灵和理智与公民需求有效地保持一致。

卢梭的《社会契约论》出版于1762年，即夏洛泰和纳瓦尔论文发表的前一年。现在我们转向1775年。很可能就是在这一年，杜尔哥向年轻的国王路易十六提交了一份关于行政区组织的公文报告，其中有一小节名为"论培养个体和家庭恰当地参与良好社会组织的方法"（On the Manner of Preparing Individual an Families to Participate Properly in a Good Social Organization）。杜尔哥毕生致力于公共服务，是旧制度下所有此类人物中最能干、最充满改革智慧、最富仁爱之心的人。协助他起草这份公文报告的是他的秘书多彭·德·奈摩尔（Dupont de Nemours），这个人在后来的法国大革命中扮演了有益的革新角色。他也对教育保持着兴趣，例如，由于他曾移民美国，与杰弗逊（Jefferson）结下了友谊，并且向杰弗逊提出了关于这个年轻国家的国民教育计划（参见 Palmer 1985：54 n.30，及下文）。

因为过于简短，《论培养个体和家庭恰当地参与良好社会组织的方法》经常被人们忽略。这是非常遗憾的，因为它包含了对"正规公民教育非常重要"这一信念的最早、最直接的表述之一。因此，值得对其进行详细的归纳（de la Fontainerie 1932：179-183）。这个文本由设置一个国民教育委员会（Council of National Education）的建议开始，该委员会的主要职能将是促进"关于人的社会义务的……教育"。这个职能将主要通过出版教科书来实现，这些教科书要符合这样的特殊设计："学习作为公民、作为家庭和国家成员的义务将是其他所有学习的基础，这些学习将按照其对国家的实用性程度来安排。"这样的国民教育系统会让所有社会阶层和所有智力水平的人都成为"具有公正精神、纯洁心灵和热诚的公民"。换言之，

这个委员会将促进一种"一致的爱国理想"。这个方案的目标是要使法国的青年

> 清楚地了解到他们对社会以及对保卫社会的（国王的）权威的责任（obligation），这些责任赋予青年的义务（duties）以及他们在履行这些义务中享受的利益，既是为了公共福祉也是为了他们自身。

此外，该文揭示了一些启蒙思想家动人的乐观主义，被爱尔维修以简练精辟的语言所道出，即人可以自我提高。因此，杜尔哥断言：

> 如果陛下批准了这一计划……我敢保证十年以内您的国家将令人刮目相看，并且因为教育，在良好的品行以及对效命于你和这个国家的文明热诚方面，将远远超越其他任何民族。

新的年轻一代将会

> 随时为国家效命，全心全意地献身于他们的国家，服从王权——不是出于恐惧，而是出于理性的思考——有益于他们的公民同伴，习惯于认同并崇尚正义。

因此，我们无法知晓杜尔哥和多彭运用了何等智慧设计了实现公民革新的详细课程纲要；他们说要进行的全面阐述也并没有写成。由于与巴黎高等法院发生冲突，杜尔哥失宠于国王，并在1776年被免职。具有讽刺意味的是，高等法院成为后来演变成法国大革命的这场危机的主要促成因素，而法国大革命反过来又引发了更多建立国民教育体系计划的起草——1788年至1790年间发表了32个计划，很巧合地与1762年至1765年发表的计划数相同（参见 Palmer 1985：48）。

"在那个黎明能活着就是天赐之福"，这是沃兹沃斯（Wordsworth）[①]

[①] 威廉·沃兹沃斯（William Wordsworth，1770—1850年），19世纪英国诗人。主要作品有长诗《漫游》（*The Excursion*）、《抒情歌谣集》（*Lyrical Ballads*，与柯尔律治合著）和《序曲》（*Prelude*）。——译者

《序曲》中的一个名句，在此，他回顾了他作为年轻人对法国大革命所预示的幸福和正义的新时代即将到来时的兴奋和激情。在陈述中，他也对其深信接二连三组成的议会之代表有能力创造一个面目一新、开明的政体和社会这一点进行了反思。这一任务包括制度的改造；但是如果法兰西国民的理智和心灵仍旧囿于旧制度的态度和行为，那么这种变革努力就将是徒劳无益的。因此，法国人民必须被培养成公民，是新型的主动公民。公民（"citoyen"和"citoyenne"）这一称谓在现代史上的任何其他时期都没有在这个时代产生如此丰富的意义。因此，学校就要肩负起培养新生一代使其理解这一意义的责任。但是革命者——好像他们的习惯一样——非常匆忙；当下的成人要承担公民角色也必须接受再教育，采用的方式比卢梭在其对于"演出"所具有的公民价值的推崇中所设想的更丰富多样。

实际上，《1791年宪法》在其基本的、第1条款上确保了国家为公民提供参与学校教育和公民教育的机会：

> 应该创建和组织通用于全体公民的公共教学（public instruction）……
>
> 应当确立国家节日，以使人们铭记法兰西宪法，维持公民之间的友爱之情，使他们与宪法、祖国和法律紧密联系在一起（作者译）。

拿破仑也认为，如果教育得到有效组织的话，可以发挥非常重要的政治功能。他宣称：

> 如果没有一支坚守原则的教学队伍，就不会有一个稳定的政治国家。只要国民没有从儿时就开始学习如何做一名共和主义者或者君主制主义者、天主教徒或者无信仰者等，这个国家（State）就不能形成一个民族（nation）。
>
> （引自 Palmer 1985：308）

但是，即使在教育领域，拿破仑也实施了他的独裁议程，远远背离了1789年的理想。1806年，即发表以上声明的第二年，他解释道："建立一支教师队伍，我的首要目标是获得引导政治和道德舆论的手段"（Chevallier and Grosperrin 1971：62；作者译）。

在具体探讨大革命和拿破仑时代之前，我们必须停下来思考一下拿破仑使用的"民族"这一词汇的含义。实际上，在这个时代，"民族"呈现了它的现代意义，特别体现在这一思想上：一个民族是使用共同的语言而具有一体感并有可能采取联合行动的一群人。在大革命期间，实际上，不止那个时期，很多法国人不说法语这一境况令一些政治家担忧不已，他们渴盼法兰西成为一个在文化和政治上具有高度凝聚力的国家。例如，假如有儿童说布里多尼语（Breton）①或者德语、意大利语，确保他们至少掌握一些有关法语的工具性知识，当然就是学校的责任。国家安全委员会（the Committee of Public Safety）对此忧心忡忡，委员会成员巴瑞尔（Barère）于1794年就此问题发表了一个报告。在这份文档中，他解释说：

> 教育的首要法则应当是培养个体成为一个公民；如今，要成为一个公民，就必须服从法律，而为了遵守它们，就必须了解它们。因此你应当把它归功于那些对他们进行初等教育的人，正是初等教育使他们能够理解立法者的声音（他列举了不讲法语的八个省）。立法者所讲的是那些必须执行和遵从法律的人听不懂的语言。
>
> （Baczko 1982：433；作者译）

从关于大革命和拿破仑时期的这些初步的评论中，自然引出一些问题：这些年间都有什么计划，付诸实践的都有哪些？如同我们对1762年之后计划的总结一样，我们将对一些例子进行审视，这些例子是根据它们在这个时代的重要性，以及与我们的公民教育主题的切合程度而选出的。它们是由米拉博（Mirabeau）、塔列朗（Talleyrand）、孔多塞（Condorcet）、莱庇莱提尔（Lepeletier）和鲍奎尔（Bouquier）提出的计划。

米拉博（Comte de Mirabeau）被誉为法国大革命时期最有才干并头脑冷静的政治家之一。他和同伴一起起草了四篇关于公共教育的演说，由于他于1791年早逝使得这些内容未能在制宪议会上宣讲。但这些报告依然很重要，因为它们代表了在新的革命环境下思考教育问题的最全面的早期尝

---

① 布里多尼语是主要使用于法国西北的布列塔尼半岛的一种方言。——译者

试。米拉博要求对教育体系进行一次彻底的革新,以使新的教育体系能够反映从专制到自由的转变。新颁布的好宪法需要支持——并且"除了建立一个良好的公共教育体系外别无他法:有了它,你的大厦将万古不朽;没有它,无政府和独裁"将会破坏政体结构(Baczko 1982:72;作者译)。因为:

> 关于自由的学习不会简单到一蹴而就……这种学习与所有的思想巨著和伦理学的所有分支密切相连。现在,诸位先生,只有具有良好的公共教育,你这种完全的革新才能得以实现,这种教育将为人民的福祉奠定基础;而且这些基础也将建立在人民的美德之上,而人们的美德则建基于启蒙之上。
>
> (Baczko 1982:73;作者译)

米拉博就是如此揭示了自由政体与国民教育系统之间的必然联系的。

米拉博去世五个月后,塔列朗,一个多才多艺的人——暂且不提其变节的事——一位牧师和政治家,向议会提交了一份长篇报告,这个报告被认为是"教育史上的一篇重要文献"(Palmer 1985:98),同米拉博一样,塔列朗明确地把教育改革和政治革命联系在一起:

> (他问道),如果宪法只是存在于我们的法律之中,如果宪法没有植根于所有公民的心中,如果宪法不能永远在人们心中植入新情感、新习俗和新习惯,那么宪法还真的会存在吗?难道不通过每日持续的教育实践就能够维持这种变革吗?
>
> (Baczko 1982:111;作者译)

此外,他还在四个标题下详细阐述了公民教育。一是关于宪法的知识;第二是学习如何通过军事训练捍卫宪法;第三个是学习如何改进宪法,尽管很难;第四个是学习如何深刻领会宪法赖以立基的道德原则(参见 Baczko,1982:116-117)。这份报告并没有获得热情回应就被束之高阁了。尽管如此,该报告所提出的原则和结构的确成为大革命以后教育体系的基础。

1792年推翻了波旁王朝的统治并且选举产生了国民公会之后,制定教育改革计划又重新获得了勃勃生机。在这一年的早些时候,一个委员会的报告呈交给了立法会议，这个委员会的领袖人物就是身为杰出数学家和哲学家的孔多塞。这个委员会报告成为国民公会早期审议教育问题的基础。那么孔多塞关于公民教育都有什么见解呢？教育体系的四原则体现了这一具体目的："在全体公民之间建立一种实际的平等，从而实现法律认可的真正的政治平等"（de la Fontainerie 1932：323）；建立这样一个系统是政府的职责；"所有的教育……都应该尽可能地免受政治控制"（de la Fontainerie 1932：325）；可以确定的是：

> 如果不普遍开展政治科学方面的教育……（并且）如果你不通过一种普通教育使他们掌握完善宪法、制定更好的法律、获得更加完整的自由的方式，那么这个民族将无法享有一种稳定的、确定的自由。
>
> （de la Fontainerie 1932：343）

注意塔列朗对年轻公民应当学会改进宪法这一思想的回应。

孔多塞关于公民教育的具体建议包括两个要求。一个是，尽管《宪法》和《人权宣言》应当原原本本地成为固定的文本，但是领会其难以估价的精神实质则不应该是灌输的结果：应该告知人们它们都是运用理性的产物，是通向永恒真理之路（参见 de la Fontainerie 1932：328-329）。第二个要求是终身公民教育，公民教育不能因为离开学校而告终。孔多塞明确地表示：

> 每个星期天，乡村学校的校长将向所有年龄的公民发表一个演讲……在这些演讲中，将深入阐释伦理学的原则和规则，以及每位公民都要遵守的国家法律，否则他就不会知晓自己的权利，因而也就无法行使这些权利。
>
> （de la Fontainerie 1932：328；另参见：325，329）

尤其值得注意的是这一引文中的最后二十四个字：接受教育是为了主张权利，而不是为了接受公民义务的训练。我们只是暂时涉及一个新时代，因为我们还将在第三章中进行说明。关于孔多塞的报告，最后要说的一句话就是，国家节日应当用来告知或唤起全体公民关于这个国家传统的记忆，尤其是关于英雄主义的记忆，为公民认识其义务提供巩固的历史基础。

在国民公会对孔多塞计划进行辩论期间，其中一名议员莱庇莱提尔（Michel Lepeletier）提出了一个替代性计划，但是在这个计划公布前他就被暗杀了。与此同时，罗伯斯庇尔（Robespierre）对教育很感兴趣，正是他把莱庇莱提尔的计划提交给了国民公会。这个计划的核心就是公共教育（l'éducation commune）这一概念，这是一个被随意传播而缺乏明确界定的术语。莱庇莱提尔将其推向准斯巴达式的极端。他陈述道：

> 这项法律在于建立一种真正国民的，真正共和的，并为所有人平等、有效地共有的教育方式……
> 我请求你们宣布，5到12岁的男孩和5到11岁的女孩，所有的儿童都毫无差别地、无一例外地得到共同抚养，并由共和国出资。
> （Baczko 1982：351；作者译，另参见：352）

实际上，呈交给革命议会的这些计划或报告没有一个变成法律。直到1793年末，身为艺术家、剧作家和政治家的加佰利·鲍奎尔提交了一份报告，才获此殊荣。鲍奎尔的计划分为两个部分，我们可以将其概括为基础教育和社会化。法令对于基础阶段的教育进行了详细的规定，即国民公会的"教育委员会应当为其（提供）包含塑造公民所绝对必需的知识的初等教科书，并且……这些教科书首先应当包含人权、宪法和英雄或者美德行为的内容"。再者，与这个时代的氛围相符，教师要接受严密的监控，假如他们传授了任何"违背法律和共和道德的思想和言论"，都要受到指控（Chevallier and Grosperrin 1971：26；作者译）。基础阶段的教育完成之后，年轻人需要"去掌握有关组织民主政府的观念"（Baczko 1982：421；作者译）。因而，这一"最后"（即第二）教育阶段不是在学校中实施的。正相反：

> 真正学习美德、生活方式和共和法律的学校是在大众社会中，在地区（地方革命公社）集会中，在十日节上，在国家和地方性节日上，在公民宴会和剧场中。正是在这些地方，青年人可以毫不费力地获得关于其权利与义务的知识，正是在这里他们汲取适当的情操，以使其灵魂提升到共和国美德的高度。
> （Baczko 1982：424；作者译）

这提醒了人们应该注意视觉艺术和戏剧的教育力量。事实上有人试图把剧院设计成"écoles de civisme et mœurs républicains"（学习如何做共和国公民和生活方式的学校）（引自 Kennedy 1989：182）——学习公民行为和共和道德的学校。然而，尽管剧院上演的剧目可能传递了适当的思想，但这些戏剧却只是面向少数的观众。覆盖更广泛的人群是由各种节日、庆典和有组织的公共集会来实现的。

这些活动中有些是中小型的，比如在大革命初期种植一棵自由之树，后来开展一些象征性的反教会活动。还有一些是大型活动，高度组织的节日，其中三个最为壮观的节日是 1790 年 7 月 14 日的国庆日，1793 年 8 月 10 日的推翻君主专制纪念日和 1794 年 6 月 8 日的最高主宰日，都在巴黎举行，但是其中庆日却吸引来了各省的大量群众。宣传的意图是显而易见的：1790 年的庆典举行于攻克巴士底狱一周年，第二个庆典举行于推翻君主专制一周年，第三个庆典是罗伯斯庇尔庆祝他开创卢梭式公民宗教的时刻。公民参与或者参观精彩的戏剧性游行和表演，尽管如此，大多数精心筹备的节目自然都在首都举行。例如，单是参观在巴黎举行的国庆日的群众就达到大约 25 万人，这还不包括那些在从各省到首都参观庆典景观路线上排列行军的禁卫军。

那么，法国试图通过教育手段促进公民意识而开展的这种罕见的持续长达半个世纪的活动，到底取得了什么成效呢？收效甚微。

在 1790 年至 1794 年这段轰轰烈烈的岁月之后，通过节日庆典开展成人公民教育的尝试逐渐衰落。例如，单是 1793 年 8 月 10 日的庆典就花费了 120 万里弗，而从 1794 年 9 月开始的整整一年里用于全国性庆典的全部花销仅有该数字的三分之一（参见 Cobban 1957：225；Palmer 1985：334）。在 1799 年波拿巴（Bonaparte）掌权后不久就立即废除了除纪念攻占巴士底狱和共和国宣言的节日之外的所有国家节日。人们可能好奇，这些纪念日在使平民走向革命事业的转化中是否有成效。人们出来是为了观看表演，因为这些表演很壮观——他们看中的是它们的娱乐性，而不是它们的教育价值。

利用学校教授青年人公民身份的原则并不比利用公共活动对成年人进行公民教育成功多少。在开办学校和配备教师这一绝对基础的层次上，革命者彻底失败了。他们计划建立新的学校，却并没有成为现实；对教会发起的攻击——从坚持进行一半的牧师不愿意做的忠诚宣誓到去基督教化——给学校造成了混乱和衰落。地方政府的早期组织包括设立大区作为省的下属。在 1794 年末，三分之二的大区对一项学校调查做出了回应。不到十分之一的大区报告说他们接受教育的儿童数符合要求。在巴黎，每 400 个学生才有一位老师（参见 Kennedy 1989：160-161）。诚然，这是恐怖统治最盛的时期，在革命 10 年间呈现出教育发展的谷底；而且后来拿破仑纠正了这个局面。不过，在 18 世纪 90 年代中期的问题仍表明了革命者一个核心抱负的失败。

即使有学校和教师向年轻一代教授《人权宣言》和宪法的内容，并按照要求给他们讲授英雄事迹，许多父母也不愿意让其子女接受这样的教育。让我们举一个来自巴黎以南四十几公里的安吉维尔（Angerville）小镇的小例子——注意，这不是一个反对革命的地区。日期是 1795 年的夏天，教师居住在教区长的住所里。有一天，一个村代表要求他退回房子，交回学校的椅子以搬回教堂。他拒绝了，他描述了他的这一抗拒的结果：

> 上午十一点，我的课就要结束了，在我的操场上爆发了一阵骚乱，一群妇女和儿童大约有 150 人，在大声咆哮，并做出激烈的威胁性言行……由此我知道这是我在此授课的最后时刻了，我待在屋里三个小时未出。

这群人成功地逐出了那位可怜的教师并说服了牧师取而代之。这群人是按照地方议会的指示行事的，并得到当地私立学校学生的支援（Chevallier and Grosperrin 1971：39；作者译）。这意味着，在社区中存在一股对于由政府指派的世俗教师来传授公民道德以取代宗教道德教育的强烈不满。而且我们也想知道，如果这一事件发生在三四年以后，私立学校的学生会不会有不同的表现；因为 1798 年，引入了对私立学校的现场检查制度（spot inspection），以确保这些学校教授的是宪法和《人权宣言》，而不是反革命的思想。然而，有迹象表明，这并没有有效地使私立学校达到这一标准。

不过，读者千万不要形成 18 世纪 90 年代开展公民教育的热诚努力一无所获的印象。这些努力产生了三个积极的效应。最普通的一点是，公民身份的革命性原则，以及公民权利和对公民实践的期望，被吸纳进入并持续成为法国政治文化的一个关键元素。第二点是尽管革命后教会重新控制了教育系统，但在旧制度下产生的对于教育与政治之间相互关系的认识，在左翼思想中根深蒂固了。法国大革命的这两个成就为法兰西第三共和国时期朱尔斯·费里（Jules Ferry）进行教育改革做了很好的铺垫，正如我们将在第三章中看到的那样，正是在法兰西第三共和国时期，公民教育最终成为法国学校中的永久存在。第三，在政府的赞助下，编写了专门的公民教育教材，从而开启了公民教育实践。第一本教科书名为《法兰西共和党人的英雄和公民行为选萃》（Selection of Heroic and Civic Actions by French Republicans）。这本书的作者是政治活跃分子莱昂纳德·伯顿（Léonard Bourdon），他对教育有浓厚的兴趣。这本教科书在1794年的六个月内被印刷五次。此外，为了取代传统的基督教教义问答，还出版了共和问答。使用最广泛的共和问答是由剧作家夏伯希尔（La Chabeaussière）编写的，他还顺便编写了一本教材《共和道德的原则》（Principles of Republican Morality）。他的共和问答包括37个问题，并且答案以韵律四行诗的形式呈现，其中许多与公民身份有关。他还在书中附加了注释，并以训诫的口吻宣称："在界说法律、谈论自由时，如果教师自己不能对其学生投入这个主题所要求的那份热忱，不能表达我所试图解释的内容，那他在我看来就是不称职的"（La Chabeaussière 1794：16）。有一个最生动的四行诗回答了这样一个问题："自由是什么？"是"上天，即我们尘世的上帝送给我们的最好礼物"，而且"谁失去它都必死无疑"（La Chabeaussière 1794：8）。这个小册子不断再印，甚至从1879年到1882年还印刷三次，这与费里的改革有关：这也是说明法国在一个多世纪中持续感受到公民教育需要的一个小小的生动例证。

四、激进思想的传播

20世纪60年代，两部著作的出版在研究18世纪晚期历史的学者中间产生了不小的骚动——还有争议。一部是R.R.帕尔默的《民主革命的时代：1760—1800年的欧洲和美国政治历史》（1959，1964）；另一部是雅克·歌德肖（Jacques Godechot）的《18世纪的法国和大西洋革命：1770—1799》（1965）。总体来说，这两本由美国和法国学者完成的著作认为，法国大革命并非一个与众不同的插曲，而是一场革命运动的一部分，这场革命运动具有民主目标，并在地理上由中欧扩散至美洲。这个论点很契合我们的主题，因为公民身份这一词汇，以及教育对于发展公民身份、形成必要的公民义务意识是至关重要的这一认识，在爆发大革命的法国以外的国家也存在。德国、英格兰，特别是年轻的美利坚合众国，都有力地证明了这种思想的传播。

在18世纪70年代初至19世纪初的一代间，德国进入了一个教育思想异常繁荣的时期，也包括关于公民教育的思考（参见 Kosok 1933：151-156）。我们可以发现有三个阶段。在法国大革命前，有关教育效能的启蒙思想观念和正在兴起的中产阶级渴望更多地参与并影响公共事务的野心刺激了这一活动。这一阶段的教育思想充分体现在 F.G. 瑞兹维茨（F.G. Resewitz）和 J.B. 巴斯多（J.B. Basedow）的著作中。前者写了一本《公民的教育》(The Education of the Citizen)，出版于1773年，无疑是最早在题目上就明确地聚焦于公民教育这一主题的著作之一。后者作为一个教育改革者在德国有极其广泛的影响。第二个阶段不可避免地受到法国大革命的观念和事件的影响。其间主要的教育学作品为 H. 史蒂芬尼（H. Stephani）于1797年出版的《教育科学纲要》(Outline of the Science of Education)、C.D. 沃斯（C.D. Voss）于1799年出版的《国家教育论》(Essay on Education for the State)和 K.A. 莱德（K.A. von Rade）于1803年出版的《公民训练的教育》(Education for Civic Training)。三年之后，普鲁士这一德国对抗法兰西帝国主义的最后堡垒被拿破仑打败，导致德国人开始反思德国的民族认同、普鲁士的爱国主义，以及为了激起这些情感，教育需要作何改变。这是我们要谈到的第三个时期，在这个时期民族耻辱让费希特（J.G. Fichte）和洪堡（W. von. Hunmboldt）提出了他们的教育改革计划，费希特的贡献主要在理论上，特别是他的演说，1807—1808年发表的《致德意志民族的演说集》，洪堡则在1808—1810年期间担任普鲁士教育局长。通过考察这些人物的作品，我们有可能发现该时期德国教育家所说的公民教育是什么意思。

沃斯提出了一个简明而有说服力的公民教育例子：

> 如果关于国家及其目的，关于公民的权利和义务，关于统治权威的必要性和价值等的观念不仅仅是纯粹的想象，如果爱国主义或公民身份情感不是虚构的，那么我们必须能够传授它们，而且它们肯定只有通过专门的教育，通过按此方向进行的定向努力，才能教授它们……

因此，这种教育将是真正为了国家的训练，而且也应该是"国家的事业"。在每一所学校都应当有一个开展公民教学的部门。

（引自 Kosok 1933：155）

言外之意就是，应当把公民身份作为一个直接的科目予以教授，但是其他人则倾向于通过地理、历史、法律等间接的途径来进行公民教育。其中洪堡表现突出，因为他坚持认为通过学习罗马文明，特别是希腊文明，是实现普鲁士复兴的最有效方法。他的这一信念碰巧说服了那些在公学中开发古典课程的英格兰教育家。瑞兹维茨（Risewitz）持相反的观点，他仔细思考了一种理想的未来，那时开展古典教学的文法学校将转变成公民学校（Bürgerschulen）。他也提倡开展比较政府教育（参见 Kosok 1933：152）。

不足为奇的是，虽然沃斯也把关于权利的教学包括在内，但是该时期提议的主要目的在于增强相关的义务承诺和爱国主义意识。拿破仑对中欧的霸权主义控制促进了国家爱国主义向德意志民族主义的转变。在这个过程中，费希特是一个关键人物。在他的第九篇演说中，他声称"必须对大多数公民进行教育以使之具备这种祖国意识"（Heater 1998：112）；这与洪堡形成鲜明对照，洪堡深信必然只与少数人有关的古典教育的效能。费希特在其第一篇演说中突出强调开展一种受益面更广的教育的必要性。他宣称，真正能拯救德国的手段在于：

形成一个全新的自我……在于指向全新生活的……国民教育中。简言之，就是对现存教育体系进行全面的变革，这就是我提出的能够维持德意志民族存在的唯一方法。

（引自 Heater 1998：112）

这是一个充满感情的呼吁，道出了借助教育手段来转变德国公民心灵的明确目的。

但是在课堂上，爱国心并不总是那么容易被激起，巴斯多和费希特都明白这一点。因此巴斯多提倡让节日庆典贯穿于全年，并安排学校活动以强化"爱国主义献身的伟大榜样、源于举国公民团结的好处和对祖国的义务"这些主题，引用一位权威人士的话（Kosok 1933：152），这是对卢梭信奉"演出"的效仿。费希特深信一些青年人在一起共同生活会起到凝聚作用。他提议把来自德国各地的学生混编于厄兰根(Erlangen)的普鲁士大学,他认为,结果就会是:"所有人都赞同的共同要素,即德国的习俗和德国人的国民性,就会保留下来,并且被所有人所热爱和尊重"(引自 Heater 1998:112)。

关于这一思想,还有另外两个具有特殊意义的要素需要提及。一是我们所挑选的这些作者中有两位在其建议中涉及了女性。他们是史蒂芬尼和莱德。莱德认为女孩应当受到公民训练,"尽管她们因为身体因素而被排除在所有公共事务之外"(引自 Kosok 1933:156)。另一要素是在思考公民身份的国家维度(state dimension)之同时对公民身份的世界维度(cosmopolitan dimension)的思考——这个问题我们将在第五章中考察。很显然,巴斯多、史蒂芬尼、沃斯、莱德,还有著名的费希特,都把它视为一个重要的问题。沃斯担心世界主义的公民教育将会削弱我们所渴望的爱国主义效应。其他一些人则认为,公民只要经过适当的教育,就能够通过学习如何为祖国服务而学会如何为人类服务。史蒂芬尼还在作为一个人的个体与作为一个公民的个体之间进行了区分,认为借助知识和"能力",个体可以获得两种角色,他会将在公民训练中所学到的东西储存起来以使自己适合作为一个世界公民。费希特以一种更加神秘的方式详细解释了整合公民身份和世界公民身份的思想。他预见一个人类历史的新纪元即将到来,优秀的德意志民族将带领世界其他民族取得更高水平的认识。他断言"只有德国人""才能成为爱国者;也只有他才能为了民族的利益而囊括整个人类"(引自 Heater 1998:107)。由他的《格言集》(*Aphorisms*)也可以发现,他的言外之意是公民教育应当包括爱国主义、民族主义和世界主义。不过,在要求教育严格遵循根据德国人自己对于进步哲学之路的理解而确立的人类文化目标这一点上,费希特的论点似乎是一个有争议的问题。

尽管一个世纪之后的帝国崇拜有时带有一种夸张的情绪,可以与德国向青年灌输种族优越感、军事主义和全球霸权思想的传统相比拟(参见第三章),但这并非英格兰关于公民教育的思维方式。然而,在我们考察的这个时期里,英格兰关于公民教育的作品都明显带有激进的、民主的风格,经常质疑国家对学校的控制,而且,不管怎样,初衷都是为了穷人的利益。

在考察激进派的立场之前,我们应对亚当·斯密(Adam Smith)关于政治与教育之间联系的观点作以简短的评论。在1776年出版的《国富论》

中,他陈述了其观点,即为了政治明辨,需要对"下层人民"进行教育:

> 国家……并非从对他们的教育中毫无受益。他们受到的教育越多,就越不可能产生狂热(即炽热)的妄想和迷信,二者在无知的国度里经常引发最可怕的混乱。一个受过教育的、理智的人……更倾向于审视并更有可能看穿摩擦和动乱息息相关的不满,因此,他们更不容易被误导去对政府的政策措施进行不负责任的或者不必要的反对。
>
> (引自 Barnard 1947: 53)

在这段保守的小插曲之后,我们再回头来看看激进的思想潮流。18 世纪 70 年代是政治意识显著高昂的时代。改革议会的要求和为这一事业而奋斗的组织不断膨胀,一直持续到 18 世纪 80 年代初。报纸的读者群在 1753 年至 1792 年的 40 年里翻了一番(参见 Plumb 1950: 119),不言而喻,这得益于法国大革命爆发的推动。这一重大事件不可避免地再次激发了对议会改革的呼声和有关自由和平等的激进政治论战——所有这些都生动地体现出公民意识到了当时英国的政治和市民境况以及这些境况存在的缺陷。

因此,英国公民意识的增长呈现两个阶段,集中于 18 世纪 70 年代和 18 世纪 90 年代。尽管"公民"这一术语对英国的宪政法律来说是一个外来词汇,但是法国的论战和立法使这一词汇发生了改变,所以当在谢菲尔德草拟改革要求时候,激进派就声称:"我们所诉求的平等就是使奴隶成为人,使人成为公民,使公民成为国家密不可分的组成部分;把他称为一个联合主权者(joint sovereign)而非一个臣民"(引自 Dickinson 1977: 255)。

此外,人们也发现了希求的公民身份与教育的有用性之间的联系。正如一位历史学家言简意赅地表达的那样,"由于大多数激进主义者认为理性的辩论和精确的信息对于政治进步很重要,所以他们把教育视为一个至关重要的力量"(Dickinson 1977: 261)。然而,尽管法国的教育规划者们都把希望寄托在说服政府去实施包含公民教育措施的计划,但英格兰的教育规划者却在实施策略上存在分歧。乔治·戴尔(George Dyer)就是建立国民教育体系的支持者之一。他不仅提倡由公共部门为穷人提供教育,而且希望富人和穷人能在同一屋檐下学习〔可将这一提议与下文要谈到的本杰明·拉什（Benjamin Rush）和其他美国人的提议作个比较］。如果所有公民在理论上都是平等的，那么他们在接受学校教育方面也应该大致平等。"这样的政策，"他声称，"可以教化人的心灵……使人人平等的原则将会令他感到尊严和崇高"（引自 Dickinson 1977：261；另参见 350n.78）。

在另一个阵营中——深深地怀疑国家提供教育就意味着国家控制教育的那些人——是两位 18 世纪后期英格兰最杰出的公民教育思想贡献者。他们是约瑟夫·普里斯特利（Joseph Priestley）和威廉·高德温（William Godwin）。

普里斯特利是一位相当于文艺复兴时期人士的启蒙思想家，他在许多领域都成就斐然：是一位化学家、神学家、政治檄文执笔人和教育家。他把 18 世纪的主权在民与人的可臻完美性的观念都纳入他的思想之中。因为他是一个非国教徒教长，并且持有与早期法国革命者类似的观点，所以在法国大革命期间的保守派和反法国的英格兰平民看来，对教会和政府都是一种威胁。结果，他的房子在 1791 年伯明翰的暴动中彻底被毁。然而，这一切都发生在他撰写我们格外感兴趣的教育作品的若干年之前。这部作品就是《小论公民和积极生活的自由教育课程》（*Essay on a Course of Liberal Education for Civil and Active Life*），发表于 1765 年，这是一篇非常有思想的精短杰作，主要基于他当教师的亲身经历。他的论点是，应该在中小学和大学的课程中，在"账房教育"和学习"抽象的科学"之间（Priestley 1788：1；此后的引用只显示页码），插入一些涉及国家安康事务、有助于有效生活的科目。

他将其为此目的所建议的主题描述如下："公民历史，特别是公民政策的重要目标；诸如法律理论、政府、制造业、商业、海军之类"以及那些有助于民族强大和幸福的要素（p.10）。为了解释这一主题，他建议开设三门讲座课程。第一门课程，他称之为一般性的历史学习，以"有助于塑造有才干的政治家和理智、有用的公民"的方式进行教授（pp.11–12）。在这门课程中，将会强调商业主题。第二个系列讲座课程主要讲授英格兰历史。第三门课程主要教授现行的宪法和法律。普里斯特利承认可能会有人反对他的建议，包括认为"这些科目对于（青年的）稚嫩年龄和低微的智力水平来说过于高深，过于复杂了"（p.14）。对所有这些反对意见，他都一一予以了有效的反驳。

不过，还有比这个课程大纲重要得多的东西。在论文中，普里斯特利举出了若干理由来论证他的观点。其中一个理由是现行的普通教育内容毫无用处，沦为笑柄。另一个理由是他所列举的主题是理智的成人谈话的内容，学习这样课程的学生就可以有效地参与此类谈话。第三个理由是个体更愿意接受有关政策和商业问题的恰当教育，而不是通过漫无目的的读书或"从日常的结伴交友那里（获得教育）……因为在一些主题上，几乎每一个作者或谈论者都会受到怀疑；各种派别和利益和与其相关的一切具有千丝万缕的联系"（p.17）。实际上，普里斯特利论点的要点是，公民教育计划将会令这个国家受益。他断言：

> 在这个国家以及世界上的每一个国家中，许多政治上的罪恶并非因为缺乏对我们国家的爱，而是源于对这个国家的真正政体和利益的无知——（而且，这样一门课程）或许可能比其他人和环境都更有助于产生、宣扬和影响一种爱国主义精神。
>
> （p.33）

谁会是这种公民教育的接受者呢？普里斯特利重视的是那些有权影响国家命运、影响舆论形成的人——我们称之为"精英公民"的那个阶层。不仅如此，他似乎非常坚定地声明："这不是在向下层的手工业者和制造商教授政治"（p.35）。只能是看起来如此，因为在其他地方他又坚持了截然不同的立场。他提出，"这些目标被这个民族的大多数人理解得越好，这个民族就越有可能从这种知识中获益"（pp.18-19；着重号为作者所加）。而在文章就要结束时，他表现出了真正的激进色彩，他声明：

> 自由的真正朋友将会担心他如何阻止对那种知识的热爱……只有暴君和专制权力的朋友才对下层人民转向政治知识和政治谈论而不悦。
>
> （pp.36-37）

普里斯特利的文章对公民教育问题有关的议题进行了出色的分析，不仅反映了他对所处时代实际需要的判断，也与我们所处时代的讨论产生了共鸣。

与普里斯特利及其所处时代的其他激进主义者不同，威廉·高德温较之于提交实用的改革计划而更专注于论证理论原则。虽然如此,当他的作品问世之时,丝毫没有因为其抽象的风格而减弱其影响。他的论点建立于两个信念之上,即人是有理性的;正义是人类社会的首要目标。关于后一个信念的思想包含在他的主要著作《政治正义探究》(*An Enquiry Concerning Political Justice*)中,该书出版于1793年。在书中有一章名为"关于国民教育"(Of National Education)。

高德温单刀直入,直接表达对由政府提供教育这一建议的关切。他解释说,必须对这一建议加以审视,因为"这种监管的思想已经获得若干更热心于政治改革的倡导者们的支持"(Philp 1993:356)。针对这一观点,他提出三点反对意见,即使这些拥护者认为"就像通过使这些美德的早期传播成为民族的关切一样,要以其他任何方式成功地使爱国主义和对公共的热爱成为所有人民的品质"(同上)是不可能的。高德温的第一个和第三个反对意见可以视为与公民教育相关。第一个反对意见是,国家强制推行的教育往往会停滞不前,会变得过时,会支持偏见。他声称,"甚至在主日学校(Sunday schools)这样的小机构中,""所教授的主要课程都是对英格兰教会的迷信崇拜,以及如何给每一位衣冠楚楚的绅士鞠躬"(Philp 1993:357)。他引用了由拉丁文衍生而来的华丽动词"venerate"来解释他的第三个反对意见。他担心政府掌控的教育会成为维持既有制度永恒不变的教育:

> 应该教育我们的青年去尊崇宪法这一说法是不正确的,无论它有多好;应该教育他们去尊崇真理;宪法只有在其符合真理的独立推演时才应受到尊崇。国民教育计划被采纳之时,亦是专制主义大获成功之时。我们不相信专制主义能够永远压制真理的声音……在自由占优势的国家,我们可以合理地假定,这时出现了重大过失,国民教育最直接趋向于使这些过错永存,趋向于按照一个模式来塑造所有人的思想。
>
> (Philp 1993:359)

单是这种逻辑严谨、明智的告诫就足以使高德温在公民教育史上占有举足轻重的地位。他的论点源于他确信个体的个人推理能力比国家导向的公民教育更胜一筹,并更能促进正义行为。请读者在第四章中牢记这一点。

但是，为了避免高德温的忧虑，国家对公民教育给予轻微的鼓励和承担轻微的责任是否可能甚至是值得期望的？这肯定是大多数美利坚合众国开国者们的目标。

五、建立美利坚合众国

1776 年，北美殖民地奋起反抗英国的统治。他们希望摆脱汉诺威王室和维斯敏斯特议会的统治；他们希望建立一个共和式的政体和一个相对民主的政府；而且他们也希望建立自己的民族认同。开国者们敏感地意识到这些革命的理想仅仅通过军事的胜利和宪法的实施是无法实现的。还需要一种新的情感：人民大众需要有爱国思维，需要理解年轻的共和国的本质及他们在其中的作用。简言之，人们认识到需要"一种新型的人"。道德和公民品格上的如此革新，实际上是现代革命的一个共同特点［因此，例如 1917 年以后呼唤"新苏联人"（参见第四章）］。正如开国者们在希望其独立后的国家应当展现和享有的品格方面达成广泛共识一样，他们也一致认为，如果没有一个致力于培养这一品格的教育，则很难实现这一理想。这是一个面向相对较少人口的，直接、明确、公认的目标——1790 年的第一次人口普查给出的数字是 300 万稍多一点的白人和 70 万黑人。表面看来这个目标似乎非常容易实现，实际上并非如此。18 世纪后期最雄心勃勃的教育改革者们——杰弗逊、拉什、韦伯斯特（Webster）之类的人——面对的分歧、对立和复杂性，令人气馁。公民教育的预设是，社会具有某种程度的同质性，青年一代将被引入其中，并且按理说，相当于（pace）雅典和罗马的许多做法，是一种国家提供的教育。美国甚至在两个多世纪以后，也依然未能完全达到这些要求。

然而，到了 17 世纪中叶，新英格兰的殖民地正在建立一种公民意识。英格兰血统的新教徒保持这种共同文化的种族情感，并从传教士所阐释的基督伦理中——在清教徒占主导的教区里是严格如此的——获得道德上的强化。而且，除了教会和家庭有教育儿童的习惯之外，城镇应当建立他们自己的学校这一认识也正在慢慢发展起来。1642 年，马萨诸塞州开创了政府干预教育的潮流，要求城镇都提供（尽管是收费的）学校教育。家庭、教会、学校和地方当局联合起来提供一种具有浓厚道德色彩的一致教育（coherent education）。

然而，一个世纪以后（我们的兴趣点就在这里），这种一致性甚至在新英格兰都已土崩瓦解了，更不用说在全部13个殖民地了。有若干原因导致了这一结果。一个原因是非英格兰移民的浪潮，主要是苏格兰和爱尔兰后裔和德国人，他们于18世纪上半叶，西班牙王位继承战争结束至七年战争开始期间，移民美国。加上早已移民美国的荷兰人、瑞典人和法国胡格诺派教徒，他们为殖民地增添了世界主义特点。他们也增加了宗教的多样性。北方的英格兰裔新教徒和南方的英格兰国教徒对基督教的垄断局面已不复存在。与此同时，社会经济的多样性也日趋明显。随着城镇的建立，城市与乡村的生活方式逐渐变得不同。此外，与北方急速兴起的工业和商业截然不同，南方各州的贵族、奴隶主种植园经济作为美国社会的另一种选择，因为17世纪后期以来南、北卡罗来纳州和乔治亚州的发展而得到巩固。

这些发展对教育产生了重要影响。由于城乡的区分和人口的分散使得刚刚兴起的学校设置正规化潮流受到严重削弱。引用一位美国重要权威的话来说：

> 一种鲜明的地方主义意识在边远地区的家庭中产生，他们想立即建立他们自己的学校……因而一种分权化的学校控制传统成长起来……这就进一步削弱了构成前几代人特征的公民团结。在某种程度上，这是后来持续要求社区控制的遥远先驱。
>
> （Butts 1989：63）

再者，就像城市和农村共同体的经济利益之间存在分歧一样，他们所考虑的学校教育需求也是不同的，这就要求解除中央控制。农夫们讨厌让他们的孩子远离农活，商人们希望课程能与商业生活有关。后者由于具有可以自由支配的财富，因此可以通过建立私立学校以实现他们的目的。南方种植园主对于体现其社会优越性的教育也持有自己的观点。这些不同的需求是通过建立广泛多样的私立学校而得到满足的。有关公立学校的公民教育概念，就是这些。因此，开国者们面临的两难困境是：

> 如果他们想要建立一个能够包容并鼓励宗教、经济和地方利益多元主义（大多数人的确希望如此），有凝聚力的共和政治共

同体，那么，他们会对由相互对立的教会、企业和私人志愿组织提供的各种不同、多样和容易引起争议的私立教育满意吗？

简言之，使人想起那句美国箴言，"按照这种教育的多样性能够实现政治的统一性吗？"（Butts 1989：64）

政治家约翰·亚当斯（John Adams）于1797年继华盛顿后就任美国总统，也毫不逊色，他在《独立宣言》发表两年后详细阐释了他们这些开国者的公民教育思想：

> 应当教育和教导儿童们掌握自由的原则……教育人民掌握有益于其践行作为人、作为公民、作为基督徒的道德义务，有益于其履行作为社会成员和自由人的政治和公民义务的各种知识，应当是公众部门的事，是所有掌事者的事，并且应当以任何时代和国家都未实践过的方式实施。这里所谈的教育是……面向任何阶级和等级的人，甚至最底层和最贫穷的人。
>
> （引自 Pangle and Pangle 1993：96）

把亚当斯的社会整合理想（socially comprehensive ideal）与三年前杜尔哥的理想做个比较，是很有趣的事，虽然这个法国人强调的是忠诚而不是自由。

同样有趣的是，亚当斯在其主张中引用了亚里士多德的观点：公民教育应当符合其政体的形式（参见第一章），因为开国者们深受古典和关于公民身份的古典共和观念的影响。他们更热衷于这种强调义务，还是洛克式的自由，这个问题已经引起了相当程度的学术争论（例如参见 Lutz 1992：134-140），但是我们无须在此问题上耽搁。一句话就够了：对古典共和政体性质的了解，对古代史的熟悉及马基雅维利（Machiavelli）以后的思想家们的现代评论，引起了一定的不安情绪。共和国具有不稳定的倾向；美国是在一个大型国家进行的现代共和主义的大胆尝试；因此教育在这项新的奋斗中对于防止这种政治脆弱的自我复制来说，至关重要。

《独立宣言》如此坚信自由与平等是这个新生国家的基本原则，但是自由和平等又是如何与对秩序的坚定承诺、无私的公民美德和爱国主义的必要性相协调呢？而且这些相互对抗的理想是如何转化成教育实践的？这个问题不能以学术诚信来加以回避，尽管需要首先解决把年轻人招进学校以使他们将来能够履行基本的民主公民职能这个更简单的问题。许多政治家、新闻作者和学者都关注这个问题,我们在下面重点介绍几个重要人物的观点。

作为总统,乔治·华盛顿利用他的职责鼓励开展公民教育。在他的第一个年度国情咨文中,他表明:

> (教育)可以通过各种方式捍卫自由宪法:通过使那些受托管理国家的人们确信,受过启蒙的人民的信任是对政府每一个重要目标的最佳回应;通过教育人民,使他们了解并珍视自己的权利;可以分辨并预防对其权利的侵犯;可以区分压迫和法律权威的必要行使之间的差别……对法律保持一种不容侵犯的尊重,对侵犯法律保持迅速但适度的警醒。
>
> (引自 Pangle and Pangle 1993:113)

在稳重的服从与批判性的警惕之间保持精妙的平衡,对所有公民教育的教师来说肯定都是明智的建议。然而,军事以及政治责任使得华盛顿几乎没有时间去思考教育问题。还是让我们来看看在18世纪最后四分之一及更长时间里认真地思考了公民教育问题的五个人物。他们就是托马斯·杰斐逊(Thomas Jefferson)、本杰明·拉什(Benjamin Rush)、诺亚·韦伯斯特(Noah Webster)、萨缪尔·哈里森·史密斯(Samuel Harrison Smith)和萨缪尔·诺克斯(Samuel Knox)。

虽然杰斐逊是一位成功的总统(1801—1809),但他的优势不在思想上,而是在实践上。而且他也希望人们是如此铭记他的,他给自己设计的墓志铭中有这样的话:"托马斯·杰斐逊,《独立宣言》和《弗吉尼亚宗教自由法案》的执笔者,弗吉尼亚大学之父,安葬于此。"他对教育的持续兴趣,有三个主要特色。一个特色是他通过与人广泛接触来交流思想,包括美国人和外国人,后者包括多彭和普里斯特利(他们的名字在本章中已经出现过)。第二个特征,他勤奋努力为他所在的弗吉尼亚州/殖民地创造教育机会。第三,他始终牢记公民教育的必要性。

杰斐逊确信,在一个民主政体中,政治与教育是密不可分的,或者莫如说是应该密不可分的。例如,在给麦迪逊(Madison)的一封信中,他写道,给予"人民以信息……是政府最确定的、最合法的手段"(引自 Honeywell 1931:148)。然而,他对公民教育论点的最完整、最著名的表达见之于 1779 年初他呈交给弗吉尼亚议会但未获通过的教育议案的前言。在该议案中，我们可以发现他的两个关键主张，即政治机构无论设计得多么精妙，如果没有受过教育的公民作为基础，就无法保证有良好的管理；公共财政支持对于确保即使是穷人也可以享受学校教育的福利至关重要。用他自己的话来说：

> 经验表明，甚至在最好的政体形式下，那些受托掌权者，有一天……也会使之变得专制；人们认为，阻止这种情况发生的最有效手段就是，尽可能切实可行地启蒙人民的心智……这样……他们就可以……立即行使他们的自然权利去击败这一企图……（穷人）儿童的本性已经很好地形成，倾向于成为对公共有用的人，这种教育应该为了所有人，并应当由所有人来共同支付，而不应当把所有人的福祉仅仅局限于那些弱者或者邪恶者。
>
> （引自 Pangle and Pangle 1993：107–108）

四十年后的 1818 年，杰斐逊又一次在弗吉尼亚州提交了《弗吉尼亚大学筹备专员们的报告》(*Rockfish Gap Report to the Legislature Relative to the University of Virginia*)。可以说是为了做好铺垫，他确定了小学教育的目标。这些目标包括，为了使公民：

> 了解他对四邻和国家的义务，并有能力履行这两项义务赋予他的职责；
>
> 了解他的权利，并按照他所保有的秩序和公正来行使这些权利；明辨地选择他们要授权的受托人；认真、真诚、有鉴别力地注意他们的行为。
>
> （Williams 1971：193）

这是一个关于好公民品质的出色而又简明的描述；但是向还是十几岁的小毛孩（如果允许使用这一不合时宜的词）的时候就结束教育历程的小学生灌输这些品质可能吗？它需要纯熟的教学技巧，这超出了那个时代大多数教师的能力范围。

在组织方面，杰斐逊特别推崇的计划是在他提议的新行政单位——他称之为"选区"（Ward）或者"百户邑"（hundreds）（古盎格鲁－撒克逊术语）——建立小学。在他设计的方案中，这些行政单位各自是一个小共和国；儿童在这里可以免费接受教育，成人也会参与他们所在地方的事务。"我认为这种代议制政府的延续，"他写道，"绝对取决于这两种装置（hooks）。"（引自 Pangle and Pangle 1993：119）但这一计划未获通过。

杰斐逊的另一思想却被采纳了——但是正如我将看到的那样，并非按照他原初意图的方式。他的建议是应当剥夺文盲的公民权，这条建议的灵感来自 1812 年西班牙著名的自由主义《加的斯宪法》（Cadiz Constitution）中一个类似的条文。杰斐逊的这一设想有双重目的：鼓励家长送他们的子女上学；确保选举者至少受到基本的教育。他这样解释其目的：

> 通过剥夺未受教育的儿童的公民权以增强家长对子女教育的热情。社会当然有权拒绝承认那些他们赋予其权利者的权利，不授予他们履行公民义务的资格。如果我们不强制进行教育的话，那么让我们至少强化接受所提供的教育的动机吧。
>
> （引自 Honewell 1931：36）

选区计划和剥夺公民权计划，与其说是为公民教育所做的安排，倒不如说是为了防止无知者行使公民权利（可以看到的是，杰斐逊十分重视报纸的政治教育价值，这种价值当然也不能被文盲获得）。具有讽刺意味的是，杰斐逊，一位拥有奴隶但却倡导自由和平等者，本意是为了履行选举权而提议进行文化水平测试，这一测试后来却在该世纪被作为否决在法律上获得解放的南部黑人拥有选举权的一个理由。

每一个殖民地和独立后的每一个州，都以不同的方式界定了选举权。有一些殖民地/州非常民主：例如，《宾夕法尼亚州宪法》规定年龄在 21 岁以上、在宾州居住一年以上的纳税人都享有选举权。因此，杰斐逊担忧大部分人民大众的公民能力，并不足为奇。不过他仍然没有忽略"精英公民"的教育需要。在《弗吉尼亚大学筹备专员们的报告》中，他把如下内容纳入其要求之中：

> 详细解释政府的原则和结构，调节国家间交往的法律，各地方政府为了各自的管理而制定的法规，以及健全的立法精神，这

些有助于杜绝对个体行动的恣意和毫无必要的限制,这样就可以使我们只要不侵犯他人的平等权利就可以做任何我们想做的事情。

(Williams 1971:194)

换言之,用古典术语来讲,他试图确保共和国的行政官员受到教育,以便能够在公民正义和责任的应有意义上去履行他们的职责。

尽管《弗吉尼亚大学筹备专员们的报告》中写入了雄心勃勃的目标,但是杰斐逊的公民教育计划的核心思想却很简单,实际上可以说是过分简单:公民态度可以通过适当的事实教学来形成。用一位学者的话来讲,"杰斐逊希望只传播那些能产生同质性——而且是辉格党的——政治观点的知识。辩证法、宗派冲突和有关政府'进步科学'的意见之争在学校中无立足之地。"(Tyack 1966:36)

关于统一性,本杰明·拉什也持有类似的观点:他实际上因为强调自由取决于同质性而走得更远。拉什是《独立宣言》的签署人之一,一位杰出的内科医生。他是一位格外热衷于折中主义的人,包括废除奴隶制。他因为一篇文章而成为我们关注的主要人物,此文章写于1786年,名为《关于在宾西法尼亚州建立公立学校并普及知识的计划,以及关于共和国适宜的教育模式的思考》。但是在这一作品中,他反常地展现了完全不同于杰斐逊方法的灌输倾向;因为拉什从古斯巴达获取灵感,并且他的重心亦在于此。庞格斯(Pangles)总结道:

拉什的文章可能有些怪异,但是就其道德和政治严肃性而言——从其以即使不是欢迎也是探究的眼光来看待古典作品的认真劲——拉什的讨论凸显了开国者们对于古典作品和作者之关切的重要维度。

(Pangle and Pangle 1993:35)

下面的小节表明了这种情况:

为了使宗教、道德和政治教导更有效地作用于青年的意识,有必要让他们接受体力训练。为了避免他们勤奋和久坐生活的不便,应当让他们过一种有节制的生活。斯巴达黑汤和苏格兰烈酒因其对年轻人精神的有益影响而闻名。

（引自 Pangle and Pangle 1993：33）

两种形象化的比喻——"共和国的机器"和"公共财产"——被频繁地引用，以说明拉什试图把斯巴达的做法引入美利坚合众国。"我认为把人变成共和国的机器是可能的，"他写道，"如果我们期望他们在国家治理的大机器中能恰当地发挥他们的作用，就必须这么做。"还有：

> 教育我们的学生，他不属于他自己，而是公共财产。教育他热爱他的家庭，但是同时也要教育他为了国家的福祉，必要时，也要舍弃甚至忘却他的家庭。他必须密切关注他的国家，就如同它的自由取决于他的警惕一样。
>
> （引自 Tyack 1966：34）

而且，严格的训练对于生产这些国家机器是非常重要的：

> 在青年教育中，让我们的教师尽可能地具有绝对……（和）专断的……权威，我感到满意的是，最有用的公民源于那些直到二十一岁才知道或感受到自我意志的青年人。
>
> （引自 Pangle and Pangle 1993：33）

不过，学生"必须被告知，只有在共和国才可能有持久的自由"（引自 Tyack 1966：35）。所以必须通过剥夺他们的自由（freedom）来教育他们自由（liberty）具有无与伦比的价值[①]：这在当今民主国家的公民教育计划

---

① 在英文中"Freedom"和"liberty"两个词都表达"自由"的含义，都指不受外界强加的限制的行动、言论或思考的权利。但是一般来说，"freedom"系常用词，指"没有强制、压迫且能充分按自己的意志行事"，强调"个人的自由"；"liberty"在谈到民族、国家争取或获得自由时，可与"freedom"互换，但它着重"从过去所受的压制或束缚中解放出来"，强调"集体的自由"。此外，"freedom"一般比较具体，指的是身体的自由，不受拘束限制，行动、选择方面不受他人控制。"Liberty"则比较抽象，在韦氏辞典里，它的定义是"脱离了控制、干扰、债务、限制和阻碍等条件的 freedom；行为、思想、言谈等方面的自由选择"。从上下文来看，此处作者是在具体的意义上使用"freedom"和在抽象的意义上使用"liberty"的。——译者

中也是几乎无法接受的悖论。

但是拉什至少没有陷入一种虚伪的立场,即主张在明显提供不平等教育的各种学校中开展平等公民身份的教育。他明确地提议建立"一个普遍的、统一的教育系统"以便"使人民大众更具有同质性,因而使他们更容易适应统一、和平的政府"(引自 Tyack 1966: 33)。为了保证这种和平,学生的确必须"避免愤怒、激烈的政党情绪"(引自 Tyack 1966: 34)。

拉什思想中最后一个值得注意之处是:虽然没有明确提及,但他建议采纳一种古典概念,即处于由自我开始向外扩展的同心圆之中的多元认同和忠诚,这一思想在 18 世纪重新获得肯定,近些年来又再一次获得重视。必须教育学生热爱他的祖国;然而,也

> 必须教育他热爱全世界的同胞,但是他必须对宾夕法尼亚州和美国的公民怀有一种更强烈的、特有的感情……(因为)要求他们对全人类抱有相同的感情(是不可取的)。
>
> (引自 Tyack 1966: 34;关于同心圆思想的历史,
> 参见 Heater 2002: 44-52)

拉什的这一作品是大革命后第一个重要的教育出版物;第二个是《论美国青年的教育》(On the Education of the Youth of America)。作者是诺亚·韦伯斯特,美国著名的辞典编纂者,但是他不仅仅因为其编纂的词典而闻名。他有无穷的精力,而且事实证明,他也很长寿(1758—1843),受广泛的求知欲和强烈的爱国主义情感所驱使,他对其他许多领域,特别是教育领域,也有很多贡献。他被称为美国的"学习先锋"(Shoemaker 1966)和"美国的导师"(Warfel 1966)。他的一位传记作者宣称:"韦伯斯特成为美国第一个公民教师",并且"他还是第一个筹划教育体系、第一个撰写并教授美国历史和公民学的人"(Warfel 1966: 92)。的确,韦伯斯特在以上引用的作品中相当坚定地主张:

> 我们的国民性尚未形成;它是教育体系应当适应和追求的一个重大目标,这可能不仅要传授科学知识,还要在美国青年的思想中植入美德和自由的原则;要以正义和自由的政府观念,以对

国家神圣不可侵犯的归属感,去鼓舞激发他们。

(引自 Tyack 1966:33)

显而易见,韦伯斯特的观点切合我们的目的。

与本书目前为止提及的大多数人物不同,韦伯斯特实际做过教师,这使他的教育作品和教科书具有相当的信度。他编写的教材主要是为初等教育设计的读本、拼字课本和语法书,然而他有意在这些学习材料中包含明显的公民教育意图。例如,在他的某些读本中,他提出"一个联邦问答,作为对美国宪法的简易解释"(与上文提到的夏伯希尔的世俗问答比较一下)。例如,这是广泛使用的出版于1790年的《小读者助手》(*The Little Reader's Assistant*)中的一部分。他在多卷本的《英语语法大全》(*Grammatical Institute of The English Language*)中运用了一种不同的设计。他把1787版本的第三部分命名为《美国选萃》(*An American Selection*),其中三分之一都是爱国主义文本。他给它添加了一个副标题,有一部分是"适合用于美国地理、历史和政治教学的"。他选择用在扉页上的引文尤其能够表明他的心迹:"从摇篮里的婴儿开始;让他咿呀学语说出的第一个词就是华盛顿"(参见 Shoemaker 1966:187)。这种鼓励隐伏(insidious)形式的灌输做法令人震惊,有点带有个人崇拜的意味(引自 Wayper 1954:237)。

但是当时,韦伯斯特非常坚定地致力于塑造一个新的充满共和爱国者的美利坚民族,深切关注的是革命时期的学校——既不是教育制度、教师,也不是教科书——远远不能教育年轻人意识到这一点。教育和政治系统都失常了。他感慨这样一种事实:

> 在若干个州里,我们发现……甚至没有对更为贫穷的阶层进行读写方面教育的安排。然而就是在这些州里,任何一个每年拥有几先令的公民都有权选举立法者。因此我认为政府有明显的失误。宪法是共和的,而教育法却是君主制的。
>
> (Pangle and Pangle 1993:97)

所以,为了改变这一荒谬的状况,他通过他的出版物和报刊进行努力。而且他出版的教科书使得提供给教师的教材发生了革命性改变。直至19世纪，这些教科书令儿童兴趣盎然，在政治上适合国家的需要，非常畅销，并为同类性质的教材提供了榜样。让以下写于1921年的评价作为对韦伯斯特在美国公民教育史上的实际重要性的表述：

> 采用既非由英国出版社引进又非模仿大洋彼岸的模式而写的教科书，是学校美国化的强有力因素。其中，在塑造共和国国旗下出生的第一代儿童的观念方面，韦伯斯特的作品可能是最有影响的……在殖民地，编写教材者并不在少数，但是没有一个人敢如此大胆地创新，也没有一个人如此坚持不懈地强调爱国主义的目的。
>
> （Shoemaker 1966：189）

1797年，美国哲学会（the American Philosophical Society）为一篇勾勒国民教育体系计划的论文颁发了一个奖项。萨缪尔·诺克斯和萨缪尔·哈里森·史密斯是这一奖项的共同获奖者。诺克斯基于美国需要同质性——还是这个词——这一点，为开始被称为公立学校的机构进行了论证（参见第三章），并认为这种把来自不同背景的青年联结起来的友谊和伙伴关系，将起到一种公民和谐的作用。史密斯的想法更深入，他引用了斯巴达的实践来支持他的观点，强烈主张为了同样的目的建立一种寄宿学校。而且，他对于社会底层人民没有意识到生活在共和国中的好处这一初步危险性深表担忧（Pangle and Pangle 1993：97）。实际上，两位获奖者都坚信儿童应当学习宪法。史密斯主张，他所提议的所有中等学校学生都有义务"牢记并经常复述美国的宪法和基本法律"，而诺克斯则建议应当把宪法作为"经过精心压缩的简明道德问答（moral catechism）"的重要部分（引自 Butts 1988：50）。

通过聚焦于18世纪后期这些计划和观点的大体原则和目标，我们忽略了两个具有一定重要性的问题，现在我们需要来思考一下。

第一个而且是最重要的，即与女子教育中的公民问题有关的思想。杰斐逊在详细阐述其选区制（ward system）时阐述道："所有自由的儿童，无论是男性还是女性……都应享受免交学费的权利"（引自 Pangle and Pangle 1993：114）。但是拉什和韦伯斯特尤其强调女性教育的重要性。事实上，拉什专门就这一主题写了《女性教育的一些思考》（*Thoughts Upon Female*

Education），出版于 1787 年。出于审慎和便利的原因，他宣称：

> 每个公民都平等地享有自由，而且他也有可能要参与国家的管理，这就使得有必要在一定程度上准予我们的女士通过接受一种特殊的、适当的教育，在教育他们的儿子掌握自由和平等的原则方面共同发挥作用。
>
> （引自 Kaestle 1983：27-28）

韦伯斯特也同样提出了审慎的理由。积极的理由是母亲应当能够"在尚未成熟的心灵中植入诸如美德、礼貌和尊严之类与我们政府的自由相适宜的情感"（Pangle and Pangle 1993：102）。所以，消极的理由就是，女性应当受到教育，不是作为一种权利，也不是作为公民参与的准备，而是作为使占人口一半的男性具有公民知识和美德的一种手段。

在这一点上需要说明的另一个问题是被认为最适宜于公民教育的教材。就殖民地时期儿童接受的公民教育而言，主要是通过"4Rs"（包括宗教）和古代史来实现的。杰斐逊反对在学校中开展宗教教育，因为他相信《圣经》在本质上是儿童所无法理解的。他更相信历史教学，不仅包括古代史，也包括美国和英格兰的现代史，在各个层次上都要进行（例如参见 Honeywell 1931：37，123，149）。韦伯斯特也提议应当将历史纳入课程之中；虽然杰斐逊希望这一科目能够起到警惕政治恶行的作用，而韦伯斯特则希望通过历史教学来提升民族认同意识。不过，他们两人都认识到宽泛课程（broad curriculum）的价值。由于认识到《新约》（*New Testament*）和（自然还有）拼写的重要性，韦伯斯特也提出："了解伦理学和法律、商业、金融和管理的一般原理，对共和国的自由民来说是必不可少的"（Pangle and Pangle 1993：97），不过我们需要注意到在这些课程中渗入了他的社会阶层意识。我们已经说明了韦伯斯特也希望通过他的"联邦问答"来教授被看作是"公民科"的课程，这是一个杰斐逊并不赞赏的方式。这样，我们就发现在使用传统科目还是设置一个单独的政治科目方面已经出现了意见分歧。然而，另一个争议性问题，即最有效的公民教育教学方法的问题，除了本杰明·富兰克林（Benjamin Franklin）坚持使用古典的演讲术教学体系之外，很少为开国者们所思考。

这些开国者们在公民教育领域到底取得了什么成果？他们阐述了公民

教育的必要性:"他们开始探寻民主共和政治制度的教育基础。他们开始形成这样一种观念,即免费的、普及的、义务的、公立的学校教育就是这种必要的基础(Butts 1989:84)。此外,在18世纪80年代中期,两个国会委员会起草有关地理扩张的法令时,杰斐逊任这两个委员会的主席,并保证在新的领土上要开办"开展好的管理所必需的"学校(参见 Butts 1989:72)。我们还可以加上韦伯斯特在为公民教育提供教科书方面做出的杰出工作。不过,也就这些。这些计划都没有被采纳,甚至杰斐逊为弗吉尼亚起草的计划也没有得到实施,虽然他从1779年到1817年期间一次又一次地坚持提交他的议案。尽管美国的公民教育努力相比于法国,在规模上要小得多,但是在大西洋两岸都未能实施有效的公民教育计划。这又将如何解释呢?

我们将通过理解美国独立战争的影响来开始探索答案。虽然反抗英格兰殖民统治的胜利本身激发了对军队的爱国主义自豪感,但是学校在战乱中却受到忽视。1782年,在独立战争行将顺利结束时,纽约州州长克林顿(Clinton)谈到了战争带来的"教育上的裂痕"(引自 Kaestle 1983:8)。然而,即使没有这场战争,按照公民路线进行的教育改革努力也不可能取得成功。这里有着更深层次的、并非那么不可预料的原因,可以被分成两种主要的态度。

一是政治领导者之间缺少政策共识。对一些公民学习倡导者所保证的教育可以提供政治效益,有些人持悲观态度:目无法律和自私自利在人的本性中已经根深蒂固,学校无法战胜。因此,约翰·亚当斯与上文引用的其他一些做出积极评论的人相反,以一种消极悲观的语气提出了自己的看法:"经验表明,教育……(是)完全不足以完成抑制人的激情和维持一个稳定的政府的事业"(Pangle and Pangle 1993:4)。青年人应当接受公民美德教育,应当学习利用他们的公民自由以达成普遍的善,这一观点受到如下观点持有者的挑战:如果学校承担公民教育的角色,那就是要强求纪律和秩序。此外,还有一种意见分歧,涉及宪法问题:开办学校应该是联邦、州还是地方的责任?独立战争期间制定的各州宪法中已经规定了教育属于州的义务。美国宪法中没有提及这一主题,实际上也是含蓄地确认了这一安排。因此,如果个别的州不采取措施以实施为了国家目的的公民教育,中央政府除了建议之外也无权去填补儿童学校教育的这个缺口。

第二种态度与大多数家长和政治家反对为了开展寻求整合、理解和美德的公民教育而建立学校的敌意有关。杰斐逊哀叹"无知，怨恨，私己主义，狂热，宗教上、政治上和地方的倒错"阻碍了他的计划在弗吉尼亚的实施。在这一目录上，还可以加上对教育——除了那些具有宗教和职业目的的之外——的漠视，以及人民坚决反对为公共学校而纳税，政治家坚决反对为了公共学校而征税。

因为即使有独立、革命和热诚的领导的共同推动，也不足以推动在全国范围内实施超过最低水平的公民教育，所以在美国内战爆发前的19世纪里，在不具备这些有利条件的情况下，其所做的努力更加值得称道。通过这些努力，美国开始实施公民教育计划，远远领先于其他任何国家。

在本章所涵盖的不到三个世纪的时期内，出现了极其丰富的有关公民教育这一主题的思想。尽管各代人提出的这些思想、建议和计划很少在学校教育实践中开花结果，但是随着越来越多的青年进入学校，教育的政治潜力越来越广泛地得到理解，这一早期时代的遗产在19世纪里得到了明显体现。在这里我们可以发现若干此类继承。其中之一是与我们称之为"精英公民"的教育有关。当公平分配、政府管理、法案起草伴随现代国家规模不断扩大、复杂性不断增强而萌生时，就需要越来越多的人来行使这些功能，这样就不得不考虑他们应当接受的适宜教育问题。从埃里奥特到杰斐逊，提出的建议一个接着一个。从17世纪中期到18世纪后期的政治动乱，产生的思想、要求和目标迫使人们超越有限的统治阶层去思考教育的公民角色。民主、共和主义和民族主义都需要扩展政治意识和忠诚，甚至还有更多国家人口的参与。大众教育变得必要，不是为了个人的利益，而是为了社会和国家的利益——为了它的革新，为了它的强盛，或者为了它的稳定。从内战到18世纪激进主义时期，英格兰改革者为争取民主而著书立说。法国的计划关注民族凝聚力和对共和主义的适应。美国人也是如此。德国人拒绝了教育的个人主义目的，希望教育能够有助于民族统一大业。不过，我们千万不能忘记从布丹到亚当斯的一个紧张主线（thread of nervousness），即公民教育必须主要关注社会和政治的稳定与秩序。

第三章 自由民主教育

一、新的维度

革命的时代使得公民身份发生了革命性的变革，结果也提出了一些新的教育问题。旧的公民身份建立在关于少数的、具有公民美德的精英之设想基础上。而新的公民身份则建立在关于享有民主权利、对民族国家拥有忠诚的大众之设想基础上（例如参见 Riesenberg 1992：xv，272–273）。皮特·瑞森伯格（Peter Riesenberg）将这种新型公民身份称为"第二次公民身份"，但实际上我们可以把19—20世纪公民身份的发展划分为三个时期，分别为西方自由主义时期、极权主义时期和后殖民主义时期。在本章中，我们将考察在第一和第三个时期里教育所做出的反应，将极权主义时期单独放在第四章中加以讨论。我们还会在第五章中对多元文化主义的复杂情况作单独介绍，因为它影响了并将继续影响公民教育的发展。

由于民族统一，如美国、德国和意大利，以及由于非洲和亚洲的大部分地区的去殖民化，带来了现代民族国家规模的扩大，这就提出了"民族建构"的问题，一种公民身份恰当地发挥作用所必需的公民凝聚意识。从人口学角度来讲，一个现代民族国家公民主体——也就是选民——的规模，提出了建立于信任基础之上的和谐问题。我们已经失去了相互认识和理解，而这些只可能存在于城邦之中并被亚里士多德认为是有效公民身份的绝对必要条件。今天的社会科学家提到了"社会资本"，指的是一种个体在共同体中建立起来的信任，从而使公民对同伴和政府的行为充满信心和信任，同时政府也同样回报以信心和信任。

从广义上来讲，民族建构和社会资本的储备都是教育问题。一个更为具体，与大众公民身份的发展有关的教育问题，就是投票人的无知。也就是说，在许多国家，公民的基本文化程度都很低，更不用说政治素养了。

在一些西方民主主义国家里,随着选举权范围的逐渐扩展,这个问题成为一种越来越突出的关切;在一些前亚非殖民地国家中,由于是在宗主国所提供的学校教育机会有限——经常是极度匮乏——的背景下同时实现独立和普选权的,所以这也成为一种紧迫的关切。

教育和选举权之间的关系并不是一个简单的问题。我们可以举出三对相反的观点。大致可以以左派和右派的政治立场来对基本的对立予以区分,关涉的是赋予未受教育者以完整公民权的意见。左派认为,公民权不应以其他任何因素为条件,即使是处于社会最底层、最无知者也有能力评判什么样的政策最符合自己的利益,而且基本的理智或常识与公民美德意识实际上是按良心方式履行投票权所需的全部。而在右派看来,将选择政府这样重要的职责托付给未受过教育的人,是荒谬可笑的,尤其是正如有时人们经常所说的,无知和罪恶常常是与下层社会密不可分的特点。在19世纪中期的英格兰,最坚持不懈、最坚定地反对扩大公民权的人是罗伯特·劳威(Robert Lowe)。他曾绘声绘色地力主:"唯利是图,无知,放荡,屈服于威胁恐吓,或者易感情冲动、缺乏思考和充满暴力的人民"都出现在社会最底层,而且倘若1832年的《第一次改革法案》颁布后选举权范围进一步扩大的话,那么这类人就会主导下议院(引自Briggs 1959:499)。

第二对关于文盲公民权的争论,关注的是文盲容易产生被政治操控的倾向。这一结果既可能是令人叹息的坏事,也可能是值得庆贺的好事,这完全取决于个人的观点。而每一方面均可以由19世纪的法国得到说明。基佐(Guizot)1833年负责制定了一项旨在扩大小学数量的法案,17年前他就曾表达过担心:"民众所受教育越少,就越容易受到误导和改变"(引自Vaughan and Archer 1971:129;关于基佐,也请参见下文)。在1848年的革命岁月里,立宪会议的选举提供了一个在政治上不谙世事的乡村地区肆意运用操纵技巧的鲜明例子。政府企图在这场选举中利用小学教师去支持获准的共和党候选人;而教会则利用教区牧师来支持自己。安排这场选举是为了使复活节能够削弱保守的乡村投票权;在许多教区,首先是做弥撒,然后是教区牧师带领他们的会众投下他们的选票。牧师的操纵比教师的操纵更有效;许多教师都受到了威胁恐吓(参见Cobban 1970:68-81)。法国乡村地区的公民所受的教育不足以使他们拥有自己做决定的知识和信心——而政府的大臣和教会的牧师却知道。

法国这段不平常的插曲是否表明了公民教育应先行于选举权的普及,

或者相反？这也同样适用于19世纪40年代的英格兰，而且令宪章派大伤脑筋。众所周知，由六点内容组成的有关议会改革的《人民宪章》（包括男性的普选权）不仅圆满出台而且获得了支持，这是因为政治改革被视为实现社会—经济变革的一种手段。变革的部分内容将会实质性地改善工人阶级子女的受教育机会。但是运动的领导者们对于改革的具体策略和实施步骤却并不一致（宪章运动的教育要素将在下面介绍）。

不过，那些在过去的两个世纪里克服重重困难才获得有权开展教育的职位，以帮助年轻人成长为有效民主公民的政治家和教育家们，在到底用什么方法来实现他们的目标方面，仍面临困难。基本上有三种不可缺少的方法。首先同时也是绝对基本的方法，不用说就是扫盲（literacy）——这在所有欠发达国家都是一个难题。在廉价的收音机生产之前，文盲主要依靠第二或第三手资料来获取信息和观点，这是一种非常糟糕并具有潜在危险性的公民做必要判断的手段。英国作家和出版人维克托·格兰兹（Victor Gollancz）将不培养批判性思维的纯粹基础教育视为"民主的成长的烦恼"（Gollancz 1953：327）。其次，学生需要了解有关自己国家的传统、制度以及当前面临的问题的各种知识。扫盲的目标实现了，公民课也已经普遍开设了。然而，安排课程和实施教学的第三也是最困难的道路是培养公民的道德责任感。扫盲提供了基本的工具，公民课提供了基础性知识；但是它们未必能培育出良好的公民品行。因此，在一些国家，试图确保学校的精神特质有助于满足这个需求，同时安排学生参与学校的管理，并创造机会让年轻人承担社区的实际工作。

所有这些导论性的评述都与本章所要探讨的两个世纪有关。但是无论按照何种历史尺度来衡量，自20世纪最后的岁月以来，对公民教育的兴趣和日趋关注以及公民教育的更全面实施，都异乎寻常（例如参见Cogan and Derricott 2000；C.L. Hahn 1998；Ichilov 1998a；Torney-Purta et al. 1999）。对这种现象需要做出特别的说明，两个主要因素的共同作用可用来作为解释。一个因素是认为自由民主已成为唯一有效的政治形式的观念——弗兰西斯·福山（Francis Fukuyama）发表于1989年的一篇极具影响但却过分简单化的文章《历史的终结？》强化了这一观念。先前的威权主义政体的巨变，包括军事威权主义和最具戏剧性的共产主义威权主义的巨变，似乎支持了这个论点。其必然的推论就是，新近民主化的国家的人民需要接受有关民主公民身份原则的教育。另外一个因素，看似矛盾，即自由民主国家的脆弱性，无论是老牌的自由民主国家还是新的自由民主国家，都受到了亚国家和超国家（sub- and supra- national）力量、要求和理想的挑战，并且处于其许多公民的愤世嫉俗、冷漠及利己主义的威胁之下。自由民主的政治为公民身份的繁荣提供了空间。但如果公民不想成为公民——指的是在忠诚和履行责任方面，尽管要求获得并抓住权利——那么就必须教导人们，尤其是年轻人，了解公民身份的本质及其宝贵价值，了解为了维持来之不易的自由民主而正确地履行公民身份的必要性。

意识到自由民主形式的公民教育获得显著传播——并且必须提到的还有，公民教育教学专业化水平的改进——并不能让我们忽略这样的事实：从历史的角度来看，到目前为止它所持续的时间是非常短暂的。这一说法并不是意在暗示公民教育的这种发展势头有可能会减弱：事实上，有证据表明，恰恰相反；莫如说我的意图在于提醒读者，本书是一部历史著作。因此，我们感兴趣的是1990年以来的公民教育发展，仅仅是在我们能够将其置于历史长河中进行考察的范围内。另外需要提醒读者的是：随着政府和教育家认真对待公民教育的国家增多，如果不把本章压缩为一张简洁的百科全书式的条目单的话，要对发生在每一个国家的情况加以描述是几乎不可能的。

做选择必然是困难的。为了与先前各章的历史叙述保持连贯，必须把法国、英格兰和美国包括进来。无论如何，要忽略法国和美国这样一些具有积极实施公民教育的悠久历史的国家，或者忽略对公民教育长期困惑的英格兰，都是有悖常理的。这个世界中所谓的"西方"以外的国家，也是不可忘记的，所以用了相当大的篇幅来描述一些先前属于殖民地的亚非国家在去殖民化前后的经验。为了拓展覆盖范围，其他一些国家将在第五章介绍，它们将会展现多元文化国家的公民教育问题（当然不要忘记，我们现今都生活在多元文化的国家中，并已生活了很久，尽管可能是无意识的）。我们的两组国家——面积较大的"西方"国家和"亚非"国家——由于要被分别探讨，也许会让读者感觉只有两种类型：一是现代西方大国，它们拥有悠久的公民教育历史传统；二是亚非国家，它们只具有短暂的公民教育传统，这是因为它们只拥有相对较短的属于它们自己的历史，在这段时间里，它们曾采用了西方的方式，包括关于公民身份和公民教育的必要性的观念。形成这样的印象将是令人遗憾的，因为这样会导致对两类重要国家的忽略，即面积较小的西方国家和拉丁美洲。因此，将在这里对这些国家作简单的评述。

在第一类中，荷兰和瑞典尤其值得关注。这两个小的欧洲国家都相对较早地开始了正规的公民教育。它们的公民教育发展展现了自由民主国家把公民教育引入学校的努力所共同面临的主要问题。

1857年，荷兰的一项法令宣布初等教育的目标是"发展年轻人的理性，并培养他们践行基督教的［阿诺德（Arnold）的强调］和社会的美德"，从非神学的意义上去理解基督教精神，以包容"用相互友善的共同情感来促进公民团结的……所有思想"（引自Arnold 1962：195）。瑞典也一样，其早期的公民教育也带有宗教色彩，尽管政府立法要晚于荷兰。为了应对普选权政策的实施，1918年至1919年的学校改革将公民科作为高年级学生的学习科目（参见Englund 1986：292，190；关于20世纪80年代之前的瑞典公民教育实践的解释，参见Englund 1986各处）。

尽管荷兰政府很早就对公民教育领域进行了干预，但是此后一直没有真正意义上的中央领导，直到1963年，这一年颁布的《中等教育法案》（Secondary Education Act）才要求所有同类学校教授"maatschappijleer"，即社会科（实际教学始于1968年）。即便这样，关于这门名称模糊的课程的内容解释权，还是都留给了教师。他们的努力终于在1983年开花结果，这一年为12—16岁学生设计的一个一贯的社会性和政治教育计划问世了（详见Hooghoff 1990：157-171）。与此相反，瑞典学校促进会和委员会定期提交报告，结果于1948年引入了一门新的公民科科目，"*Samhällskunskap*"，并在随后的岁月里定期对其内容和目标进行详细的修订（关于公民科大纲，请参见Muñoz 1982：435）。尽管在这两个国家中政府所扮演的角色如此不同，但直到20世纪末，它们的公民教育都不尽如人意。首先，人们对公民科的课程内容以及该科目与相近学科尤其是历史的关系认识模糊；其次，毫无疑问，在一定程度上正是由于这种不确定性导致了公民科在课程体系和教师心目中的地位较低。多年来，荷兰的教师自身也未能就到底应该教给学生什么达成一致（参见Hooghoff 1990：157-158）；在瑞典，对公民科持"进步主义的"解释的倡导者与持"霸权式"（hegemonic）解释的倡导者相持不下，即围绕公民科应关注于民主价值还是民族统一而争论不休（参见Englund 1986：197）。在许多其他国家，公民教育领域的教师都已经非常熟悉这些问题了。

要对自由主义形式的公民教育在拉美国家的发展情况进行一个简短扼

要的阐述，是不太现实的；在此所能提供的仅仅是若干指标而已。首先，很明显，自19世纪初的解放时代起，众多西班牙裔的美洲国家一直处于军人集团的统治之下，并且这些地区极度贫穷，直到最近，要期望它们能够实施一贯的公民教育，仍然是不现实的。其次，随着许多国家自20世纪80年代初期开始向自由民主政府的大转向，我们可以预期从那以后会出现更多的在学校中培养公民意识的努力。

拉美国家最有趣的公民教育历史也许可见于哥伦比亚。早在19世纪中期，哥伦比亚就已经开始了旨在培养"好的"、顺从的公民的教育。用一位哥伦比亚权威写于1999年的话来说，"其最有分量的模式是卡莱诺（Carreño）的《礼仪手册》（*Manual of Urbanity*，1812–1874），这是第一个正式的拉丁美洲公民教育模式……这本手册现在仍然在许多学校中被使用，并且家长和教育者也要求学校根据它来开展教学"（Rueda 1999：140；"Urbanity"是"Urbanidades"的一种书面翻译，即礼貌或礼仪）。从20世纪60年代至80年代，除了这种道德教育，还有以机械学习方式进行的有关政治制度的教学。20世纪80年代中期至90年代，该领域中的改革迅速展开，并因1994年颁布的一项决议而得到巩固。该决议称"公民教育的轴心就是在学校中'实践民主'（to live democracy），并且学生基本上是通过人际关系习得一个公民的'生存之道'"（Rueda 1999：141）。与此同时，《教育总法》（the General Law of Education）具体规定了九个必须学习的领域，包括社会科学、道德教育和伦理学。

哥伦比亚公民教育的革新得益于1991年更加民主的新宪法的颁布。毕竟在这一地区，政府形式的变革如家常便饭，但是，哥斯达黎加这个小国是个例外。它没有经历严格的威权主义阶段，这对发展自由风格的公民教育是有益的。因此，发现这个国家在20世纪70年代设置了一门教授有关该国民主制度和公民权利与义务的10年级课程，也就不足为奇了。此外，其关于教育内容与活动的详细大纲也会令同一时期的其他许多国家汗颜（参见 Muñoz 1982：440–442）。

对绝大多数拉美国家公民教育发展的描述就要到此结束了。因为威权主义政府在拉丁美洲的历史上是如此司空见惯，所以自20世纪末向自由民主体制的转变对普通公民来说并不那么容易适应。政治冷漠非常普遍。对公民教育的兴趣由此而产生。三位阿根廷学者曾把这种情况解释得很清楚：

> 自拉美的再民主化进程开始于20世纪80年代早期以来,关于如何维持和巩固该地区的民主体制就产生了大量的争论……对公民教育给予了特殊的关注,因为学者们认识到,制度安排与政治文化之间并无直接对应的关系……在拉美许多"新兴民主国家"统治的人民中间并不存在关于政治宽容或民主参与的普遍规范。
>
> (Chaffee et al. 1998: 149)

他们继续写道:因为有一种可能会威胁到民主体制的反民主情绪绵延不绝,所以"相比于老牌自由民主国家,公民教育在阿根廷和类似的年轻民主国家里更加攸关存亡"(Chaffee et al. 1998: 152)。

尽管我们以上所考察的这几个国家在教育政策上有所不同,但是它们都展现了那些试图创设自由民主公民教育的国家所面临的一些基本问题:政治体制到底有多大益处?政府要给予学校多大程度的领导;重心应该放在道德教育、社会性教育,还是政治教育上,或者平衡分布?基本的目标应该是什么?

我们现在就要去考察需要重点阐述的那几个国家的历史。我们在第二章中看到法国大革命是多么渴望培养他们的年轻人以适应公民角色。因此,概览一下大革命之后的几代政治家和教育家们取得的成就,以作为本章主体部分的开端,是再合适不过了。

二、法国:从复辟时期到第五共和国

当被英格兰的学校督学马修·阿诺德(Matthew Arnold)问及法国大革命到底对大众教育有哪些贡献时,基佐回答说:"口号泛滥,别无其他"(引自Arnold 1962: 51;作者译)。就短期效果和具体的改革而言,的确如此,但是不要忘记态度遗产,为了详释基佐的精巧讽刺,阿诺德很快就提醒读者注意这一点。阿诺德断言:"它使得任何一任法国政府要想建立一个非世俗的、非民族的(大众教育)体系,都是不可能的"(Arnold 1962: 52)。虽然有点具有讽刺意味,但是只要我们注意到如下情况,就可以进一步扩展阿诺德的判断:19和20世纪的法国从大革命时期的教育辩论中继承下来的最具持久性的遗产,就是它们的失败——它们未能解决启蒙运动所提出的应该剥夺教会对教育系统的控制权这一问题。一个完全世俗的教育体系并没有建立起来，教会与国家争夺初等教育控制权的斗争依然不仅仅是教育政策上的争议，而且是激烈政治斗争变化无常的起因。用一位美国学者的话说，世俗化（laïcité）"是法国现代史上最激烈争议的话题之一"（Talbott 1969：24）。而且，这场斗争毫无疑问也涉及了公民教育，因为它使得宗教道德教育与公民道德教育相对立，使罗马天主教的影响与包括新教徒、犹太教徒、不可知论者及无神论者在内的异质性国民之现实形成对立。公民道德比教会传授的道德更可取这一观点为具有共和倾向的学者和政治家们所深信，这可以在埃德加·奎奈（Edgar Quinet）于1850年出版的《人民的教育》（*The People's Education*）一书中得到说明（参见Buisson and Farrington 1920：1-4），这一观点在第三共和国时期崭露头角。不过稍微考察一下19世纪后期在此氛围下开展公民教育的背景，是不无益处的。

马修·阿诺德的观察生动地再现了教会与国家之间的冲突，后者由校长代表：

> 基佐的一位督学向一位校长询问："在你们学校，道德和宗教教学的情况怎么样？"。回答是"Je n'enseigne pas ces bêtises là"（我不教那些愚蠢的东西）。另一位督学发现这位校长带领他的学校在他居住的小镇上游行；学生们敲着鼓，唱着马赛曲；游行队伍停在牧师住所前，声嘶力竭地高喊："打倒耶稣会！"
>
> （Arnold 1962：66）

尽管严格意义上来讲是不合法的，但是18世纪被取缔的宗教修道会的秘密恢复，加剧了这种紧张关系。而且，虽然这种相关关系肯定不是绝对的，但教会与国家围绕教育的冲突似乎加深了拿破仑一世倒台和君主复辟之后法国政治的分裂。共和党人比君主主义者更强烈地反对教权主义，君主主义者倾向于将教会看作是抵抗复兴的革命威胁的主要支柱（例如参见Gildea 1983：ch.1）。

尽管如此，除了1848年大革命时期的一时心血来潮和直到1870年后政策的大幅度改变以外，君主主义者和共和党人往往都对公民教育持保守态度，不予理会。学校，尤其是初等学校的义务就是培养学生接受现状的态度和过有价值生活的决心。这一基调是复辟时期由1815年2月17日和

1816 年 2 月 29 日的两个法令所确定的。后者的第 30 条有一部分是这样表述的："公共教育委员会将认真确保在所有的学校中，初等教学建立在宗教、尊重法律以及热爱元首的基础上"（Chevallier and Grosperin 1971：102；作者译）。这种保守的主题或许被第三共和国之前的各种政权所追求。基佐，一位中产阶级学者；蒙特拉姆（Montalembert），一位神职党派的领袖；以及杜鲁伊（Duruy），曾于 1863 年被拿破仑三世指派去削弱神职人员对教育的控制，他们三人都强调教育要谋求国家稳定这一中心思想。1833 年的《基佐法案》建立了国立小学和教师培训机构（écoles normales）。1850 年，蒙特拉姆不再把教师视为建立良好秩序的力量，而指定牧师"同时"代表"道德秩序、政治秩序和经济秩序（material order）"。引用此段评论的作者们是要说明他是"在把神职人员的教育功能与世俗国家中财产和公民身份的捍卫联系起来"（Vaughan and Archer 1971：201）。杜鲁伊，这位担任公共教育部长的权威在总结其成人教育观点时，写道：

> 对于其在工业和农业生产过程中的角色没有超越性理解的工人，就会因优越的经济力量主导其生活而备感挫折。教育是唯一保护其免受社会主义和共产主义影响的手段……（并解释道他要保证课程）不会被用于鼓励反对国家的政治信条。
>
> （Horvath-Peterson 1984：109，111）

顺便说一句，三个人都关切学校应该使学生成为捍卫经济体系的公民，并使其具有经济生产力。

正如本书中经常谈到的那样，公民身份是以读书识字能力为基础的。能有效反映识字水平的指数是征兵填表时调查的文盲率。在法国，1830 年这个数字超过 50%，尽管这个毛数在很大程度上掩盖了受过良好教育的东部地区与受教育水平很低的米迪（Midi）地区之间的巨大差异（参见 Dupeux 1976：115）。然而到 19 世纪末，这个数字下降到了 5%。这个进步源于那些为了增加小学和教师的数量，经常顶住以财政困难为由提出的反对而坚持不懈的教育部长们。小学生人数自 1817 年的 86.6 万人上升到 1887 年的 552.6 万人（Prost 1968：108），而在此期间，总人口数仅从 2900 万增长到了 3800 万（参见 Dupeux 1976：36）。另一方面，我们不应该忘记这只能半信半疑。统计数字与实际入学率并不完全一致，尤其是在农村地区。比如在 1879 年有一位学校督学曾抱怨道:"现实与官方的数字或统计毫不相干"(引自 Weber 1976:310)。不过,到了 19 世纪 90 年代,道路状况的改善和朱尔斯·费里(Jules Ferry)旨在引入免费和义务教育的立法的确提高了实际的入学率。

以上详述的事件和人们的态度没有一个显示出这样的认识:应该为年轻人提供一种像样的系统的公民教育。教育政策上的这种漫不经心由于拿破仑三世外交政策上的两个插曲而受到质疑:一是 1859—1860 年他不切实际地决定干预皮埃蒙特人(Piedmontese)领导的意大利统一进程;二是他的幼稚举动使得法国在 1870 年卷入了与普鲁士的战争。第一个插曲使这个皇帝陷入与罗马教皇庇护四世的冲突中。结果,拿破仑决定削弱教会对法国教育系统的控制和影响。这项政府政策自 1864 年之后受到了更加广泛的欢迎,因为当时罗马教皇颁发了教皇教谕《错误的大纲》(*Syllabus Errorum*),将极其广泛的现代西方世界的思想、实践和成就——如科学、自由主义、进步的思想,以及为了避免有任何疏漏,还加上了"现代文明"——斥为谬误。法国的学校如何能置于作为牧师,尤其是作为修道会成员,以及忠诚于罗马教廷的这些教师的控制之下?并且,如果教育要"世俗化",宗教道德的教学也应该被公民道德的传授所取代——或者现在这样更有说服力。

19 世纪 60 年代不断变化的这些环境为实施一贯的公民教育提供了比此前更有利的环境。然而,若不是由于普法战争遭受到了沉重打击,也许朝着这一方向的改革还要被延后。法军在六个月内就被打垮了,要塞城市色当(Sedan)失陷,巴黎被围,拿破仑三世退位。这场经历对一个自豪的民族和军队来说是一个痛苦的耻辱。如何才能渡过这场灾难?必须找到合适的解释,必须有人来承担责任。是颓废的新闻记者和无神论作家侵蚀了法国人的品格吗?还是法国的学校老师负有责任,他们没有普鲁士的同行优秀?到处传播着这样的口号:"色当是普鲁士学校老师们的胜利"(参见 Ozouf 1963:15-23;作者译)。

紧跟着使公民教育进入法国学校的两个关键性前提条件——推测的品格与教育上的缺陷——出台了两项政府决定,这使得这样的改革势在必行了。一个就是新的第三共和国(创建于 1871 年,批准于 1875 年)的领导人们决定恢复在 1848 年第二共和国时期授予的、在第二帝国时期遭到破坏的男性公民普选权。这导致了 1877 年不寻常的大选,当时农民反抗社会上层阶级，帮助共和党恢复了在议会中的绝对多数地位（例如参见 Cobban 1965：20-21）。另一个决定就是任命朱尔斯·费里在 1879 年到 1883 年期间三次担任相当于三年时间的公共教育部长。他是法国现代公民教育的真正创始人；不过，如果没有 1877 年的大选结果和随后的一系列的进步政治议程，要保证他的改革获得接受，远非那么简单。

费里是一个极其重要的人物，我们应该对他本人及其在启动并促成立法过程中的坚强意志作一下了解。他出生于 1832 年，具有共和政治倾向，在 1870 至 1871 年残酷包围期间担任巴黎市长。他的指导原则就是建立一个世俗的国家，亦即 1789 年大革命的目标。实际上，他的一位传记作者称他为"世俗信仰的大司祭"（Guilhaume 1980：80；作者译）。此外，他的世俗国家必须体现社会和政治革新。费里的总目的就是利用学校作为巩固这些进步的手段，这一目的曾被归纳如下：

> 作为社会改革的工具，教育政策必须同样为共和国奠定坚实的基础。必须由新型学校把新的一代争取过来，使其超越于地区的多样性和条件的差异，拥有民族统一的情感和对祖国的崇拜。
>
> （Guilhaume 1980：80；作者译）

费里把大革命作为其教育改革导航灯的信念要比框架原则更加深入。他的灵感源于孔多塞报告的细节（参见第二章）。在上任的一个月内，费里就把两项旨在打击教会对教育事务影响的法律草案摆到了议会的面前。他的运动由此拉开序幕。

费里的其中一个建议包括一项重要条款——第 7 条。其内容是："任何人如果属于未获授权的宗教团体的话，都不得参与任何公立或私立的教育，无论是哪一级教育——初等、中等、高等教育——也不能管理教育机构"（引自 Guilhaume 1980：81-82；作者译）。我们已经注意到，被正式取缔的宗教修道会又如何实际上恢复了他们的教育活动。费里的目标就是要结束他们尤其是耶稣会的参与。这对天主教的教育来说是一个致命的打击。第 7 条在国民会议和参议院引起了骚动，并在全国引起了激烈的争论。费里遭到了神职人员的诋毁，受到共和派人士的称赞，但他强烈否认他是反神职人员的，也否认其涉入的冲突是教会与国家之间的冲突："这是《错误的大纲》与大革命之间的冲突"（Robiquet 1895：353；作者译；关于第

7条内容，请参见 Ozouf 1963：56-65）。最终达成一种妥协。耶稣会再一次被驱逐，这离第一次被取缔教育权已有一个多世纪的时间（见第二章）；其他修道会则获准申请授权；许多天主教学校幸存了下来；引发不和的教育争论也同样延续了下来。

用政治公民道德来取代宗教道德，这并不是费里的目的。他认为道德教学和教师处理任何争议性问题都应是中立的。他的世俗教育体系的目的就是实现这种中立。尽管他的目标并没有完全实现，但他依然是整个公民教育史上的一个关键人物，因为他将公民教育的内容引入课程之中，并提出了公民教育得以在国立学校里实施所要求的客观性问题——客观性只有在战后共和意识高昂的氛围中才有可能。在一个共和政权中，民族凝聚力是最优先考虑的事项：比如，1879年，《马赛曲》被宣定为国歌；1870年，共和派的爱国者甘贝塔（Gambetta）就已宣称："学校将为所有法国人民注入共同的精神"（引自 Guilhaume 1980：91；作者译）。

当费里于1882年开启他的公民教育计划时，他并不是从一块白板开始的。诚然，一位权威人士于1871抱怨道："历史被遗忘了，公民科从教学大纲上消失了"（引自 Weber 1976：334）。然而，这并不完全准确；一些公民教育已经开始实施了。比如我们知道，早在1862年，就已有一本公民科教科书在使用。其处理教材的方式体现在如下这个总结中：

> （1）法国社会是靠公正的法律来统治的，因为它是一个民主的社会。(2) 所有的法国人在权利上都是平等的；但是因为本性和财富的差异而存在不平等。(3) 这些不平等是不会消失的。(4) 人们通过劳动才会富有；如果他缺乏了这个希望，劳动将会停止，法国将会衰亡。
>
> （引自 Weber 1976：331）

在对这段摘录进行评论时，韦伯（Weber）说："学校强有力的道德课程聚焦于义务、努力及决断的严肃性"（Weber 1976：331）。于是，费里并没有在法国开展公民教育；他所达成的是制订了一个更加全面、更加完善、更少社会性导向的课程，并将之推广至全国。

他是由1882年3月28日的法律开始做的。第二年，他给所有初等学校教师散发了一封具有解说和鼓励内容的信件，这是显著体现其教育理念的一份文献。说明它需要使用大量的引文。他以一种同情的语气开始写道："在强加于你们身上的各种责任中，最让你们劳心费神的，肯定是你们教导学生伦理和公民身份的使命"（Buisson and Farrington 1920：5-6）。他继续解释说，这项义务并不需要有杰出的学术水平：

> 不，家庭和社会只是要求你们帮助培养好他们的孩子，使其成为诚实的公民。这就是说，他们期待于你们的不是口头说说，而是行动；不会再给你的计划增加一门科目，而只是一项非常实际的服务，这是你作为一个人而不是作为一个教师就可以报答于国家的服务。
>
> （Buisson and Farrington 1920：9）

这是一个重要的思想，然而，如此直言不讳地表达思想，反而与他先前关于教师工作负担过重的言论以及之后他在信中安慰教师不用担心新教材的准备任务有点矛盾：他有些夸大地说，一些"我们这个时代和国家最伟大的权威"已被召来为这项新的事业完成教科书编写任务。因此，

> 在最后几个月中，我们已经发现，道德和公民教学的教科书数目几乎是逐周增加。没有任何事比公众舆论重视在学校中开展彻底的道德训练再好不过的了。
>
> （Buisson and Farrington 1920：12）

这同时也表明了公共教育部要成功实现这项革新工作的决心和效率。因为他继续解释说，教师将能够在许多教科书中进行选择，为了达到这个目的：

> 我所发给你们的是本年度各不同学校（academies）采用的有关道德和公民教学的完整论著清单。每个县主要城镇的教学图书馆将会从教育部收到这些论著……在（选择教学材料）这件事上，你们所拥有的自由与承担的责任同样多。
>
> （Buisson and Farrington 1920：13-14）

显然这是一项出色的、组织有序的服务。但是，费里也十分认真地强调，这个责任是一项需要费心尽力的义务。他坚决地说道：

> 我无论如何要求你们牢记这一点也不过分：要明白你们的自尊、荣誉……全都系于，使有关良好行为规则与高尚情感的实用教育深深地渗透于未来一代的心中。
>
> （Buisson and Farrington 1920：14）

看到这些，对费里在信件一开始就提出担忧也就不觉得奇怪了。

费里所提到的书籍是为支持新教学纲要中的道德教育部分而设计的，分别为9—11岁和11—13岁儿童准备的详细教学大纲。对这些年龄段中年龄较小的学生列出了一些一般性义务，包括提到了对上帝的义务。有一节是专门讨论祖国的："法国，她的伟大和不幸。对祖国和对社会的义务。"大纲的第2节包括一些带有感情色彩的条目："避免负债，嗜好赌博的不良影响"；"所有人的劳动责任；体力劳动的高尚"；还有"酗酒会一点一点地妨碍你履行对他人的义务（懒惰、暴力等）"（Buisson and Farrington 1920：28-29）。不足为奇的是，对年龄较大的学生，大纲更强调社会和政治方面的事务。对如此年轻的学生来说，这是一个极难的课程。费里的信件否认说他要求教师具有杰出的学术成就；但难道他不期望学生具有杰出的学业成就吗？随机挑选一些肯定非常难的概念看看："正义，是所有社会的条件……正直、平等、忠诚、体谅……义务和私利之间的差别，尽管有时看上去是一致的。"另一方面，有很多很明显是道德公民教育的材料。我们可以举出："尊重他人的观点和信念……仁慈、感激、宽容、宽恕等义务。"还有在"祖国"这一标题之下的一系列内容也属于此类，其中列出了"遵守法律，服兵役……忠于国旗……个人自由……劳动的权利，组织的权利"；还有庄严地表述的"谴责（对欺骗国家的谴责）"；自然也有"解释共和国的信条：自由、平等、博爱"（Buisson and Farrington 1920：30-31）。

这些大纲应该被放在费里实施的其他改革的背景下进行理解。1881年，取消征收初等教育学费；1882年，6—13岁儿童的就学成为义务；1886年，要求所有公立学校的教师必须是世俗人员。从此，在公立初等学校中，所有的学生——实际上是中低阶层、城市工人阶级和农民的子女——都可以接受到世俗的公民教育。与此相反，比较富裕和社会地位较高的中产阶级对其子女，主要是男孩子，寄予了厚望，让其参加中学毕业文凭考试（baccalauréat examination），获得中学毕业文凭，打开学术和职业的大门。就该课程所包含的任何形式的公民教育而言，在当时主要是通过古典和历史课程的学习间接地实现的。

那么，究竟费里的创举在实践中的结果如何？当然没有达到他所一直坚持的中立性。一位英国历史学家总结了第三共和国教育政策的影响：

> 国立教师培训学校——师范学校（the écoles normales）——培养了一批必要的教师，他们接受过大量的灌输教育，受过反教权主义的情感训练……结果形成了一支同情激进主义和社会主义的队伍——世俗的传教士——他们散布于每个公社中重要的战略位置，无论是在乡村，还是在城镇，遍布整个法国。
>
> （Thomson 1958：144–145）

此外，尤根·韦伯（Eugen Weber），一位研究这一时期"农民向法国人"转变的美国权威，不断地强调要利用学校在根深蒂固的地方和地区认同意识之上叠加国家归属感。比如他写道："很明显需要一个巨大的灌输计划，以说服人们相信，祖国超越其明显的范围，无限广阔，遥不可及，这便是法兰西"（Weber 1976：334）。实际上，对卡尔顿·海斯（Carlton Hayes）（参见下文）于20世纪初开展的研究进行的一个总结得出结论说："法兰西，正是诞生于这类学习之中，强大而又至高无上"（Bereday 1966：127）。

为了能够稍微具体一些，让我们现在来简述一下一些（尽管的确并非所有的）主要权威对公民教育的热情，以及公民科和历史课程与教科书的基调。

为了能够说明一些主要人物的热情，我们选择了厄尼斯·拉维斯（Ernest Lavisse）作为例子——选择他更多的是因为他超乎寻常的热忱，而不是将其作为一个说明一般情况的例证。他是一个极其多产、充满活力的历史学家和教育家，巴黎大学的历史学教授和法国科学院的院士。弗迪南德·比森（Ferdinand Buisson），1879年至1890年期间的初等教育局长，费里的亲密同事，曾写道：

> 拉维斯先生对我们学校的年轻人施加了前所未有的道德影响。他的教育工作不仅局限于那个三卷本（教育论著），他还以演讲和大量文章的形式引起广泛的关注。
>
> （Buisson and Farrington 1920：91）

在 1898 年发表于《初等教育综合手册》（*General Manual of Primary Education*）的"一封致法国教师关于公民教育的公开信"中，拉维斯指出了他所思考的四个主要问题。首先是教育任务背后的政治议程："先生们，帮助我们完成法国大革命。你们可以通过特别关注道德和公民教学来做到这一点。"第二，他自然也强调了历史的作用：

> 我希望教给人民的历史首先应该是纵贯若干世纪的人民史，是人民争取正义和自由、争取权利的艰苦奋斗史……可以说，它将是讨论法国公民权利和义务的公民教学的序言，诸如法国历史塑造了他们之类。

他坚持的第三点是必须教授公民权利，尽管当下认为必须给予义务教育以优先权；权利教育在于使人们理解"这些权利和荣誉不可能是免费的，（法国人）必须通过履行对国家的义务而获得它们"。他的第四条建议是有关学习时间和初等学校学生离校年龄这些实际问题的。因此，他极力主张：

> 最重要的是……在"学生离校后的教育"中为公民教育找到重要的位置，多亏了你们，这项工作正在全法兰西展开……（因为）我深信，拯救法兰西的唯一手段就是给予我们的年轻人确切的理由去热爱他们的国家并履行他们对国家的义务。
>
> （Buisson and Farrington 1920：106，107，108）

拉维斯不仅是费里行政团队的一个杰出成员，而且还着手编集了课堂教学材料。韦伯将他收集的故事和历史书籍描述为"好战的"："为父报仇是儿子的义务；为过去的失败而雪耻复仇是孩子们的义务"（Weber 1976：335）。民族统一是其另外一个主题，在他出版于 1884 年的《法国历史的元年》（*First Year of French History*）中，拉维斯告诉他的年轻读者："你们要了解应给予你们的父亲什么以及为什么你们的首要义务是热爱你们的祖国（fatherland）——亦即属于你们父亲的国土——甚于一切"（引自 Weber 1976：334）。三年后，在一本叙事性训诫书中，他确定了公民应履行的四种义务：保证他自己和他孩子的教育；履行其军人义务并做好为祖国牺牲的准备；纳税；投票选出最佳的政治候选人（参见 Weber 1976：336）。

请注意，传达给年轻学生的公民身份概念带有军事倾向。这绝不仅仅限于拉维斯的书。地理也被用作实现这个目的的工具。1884 年，一位教师的日记表明，这门科目的一个重要部分就是教授有关"以防御工事、牢固的岗哨和炮兵阵地来捍卫国家领土"（引自 Ozouf 1963：125；作者译）。即使是很小的孩子也被要求学唱有关成为一名勇敢战士的歌曲，其中的一首的确就叫《学生战士》（*The Schoolboy Soldier*）（参见 Ozouf 1963：122，124）。法国大革命的理想的复兴，民族统一［可追溯到大革命时的一个目标（参见第二章）］，坚定不移地捍卫法兰西，以及向敌人复仇的决心，所有这些都是 1882 年后的教科书作为"l'instruction civique"和它的亲密伴侣"l'enseignment d'histoire"——公民教学和历史教学——的主要主题而试图教授的内容。韦伯在考察了这个时期的学校教科书之后得出这样的印象："他们所倡导的爱国主义将民族统一置于首位，复仇仅仅是第二位"，尽管"这两个主题经常交杂在一起"是不可避免的（Weber 1976：335-336）。

我们以上所考察的法国公民教育的特点在很大程度上要归之于法国在普法战争中的失败。同样，两次世界大战之间的基调在很大程度上也是由第一次世界大战的痛苦经验所决定的。自 1926 年至 1928 年，美国历史学家卡尔顿·海斯访问了法国，并把法国生动地描绘为一个自觉的"爱国者民族"，他的语言描述还包括学校在塑造这种意识中的贡献。后来有一位美国学者在对海斯的发现进行概括之后写道：

> 同样的科目在学习过程中反复出现——全都充斥了大量民族主义的豪言壮语——目的就在于确保读、写、算的基础知识和对祖国的热爱能够灌输到最顽固不化的大脑中。
>
> （Talbott 1969：26）

因此，来看看海斯研究中的一些细节。义务教育横跨 6—13 岁年龄段；

共教授12门科目，其中有7门被海斯归类为"民族"科目；不仅有明显的道德和法国公民身份的教学，而且课程表上安排给法语教学的时间中也有一大部分属于此类，语言练习的内容充满了政治色彩（参见 Hayes 1930：39，43）。而且，对那些在高等小学一直学习到16岁的学生，课程的安排也是一样的。如果语言教学都被用于培育爱国心的目的，道德和公民课程自然也就更毫不隐讳地被用来为这个目标服务。

对于这个极具民族和爱国色彩的课程，教师个人没有多少进行调整的余地，更不用说抵制了（正如这一职业中的一些激进成员所尝试的那样）。这种制约，部分是因为政府制定的教学大纲规定得非常详细具体，部分源于教科书的内容和风格，这些教科书不仅传达同样的道德化信息，而且课堂教学的结构和内容也严重受制于它们。以下的引文传达了海斯的总体印象：

> 总体而言，教科书比官方的大纲更具民族色彩。几乎所有教科书的编写意图似乎都不仅仅要使男孩子和女孩子们了解历史、语言和他们所生活的这个国家的制度，而且要使他们以自豪的情感和宗教热忱来热爱自己的祖国……
>
> 给我们留下最深印象的是所有法国的教科书都避而不谈的东西。由于这种疏漏，它们使得法国青年很难批判法国的制度或做法，很难了解现代外国为世界做出的贡献……借助简化和拟人化的手段，所有的政党分歧和地区差异都被忽略或掩盖了。
>
> （Hayes 1930：55）

另一段引文是有关第一次世界大战的，出自于1926年出版的一本第24版历史课本：

> 小孩子、妇女和老年男性，手足残废，受尽折磨和奴役；乡村被毁，城市遭难，阿拉斯（Arras）和兰斯（Reims）被燃烧的炸弹夷为平地；我们所有的工厂被洗劫一空，我们的树木被砍，我们的煤矿被毁……（不过）我们英勇的战士战胜了德国人。
>
> （引自 Hayes 1930：344）

注意这是写给6—7岁孩子们看的！

而且，成年人也生活在一个时刻提醒爱国的环境当中：通过无线电、报纸、电影，还有——最能攫取感情的——大量的典礼、仪式和纪念仪式（参见 Hayes 1930：chs 6，7，9）。

公民身份几乎被理解为爱国主义的同义词，这使得没有多大的回旋余地来向青年人——或成年人——注入实际参与社区事务的义务意识。"二战"后的发展使得人们开始关注法国公民教育存在的这个缺陷。对中等教育体系运作的不满导致了对减少制度的精英主义色彩和放宽师生之间关系的要求，后一个要求是1968年的学生动乱期间由巴黎公立中学（lycéens）学生所强烈提出的（例如参见 Archer 1977：117-118；Ardagh 1982：481-483）。这些都是在宣告一种需要并且愿意更多地参与学校的民主实践，而且事实上由于1968年的学生运动，公立中学严厉的古板程序放宽了不少。

不过，另一方面，法国教育中的呆板做法依然以其他方式得到坚持。学校成为教学车间，而不是社会共同体。1968年之后，教育部长埃德加·富尔（Edgar Faure）要求所有的公立中学都要设置"foyer socio-éducatif"，一个学生自主组织活动的领域；但这项创举没有取得多大成效。社会传统也不利于改变这样一种习惯。十年以后，一位英国记者写道：

> 家长将学校看作是一项学术性公共事业，它不应该与家长竞争忠诚之中心；而且如果学校试图培养学生的领导才能和公民责任心，就会被视为是对其领域的一种侵犯而受到怨恨……在帮助学生感受到自己是生命共同体中的一部分或者为此要共同承担一定的责任方面，学校所做的努力依然很少。
>
> （Ardagh 1982：489）

结果，相比于英格兰，1980年的法国公民教育课程更不切实际地脱离了学生的生活。一位法国教师在与以上所提到的英国记者谈话时，解释道：

> 我们向他们传授议会和市镇政府（communes）如何运行的知识，但我们却很少给他们提供实践尝试的机会。我们告诉他们关于年级长制（préfets）的知识，而你们则使他们成为年级长。也许在你们英国的学校里，年级长拥有过多的权力；但在我们这里，

孩子们没有获得足够的权力。

（引自 Ardagh 1982：488）

这是一个发人深省的对比，尽管这个对比或许有点太具讽刺意味了。

实际上，就在做出这个评论时，法国已经在开始前进了。1977 年是学校公民教育变革的象征性开端，当时，"公民教学"（civic instruction）这一术语被改为"公民教育"（civic education）。1985 年，部长令规定了对这些课程的要求；随后又发布了详细的指导纲要。在初等学校和中等学校，从一年级到十年级，每周为这个科目安排了 1 小时，并由历史、地理和法语老师进行教授（关于教学大纲，参见 Starkey 1992：88-96）。

对小学的指示包括给老师的指令，如"他们要利用日常事件和行为作为教育事例，要坚持要求合作行为，要帮助孩子践行平等的权利以及参与慈善和人道组织举办的全国性和国际性活动"（引自 Starkey 1992：87-88）。在综合初等中学，即"Collèges"的课程教学大纲上也有同样的表述（参见 Starkey 1992：90，91-92）。实际上，对于 15 岁学生的公民教育，我们甚至可以看到这样的表述："因为亲身体验与正式学习对于公民教育同样重要，因此课程时间安排必须有弹性，以便可以进行参观、调查以及与其他科目一道进行课题研究"（引自 Starkey 1992：93）。家长和政府比过去更加支持更宽泛、更自由的公民教育，此外，我们还可以提及志愿机构的服务工作。相对于海斯和阿达格（Ardagh）所描绘的图景，这是一个多么巨大的转变！比如，请注意 1980 年那位法国教师将法国公民教育和英格兰公民教育所做的比较与 10 年后一位英格兰教育家所做的评论之间的差异：

> 几乎可以假定：绝大多数法国人会把公民教育置于其学校的优先考虑事项。相反，要让大多数英国人对到底需要什么样的公民教育有一个清晰的认识，都是不可能的。
>
> （Starkey 1992：100）

然而，正如我们下面将看到的那样，也许再过十年，英格兰就会赶上法国了。

三、英格兰：从激进主义到帝国时期

与法国不同，英格兰既没有强烈的宗教挑战，也没有革命的刺激以激发她去实施一项可以与费里的成就相媲美的公民教育方案。她也没有中央集权的教育管理可以使她像法国的部长一样将政府的意愿强加于学校。历史学家泰恩（Taine）曾评论说，一位法国教育部长只要看看他的手表就能够知道学生们正在学习哪个课本的哪一页，这种情况在英格兰是难以想象的。与邻国相比，19和20世纪的英格兰公民教育的历史的确很混乱，模糊不清。不过，透过这种表面的混乱，我们依然可以发现造成这种局面的五个因素（参见 Heater 2001）。一是缺乏中央的指导并由此导致了对教师个人努力的完全依赖。另一个是关于扩大选举权范围、年轻人理解政治事务的成熟度问题以及恰当的公民教育形式三者之间关系的争论。第三个因素集中在为不同社会地位的学生提供不同的学校教育和考试以及这些差异是如何决定了所提供的公民教育形式这些相关问题上。第四个因素是一些教师对教授有关战争与和平问题的关切。第五，大英帝国的扩张导致了这样的信念，即应该把这种帝国自豪感灌输到青年人的头脑中，以及随着来自先前的海外殖民地的移民纷至沓来，有必要使公民教育适应多元文化人口的需要。尽管本节和下一节将按照时间先后而不是按照分析这些因素的顺序来展开，但当这些因素出现时，将会向读者进行介绍，不过有一个例外，这就是战争与和平的问题，因为这在第五章加以介绍比较方便。

本章从最后一个因素开始按照时间的顺序进行分析，应该说这样划分材料有些随意。我们可以发现，19世纪第一代的英格兰公民教育思想和实践在三个方面与18世纪有联系。

第一个也是构成我们场景之背景的方面，即对学校教育的极端忽视。在辉格党政治家布劳汉姆（Brougham）爵士的积极推动下，1816年成立了一个议会委员会"去调查下层社会的教育状况"。委员会收集了大量的数据，布劳汉姆据此于1820年得出结论说，英格兰是欧洲教育状况最差的国家。学校设置未能跟上工业革命的步伐，不管怎样，当时的人们普遍认为，教育会使下层社会不满足于他们的生活水平。1807年，一位托利党[①]的国会议员宣称教育：

[①] 英国保守党的前身。——译者

将有害于他们的道德和幸福；它将使他们蔑视他们的生活命运……它不会教给他们顺从，而是会使他们变得桀骜不驯，难以驾驭……它将会使他们能够阅读煽动性的宣传品和有悖于基督教的不良书籍和出版物。

（引自 Brennan 1981：32）

在这种背景下，几乎没有机会发展面向英格兰人民大众的公民教育。

另一方面，也是第二个方面，像布劳汉姆这样的改革者持有截然不同的观点，他们延续着启蒙运动和激进的传统。比如，他的杰出朋友詹姆斯·密尔（James Mill）继承了爱尔维修的这样一种信念，尽管是以一种不那么夸张的形式：教育在最广义的促进进步中具有巨大潜力。不过，密尔同意适应社会压力也是不可抗拒的。他在其于1818年为《大英百科全书》所写的《论教育》一文中表达了这一观点。他是按照如下线索展开他的论点的。在文中，他称政治教育为教育之"拱的基石"（Cavanagh 1931：72）。但是，他所说的"政治教育"并不是指学校中的学习，而是"政治机器"的氛围和期望对品格的塑造作用［密尔使用"机器"一词可以与本杰明·拉什的使用相比较（参见第二章）］。1835年，密尔写道：

在需要改革者关注的对象中，教育处于最高的位置；但不要忘记了，正是政治机器的运作对形塑人们的精神具有最大的影响。

（引自 Burston 1973：226）

用当下的术语来说，由于他确信现存的社会权力机构（the Establishment）不利于教育的健康发展，因此他认为教育改革取决于政治改革。他肯定意识到了学校具有传输与当前社会盛行的政治精神相对立的政治教育。他的儿子约翰·斯图亚特（John Stuart）记录下其父亲对善会接踵而来的信念：

如果所有人都被教会读书，如果所有的意见都被允许通过言语和书写的方式表达给他们，并且如果能够通过投票选举的方式推出一位立法者去将他们采纳的意见付诸实施。

（引自 Silver 1975：26）

密尔父子都属于哲学上的激进主义学派。我们所说的与18世纪有联系的第三个方面是普里斯特利之类政治激进者信念的延续：学校应该为创建一个更加民主的政体做出贡献。这个传统为宪章派最显著地继承了下来，包括他们持有与高德温相同的信念，即工人阶级不应该让自己接受在一个由民族国家创办的教育系统中接受灌输。例如应该给更广泛的儿童们提供教育这一基本要求也由一位口才出众的宪章派演说家亨利·文森特（Henry Vincent）提了出来。当他寻求入选议会议员时，其所作演讲的主要观点之一就是"诚实贫民的子女应该在促进其精神、道德、政治和社会利益所必需的各个方面得到思想上的训练"（引自 Briggs 1960：167）。

为了推进议会改革而起草的由六点内容组成的《人民宪章》的决定，是由工人阶级对1832年的《第一次改革法案》失望不满所引发的。他们曾经为了这一法案而极力奔走呼号，然而当这一法案出台时，估计仅有大约20%的成年男性拥有投票权。有意思的是，在运动期间（主要活动是在1838年至1848年期间），追求为了公民目的的教育一直是他们运动目标中一个重要的附带要素。一位历史学家曾经写道："它始终被记在一小群伦敦鼓动者们的心中，并在许多地区被热情采纳……《改革者》说'大众教育将占据我们的大部分注意力'"（引自 Silver 1975：77）。最杰出的伦敦宪章派领袖是家具木工威廉·洛维特（William Lovett），他的重要性不仅体现在大都市里，他也是这场运动的主要理论家。

由于在伯明翰为《人民宪章》不辞辛苦地奔走呼号，洛维特被监禁在华威（Warwick）监狱中。在宪章派同事约翰·柯林斯（John Collins）的帮助下，他在服刑期间完成了一本名为《宪章运动》（*Chartism: A New Organization of the People Embracing a Plan for Education and Improvement of the People Politically and Socially*）的书（参见 Simon 1972：229-286）。这本书首次出版于1840年，它既是人民自己组织学校系统的一个蓝图，也有力地论证了建立这样一个中产阶级和工人阶级学校系统的社会和政治依据。其重点强调的是一种全面教育（all-round education）——不仅为了男孩也包括为了女孩——不局限于读、写、算或古典文学。妇女必须被包括在内，是因为从公平角度而言，她们也是公民，并且作为母亲，她们对儿童有着重要的影响。所建议的课程很全面，在预备学校（初级水平），课程表以外的时间都将用于小讲座或对课程未覆盖的主题的解说；学习的内容包括"政府、法律、权利和义务的本质——财富的生产"（Simon 1972：280）。

在高级中学（中等水平），低年级将从一些卡片上学习一些主题，包括法律和政府的本质，而高年级将开始学习历史。

更重要的是洛维特关于教育与政治之间关系的观点。他继承高德温反对政府对学校的任何控制的立场。他毫不隐讳地说：

> 从我们政府表现出的采纳其大陆邻国的压制自由政策的倾向来看，我们有充分的理由担心，一旦他们受托教育我们的孩子，他们就会遵循同样的做法，按照自己的意图来塑造他们……在许多这样的国家里，谈论权利或正义——阅读一份自由的报纸或教导自由原则的书籍，就会招致驱逐或囚禁的惩罚。
> （Simon 1972：247）

因此，与当时所有激进派成员和革命者们一样，洛维特深深地担忧他所憧憬的那种公民教育在政府控制的大众教育中绝对会遭到非难和否决。但他坚信，不能仅仅因为群众现在不了解公共事务就可以作为拒绝给予他们选举权的理由。在这篇文章的一开头，洛维特和柯林斯就提醒读者：

> 从来不要以为我们赞同那些认为工人阶级"太无知而不能拥有选举权"的"教育家"的观点。非但不赞成这种不公正和毁灭自由的观念，我们认为要启蒙和提高他们的最有效方法就是将他们放在与其他阶层政治平等的地位上。
> （Simon 1972：229）

这一主张表明，洛维特认为保障（男性）普选权（《人民宪章》的第一点要求）应先行于普及教育。然而他并不满足于此：从理想上来讲，政治改革与教育改革应该并肩而行，因为人民

> 在能享受到自由的完整果实和甘霖之前，仍然不得不获得这种知识和养成我们所描述的那种感情……对每一个有思想的观察者来说都应该显而易见的是，真正的自由不能靠议会的法案赐予……而必须与公众的开化和公共美德相伴而生。
> （Simon 1972：235；另参见234页）

另外，洛维特还补充说，政治是一种肮脏的事业；只有教授公民美德的大众教育才能抵消这一缺陷。

人们有时将宪章派分成两派：一是武力派，倡导（并且也采取）暴力行为；另一个是道德派，依靠论辩。菲尔古斯·奥康诺（Feargus O'Connor）领导一派，洛维特领导着另一派。武力派轻视把教育作为达到运动政治目的的工具，而道德派宪章运动者则坚信教育的重大价值。由此解释可以引申出一个简单的原型：道德派宪章运动者倡导应该由大众教育为选举权提供基础和论证，武力派则倡导相反的顺序（例如参见 Vaughan and Archer 1971: 90–92）。

但是，这种对比（antitheses）太初级了，因为在任何大的机构内都注定会出现关于策略的争论。并且关于优先项的选择——通过大众教育来实现政治改革，还是通过政治改革来实现大众教育——也是一个被普遍讨论的难题，正如在本章开头所阐述的那样，绝不仅仅限于宪章运动。事实上，言辞激烈的奥康诺通过他的机关报《北星报》（Northern Star）宣称：包括教育在内，没有任何有效的社会改革可以先行于人民大众获得选举权，马克思主义者朱利安·哈尼（Julian Harney）也有同样的思想，他也同样激烈地表达了自己的观点：

> 一句话，高傲的贵族统治者，利欲熏心的高利贷者以及堕落的牧师是权利、自由以及幸福的敌人，他们将会假装默认教育——提高人民道德水平的——的正当性（propriety）；并且只要人民被拒绝赋予政治权利，人们将会发现，任何获得他们敌人默许的教育系统都将会把永远奴役人民作为其目标。
>
> （引自 Vaughan and Archer 1971: 91）

然而，正如我们所看到的那样，洛维特的立场更加微妙。他否认了只有在实现普及教育之后才能获得普选权的观点；他所主张的莫如说是，如果教育更加普及的话，选举权就会被更加理性、更加道德地使用。因此，他主张，政治压力和教育改革应该齐头并进。他写道："在（成员们）正在努力争取获得'宪章'所赋予的权利之同时，他们也应该进行自我教育，以便在获得之后可以实现其所有的利益"（Simon 1970: 234）。他尽力去避免解决鸡和蛋的两难问题，尽管这一立场的可行性会受到质疑：如何才能——在统治阶级充满敌意的背景下，正如武力派所竭力指出的那样——设计出一个在一定时间内能够令渴望选举权的人们满意，由政府资助、民众管理的学校系统？我们或许还要说，不仅是统治阶级，而且就连舆论制造者们（opinion-makers）也反对将选举权授予未受过教育的民众。因此，《曼彻斯特卫报》(*Manchester Guardian*)的编辑在1838年宣称："让人民接受良好的教育，有了教育所培养出的习惯，致人兴奋的醉饮就不会那么具有诱惑力了。只有到那时，才能够安全地扩大选举权"（引自Briggs 1960：39）。

伴随《第二次改革法案》的颁布，选举权的范围得到扩大，这一论点又在一代之后重新出现。立法三年后，高德温、詹姆斯·密尔和宪章运动者们所担心的事情的确发生了：经过试验性的授权和检验准备之后，《1870年福斯特教育法案》使得政府全面干预初等教育系统。在那之前，穷人和富人的教育都依赖于私人部门。从公民教育的意义上来说，这包括为了提高工人阶级成人的政治素养的设施，以及把富人的儿子培养成为精英公民。因此，在进入19世纪70年代及以后的年代之前，我们必须看一看到目前为止我们一直在关注的理论之下的一些东西，并概要地描述一下19世纪初到19世纪中期英格兰公民教育实践的实例。

自助教育（self-help education）在相当大程度上是由工人阶级自19世纪初开始组织的（例如星期日学校、夜校、技工学校）。尽管并非所有这些努力都与公民教育有关，但已经足以起到提高政治意识的作用。而且，正是因为他们在扫盲问题上取得了进展，使得越来越多的工人阶级（尤其是男性）通过阅读大量出版于19世纪的报纸和小册子而提高了政治觉悟。成人和孩子们的需求都因为传统学校系统之外的这些发展而在某个方面获得了满足。比如兰开夏郡（Lancashire）的激进主义者萨缪尔·巴姆弗德（Samuel Bamford）在拿破仑战争接近尾声之时认为，星期日学校"培养了许多有足够才能的工人成为读者、作者和为了议会改革而召开的乡村会议上的演讲者"（引自Silver 1975：67）。1830年，在洛维特的领导下，工人阶级全国联盟（National Union of the Working Class，NUWC）展开了一项尽管短暂但却很著名的试验。这是一个致力于议会改革的联邦组织，但是要求每一个地区安排一个学习班进行有关政治事件的讨论和学习。

因此，洛维特不仅支持具有公民目的的民众教育，而且在宪章运动兴起之前就起到了推动为成人进行这种学习创建环境的作用。而且，在很大程度上就是由于他的灵感，使得宪章运动者为公民教育做出了非凡的贡献，这种贡献在英格兰是鲜见的。在他们组织的短暂历史中，他们为工人们创造了大量的自我教育机会，并且由于宪章运动的基本政治目的，教育的政治内容是绝对不会匮乏的。哈里特·玛提纽（Harriet Martineau）这位写了有关 1816—1846 年间重要历史的政治经济学家和作家评论说，宪章运动时代的工人们：

> 牺牲了他们微薄的收入，他们的空闲时间，他们的睡眠时间，他们的健康和休息时间，去促进国家所不提供的教育。通过出色的努力，他们建立了学校、培训机构、演讲厅和阅览室，并以他们所能够想到的方式在他们的阶层里传播知识。
>
> （引自 Silver 1975：85）

在整个 19 世纪里，为了继续这项工作，各种各样的机构应运而生，直到 1903 年，它们被合并为工人教育协会（the Workers Education Association）。

就 19 世纪 70 年代之前下层社会子女所接受的学校教育而言，主要是由两个宗教团体提供的。1833 年，政府建立了对这些社团的年度审批制度；1839 年，成立了一个枢密院专门委员会，以负责管理这一审批，并且任命了皇家督学（Her Majesty's Inspectors，HMIs）去监督学校的工作。在这些督学中，最著名的当属 1851 至 1886 年间担任这一职务（并且我们已经谈论过）的马修·阿诺德，拉格比学校（Rugby School）的校长托马斯（Thomas）的儿子，也是 W. E. 福斯特（Forster）的内弟——他引进了旨在建立公立"寄宿学校"的著名的《教育法案》。

我们在此所关注的是这种审批和督学制度与公民教育之间的关系。为此我们必须提到罗伯特·劳威的名字，他于 1859 年成为该委员会[①]的副主席，也就是分管教育的政府大臣。1862 年他主持制定了一个《修正法》（Revised Code），以实施被称为"按成绩拨款"（payment by results）的制度。这主要集中在测试学生的"3Rs"（读、写、算）并根据学生在这些基本技能方面的水平为学校提供资金。例如道德教学和历史教学——这些提供了一点公民教育的领域——都为了训练孩子的那些基本技能以让皇家

[①] 指的是 "the committee of the Council on Education"。——译者

督学满意而被摈弃了。阿诺德对这种影响进行了指责（参见 Arnold 1962：215）。他同时报告说，即使是阅读教学也是非常矫揉造作的，很难形成一定的理解。他引用了一位皇家督学的证言，特别切合这一背景：

> 我发现一所学校的学生阅读水平远远高于平均水平……我通过给他们一张报纸并让他们大声朗读一些段落测试了第一个班级；但在 169 所学校中的只有不到 20 个学校里，我才能找到一个班级能在第一眼看到报纸时就把它读下来。
>
> （引自 Arnold 1962：223）

关于英格兰政府早期对初等学校管理的干预对公民教育的影响，就谈这些了。

在社会阶层的另一端，公学最初是为穷人接受教育而建立的，而到了 19 世纪中期，则主要是在培养维多利亚时代相当于三个世纪前埃里奥特所说的"行政官"（参见第二章），即社会特权阶层的子弟（关于那些希望以令人感兴趣、具有挑战性的方式进行政治内容教育的教师们所面临的困难，即使是在 20 世纪也是如此，参见 Gollancz 1953：chs 4-6）。如果再次认识到，在 19 世纪的大背景下，公民教育依然可以被解释为社会最上层为承担公职而接受的教育，那么以下的引文就提供了一个对维多利亚版的这种教育形式的最准确界定。它出自发表于 1864 年的公学委员会（Public School Commission）报告。

> 在他们提供的服务中，无疑是把古典文献作为英格兰教育的主要要素……另一个也是更重要的方面，即建立一种管理和约束男孩子的制度……这被认为对国民性和社会生活产生了最重要的影响……这些学校成为培养我们的政治家的主要摇篮。
>
> （引自 Gaus 1929：148）

古典和品格建构是这个神秘常规中的构成要素，据公学委员会称，"它的优越性获得了普遍承认"。实际上，并不是非常普遍。在英格兰，当然也有人担忧。让我们重点结合公民教育来作一汇报。只进行希腊语和拉丁语语言和文学的教学而把其他学科排除在外，并且不提及与当前世界的联系，这样就剥夺了学生接受全面教育和形成对当前公共事务保持敏感心态的机会。校长和年级长的鞭打，年长学生对年幼学生的欺凌，几乎无益于平等主义与社会和谐，而实际上根据古典的标准（效仿榜样斯巴达），这些却是公民与公民之间关系的标志。但并非所有的学校都被难以言状的残忍所破坏，并且到19世纪中期，这些习惯不管怎样已经开始衰落。一个指标就是最后一个相对来说广为人知的反对这种制度的非人道性和不公正性的严重学生暴乱——也许它本身就是一种胚胎的公民身份！——终于在1851年的马尔堡（Marlborough）爆发了。

托马斯·阿诺德是最著名的公学校长之一，他从1827年开始在拉格比公学担任校长职务一直到1842年去世。据说"阿诺德所提出的所有教育理念都是以基督教和公民身份这两个概念为基础的"（Vaughan and Archer 1971：110）。阿诺德所说的公民身份指的是社会义务感、投票权的良心运用和负责任的领导。通过学校整个精神特质传达的道德教育是达到这些目的的合适、有效的方法。首先也是最重要的是，道德公民身份（moral citizenship）必须是基督教公民身份（Christian citizenship）；他认为，这对所有年轻人都是如此，而不仅仅是对公学学生而言的。

然而，除此之外，阿诺德完全相信古典著作的公民教育目的——也就是说，如果教法得当的话。不仅在英格兰，而且在诸如法国这样的国家里，也展开了有关古典教学的激烈争论，在英格兰主要体现在公学和文法学校，在法国主要为公立中学中的毕业文凭资格。关于公民教育有三个问题：学习古典本身对国家领导人而言就是最佳的教育，这一普遍信念是否依然有效？是否应该以"现代"科目尤其是科学来对古典进行补充？古典教学是否应该具有明确的以古喻今的目的？阿诺德把自己的立场说得很明确：古典学应继续成为课程的基础，但其教学必须与时下有关。他于1834年写道：

> 如果关于过去的知识完全局限于它自身，如果不使之与发生在我们身边的事情发生关系，而是完全脱离我们身边的事务，并被模糊和误解所掩盖而无法阐明他们，那么它的确比费力而不讨好好不到哪里去。

（引自Bamford 1960：69）

希腊和罗马应该是衡量我们现代文明质量的标尺。他又说道，因为，

> 亚里士多德、柏拉图、修昔底德斯（Thucydides）、西塞罗和塔西佗……就是我们的同胞和同代人，但却具有这样的优势……即他们的思想已在常人所不能及的领域得到了实践，并因此能够看到用我们自己的眼睛所无法看到的东西，他们的结论因此与我们的环境有关。
>
> （引自 Boyd 1932：397）

他几乎很难找到更好的古代作家来传达古典共和公民身份的原则。

阿诺德也考虑到了在英格兰最可取的学校结构，他赞成为下层社会建立国家控制的初等学校。正如我所看到的那样，这直到《福斯特法案》通过后才得以实现。由于这项革命性举措是在《第二次改革法案》扩大选举权范围后实施的，所以问题就不可避免地出现了。首先，《教育法案》是否是对《改革法案》的一个回应，其次，国家是如何影响寄宿学校的。

1867年的《改革法案》把选民扩大到了大约250万人；也就是说，3个男性中大约有1人具有选举权。正如我们在本章开头所看到的，罗伯特·劳威感到恐惧，在他的一些同事看来有点神经过敏。他问道，现在还有什么办法"把宪法从正在同贫困和不满搏斗的群众手中拯救出来？"（引自 Briggs 1959：511）。更著名的是，据说他宣称："我们必须教育我们的主人"；他准确的话是："你们应说服我们未来的主人去学习文化修养，我认为这将是绝对必要的"（参见 Stewart 1986：101）。因为，人们经常而且也很自然地认为，《第二次改革法案》的颁布是格莱斯顿（Gladstone）政府引入《初等教育法案》过程中的一个关键因素（例如参见 Frazer 2000：92）。然而，这一假设也不是完全可靠的，格莱斯顿首相自身对此措施并不太感兴趣（参见 Morley 1903：298–299）；直到1869年，压力集团，即年轻的约瑟夫·张伯伦（Joseph Chamberlain）领导的全国教育联盟（National Educational League）才得以成立。而且，一位历史学家持进一步相反的论点，并对这一假定关系主张：

> 无论是按照赋予许多新人以选举权之后，政治家开始担心他们是否能够胜任投票这一思路进行思考，还是按照新获得选举权

的选民开始要求采取教育上的行动这一思路来看,都没有足够的证据去维持这个(论点)。不说别的,《改革法案》与《教育法案》之间间隔的时间似乎太短了。莫如说,开展大众教育的推动力与趋向议会改革的推动力似乎具有共同的根源。

(Sutherland 1971:27)

另一方面,1868年被格莱斯顿任命为教育委员会副主席,并在幕后积极推动颁布法案的福斯特宣称:

  我完全相信,我们宪法体系的健康和安全运行取决于教育供给的迅速增长。考虑到这些,议会最近已经决定未来的英格兰将由人民政府来管理……如果我们因此赋予他们以政治权力,我们就必须一刻也不能等待,马上给他们提供教育。

(引自 Brennan 1981:33)

当然,早就该接受由国家来填充这一巨大差距和弥补非官方初等教育体系的无能了。《改革法案》提供了一个额外的理由。

  除了劳威那句要教给学生们"文化素养"的名言之外,寄宿学校在何种意义上履行其公民教育职责了?就以直到1914年的这段时期为例,尽管有《修正法》的最初不利影响,但还是有迹象表明存在这方面的教学。例如,将社会学家赫伯特·斯宾塞(Herbert Spencer)于19世纪50年代所做的评论与19世纪70年代之后对新教科书的需求作一下比较。斯宾塞写道:"在教育课程通常所传授的知识中,很少有有助于指导一个人作为公民的行为的知识"(Spencer 1929:34)。数十年后出版的两本教科书获得了特别的成功。一本名叫《英国宪法与政府》(*British Constitution and Government*),被伦敦教育委员会采用为教科书;另一本是《公民读本》(*Citizen Reader*),在1885至1916年间销售了25万册(参见 Heater 2001:106)。

  来关注一下大城市教育委员会的积极行动。中央政府(从1899年起,该部门被称作教育委员会)也为教师发布了一些临时指南。其中一个发布于1904年,声明初等学校的目的在于帮助学生"不仅在知识方面而且在实践方面为生活做好准备"。另一个发布于1910年,包含了两个内容充实的参考资料。第一个参考资料涉及建议公民习惯应该在学校的"风气"（tone）中——这就是所谓的"隐性课程"——日积月累：

> 教师最重要的作用就在于培养儿童做好作为好公民的生活准备，塑造和培养其工作态度……并培养那些最易受学校生活影响的品格特征，如忠于同事、忠于机构、无私以及井然有序、遵守纪律的习性。
>
> （引自 Brennan 1981：34）

第二个参考资料以大量的篇幅讨论节制（temperance）这个主题，有趣的是，这个主题也存在于同时期的法国教学大纲中（参见上文）。换句话说，普通公民应被教育成为一个健康的劳动者。

这种看法就提出了什么样的内容适合用于公民科课程这个问题。1882年，历史学家、教育家和社会改革家阿诺德·汤因比（Arnold Toynbee）建议开设一门政治、工业和公共卫生方面的成人教育课程（参见 Toynbee 1969：226-230）。正如汤因比自己所承认的那样，问题是教授这类课程会是非常枯燥乏味的。然而对于如何改进公民科的教学依然没有达成共识。这一困境由 H.A.L. 菲舍尔（Fisher）（一位历史学家，并于1916至1922年期间担任教育委员会主席）在其出版于1924年，名为《公共福利》（The Common Weal）的一本书中所做的评论而得到了高度概括。他将"饮食卫生"纳入他的主题目录之中，并揭露了由一代人前或更早以前的人们所编写的教科书解释的是"诸如警察和税务员之类不同职员的作用"，这被伦敦经济学院的政治科学教授格拉汉姆·沃拉斯（Graham Wallas）斥责为"也许是迄今摆在书架上的最毫无价值的印刷品"，并且菲舍尔也赞同这一判断（引自 Gaus 1929：146，165）。他建议，如果历史教学牢记公民教育的目的的话，就可以成为最合适的工具。

当然，这并不是什么新颖的见解。向学生灌输公民自豪感和爱国主义的教学经常掌握在克利俄[①]的手中。这在19世纪中期之后的英格兰公立学校中的确如此：1862年的《修正法》为头三个层次规定了一个关于直至1820年乔治三世死亡的英格兰历史的教学大纲。遗憾的是，1900年时只有

[①] 克利俄，希腊神话中的九位缪斯之一，主管历史的女神。在此喻指历史教学。——译者

四分之一的初等学校教授历史，而在新发展起来的只面向少数儿童的中等学校中，这门学科在当时已经成为强制性科目了。而且，在这个时候，反映这个科目令人乏味地教授"一个又一个该死的东西"导致了这个科目及其课本在学校中的变化：以古喻今。这一改变的重要性曾被这样解释道："只有借助新的办法，历史才能达到其正确的目的，这就是不仅要提供道德训练，还要进行爱国主义和好公民的谆谆教诲"（MacKenzie 1984：177；另参见 Steele 1976：1–2）。

最终，到了 20 世纪，公立学校中的这种"爱国主义教诲"变成了帝国主义自豪感的灌输。1904 年，维多利亚女王的生日在其晚年时被定为"帝国日"，并且鼓励举办庆祝活动，尤其是在学校中。但是就像公立学校在历史教学方面的落后一样，他们在催生帝国意识方面也步履迟缓，落于人后。尽管他们在两次世界大战之间的二十多年里为此种落后作了弥补。一位在 1925 年访问了英格兰的美国学者在其后来出版的一本书中引述说，伦敦郡议会提醒教师们，帝国日应唤醒"就学儿童心中作为帝国儿女依恋传统的真正责任意识，以及存在于所有大英臣民之间的亲密家族纽带"（引自 Gaus 1929：178 n.10）。

但我们已经跑过头了，因为在此之前，公学正在向学生灌输帝国所宣传的思想。它不被认为是一种宣传，而被看作是大英帝国命运的真实写照，因为她在种族（白色人种）、宗教（基督教徒）以及技术（管理）方面优于其殖民地的臣民。一位作者曾经指出了在公学中"四个连锁的社会政治意识领域"，即对国家的无私奉献、种族优越感、帝国沙文主义以及对群体价值无批判的遵从（MacKenzie 1986：116）。在 19 世纪后期和 20 世纪初，特别是在 20 世纪后半期，一些评论家越来越觉得公学所具有的个人和种族优越感以及对社会"下层"和人类"劣等种族"的傲慢这一精神特质非常令人讨厌。不过，许多校长依然会公开赞同公学校长哈娄（Harrow）（公认的极端主义者）的态度，他于 1895 年宣称：

> 今天的男孩子就是明天的政治家和行政官员……勇气，活力，坚持不懈，好脾气，自制，纪律，合作，集体精神，这些在板球或足球运动中可获得成功的品质，正是在和平时期与战争年代获胜所需要的。拥有这些品质的男人，不是稳重和完美的公民，而是充满决心、精神和骑士品质的人，就是攻克了普莱西

（Plassey）[①]和魁北克的人。

（引自 MacKenzie 1986：121）

这一描绘带有明显的军国主义色彩，使人联想起惠林顿（Wellington）公爵那句经常被引用的名言："滑铁卢战役是赢在伊顿[②]的运动场上"。不幸的是，关于公学现象，他所指的并不是通过有组织的团队比赛，而是通过在那些开阔的空间里进行有组织的战斗来塑造不屈不挠的团队精神！（参见 Barnard 1947：22）。

鼓励年轻人操练和穿制服这一时尚是从 19 世纪 80 年代末期开始的 80 年时间里的一个非同寻常的现象（例如参见 MacKenzie 1984：228-249，资料来源参见下文）。大量的军事、教会和世俗团体此起彼伏，这些团体兼具军事、帝国、爱国、道德和公民的目的，并各有侧重，尽管这种平民青年团体的军国主义内容也引发了一些忧虑。然而，这些遍布于所有阶层的组织深受欢迎却是不可否认的。一位权威人士估计，在 1901 年至 1920 年期间，有 40% 的男孩和年轻人加入了此类团体中的一种；另一个估计是，从 1900 年左右至 1980 年，60% 的年轻人在某个时间里是某个穿制服团体的成员，后一比例把大约 1300 万的童子军或女童子军的成员计算在内了。

在所有这些团体当中，童子军团体是最普及的（实际上扩展到了许多其他国家，如西欧、美国、英国的自治领和殖民地）。童子军由罗伯特·柏顿－帕维尔（Robert Baden-Powell）创建于 1908 年，他在其《男孩子的童子军活动》（*Scouting for Boys*）一书中对童子军的目的和原则进行了界定。创建者在大英帝国的很多地区担任过高级军官的经历也给童子军运动打上了很深的烙印。实际上，这本书曾被描述为"一本带有强烈帝国的、爱国的和社会达尔文主义色彩的文献，一开始就将其副标题——'好公民教学手册'——的目标置于一个帝国和军事的背景下"（MacKenzie 1984：243）。如果公民身份的特点之一就是监控自己推选的代表所提出的政策，那么柏顿—帕维尔通过将英国议员分成应受谴责的"政客"（politicians）和应受称赞的"政治家"（statesmen）两类而简化了这项任务。第一类人包括那些"为了减少开支而缩减陆军和海军规模的人"，如此行事在竞选中

[①] 1757 年，罗伯特·克利夫指挥的英国军队在普莱西战役取得了胜利，结束了法国在印度的扩张，使得孟加拉归入英国人的统治。——译者

[②] 伊顿指的是著名的伊顿公学，在此泛指所有的公学。——译者

会受到欢迎，但结果会削弱国家实力并使殖民地处于危险境地。第二类人是"较好的人"，他们关心的不是受欢迎程度，而是把维护国家安全看得更重要（参见 MacKenzie 1984：244-245）。不仅是男孩子，女孩子们也在此方面受到了柏顿-帕维尔创建的男童子军和他的妹妹艾格尼丝（Agnes）于1910年创建的女童子军的影响。

这些青年组织通过把好的公民素质解释为健康的生活和引以为豪的帝国，从而强化了在学校中传授的这些教诲。然而，到20世纪60年代至70年代，这两种要素都完全过时了。到如今，进行民主参与所需的积极的社会和政治理解已不能通过"健康生活"的教学来传授了；而且隐藏于"帝国骄傲"之下的民族自负也与一个来自英联邦领土的人口不断增加的国家所要求的那种公民身份格格不入，从一切公正和道德意义而言，他们谁都不能被作为没有用的人来对待。因此，我们现在必须要调查的是，"一战"以来的半个世纪中，人们对公民教育的态度和公民教育的实践是怎样的？然后接下来，我们必须考察一下为了在学校课程中开展有效的公民教育而进行的长达一代时间的奋斗。

四、英格兰：通向国家课程的漫漫长路

1918年的《第四次改革法案》赋予了所有年满21岁的男性和年满30岁的女性以选举权。然而这项举措对官方在公民教育上的态度并没有产生太大的影响：社会一致（social conformity）和政治忠诚仍然是重要的议事日程（the order of the day）。甚至20世纪30年代和40年代的政府出版物也表明当权派对在学校开展全面和直接的公民教育是如何地犹豫不决——更不用说紧张不安了。以如下五个这样的文献为例，我们就可以确认几种不同的态度了。

1938年，关于中等教育的《斯宾斯报告》（Spens Report）（按照习惯，是以起草报告的顾问委员会主席的名字而命名）发表了。这份报告很谨慎地远离了直接的公民教学，而是特别提倡针对16岁以下的学生充分利用近代史进行公民教育：

> 可以教授近代史以诱发一种平衡的态度，即能够认可不同的观点并可以发现正反两方面的优点……正是以这种方式，通过教

诲或进一步通过自己大度的同情心，教师才能更好地教育学生使其成为一个现代民主社会的公民。

（引自 Brennan 1981：38-39）

五年后，《诺伍德报告》（Norwood Report）更尖锐地表达了这一立场，它宣称：

> 在我们看来，试图让未成熟的学生对必然包含成人经历的事物感兴趣，只能给学生造成伤害——从强迫学生的兴趣来说，这是对学生的直接伤害，从其不佳的反应来看，会在长远意义上损害所追求的目的。

（引自 Brennan 1981：39）

然而，报告的作者们确实用这种严正告诫的形式明确地涉入了公民教育：

> 我们认为至关重要的是，教育应该培养孩子们做好作为公民的生活准备……不过，教授公共事务的课程更适合教给年龄较大的孩子们（15/16 岁以上的）。

（引自 Brennan 1981：39）

第二年，发表了关于教师培训的《麦克奈尔报告》（McNair Report）。关于这一主题，报告是小心谨慎、模糊不定的；一方面主张无论学院还是学校都应有"一些专门研究过社会服务和政府结构的教师"，然而，另一方面又严重地收缩了公民身份的性质，宣称它"除了道德反思的习惯和高度的义务意识之外，再没别的基础了"（Board of Education 1944：218）。

教育部于战后不久发布的通知包含在 1947 年出版的小册子《新中等教育》（The New Secondary Education）的一个段落中以及两年后出版的小册子《成长的公民》（Citizen Growing Up）中。前者一改紧张不安的谨慎，倡导进行"公民身份"或"公民科"教学，以讨论地方和中央政府、税收、司法体系、英联邦和联合国等。《成长的公民》作为一份完全的官方文件，是对公民教育重要性的前所未有的承认，正如我们将要看到的那样，直到 1990 年，这也是一种后无来者的认可。《成长的公民》抱怨学校做得太少而且效率低下。尽管它开出了处方，但却比 1947 年小册子的内容充实不了多少，回归到了《斯宾斯报告》和《麦克奈尔报告》的水平。它称公民身份是"一个事关品格的事务"，并为这样的事实而感到欣喜：

> 在教学专业的每一个领域里都有一些有远见的人，他们愿意重新阐释谦逊、服务、克制以及尊重人格等这些古老而又朴实的美德。如果学校能够鼓励他们的学生形成这些品质，那么我们就可以实现一个健康的民主社会所需要的条件了。
>
> （引自 Crick and Heater 1977：28）

假如有远见的人未想到如何平衡那些古老而又朴素的美德和对理解制度、法律、权利和时事的现代需要，那么又如何将他们与传统主义者进行对比呢？

1930 年至 1950 年期间，英格兰围绕公民教育这一主题的两难境地和犹豫不决集中体现在了公民教育协会（Association for Education in Citizenship，AEC）的历史中。的确，盖·维特马士（Guy Whitmash）出色讲述的这个团体的活动经历（Whitmarsh 1972，1974）丰富地展现了困扰许多现代国家的公民教育问题。因此，停下来深入地考察一下这个事件，是非常合适的。

公民教育协会是于 1934 年由厄内斯特·西蒙（Ernest Simon）爵士和埃娃·哈柏克（Eva Hubback）夫人为了"促进公民身份方面的学习和训练"而创建的（Association for Education in Citizenship 1936：267）；教育委员会主席（即教育大臣）奥利弗·斯坦利（Oliver Stanley）解释道，公民教育协会自己规定的任务衍生于"直接的公民教学是一个能够并必须被广泛教授的科目"这一信念。他继续道：

> 我想，很少有人将反对这种观点，如果他们确信它的可行性并且能够清晰地设想出这种教学所能采取的形式的话……
> 这一主题的无形性和围绕这个问题的激烈争议使得经验丰富的教师也不愿承担如此艰难的任务。
>
> （Association for Education in Citizenship 1936：v-vi）

公民教育协会所设计的解决方案将通过两个途径实现。第一种途径是借助出版物向人们展示如何才能以令人接受的、有效的方式直接教授公民身份。注意最后一个副词。他们希望公民教育：

> 宛若课程中的重要科目之一，并且借助进步的教学法进行教学。他们心里想的与他们称之为"间接的"公民教育方式——即通过课程的传统科目和学校的一般精神特质来实施的方式——形成鲜明的对比。
>
> （Whitmarsh 1974：135）

第二种途径是充当一个压力集团，目标是说服政治家和其他有影响的人物相信他们的努力是有价值而且可行的。采取第二种途径似乎是一个相对没有痛苦的旅程，原因有三个。第一，法西斯主义以及纳粹主义的兴起，以其对自由民主的威胁以及它们通过灌输方式进行的有效公民教育（参见第四章），使许多英国人意识到急需开展一种能够捍卫国家政治价值、文化和传统的公民教育。第二，公民教育协会的领导者们成功地将一些出类拔萃的公众和教育人物吸纳为副主席或理事会成员（参见 Association for Education in Citizenship 1936：265）。第三，他们中的许多人，更不用说西蒙本人了，在对权力手段施加压力的艺术方面都很老练和内行。

然而——这就是故事的寓意（the moral of the tale）——甚至这样的专长即使运用于最有利的环境中，也无法克服官方的疑心和惰性。关键性的考验始于斯宾斯委员会报告的起草，这个委员会的秘书是教育委员会的终身秘书（高级公务员）。威特马士解释道：

> 终身秘书毛瑞斯·霍姆斯（Maurice Holmes）爵士反对在学校中教授政治。他认为，由此会带来偏见和教师充当政党代理人的问题。同其前任一样，他不希望教育委员会的官员们受到公众关于教育内容之变幻无常的争论的影响。委员会主席斯宾斯明确表示，根据他的观点，坚持进行直接教育对公民教育协会发挥影响的希望是灾难性的。
>
> （Whitmarsh 1974：137）

我们已经看到斯宾斯报告是如何强调间接途径的了。

而且必须指出的是，公民教育协会的理事会本身也包含了许多隐藏的特洛伊木马，包括西里尔·诺伍德博士（参见上文）。而且，为了反击"公民教育协会具有比较激进的政治色彩"的批评，它于1938年公然吸收了一些保守派人物作为成员，包括任命不久前担任首相的斯坦利·鲍德温（Stanley Baldwin）为主席。结果"这个协会实际上被当时的政府所渗透了"（Whitmarsh 1974：138）。威特马士对西蒙试图战胜公务员——其计划的有力破坏者——的保守主义的评价是："绝对天真"（Whitmarsh 1974：139）。

1962年至1972年这一时期与20世纪30和40年代这二十年，既有充分的相似之处，也有许多耐人寻味的差异，值得进行一个比较（关于后一个时期，参见 Crick and Heater 1977；Davies et al. 1999；Fogelman 1991；Harber 1987。）。这种比较可以在四个标题之下有效地展开。

第一，每一个时期都有一个政治理由。在20世纪30和40年代，这一理由是由极权主义的挑战所提供的；在后一个时期里，将获得选举权的年龄从21岁降到18岁，虽然下降幅度不是那么大，但是也似乎宣告了一个新的选举时代的到来。小报《每日观察》（*Daily Mirror*）的彩色副刊

> 在头版头条的显著位置刊登了"谁害怕处女投票（the Virgin Vote）？"配图显示的是一位议会候选人正抚摸着一个身穿比基尼、躺在婴儿车里的18岁"姑娘"，候选人的秋波表露了他乐于剥夺她的政治童贞。
>
> （Crick and Heater 1977：70）

人们很可能会说，学校应该对审慎的（如果不是预防性的）政治教育负责。

第二，关于公民教育的争论发生在公立教育中预期的或计划的变革背景之下。在20世纪30年代和40年代，主要关切就是为所有学生提供中等教育；在20世纪60年代，则主要是将学生离校年龄提升到16岁——这项政策实施于1972年至1973年。即使是即将完成义务教育的学生也未达到可以面对公民教育的成熟程度，这种论点现在受到了严重的削弱，特别是当年龄最小的离校者距其拥有投票权的年龄只差两年的时候。

比较的第三个要素包含政府出版的权威出版物：以上引用的早期的报告和小册子以及后期的政府中央教育咨询委员会（Central Advisory Council）和私立学校委员会（the independent School Council）——它们都

是获得中央和地方政府授权的专业团体——的文献。第一个机构于 1963 年提出了《纽塞姆报告》（the Newsom Report）。题为《我们的半个未来》（*Half Our Future*）的这份报告，主要解决的是年龄在 13—16 岁之间、能力水平在中等及以下的学生的教育问题。尽管它赞成教授有关世界事务的内容以使个体成为一个真正的"自由人"，但它依然沿袭软弱的犹豫不决的传统（参见 Crick and Heater 1977：30）。对公民教育更积极、更明确的支持来自于学校委员会关于延长离校年龄的工作文件。比如发表于 1965 年的第 2 号工作文件的作者们所生活的世界完全不同于编纂 20 世纪 30 和 40 年代那些出版物的权威们生活的世界。后来的一代摒弃了青少年理解不了抽象政治概念的观念。他们坚持认为，诸如法治、尊重少数人的意见、言论与行动自由、信任、责任以及共识管理（government by consent）等理念必须被一个文明社会的成员所领会且得到传授（参见 Crick and Heater 1977：31；Brennan 1981：43）。

学生离校年龄延后之前，政治学会（the Politics Association）就已经成立了。这就是我们的第四个比较，即政治学会与公民教育协会的比较。政治学会是由一位教育家的关注和倡议与一位学者伯纳德·克里克（Bernard Crick）教授——他的名字还会出现——的兴趣和推动共同作用的结果。这项计划的目的是创建一个专业学会，以提高非学术性政治教育的地位和效率。它诞生于 1969 年，并成功地提高了人们对拓展和改进政治素养的必要性的意识。其中一个重要产物就是由克里克牵头的一项课题研究，最后出版了《政治教育和政治素养》（*Political Education and Political Literacy*）（Crick and Poter 1978）。然而，由于它的影响力不如公民教育协会大，所以也未能在巩固学校公民教育方面获得突破。它的工作后来收缩到支持对 16—18 岁年龄段的学生开展政治教育，尽管有其自身的价值，但却完全背离了其创建者的原初目标（参见 Crick and Heater 1977：63-66；Brennan 1981：45-48；53-57）。

然而——按照时间顺序继续往下进行——官方的态度倾向逐渐有所改变；对政治教育观念的公开敌视越来越少了，只要它不是以和平学习（peace studies）为媒介，并聚焦于培养有良知的公民（conscientious citizens）。20 世纪 80 年代，一个特殊的议题使得政治教育问题浮出了水面，这就是困扰着这个作为多元文化社会之国家的问题（例如参见 Lister 1991；关于多元文化社会教育的普遍性，参见下面的第五章）。1981 年的市中心动乱，尤其是发生在伦敦南部的布里克斯顿（Brixton）的骚乱，暴露了这个国家还没有形成一个与其后帝国遗产（post-imperial inheritance）相适应的公民凝聚意识（a sense of coherent citizenship）。这个问题也涉及了教育，一个由斯万（Swann）议员担任主席的委员会被任命去探讨这个问题，该委员会郑重其事地将其报告命名为《全民教育》（Education for All）。报告非常坚定地指出："所有学校和所有教师都具有培养学生做好在一个多元社会中生活之准备的专业责任"（DES 1985：560）。然而，要实施这个报告中的建议并非易事。一些少数民族评论家们呼吁进行积极的反种族主义教育，以抵制种族偏见，而且到了世纪之交，一场有关学校人口的可取政策的争论正在展开。单一宗教信仰的学校数量在增多，从而加深了比如英国国教、罗马天主教、犹太教和穆斯林儿童之间的文化差异；也就是说，强化了多元主义的政策。正如北爱尔兰的不幸历史所展现的那样，对这些学校可能加剧种族间紧张关系的担忧，导致了人们对多元信仰的学校的强烈支持。

为了回归关于公民教育的主流争论，到了20世纪80年代后期，兴奋点扩大了。由于政治上的右派与左派相比更难以相信学校会开展好公民教育，所以1988年保守党人突然采用"主动公民身份"（active citizenship）概念以重新标识保守党，这是一个重要标志。尽管最初与教育并没有什么关系，但是难以否认的是，责任公民（responsible citizenship）要求某种知识、理解和道德责任作为其基础，而这些最好是在18岁以前获得。诚然，保守党一时的狂热并没有持续下去，但是公民身份的理念的确复苏了。同年，保守党发起了他们的"主动公民身份"计划，下院议长成立了一个公民身份委员会（Commission on Citizenship）去思考"如何有效地鼓励、发展和认同主动公民身份"。

该委员会的报告包括一些对于在学校进行公民教学的建议（Commission on Citizenship 1990：ix，101–105）。这些建议被提交到了国家课程委员会（National Curriculum Council，NCC），这是为了帮助制定所有公立学校通用的课程而建立的一个机构。这在英格兰历史上是第一次，并且与英格兰人极其珍惜的传统不符。建立国家课程的要求被写进了1988年的《教育改革法案》（the Education Reform Act）。而且，国家课程的轮廓于1989年被提出，尽管是以一种附带的形式，但其中规定要开展公民教学。又用了13年的时间，公民教育才得以成为中等教育阶段的必修科目，公民教育协会的目标得到了实现。那么这是如何实现的，遭遇了什么样的争议？以什么形式实现的？

1997年，工党执政。教育与就业大臣是大卫·布兰凯特（David Blunkett），他曾是由下议院议长成立的公民身份委员会的成员，由于对该委员会极为失望，所以他下决心确立公民教育科目在学校中的重要地位。因此，作为一个优先事项，他成立了一个公民身份顾问小组（Advisory Group on Citizenship），该小组具有如下授权：

> 为在学校中开展有效的公民教育提供建议——包括民主参与的本质和实践；个体作为公民的义务、责任以及权利；对个人和社会共同体活动的价值。
> （引自 Advisory Group on Citizenship 1998：4）

布兰凯特选择了一位深交并同样具有强烈信念的学者，即伯纳德·克里克教授来担任顾问小组的主席，关于克里克将政治教育引入学校的工作，我们已经了解了（参见上文；Crick 2000，2002）。在某些方面，环境氛围有利于这一行动取得成功（例如参见 Davies et al. 1999：16，22-23；Crick 2002：492-495，503-504 n.15）。正如我们所看到的那样，保守党已经在追随"主动公民身份"这一理念了，民众也开始普遍关注犯罪问题，政治家、学者和新闻媒体开始关注参与投票的人数少的问题。而且，年轻人无法产生对公共事务的兴趣或者甚至无法理解公共事务这一可以追溯到亚里士多德（参见第一章）的假定，正在被教师们——尤其是那些获得公民身份基金会（Citizenship Foundation）资助的人们——的研究和工作所否定。公民身份基金会这个志愿机构是由安德鲁·菲利普斯（Andrew Phillips）于1989年创立的，他后来成为一名自由民主党议员。

尽管如此，如果没有布兰凯特和克里克的杰出领导，这个目标是不可能达到的，因为仍然存在一些具有挑战性的障碍（例如参见 Kerr 1999：204-225）。在一些地方，有关公民教育的政治疑虑继续存在。在教学方面，没有多少基础可供依赖：发生在这一领域的真实情况是，在内容上极其粗浅，在希望认真对待这项任务的学校数量方面也极不平衡，受过彻底培训的教师的严重短缺又加剧了这一局面。实际上，不停地增加对教师在填写表格和考核方面的要求造成了教师队伍士气低落、负担过重，而工作量的这一增加可能会令教师气馁。而且，公民教育必须做到在学术上和教育上受人尊敬，与此同时还要有实际用途，尤其由于以上的障碍，更是如此。

顾问小组将大胆创新与实用主义融合为一体。其大胆性很早就体现在报告中：

> 我们的目的正是在国家和地方层面上改变这个国家的政治文化：使人民把自己视为主动公民，有意愿、有能力和有资格去影响公共事务，同时具有在说话和行动之前权衡论据的批判性能力；依托已有的社区和公共服务的优良传统并将其大力拓展至年轻人，并使他们每个人都有信心能够自己发现参与和行动的新方式。
>
> （Advisory Group on Citizenship 1998：1.5）

实用主义集中体现在克里克关于规定学校要教给学生"健全的概要"（strong bare bones）（Crick 2000：117）这一概念之中：即非具体的规定性大纲。这个为 11—16 岁学生制定的框架性结构建立在一个由三部分组成的体系之上，即道德和社会责任、社区参与、政治素养；或者用一种稍微不同的表达方式来说，即获得关于成为一个明智公民（informed citizen）的知识和理解，发展探究和交流的能力以及学习参与和负责任行为的能力。远远不只是关于英国宪法的死记硬背式的学习。而且，正如克里克所写的，还包括了"社区活动"和"民主参与"这样的表达，言外之意是要"将政治教育的概念扩大到公民教育"（Crick 2002：497）。

这一体系规定了 15 或 16 个具体的主题和相应的学习方式。这些主题覆盖了法律的、政治的、宗教的、社会的以及经济的体制和制度，涉及地方、国家以及全球三个维度（参见 DfEE/QCA 1999）。尽管公民身份是被作为 11 岁以下和 16 岁以上年龄段学生群体的学习科目，但 11—16 岁这一关键年龄段的学生群体也很重要，因为从 2002 年起，该科目已经成为他们的法定必修科目。正如克里克所指出的那样，"英格兰（苏格兰、威尔士或北爱尔兰仍然不是）是欧洲（实际上在美国和旧英联邦也是如此）最后一个不把公民身份列为国家课程中一个科目的国家"（Crick 2002：488）。他使这个国家与其他国家保持了一致——甚至在某些方面领先于美国。

五、美国：社会的复杂性和教育的不确定性

作为留给后人的遗产，公民教育的奠基者们所渴望的公民教育模式其实非常简单：应该让儿童在由地方和州管理的学校中接受教育，并作为一个国家目标，将其培养成为具备支持共和政体的公民道德的人。在19世纪，这个简单的模式由于复杂的社会变化所带来的日益增长的压力而不堪重负，筋疲力尽。结果，学校的公民教育任务相比于建国者们所能想象到的情况更加困难。毫无疑问，我们的任务不是去细究社会的复杂状况，因为这样做将会掩盖我们考察有什么样的公民教育建议和学校教育实践中是如何进行的这一目的。然而，为了理解教师为培养学生适应公民角色所处的环境，还是需要对这一背景作一概要性的了解（更详细的分析参见 Butts 1989: 91-182）。因此，在这一节，我们将概览这些背景因素，并指出，在19世纪，学校工作在回应这些因素上是如何起伏不定的，直到20世纪初，一种社会学科的课程结构出现了，这将在另一节中探讨。

引起社会复杂性日益增长这一现象的原因是四重的。它们是：工业化、移民、民主化和领土扩张。它们一起改变了美国的特征，并且每一个因素都影响着公民教育的方式。

经济发展，尤其是北方的工业革命，不可避免地导致了劳动力集中于城镇——城市化，这一进程始于18世纪末并在19世纪30年代加速。从公民教育的角度来看，这一发展制造了一个矛盾：对在学校开展公民教育的需求的增加和提供这种教育的机会的减少。有两个原因使得人们觉得需要学校的帮助。这种新的工业无产阶级者的背井离乡剥夺了他们本该由乡村社会生活提供的共同体意识；同时，贫穷的城市工人阶级，由于缺少社会联系意识（sense of social bonding），成为一股潜在的不稳定力量。然而，由于两方面因素，学校在弥补这些公民意识消极趋势方面的能力被削弱了。部分是由于童工，19世纪早期，儿童入学的比例下降了：在新英格兰的工厂里，一半劳动力是儿童。此外，在城市经济的各个领域，工作机会的增加导致了对职业教育的需求，代价是牺牲了3Rs[①]以外的其他任何课程。

社会复杂性的第二个原因是移民。移民的规模和"熔炉"（melting-pot）对策众所周知，但是，应该从年代和地理两方面来对这一粗略数字进

[①] 3Rs，指读、写、算，英文为"read, write, arithmetic"。——译者

行分析。弗里曼·巴茨（Freeman Butts）提供了一个生动的年代比较：从1826年到1876年这半个世纪里，人口增加了900万，相比之下，从1876年到1926年这一同样的时间跨度里，人口增加了2700万（参见 Butts 1989：106）；当然，从将移民的数量作为总人口的一部分上来看没有太大的区别。地理上的分析揭示了，大概从1880年开始，相比于从北欧和西欧移民来的人数，从南欧和东欧移民来的人数逐渐增加（例如参见 Marquette and Mineshima 2002：542）。杰出的教育家埃尔伍德·丘伯利[①]（Ellwood Cubberley）于1907年所说的这样一段话表达了原籍国之间的这一转变对公民教育产生的重要影响：

> 这些南欧和东欧移民与先于他们到来的北欧移民有很大不同。他们没受过教育，温顺，缺少独立和创造精神，并且不具备盎格鲁－条顿人关于法律、秩序和政府的观念，他们的到来极大地冲淡了我们的民族世系（national stock），并且破坏了我们的公民生活。我们的任务就是……尽可能地在他们子女的心中种下盎格鲁－撒克逊人关于公正、法律和秩序以及民众政府的观念，同时唤醒他们对我们的民主制度和那些我们作为一个民族认为在我们的民族生活中具有永久价值的东西的崇敬。
>
> （引自 Macedo 2000：91）

例如，意大利人和波兰人加入到了早期的爱尔兰和南部德国的移民中，增加了罗马天主教徒的数量，而早在19世纪中期的时候，天主教徒的大量存在是一个严重问题。大约在1830年到1860年的几十年间，联盟的北方州创立了他们称之为"公立学校"（common schools）的机构。他们的目的是给所有儿童提供一种基础教育以使他们成为良好的美国人，即具有公民道德、爱国精神、说英语的新教徒，无论他们来自哪里（参见 Kaestle 1983：各处）。这项政策自然不能够被天主教徒们所接受。怎么办呢？要在学校的宗教基调上达成妥协被证明是不可能的，并且把公共资金用于支持分离的天主教会学校导致了激烈的争论——实际上是19世纪40年代的

[①] 埃尔伍德·丘伯利（Ellwood Cubberley, 1868—1941年），美国教育家，出生于美国印第安纳州的安德鲁斯，先后就读于印第安纳大学和哥伦比亚大学，后执教于斯坦福大学。他基于新的工业管理理论设计了学校管理体系。——译者

暴乱。在这方面，公立学校将会是同质公民的完美塑造者这一坚定信念不得不被抛弃（关于多元文化主义问题的讨论参见下面第五章。在美国，关于是否应该让所有公民都在学校中接受教育从而使他们能够讲英语这一困境，一直持续到20世纪晚期。）。

读者可能已经注意到丘伯利在列举学校同化移民的任务时提及了民主制度。这把我们带入社会复杂性的第三个问题。美国将成为一个真正的民主国家吗？这一趋势在19世纪前半叶是清晰的。到了1856年，所有最初的13个州都已经废除了获取选举权必须具有一定财产的要求；在1840年的总统选举中，参加选举的公民人数是1824年的7倍。废除财产限制是公民教育环境的一个重要变化。如果传统的财产拥有权作为具有完全公民权利的适当指标被取消的话，用什么能够代替它呢？那当然只能是教育了。然而，民主化进程必须建立在普及教育的体系上这一原则提出了复杂的问题。它应该是免费和强制的吗？这个体系适合大量的移民吗？并且在学校设施和课程内容方面如何对待处于不利地位者——妇女、黑人、墨西哥人、中国人和美国土著人？

这一背景考察中的最后一个问题是相对不太重要的一个。这是源于19世纪中期的"命定扩张说"理论，受自觉的、民族主义思想意识激发进行领土扩张的结果。逐渐地，尤其是到了19世纪末，学校被要求通过教授和表达强烈的爱国主义来反映这种氛围。

为了描述19世纪美国有点令人混乱的公民教育课程，我们将从三个方面来阐述这个问题：态度的表达和建议的发表；在学校中教授的相关科目；以及采用的方法，包括教师能够得到的各种教科书。"态度"是指广大民众和那些对于学校应该承担塑造公民责任这样的教育问题形成意见的人的思想倾向。"建议的发表"是指个体和群体使自己在这一问题上的观点和建议为人所知。

对于免费的公共学校教育是塑造支持共和国的公民的途径这一观点，在革命时期的热情过后，接下来的是一段冷淡甚至是敌意的时期。许多不同的利益集团都想举办私立教育，这使得公立学校的理想无法实现。然而，到19世纪30年代，教育改革者们有了突破。用一位研究公立学校体系的权威的话来说：

> 随着19世纪30年代美国北部社会变革步伐的加快，教育者

们在倡导提供免费的公立学校教育以致力于道德教育和培养好公民的步伐上也同样加快了。这是一个社会改革的时代，并且公立学校的改革者们站在了最前沿。

(Kaestle 1983：75)

然而，对这个简短的解释还需要作若干评述以作为说明。第一，如果没有这一时期对于这项事业的公共支持力度的加大，教育改革者们就不可能在创建带有公民教育目的的这些学校上取得如此大的进展。第二，不足为奇的是，公立学校开始只教授非常基础的课程——公民教育要素的引入并非源于学者的学识而是因为需求的推动——但是，随后逐渐地"适应大众的要求"，加入了有关公民教育的科目。结果，

在1820年到1860年间，教育活动最显著的特征之一就是覆盖范围扩大了。拼写、地理、历史、政府、宪法和许多其他科目被要求作为"公民预备课程"(preparation for citizenship)。

(Butts and Cremin 1953：213)

第三，在学校之外，不仅是对老年人还有对年轻人都明显地产生了影响，新教教派利用他们的宗教仪式、集会和野营集会来传播民主理想。1839年，一个法国人把美国人的信徒野营集会描述为"民主的盛会"（参见Macedo 2000：561）。第四，尽管如此，在19世纪30年代，并不是所有的人都对公民教育的目的持积极和支持的态度。美国的工业化有它的危险性。周期性的衰退导致经济危机，从而带来了"大恐慌"。1837年的大恐慌非常严重，并且工人阶级的痛苦由于1837年到1838年冬天极其恶劣的天气而加剧。甚至给他们的孩子以基础教育都是一种奢侈，更不用说公民教育了；对这种观念的思考和支持落到了只是中产阶级的任务的境地（例如参见Smith 1997：217）。

到19世纪40年代和50年代，公立学校已经十分稳固地建立起来了，足以使有关公民教育的争论可以集中在学校的贡献上。这样一个基本原则被广泛地接受了：年轻人应该被培养成为爱国者并要为民主做好准备，尽管他们只有有限的公民权，但只要教师坚持讲授宪法并且避开有争议的问题即可做到。但是为了增加实现这些目标的可能性而致力于塑造公立学校

体系的尝试遭到了两种形式的反对。

其中之一是一个敏感问题，即公立学校应该具有多大程度的公共性（common）。正像已经指出的那样，罗马天主教徒尤其希望建立他们自己的学校，并且赞同自愿设置异质的机构，反对国家提供的同质性。公众分歧的另一方面（这存在于北部；当然在南部可能不存在争论），是黑人是否应该与白人在同样的学校里接受教育。反对融合的声音在黑人和白人中都可以听到。但是，支持融合的呼声占有优势。这一观点被1844年担任马萨诸塞州塞伦（Salem）市市长的理查德·弗莱彻（Richard Fletcher）中肯地提出，并且被学校委员会（the School Committee）接受。他的论点是，学校系统的本质是平等，而面向黑人的学校劣于面向白人的学校；黑人与白人同样纳税并且拥有选择权；税收只能被合法地用于公立学校，而种族分离的学校不是公立学校（参见 Kaestle 1983：177）。19世纪40年代到50年代，马萨诸塞州的一些城镇的确实施了种族融合学校的政策。事实上，种族隔离在1855年被该州确定为违法，尽管在1849年的罗伯茨诉波士顿（Roberts v. Boston）案件①中出现了一个相悖的法院判决。马萨诸塞州最高法院的这一判决确立了"分离但却平等"的学校设置原则，这一原则伴随学校管理长达一个多世纪，对此我们将会在下面回头来讨论。不用说，在整个国家中，无论是宗教上还是种族上的融合，在实践中都未被广泛接受；事实上，平等和共同体验意义上的公民教育只是极少部分地实现了，这使得这一问题成为一个永恒的问题。

在19世纪中期，另一个争议性的问题与课程有关。支持和建议增加教学科目数量的大量运动以及由此产生的丰富学生在通识和公民方面教育的迫切需要，都因为无用的理由而遭到反对。孩子们需要的——用通俗语来说——是"圣经和圣旨（figgers）"的教育（参见 Butts and Cremin 1953：218）。

有一群为了改革、改善和进步而奋斗的杰出人士，部分是在回应这些

---

① 罗伯茨诉波士顿案开始于1849年12月4日。这一案件由马萨诸塞州最高法院审理，并且成为公民权利上全国有色人种促进协会攻击美国种族隔离的教育系统的一个必要的法律裁定。1848年，五岁的萨拉·罗伯茨被当地的小学拒绝，理由是她是黑人；他的父亲（本杰明）起诉波士顿市。这起诉讼是非裔美国人团体有组织的努力，以期结束种族隔离的学校。1850年4月，最高法院以没有找到废除黑人学校的宪法依据为由，使波士顿的学校继续种族隔离政策。——译者

争论，部分是在挑起这些争论。这些人有时被称为公立学校的"运动斗士"，其中杰出的代表，实际上是19世纪最著名的美国教育思想家和改革家霍拉斯·曼（Horace Mann）。

曼从1837年到1849年期间担任马萨诸塞州教育委员会的秘书（secretary）；在担任这一职务期间，他撰写了许多著名的报告并编辑了《公立学校杂志》（the Common School Journal）。而且，对于我们来说，由于他坚定地支持其直截了当地称之为"政治教育"的教育活动，使他成为一个真正的关键人物。基于他对美国和欧洲学校系统的渊博知识以及他对美国政治结构和社会状况的理解，曼形成了一套具有一贯性并符合他那个时代的社会和教育理论。他出于捍卫反对暴力冲突的社会组织结构的目的而支持自由的教学方法，同时乐观地相信政治民主的价值以及教育在准备和支持这种政治理想中的重要作用。有人说得很好，"他的哲学……在使美国的教育成为自由民主的代表方面起到了很大作用。"（Welter 1962：98）

曼的公民教育方法包括这样的认识，即用现代术语来说，情感和认知学习都是必需的——既包括公民道德的发展，也包括宪法知识的获得。他还认为，确保这种学习能够发生是政府的责任。用他自己的话说：

> 我相信……每个政府都有义务保证向所有人提供教育……在一个共和制的政府下，似乎很清楚，最低限度的……这种教育至少要能够做到使每个公民胜任他被要求承担的公民和社会的义务。
>
> （引自 Butts 1989：104–105）

在19世纪30年代和40年代，在新英格兰、爱尔兰和德国天主教移民中引发的关于公立学校教育对私立学校教育问题的激烈宗教争论，以及工业化过程中的社会动乱，更加坚定了他对公立学校以及它们能够承担的公民训练的支持。他用雄辩的言辞表达了这种迫切的政治需要：

> 只有公立学校……塑造出一种比人类历史上曾经有过的更有远见的智慧和更纯洁的道德，智慧才能主宰法律的殿堂，它的深刻内容也才能记录在法律全书的条文中。
>
> （引自 Marquette and Mineshima 2002：541）

那么，曼关于公民道德教育说了些什么？我们可以从解释他关于课堂气氛必须有助于公民教育这一基本信念开始。正像一个专制国家的政治道德与一个共和国家的政治道德不同一样，在一个专制的教师控制的课堂中，年轻人不可能形成共和主义的道德。"一个在他21岁之前一直是个农奴的人，"曼说，"不可能在那之后成为一个独立的公民"（引自 Welter 1962：98）。应该统治课堂的是和谐而不是紧张，这种情绪可以通过音乐，尤其是歌唱来激发。作为对亚里士多德的有趣效仿（参见第一章），曼提到了它的"调和、镇静的倾向"，促进了"和平、希望、情感、慷慨、仁慈和忠诚"（引自 Kaestle 1983：96）。

学校围墙之外的社会和政治争斗的声音绝不允许被带到课堂中。因此，在学校中不应该教授任何可能导致党派化教学的争议性问题；不一定是因为这在教育学意义上是不明智的，而是因为它将使整个公立学校系统处于危险中，这是一个他不得不考虑的结果。在提及这些年来的激烈争论时，曼激动地问道：

> 当他们怒斥彼此的时候，应该由谁来平息这些冲突元素的怒火？应该由谁来保护孩子们最宝贵的利益不被这熊熊怒火所毁灭？如果父母觉得他们的孩子被灌输了他们称之为政治邪说的内容的话，他们不会让他们的孩子离开学校吗？而且，如果他们让其孩子离开学校的话，他们不会拒绝拨款支持他们从中得不到任何好处的学校吗？
>
> （引自 Butts 1988：53）

没有中立的教育，也就没有了税收。

曼的解决办法是将政治教育定义为宪法学习，一种公民教育的最低要求。他相信，在完全排斥政治教育的学校和成为"政党政治场所"（theatres of party politics）的学校两极之间，用一个特别的隐喻来说，有一个中庸之道（a via media），这个中庸之道是"所有明智和有见地的人们，所有的爱国者，以及所有真正支持共和的人，都必须赞同"的东西（引自 Butts 1989：121）。这个简单的方式就是"美利坚合众国以及我们自己州的宪法，应该成为我们公立学校中学习的内容"。他尤其强调：

> 在一个法治政府中，每一个公民的义务是，在遇到任何宣判错误的案件时，诉诸法庭以求纠正，而不是试图诉诸武力来维护自己的权利；在一个人民被认为是权力来源的政府中，修改法律和更换统治者的义务诉诸的是选举而不是叛乱的方式，这些都应该教给所有的孩子，直到他们完全理解为止。

（引自 Butts 1988：52-53）

这里明显担忧的是民众的动乱。用曼的话说，宪法提供了一个最好的"平息"方式。让年轻一代尊重这一事实是公立学校最主要的责任。

19世纪30年代，一位在教师培训领域很有影响的作者约翰·奥维尔·泰勒（J. Orville Taylor）对公立学校给予了最高的评价，他认为如果没有公立学校就不可能有自由的公民。他宣称："在今天，在他们的围墙内，正教育着四百万个统治者，每一个人都将成为一个公民王"（引自 Welter 1962：43）。这是在充满激动人心的改革和希望的那些令人眼花缭乱的日子里夸大其词的言辞。

在泰勒写下这些话的21年后，美国内战的第一枪打响了。在这20年间，越来越清晰的是，公立学校系统的融合愿望没有像曼和泰勒等人所希望的那样得以实现。在北部，黑人和白人儿童更加隔离，在一些州里，这种做法是法律许可的，在其他的一些州里，才刚刚开始，这一问题我们将在本节下文和下一节再谈。同时，在南部，公立学校计划即使对白人也没有实行。根源于内战的种族和地理上的分隔在教育领域里也已经很明显。

美国内战，发生于1861年至1865年期间的一场可怕的、令人痛苦的战争，使美国摆脱了曾经的沾沾自喜，即合众为一（e pluribus unum）的准则，有德行的公民共和主义公民身份，以及公立学校的公民调和效应（civically harmonizing effects），将会很容易地将这个国家塑造成一个由现代公民所构成的国家。然而，即使是在战争期间，当然也在战后改革和重建的短短几年时间里，相信教育具有塑造公民的力量者依然存在。用一位美国学者的话来说："在战争期间和重建早期，占据统治地位的民族主义的自由共和主义促进了全国教育的显著进步"（Smith 1997：320）。一些人证实了对教育急速发展情况的这一描述。从1860年到1870年，用于教育的公共经费从每年2000万美元增加到每年6200万美元。尽管由于战时的破坏和对改革的抵制，这种影响在南部比在北部进行得缓慢，但是，例如在南卡罗莱纳州的学校里，儿童入学人数于1869年到1876年期间也增长显著，白人从12%上升到50%，黑人从8%上升到41%（参见Smith 1997：321，322）。

鉴于解放奴隶这一事件是美国内战爆发的起因之一，而且奴隶们获得自由也是由林肯于1862年宣布的这一事实，学校中的种族隔离问题不可避免地要在战后再度复苏。同样不可避免的是，北方和南方的反应会不同：北部的州逐渐地禁止了种族隔离；南部的州则迅速地通过了禁止实行种族隔离的《黑人法典》（Black Codes）。美国社会学家威廉·格雷厄姆·萨姆纳[①]（William Graham Sumner）于1872年写下了反对种族隔离的话，反映了一世代以前的理查德·弗莱彻的观点（参见上文）：

> 让一个种族隔离的学校与普通学校等同是多么不可能的事情……这样的学校在性质上不是共和主义的……老师教导学生说所有的人在权利上是平等的，这是多么的可贵。但是，就如同在共同的公民身份中一样，这只会出现于种族融合的公立学校里。
>
> （引自Butts 1989：110）

妇女也从中受益，虽然更多的是逐步进步的结果。早在1819年，著名的教育家爱玛·维拉德[②]（Emma Willard）就开始为妇女争取更好的教育机会而奋斗，尤其是使她们可以进入教师职业（参见Pangle and Pangle 1993：104）。结果，截止到战后时期，女性在校人数，无论是学生还是教师，都比相应的男性数量要多。与这种发展同步，为女性争取选举权的斗争也在1869年取得了第一个成果，怀俄明州承认了妇女的这项公民权利。

旨在有意识地改善公民培养的教育活动的这种发展到底走了多远？简言之，它离政治家和教育家的头脑并不太遥远。举两个例子来加以说明。1862年，美国内战开始之时，伊利诺伊州的公共教育长官是如此解释公

---

① 威廉·格雷厄姆·萨姆纳（1840—1910年），美国社会学家和经济学家，社会达尔文主义的主要代表人物之一。他是美国大学中最早教授社会学的学者之一，并在1908—1909年担任美国社会学会会长。主要著作有：《民俗论》（1907）、《社会的科学》（由A.G.凯勒编辑，1927—1928年）等。——译者

② 爱玛·维拉德（1787—1870年），美国教育家、作家，早期妇女教育运动的领导者和特洛女子学院的建立者。——译者

共经费支持的学校目的的:"主要的目的是塑造好公民。不是培养早熟的学者……不是传授获取财富的秘密……不是直接为了获得职业成功的资格……而只是为了塑造好公民"(引自 Kaestle 1983:98)。五年后,经过长期的努力,并面对诸多的疑虑,联邦教育部成立了。1874 年,约翰·伊顿①(John Eaton),联邦教育部的第二任部长,散发了一份《关于美国教育理论的声明》(Statement of the Theory of Education in the United States of America),这份文件是在他的支持下由一些杰出的教育权威编纂而成的。这份文件的主要论点是,所有的美国儿童都应该上学,正像人们经常认为的那样,主要不是为了促进国家的产业发展,而是为了政治目的。这份咨文充满了一种几乎是歇斯底里的紧迫性,正像这段概括所表明的那样:"除非公立学校'提升并调和了'公民——尤其是穷人、无知的黑人和南部白人,还有移民——否则'一个共和国的存在'将是一种'不可能'"(Smith 1997:322)。

伊顿这种悲观的态度有几个原因,因为改革的势头不久就放慢了下来。1869 年,仅仅在教育部成立的两年后,它的预算资金就被削减了,并且从属于内政部的一个顾问机构;在北方,州教育预算也减少了;同时,在 19 世纪 70 年代后期的南方,对教育和黑人的偏见使白人和黑人的入学人数都减少了。此外,直到 19 世纪末,"隔离但平等"的学校问题在 1896 年法官布朗(Brown)对普莱塞诉弗格森案(the Plessey v. Ferguson case)的判决中重新抬头。这不是关于学校的,而是关于布朗对其信念的诠释,即自然的种族差别使黑人沦为"二等公民"(second-class citizenship),结果强化了种族分离主义者的地位。

尽管如此,世纪之交见证了进步主义运动形成过程中的改革主义的复苏,虽然这是一个被历史学家进行了各种断代的时期,但大体上是第一次世界大战开始前的十年。这种新的情绪影响了教育及美国社会生活的各个方面。用一位现代权威的话来说,"这是美国公民教育历史上极其重要的岁月。对于许多进步主义者来说,没有哪一个事件比这更令人关注"(Smith 1997:463)。这个新阶段的教育思想集中体现在威廉·托利·哈里斯②(William Torrey Harris)的工作中,他在长期担任了一个城市的学校督学之

---

① 约翰·伊顿(1829—1906 年),美国教育家。——译者
② 威廉·托利·哈里斯(1835—1909年),美国教育家、唯心主义哲学家,黑格尔哲学在美国最早的传播者。——译者

后，从 1889 年到 1906 年期间任联邦教育长官。就像霍拉斯·曼一样——人们经常将哈里斯的思想和工作与他做比较——他的初衷就是通过公民教育来支持美国的民主和稳定。引用一段英国学者对其重要性的评价：

> 哈里斯为支持这一立场（即赞成人文的、自由的教育，反对职业教育）所提出的潜在理由，既有趣也很重要。他是在产业动荡加剧、工人罢工日趋频繁的时期提出这些理由的。需要一种更广泛的教育，以帮助孩子有良好的对人行为；培养他成为具有选举权的公民；以及教给他阅读的能力，以使他能够抵制"从根本上攻击所有文明制度的野蛮企图"。
>
> （Holmes 1956：60-61）

由哈里斯的关切中可以明晰的是，当他担任联邦教育长官这一职务时，曼所预想的目标尚未实现。然而，到了 19 世纪末，两项制度上的发展表明，在曼的愿景之外的领域里，正在取得一些进展。其中之一是向比公立学校起初面向的学生更成熟的人群提供的中等教育的发展，因此这些年龄较大的学生可能更有能力理解成人的公民身份。从 1870 年左右开始到 1900 年，大约有 1500 万年轻人在 K—8 阶段（幼儿园到八年级）学习。

另一项制度性发展是教师专业地位和组织的改善。1857 年，全国教师协会（National Teachers' Association, NTA）成立了。通过与其他团体的合并，1870 年它又被重新命名为全国教育协会（National Education Association, NEA）；直到 1892 年，它任命了它的十人委员会，进一步巩固了它的地位；到 1906 年，它宣称拥有会员 627 836 人（参见 Callahan 1964：424-425）。

全国教育协会通过它的会议和十人委员会的工作，成为在课程发展领域里很有影响力的一支力量。然而，它在公民教育上的立场却有点矛盾。在 19 世纪 80 年代和 90 年代，就有敦促全国教育协会致力于公民教育的呼声。一个成员宣称："目前，我们的立场是，公立学校的真正目的必须是教导和引导，以及如果需要的话，强迫它的年轻学生成为尊重法律和遵守法律的公民"（引自 Welter 1962：158）。而且，其 1895 年的全国大会建议举行爱国仪式（关于这一点，下文有更详细的介绍）。然而，在 1893 年十人委员会关于中等学校课程的报告中，却强调提高学术标准的重要性，因此，例如历史等科目，要将其作为学术性科目，而不是作为培养好公民的手段（这一问题在下文我们将会再谈）。然而，根据之后教育思想变化的形势，在20世纪第二个十年里，全国教育协会和它的十人委员会帮助发起了社会科计划，其中确实包含了公民教育的目标，并且这一目标成为在20世纪接下来的几十年中整个国家的标准。而这个转折点将带我们进入本章的下一节。

现在，我们必须回过头来介绍一下在19世纪一直被用作进行公民教育手段的科目。三个学科领域为培养年轻人成为公民提供了材料：道德或宗教教学、历史和公民科。

在整个19世纪，道德教学作为一种公民教育的形式给它的提倡者带来了一个两难困境，到19世纪中叶尤其困难。问题是以下述方式出现的。美国这个国家的整体精神特质被所有思考过这一问题的有影响的人们所接受，同时又得到殖民地和革命时期传统的强化，被作为一种必须保存下去的伦理链条而存续。这个链条包含三个环节。第一个是共和公民身份的政治教义，对忠诚承诺和参与的期待。第二个是为了培养学生适应公民角色，在对他们的教育中需要一种强烈的道德要素。第三个环节是认为没有一个坚实的宗教基础道德教育是不可想象的这一信念。到目前为止，当人们思考这一时期无可置疑的信念时，它显得是如此的不言自明。然而——由此出现一个两难境地——在一个具有如此众多而且多样的基督教教派的国度里，实际上道德课与宗教教育难以区分，那么道德课能够以何种方式来进行呢？

我们已经看到了霍拉斯·曼是如何试图通过建议在公立学校中开展非教派的基督教教育来克服这一困难的。这个想法还可以进一步扩展，把犹太人包括在内。从理论上讲，所有庞大的宗教都信奉某些基本真理，这一真理在理论上讲可以教给所有的儿童而不会冒犯任何家长（例如参见Macedo 2000：57-58）。

即使这样，也仍然无法安抚大量的天主教徒。结果，当这一世纪即将过去的时候，除了削弱了宗教内容和让道德教育更直接地关注其非宗教的公民目的之外，也没做什么事情。然而，尽管圣经被作为一种重要的基础"教材"，但是这种调整必然削弱伦理链条中的第三个基本环节。另一方面，如果由于它的不和，宗教环节本身正在削弱而不是加强公民教育的过程的话，那么，论证的伦理链条也许已经开始过时了。或者换句话来说，道德教育的宗教和公民功能正在各自独立的领域里获得承认。因为完全可以从非政治和政治的角度来确定道德教育中的宗教投入。引用两段19世纪70年代的观点。埃德蒙兹（Edmonds）参议员将宗教教育界定为除了神学教义之外，还教授"人对于人的义务、追求真理和个人纯洁的义务、仁慈、美德、智慧、洁净和荣誉"（引自 Macedo 2000：65）。而宾夕法尼亚州公立学校教育总监（superintendent）詹姆斯·P. 维克山姆（James P. Wickersham）断言："宗教作为（教育中的）一个元素，在共和国家比在其他任何形式的政体中都更必要；因为没有它，自治就不可能"（引自Marquette and Mineshima 2002：540）。实际上，由于所有神学上的宗教内容的弱化，宗教原则的公民教育价值直到19世纪末依然被坚持（例如参见Macedo 2000：74）。同时，也通过历史课、宪法教学，以及在20世纪初开始的更富想象力的公民科课程，开展非宗教形式的公民教育。

历史课是19世纪大部分时间里公民教育的主要形式。这一科目主要以故事的形式来教授重大的历史事件：例如，早期移民，独立战争，建立共和国，西部扩张——是故事，而不是解释；是叙事，而不是分析；是为了激发爱国主义，而不是训练客观的理解力。就公民身份包括爱国主义而言，这就是公民教育；就公民身份涉及运用培养出的进行批判性判断的能力而言，它就不是公民教育。到19世纪末，历史作为一门学科地位的降低开始引起了学术界的历史学家们的担忧，尤其是在1884年，他们的专业团体——美国历史协会（the American Historical Association, AHA）成立之后。因此，专业的历史学家通过成为全国教育协会十人委员会下设的研究历史、平民政府和政治经济的小组的成员，来对NEA（参见上文）的工作施加影响。在这些学科领域中，他们强烈建议7—12年级的学生应该把大部分时间用在学习历史上。之后，在1899年和1909年，美国历史协会建立了自己的委员会，分别对中等和初等教育阶段的历史教学提出建议。1909年，他们又创办了一个《历史教师杂志》（History Teachers Magazine）。不足为奇的是，学者们开始革新学校中的历史学科教学，鼓励运用原始资料，批判性地评估历史证据，以及通过这样一个学习过程建立一种可靠的历史理解。没有虚构的爱国主义，不把历史用作有意识的公民教育，而只是为了历史本身的目的。正如我们下面将要看到的那样，它并没有持续太久。不管怎样，在两个目标之间，这里存在着一种奇怪的矛盾或者张力。因为，用一位现代美国权威的话来说，"被历史学家们普遍接受的对公民身份的强调……至少从 19 世纪 80 年代开始，要求获得关于公民在其中发挥作用的政治环境的知识"（Morrissett 1981：48）。

从此，公民教育开始更加依赖于教授具有明显政治色彩的内容，尽管其重要性在降低。事实上，正像弗里曼·巴茨（1988 年）所指出的那样，在整个 19 世纪，教授宪法是一种普遍的做法，虽然它被以各种方式加以解释。与直到 19 世纪中叶之前相当普遍的教育实践一样，宪法的条款首先是通过教义问答的方式被机械地学习的。学到的是结构，而非过程：三权分立原则的实施遮蔽了《权利法案》；以及关于联结和平衡联邦和州的权力的变化无常的困难，当然也毫无启发和争论。正如弗里曼·巴茨所写的那样，

> 无论对其意义持有什么样不同的意见，掌握一定数量的知识，并坚定不移地忠于宪法，似乎是对大多数公民的主要期望，无论是早期的联邦党人或者共和党人，19 世纪中叶的辉格党人或者民主党人，还是后来的共和党人或者民主党人。
>
> （Butts 1988：52）

霍拉斯·曼自然也是这种单纯的宪法学习的有力倡导者，他倡导一种中庸之道的实施策略，正像他对宗教教育所做的那样（参见上文）。

19 世纪末 20 世纪初，遵循更加学术化路线的历史教学改革也影响了宪法教学，宪法教学上也出现了类似历史教学的趋向。在改革中学历史课程大纲和教学方法的过程中，宪法学习经常被合并到历史课中，在整个课程计划中被降低至极其不重要的位置。尽管社会科学，包括政治科学，在学术声望上有所增长，但是，它们在填补由历史课在公民教育领域所发挥的公认作用的（暂时）撤出所带来的空白方面却相对滞后。美国政治科学协会（the American Political Sciences Association，APSA）成立于 1903年，对学校阶段的这一问题立刻产生了兴趣，尤其是在 1905 年一些大学生所做的调查揭露了年轻人对于政府制度的可怕无知之后（参见 Butts 1988：55）。美国政治科学协会迅速（按照以数字形式命名的时尚）任命了一个美国中等学校五人政府指导委员会（Committee of Five on Instruction in American Government in Secondary Schools）。这个委员会于 1908 年提交了报告，建议设立一个与进步主义时代更相符的"新公民科"，这是一门针

对 8 年级和 12 年级学生设置的直接学习美国政府知识的扎实精深的课程（solid course），以此来为 20 世纪开展有组织的公民教育做好准备。

课程内容和教学形式与教科书有着一种共生关系。编写教科书是为了给教师们提供想要的工具，然而有创新思想的教科书则能够刺激教师去改变他们的教学内容和教学方法。因此，简要地陈述一下用于公民教育的教科书的性质就能够告诉我们课堂中到底发生了什么。从美国作者对 19 世纪教科书的两项研究中摘录的引文给我们提供了内容充实的概括：

> 从 18 世纪 80 年代的诺亚·韦伯斯特到 1860 年的爱玛·维拉德，美国学校教科书的作者们完全相信存在诸如国民性这样的东西，他们有义务去帮助形塑并影响它。他们开始为共和制的美国创建一个有价值的过去——我们现在也许可以说，是一个一致同意的民族神话。
>
> （England 1963：191）

> 不像许多现代的教科书，19 世纪的教科书并不以中立自居。尽管他们回避了那个时代有严重争议的问题，但是它们在基本信念问题上有着坚定和相同的立场。价值判断是他们的常用手段（stock in trade）。
>
> （引自 Butts 1989：118-119）

传播国民性和回避争议意味着忽略南北差异并捍卫联邦宪法。当然，内战不能够忽视。然而，北方出版的教科书在南方学校中的使用产生了这样一种奇怪的结果：

> 南方教师的一个通常做法是，他们只是通过把北方讨论内战和战后重建的那几页书用钉订起来，略去不讲，这样，年轻人将很可能跳过这些内容而相信教师讲述的事实。
>
> （Butts 1989：119）

两个重要的主题得到了强调：自由与国家命运。例如，在一本出版于 1854 年，名为《写给学校和家庭的美国史》（*A Pictorial History of the*

United States for Schools and Families)的书中，读者被告知，在美国，"对自由的热爱……萌芽并开花……在这里，君主之道和神职人员的本领从来找不到一个栖息地，并且他们的大臣们在民众意愿的威严存在面前总是显得虚弱"（引自 England 1963：191-192）。从教科书中还可以学到的是：遵从上帝或神的旨意，定居和扩张大陆，正是美国人的命运。爱玛·维拉德在她于1860年出版的历史教科书中解释道，新英格兰的土著民由于瘟疫已经灭绝了，"这样，万能的上帝为另一个更加文明的种族铺好了道路"（引自 England 1963：196）。一种自信的民族主义论调也渗透于威廉·麦克古斐（William McGuffey）编著的《读者》(The Readers)中，其销售量在19世纪30年代末之后的半个世纪中达到了1亿册。

到19世纪80年代，"公民科"这一术语被采用，并且从1885年到1900年，为九年级开设的这一科目出版的教科书大约就有25种之多，而在九年级之后大部分学生都离开了学校。直到美国历史协会、美国政治科学协会和后来的全国社会科委员会（National Council for the Social Studies, NCSS）这样的机构成立之后，所出版的教科书才使教师有机会去避免呆板的宪法主义和华丽不实的民族主义。所有这些当中，最早专门指向公民教育并受到教师们欢迎的，是阿瑟·W.当（Arthur W. Dunn）出版于1907年的《社区与公民》(Community and Citizen)。

然而，公民教育绝不仅仅只通过教科书来学习。从19世纪末开始，在美国，仪式已经具有相当大的影响力。19世纪80年代晚期，升国旗或观看升国旗仪式成为学校向学生灌输公民身份意识的一种常用手段，但是不久，表达自己的忠诚被认为是更加有效的。而且，如果学生未掌握英语的话，就无法参与这种仪式；结果这种仪式在这一时期强化了这样一种普遍压力，即对所有学生，无论他来自哪里，都必须使用英语进行教学。1892年，弗朗西斯·贝拉米（Francis Bellamy），全国教育协会的主席，起草了著名的忠于国旗的誓言（参见 Marquette and Mineshima 2002：544-545）。他起草的誓言是："我宣誓忠于我的国旗和它所代表的共和国家，一个统一的国家，不可分割，给予所有人以自由和正义。"随后，"我的国旗"被改成"美利坚合众国的国旗"，同时，"以上帝的名义"这一短语被加到"一个统一的国家"之后。后来的改变发生在冷战期间，这一时期我们将在下一部分具体介绍，在这一期间，民族忠诚的教育成为学校的首要要求。

六、美国：建构公民教育

1916年是美国公民教育史上的转折点。在这一年出版了：美国政治科学协会的七人政府指导委员会（Committee of Seven）关于中小学、学院以及大学的报告；全国教育协会委员会的重组中等教育委员会（Committee on the Reorganization of Secondary Education）的报告——《中等教育中的社会科》（Social Studies in Secondary Education）；以及约翰·杜威的《民主主义与教育》。虽然相信学校对民主与社会有重要贡献的信念与进步主义的政治思想相一致，并且是这三个出版物的共同特征，但是，尤以第二和第三个出版物更具影响力。

全国教育协会的报告采用了"社会科"（Social Studies）这一用语，并且视这个多学科领域为进行公民教育所采取的手段。自此，这个建议被采纳并且成为公民教育的重要部分，尽管在接下来的几十年里有一些具体的担忧和调整。因此，应该对《中等教育中的社会科》进行具体分析（下面的材料主要依据 Butts 1989）。这份报告的论调和由此而生的重要性可以从该委员会主席的预备工作报告中窥见一斑：

> 培养好公民应该成为中学"社会科"的目的……旧的公民科几乎只有对政府机构的学习，它必须让位于新的公民科，学习为了促进人类发展的各种社会努力。让学生知道总统是如何选举产生的并没有比让他明白社区卫生公务员的职责更加重要。

他通过提供一个兼收并蓄、并且显然带有个人嗜好的列表继续他的陈述，这个列表集中体现在接近于学生理解和认识关联事物水平的地方性事务上，但是，也包括一些更广泛的话题，坦白地说，就像个奇怪的大杂烩：例如，"人权同财产权之争，群众的冲动行为，传统的、自私的保守主义"（引自 Butts 1989：126）。这些主题都被编入九年级毕业年级学生的公民科课程中。

这个报告（由上文提到过的那本1907年教科书的作者阿瑟·当编写）为在全国的中学中实施这一由若干相关学科构成，强调公民身份、关联性（relevance）和"问题解决法"的社会科课程开辟了道路。这个报告称："尽管所有的科目都应该致力于培养好公民，但'社会科'——地理、历史、公民和经济——则应该把培养好公民作为其主要目的"（引自 Butts 1989：127）。并且所有这些科目的教学，都不应该按照学术的方式为了学科本身的目的进行，而应该为了帮助学生理解与他们的生活息息相关的现实问题。教学目标的这种改变不可避免地向传统的教学模式提出了质疑；因此，应该从各个学科中抽出问题交给他们去解决，而不是呈现给学生大量的事实和数据。这种革命性的改变在全国教育协会的另一个文件、两年后的 1918 年发表的《中等教育的基本原则》（Cardinal Principles of Secondary Education）中得到清楚的陈述，这个文件建议"将课题和问题分配给各组学生，让他们合作找出解决问题的方案，以及开展集体参与的课堂教学（socialized recitation），借此一个班级作为一个整体，就可以发展一种集体责任意识"（引自 Butts 1989：128）。

全国教育协会建议的另外两个要素使他们的公民教育观念得以圆满，这两个特征我们可以称之为校内和校外的民主参与。《中等教育的基本原则》对第一个要素作了这样的解释："学校自身的民主组织与管理，以及学生与教师、学生与学生、教师与教师之间的合作关系是不可或缺的"（引自 Butts 1989：128）。校外要素就是建议把课堂学习的成果运用到地方社区的社会行动中去，在这种活动中，学生们可能会提出诸如建设更多的停车场、铁路、邮局或者食品卫生法。值得注意的是，运输和健康问题在当时非常突出。

革命，甚至是教育革命，并不仅仅因为少数不满于现状的个体的行动就会发生。于是，全国教育协会教师们的目标，由于人们对美国卷入"一战"前夕的民主状况普遍感到担忧而获得了支持，并且获得了教育哲学家们的革新思想的支持，约翰·杜威教授是其中的杰出代表。

杜威是公民教育史上的一位重要人物，因此，我们必须用很大的篇幅来讨论他。他极其多才多艺，是杰出的哲学家、心理学家和教育家；他精力旺盛，写了大量极富创造性的著作，并且作为教育顾问走遍了世界——例如，他对苏维埃教育委员（the Soviet Commissar of Education）卢那察尔斯基（Lunacharsky）产生了巨大的影响（参见第四章）。即使是到了晚年，他依然精力充沛：在他 90 岁的时候，也就是他再婚、组建另一个家庭的三年后，他与别人合著了他的最后一部著作。据说：

　　两个突出的信念……指导着他的教育工作的整体进程——一

个信念是传统的教学方法是无用的，没有成效的；另一个更坚定的信念是人类日常生活中的接触提供了大量天然的、生动活泼的"学习情境"。

（Curtis and Boultwood 1956：463）

杜威于1896年在芝加哥创建的芝加哥实验学校，使他能够在实践中发展他的思想，同时也给他带来了巨大的荣誉。这项工作与他的许多著作一起，为改革初等学校的教学，把儿童（和教师）从传统枯燥的说教教学形式中解放出来，起到了促进作用。

在这里，我们主要关心的是他的《民主主义与教育》这部著作。然而，在关注这部著作之前，我们应该认识一下杜威哲学思想的总体脉络。他的核心相关概念是民主、社区、交往、责任和进步。

杜威坚信，民主绝不仅仅是一个制度问题。他在1927年的《公众及其问题》（*The Public and its Problems*）一书中主张："民主必须从家庭开始，它的家庭就是临近的社区"（引自Curtis and Boultwood 1956：492）。如果教师遵循他所说的赋予年轻人以民主合作的互谅互让的经验这一原则，那么学校也扮演或者说应该扮演至关重要的角色。杜威所说的社区不仅仅指对学校或者本地区的一种归属感，而是指归属于一个更大共同体的一种广泛成员意识，它包括许多文化和传统，是一种只能通过教育手段来培养的意识。然而，社区依靠交往，没有语言的交流，就不可能有理解。所有这些都意味着一种责任意识，一种要在学校中培养的美德。杜威在其《我的教育信条》（*My Pedagogical Creed*）一书中，敦促教师要去了解学生的能力、兴趣和习惯，以便使他们可以"被引导至他们有能力从事的有关社区服务上来"（引自Curtis and Boultwood 1956：481）。那之后，正像他在《公众及其问题》中认为的那样，当他们长大成人，他们将会像"公众的公务员"一样，作为完全经典意义上的公民恰当地行事。然而，这种通过教育来实行的品行革命（revolution in mœurs）很难实现，除非学生们的思想能够面向未来，学习以往的错误，运用他们充满活力的青春，为后代革新这个伟大的共同社会。

现在我们转向《民主主义与教育》这本书。它建构在进步主义教育与民主（在杜威的思想里，是被正确理解的）密不可分这一命题之上。再也没有比一位美国学者所说的如下一段话更能简洁地表达杜威的思想了："正像杜威所阐述的那样,进步主义教育的方法意在培养自由人,这种人的聪明智慧将参与到为了民主的目的而进行的社会重建中"(Welter 1962:279;这里的分析主要依据这部书)。民主要求思考的能力,而学校必须培养这种能力,以及对这种社会目的的尊重。然而,这个简单的命题有着激进的含义:学校的目的主要是为了民主而重建社会,而不是像曼所想的那样,是为了稳定与和谐(参见上文)。以免这种比较被误解,因此不打算将其作一个全面的对比:杜威没有倡导动摇社会稳定的变革的意图。他写道,一个民主的社会"必须有一种教育形式,它给予个体对社会关系和控制的个人兴趣,以及保证社会改变而又避免引起混乱的思维习惯"(Dewey 1961:99)。

在这部开创性的著作中,杜威是怎样建议学校去安排他们的课程以使年轻人具备这种才能和思想的呢?首先,教育系统不应该做的是:

> 如果选择教材的主要势力,对于群众的教育,根据狭隘的功利的目的,而对于少数人的高等教育,则按照特别有教养的阶级的传统,那么,民主主义是不能兴旺发达的。那种认为初等教育的"要素"就是呆板的3Rs的观点,是建立在对实现民主理想所需的要素无知的基础上的。它无形中也假定了这些理想是不可能实现的。
>
> (Dewey 1961:192)

其次,教育系统应该做的是,培养(杜威称之为)"公民效能"(civic efficiency)或者是"好公民"(good citizenship),这是一个二者择一的问题。他承认这些都是模糊的用语,但是,公民效能主要是"要引起人们注意……最需要做的事情就是涉及与他人关系的事情这样一个事实"(Dewey 1961:120)。第三,应该为工人阶级提供一种全面的教育,以防止他们持续处于从属地位,同时课程应该包括"对经济、公民和政治的学习,以使未来的劳动者们能够接触现今的问题和人们提出来的各种解决问题的方法"(Dewey 1961:318)。

最后,杜威以对道德教育这一关键问题的讨论来结束他的著作。事实上,像其他人一样,他也对那种"对品格的影响与传授有关亚洲山脉的信息所发挥的作用差不多"的道德课持明确的否定态度。除了在威权主义的体制下运用威权主义的方法:"要试图在民主社会中从道德课中得到相似的结果,则要依赖于情感魔术(sentimental magic)"(Dewey 1961: 354)。道德是通过在生活中行善而习得的,并且

> 所谓一个人成为一个好人,就是具有作为一个社会成员生存的能力,这样他从与别人的共同生活中获取的好处就能够与他所做出的贡献保持平衡……并且,教育不只是实现这种生活的手段,教育就是这种生活本身。
>
> (Dewey 1961: 359-360)

但是,在这一时期的学校课堂中实际发生的到底是什么呢?很难进行概括,因为指导方针很松散,并且被以不同的方式进行阐释。指导方针本身以三种不同的形式影响了教师。

一个是起源于全国教育协会报告的社会科课程框架,它是由之后专门成立的一个新的专业机构——全国社会科委员会(National Council for the Social Studies, NCSS)研制的。从3年级到12年级,有若干个单元尤其与公民教育密切相关:社区公民、国家公民、美国历史和美国政府。这项计划的一个典型特征就是它的循环组织方式(cyclical organization),各个主题在不同的水平层次上重复出现。1916年的全国教育协会报告对采取这种方式的原因进行了解释:

> 我们将会看到,安排给7—9年级的"社会科"课程构成一个循环,紧接着是10—12年级的又一个相似的循环,并且很可能在之前的小学六个年级中有相似的循环。这种安排大致上与青少年的心理发展期相一致,但这主要是基于实际的考虑,即大量的儿童将在六年级就结束他们的学校教育,而另有很大一部分可能留在8年级和9年级学习。在这个报告中建议的课程旨在为每个阶段都提供一个综合的和在一定意义上是完整的社会科课程。
>
> (引自 Morrissett 1981: 39)

由于惯性作用,这种形式持续了很多年,尽管由于后来学生离校年龄的变化而变得过时了。

另一套指导方针是通过州立法的形式提供的。美国参加第一次世界大战使得爱国情感得到强化，激起了要求学校为了提升这种情感认真地开展历史和政治教育的呼声。逐渐地，从 1917 年开始，各州制定了法律法规要求学校进行公民教育：10 年之内，所有的州都通过了这样的法律。这样，公民教育的的确确普及了——因为一旦有不遵从的，惩罚将会很严重：

> 如有违法，可能的处罚是处以 100 美元以上 500 美元以下的罚金，或者处以在地方监狱 30 天以上 6 个月以下的监禁，或者二者并罚。教师如有不法行为，将会被解雇或者调离，学院（公司）如有违反，将会被吊销执照。
>
> （Pierce 1930：231 n.2）

各州有办法将儿童塑造成为小共和者。

公民教育和爱国主义教育一直是强制性的，许多州的公共教育官员和许多城市的管理者发行了学习大纲或手册——这是第三套指导方针。贝西·皮尔斯（Bessie Pierce）在 20 世纪 20 年代考察了这些文献后，将其描述如下：

> 为政治问题的教学或公民科确定的目标，都同样是以培养"好的"或"理智的公民"为目的。只是这些用语的意思对于教师们来说总体上有些模糊，因为它们几乎没有被界定。显然，这可能导致学生形成许多不同的观念，因为不同的教师就会有不同的解释。
>
> （Pierce 1930：243）

读者也许喜欢拿这段话与另一段出自于半个世纪后出版的一本研究社会科教学的著作的话作比较："课程名称很难显示出在特定课程中实际教授什么……衡量特定学生在特定课程中的学习情况最可靠的量具，就是这门课程的教科书"（Jarolimek 1981：4）。改来改去还是一样（*Plus ça change*）……

为了明确这些手册的特色，让我们举三个不同的例子（引自 Pierce 1930：244，246，249）。第一个是密苏里州的小学公民课程：

为所有人民服务这一政府的伟大目标,都应该在这一点上得到强调。尽管不应该试图去误导学生形成我们的地方和总体制度不能再做任何改进了这样的错误观念,但必须反复说明的是民主政体的整个流程和与民主政体真诚合作的必要性。

第二个例子是来自爱达荷州的美国历史课程:

爱国主义,我们国家的最高理想,包含了其他一切。热爱国家是所有民族和所有时代普遍存在的一种情感;但是,没有哪个国家能够像我们美国这样更善待她的人民。没有哪个国家有这样令人鼓舞的历史,没有哪个国家有这样值得享受爱国之爱的制度。

第三个例子取自于圣路易斯市,那里在20世纪20年代中期的课程修订中加上了"发展一种属于世界共同体中的一员的意识"这一目的。尽管第一和第三个例子显示了为避免公民教育太过狭隘而进行的新尝试,但是像爱达荷州这样自满的爱国主义教育很可能更为普遍。这肯定是这一时期大多数教科书的基调。

关于20世纪头25年里所使用的名称的信息,可见于贝西·皮尔斯的《美国学校教科书中的公民态度》(*Civic Attitudes in American School Textbooks*)一书中,前述材料就引自于这本书。她分析了近70种属于公民、社会、经济和政治问题范畴的教科书,其中15种教科书在名称中包含有"公民学"(Civics)或"公民身份"这样的词汇,尽管有一些更引人注目[例如《写给山姆大叔的年轻选民的、属于男孩自己的政治书》(*The Boy's Own Book of Politics for Uncle Sam's Young Voters*)]。在这些书中还可能找到允许公民有诸如买选票和贿赂之类的不良行为(参见 Pierce 1930:146)。然而,许多作者都希望教授(说教?)的是美国传统和制度的虚拟完美(virtual perfection)。例如,1920年,萨拉·科恩·布瑞恩特[1](Sara Cone Bryant)的《我是一个美国人》(*I Am an American*)出版了,这本书是为小学高年级学生而写的。深入到这本书里,我们就会发现一些鼓舞性

---

[1] 萨拉·科恩·布瑞恩特,20世纪早期的儿童图书作者,著有:《如何给孩子讲故事》《我是一个美国人》《讲给最小的孩子的故事》等。——译者

的、自吹自擂性的内容；例如：

> 我是一个美国人。我的国家是地球上最自由、最富有和最美丽的土地。
>
> 我的国旗是纯净的。我的海军是战无不胜的。我的军队捍卫世界的自由……
>
> 一种纽带把她所有种族的公民联系在一起。这是忠诚的纽带。
>
> 我感谢上帝让我享受了作为一个美国孩子的特权……带着感激和崇高的意志，用心、用手、用脑去服务社会。
>
> 我是一个美国人
>
> （引自 Pierce 1930：171）

虽然有点"与事实不符"（economical with the truth），但是这一时期其他国家的许多教科书也是如此；多么的夸夸其谈！毫不奇怪，当我们努力去审查社会科课程所使用的教科书时，就会发现它们大多数还是都传达了爱国的思想。例如，1923年，在俄勒冈通过了一项法律，禁止采用任何"轻视共和国的建国者，或者捍卫国家团结的人，或者轻视或贬低他们的工作"的教科书（引自 Pierce 1930：233）。然而，事实上这些法律不久就引起了基于《权利法案》第一款所规定的言论和出版自由的原则的反弹。然而，这种愿望依然存在。

从上文中我们可以看到，大约到1925年，公民教育由于有了专业指引、州的立法和教科书的出版而牢固地确立了其在美国学校中的地位。在一种松散的框架中，赋予教师以恰当地选择教什么和怎么教的自由；或者革新——或者枯燥乏味地完全依赖学校所给的"教科书"。

因此，到20世纪20年代中期，毫无疑问，人们期望美国学校能够进行公民教育。由此人们可能会假设，从此刻开始，年轻的美国人就在他们的学校中有效地学习作为一个公民意味着什么了。然而，如果要忽略20世纪余下几十年中标志这一科目历史之特点的抱怨、担忧和改进计划不断涌现这一情况的话，那么这种假设将会形成严重的误导。比较一下这两种表述：

> 尽管具有许多显著的例外，但是社会科学的各个分支，如历

史、经济、政府等的教学，从公民教育的视角来看，在态度、主旨内容和相互关系……方面，还有很多有待改进之处。

公民教育中的失败主义在很大程度上要对我们低水平的公民行为负责。

（Merriam 1934：xiii，xv）

另外一位评论者认为"我们（可以）认为（并且我们确信有证据能够有力地证明它）在美国成为一个国家的200年里，公民教育并没有发生什么显著的变化"（Turner 1981：56）。第一个引文来源于为美国历史协会进行的一项有关社会科的调查报告，该调查报告出版于1934年；第二个引文是一位社会科学教育权威的评论，写于大约半个世纪后。

在考察直到2000年的长达75年的时间跨度时，把这一时期分成若干个部分将有助于我们理解。我们的第一部分覆盖大约从1930年到1960年的时间。在了解改善公民教育的努力前，有必要提及另外两个相关事件。一个是学校的种族隔离问题，另一个是除种族问题外的政治事件和气氛对公民教育的影响。

在这30年中，有两个事件使种族隔离问题变得突出。第一个是1924年霍拉斯·凯伦[①]（Horace Kallen）的《美国的文化与民主》（Culture and Democracy in the United States）的出版；第二个是1954年最高法院对布朗诉教育委员会案（Brown v. Board of Education）的判决。凯伦在他发表于1915年的文章中创造了"文化多元主义"这个词，并且在前面提到的书中予以了发展。他认为美国必须接受它的民族属于一种"统一性中的多样性"（multiplicity in a unity）这一事实，以及公立学校应该通过共同教育所有的种族群体来强化对这种现实的理解（参见Macedo 2000：103-107）。然而，直到1954年在经历了发生于阿肯色州小石城的紧张场景之后，法院所作出的判决才使得取消白人和黑人学生的种族隔离成为美国的法律。

这一时期的政治事件和气氛不可避免地影响了公民教育的性质，而且相当显著。到20世纪20年代后期，战争期间和战后岁月中声名狼藉的爱国主义正在消退，紧接着大萧条和罗斯福新政又将人们的注意力转向了经济和社会问题。第二次世界大战又使爱国主义的空气复兴，却又在麦卡锡

[①] 霍拉斯·凯伦（1882—1974年），一位犹太裔的美国哲学家。——译者

主义者①反对共产主义的歇斯底里中衰退——这是冷战中的一个插曲，却导致了恐惧和傲慢自大的混合。在这一背景下，众人为改进公民教育的质量做了大量的努力。用弗里曼·巴茨的话说：

> 在20世纪中叶，旨在创造更有效的公民教育计划的建议和计划喷涌而出，要对其进行叙述需要若干卷书的篇幅。尽管细节上的差异多至无限，但是一个又一个委员会所制定的目的和目标单却不断地重复着相似性。
>
> （Butts 1989：185）

列举出几个参与这项工作的组织就可以说明这项活动的范围：美国政治科学协会（APSA）、美国历史协会（AHA）、美国学校管理者协会（AASA）、全国教育协会（NEA）、全国社会科委员会（NCSS）、教育政策委员会（Educational Policies Commission，EPC）、哥伦比亚大学和美国联邦教育署（US Office of Education）。美国历史协会获得了卡耐基公司的部分资助，在1932年到1937年间出版了七卷关于社会科教学的著作，其中包括查尔斯·梅里厄姆②（Charles Merriam）的《美国公民教育》（Civic Education in the United States），我们已经引用过这本书。1938年，教育政策委员会明确把"公民责任"定为教育的四个目标之一（参见 Butts 1989：190）。1949年，美国联邦教育署出版了一个非常有影响的小册子——《为每个青年的生活适应教育》（Life Adjustment Education for Every Youth）。它得出这样的结论：

> 那么，令人注目的言外之意就是：为了让所有年轻人——不仅仅是那些将要进入专业性职业或技术职业的年轻人——发展这样的知识、理解力和技能，中学有必要利用比通常更广泛的渠道和方式来发展公民能力。
>
> （引自 Robinson 1976：33）

---

① 麦卡锡主义者是指那些习惯于对反对自己的人进行毫无根据的、不公平的指责的人。——译者

② 查尔斯·梅里厄姆（1874—1953年），美国的政治学家，批评家和经验丰富的政治家，民主制度的拥护者，总统的咨询顾问，并且是一个在政府和政治方面多产的作家。——译者

推动这些计划的杰出教育家和政治科学家一直被称为"社会的开拓者"（social frontiersmen）。他们在说服学校承担帮助学生成为公民的责任方面获得了一些成功，尽管这显然是一项艰难的工作。然而到1960年左右，即使是这样的进步也几乎停滞不前了。下面的一段话描绘了这一场景：

> 但是，在20世纪60年代之前的三十年左右的时间里，这项工作的美好意图似乎已经在接下来的迅速变化中全部丧失殆尽了。在20世纪50年代末，随着《国防教育法》的通过，重点转向了科学、数学和外语……强调公民教育在要求科学努力的大声疾呼中减弱成为一股微弱的声音。
>
> （Robinson 1976：34）

在太空和导弹竞赛中，要赶上——最好是超过——苏联，是比公民教育更紧迫的优先事项，这似乎是不言自明的道理。

20世纪60和70年代这二十年间是发生戏剧性的政治和课程运动的岁月。对越南战争的控诉导致了更多的反省和对政府政策敌意的宣泄。1972年，越南战争结束的前一年，爆发了令人震惊的水门事件，从而导致了1974年总统尼克松耻辱的辞职以及接下来的对于政治体系的吹毛求疵和失望。同时，公民教育也处于混乱中。一位权威人士用简洁尖刻的语言描述了当时的状况："要说20世纪70年代早期的社会科处于一片混乱之中，将是对当时状况的一种慷慨的评价"（Jarolimek 1981：9）。这绝不是一个不公平的评价，这一点可以由1969年到1976年全国教育进步评定协会（NAEP）所做的一项调查结果来证实。例如，它揭示了三分之一的13岁孩子不能说出参议院是众议院在国会中的伙伴。而且，得分在七年多的时间中下降了。由于意识到了事态的严重性，两个私人组织建立了一个工作小组去进行调查并提出纠正这种状况的建议。在这里值得大段引用报告中的内容，因为它对问题作了一个非常清晰的描述：

> 由学校进行的公民培养在很长一段时间内一直是一个被忽视的领域，但是现在它处于一种智力荒废（intellectual disrepair）的严重状态。在小学，这个科目已经被允许消失在更流行的关切这一幌子背后。同时，由于头痛医头脚痛医脚地去满足社会的强烈

要求，而不尝试去建立一个连贯的课程这一艰难的工作，所以初等教育课程的设计者被迫将公民教育搁置一边而倾斜于毒品、性和社会病理这些单元。最近的生计教育……已经出现在小学的课程单元中甚至低至幼儿园阶段。

在中等教育阶段，公民教育的主要负担在于构成了八年级或九年级社会科课程组成部分的狭隘的、无趣的公民课程。这一弱点又因为这样的事实而加重，即公民课程经常是由体育教练来教授，他们需要一个轻松的教学计划，因为他们承担着放学后的教练任务。

(Brown 1977: 2)

（对于这种可悲状况每况愈下的详细解释，参见 Butts 1989：199-202。）

于是，在运动中又一波事件推动了事态的发展，并且由于1971年赋予18岁青年以公民权的第26次宪法修正案的通过而变得更加迫切。这里有三个困难需要有关的教育家和学者面对：说服教师、家长和学校管理者相信公民教育是很重要的；重建教学内容上的某种全国一致性（national coherence）；同时编写新的教材以帮助有组织的复兴。缺乏一致性（incoherence），甚至超出了地方解释的传统，这才是核心问题。20世纪早期岁月的艰苦工作在20世纪60年代和70年代由于每个教师按照自己的偏好去教学而被消耗殆尽了。扭转这一分裂过程花费了不少时间。一种尝试就是"新社会科"运动，它倡导教授社会科构成学科的调查研究过程（参见 Fenton 1966），但是这根本没有被普遍采纳。

更有价值的是，20世纪70年代学者们为改进教科书所做的工作（例如参见 Butts 1989：200-204）。正像我们已经看到的那样，美国的教师一直是严重依赖教科书的。一项开始于1970年的合作研究提出了对已有教材的一个批判性考察（Turner n.d.）。这本书由印第安纳大学的约翰·帕特里克（John Patrick）作序，他还同霍华德·梅林格（Howard Mehlinger）一起写了一本非常成功的书，名为《美国人的政治行为》（*American Political Behavior*）（Mehlinger and Patrick 1972）。梅林格后来把这种状况描述为"公民教育的危机"（Brown 1977：69-82）。这本书是在1966年成立的印第安纳大学社会科发展中心的工作基础上形成的，并且是在出版前将该教学资料在大量学校中进行严格测试的结果。同时，它特别地以一种有趣和易于理解的方式向中等教育阶段的学生呈现教学内容（参见 Mehlinger and Patrick 1972：鸣谢；Morrissett and Williams 1981：81-82）。这只是通过改进教学资料来拯救公民教育所做的严肃努力的一个例子。

在 20 世纪的最后 20 年里，美国社会中关心公民教育的每一个构成要素——联邦政府、州政府、大学、研究基金会和出版者——都竭尽全力地要使学校成为塑造真正公民的更有效的机构（参见 Butts 1989：205-225）。最引人注目的是，1983 年联邦教育部（Department of Education）发表了一个题为《国家处于危险中》（*A Nation ant Risk*）的报告，由此引发了一场对教育改革的迫切需要的长期而激烈的争论。它确定了六个目标，其中两个与公民教育有关。一个目标声称"美国的每一所学校都要确保所有学生学会很好地运用他们的头脑，这样他们才能为成为负责任的公民，为进一步学习深造和在现代经济中有效地工作而做好准备"。另一个目标宣称"每一个成年美国人都要受过教育，并拥有参与全球经济下的竞争和践行公民权利和义务所必需的知识和技能"（引自 Cogan and Derricott 2000：84）。

20 世纪 90 年代见证了大量显著的发展。这些发展包括建立了公民教育中心（the Center for Civic Education）；发起以鼓励这一领域的系统教学为出发点的促进公民教育全国运动（the National Campaign to Promote Civic Education）；以及设计了作为一种模式的"公民教育框架"（CIVITAS：A Framework for Civic Education）。即使如此，提倡提供更好的公民教育的人们依然不得不与怀疑和敌对力量做斗争。相比于喜爱质疑的公民精神，更倾向于无批判的爱国主义（uncritical patriotism）（例如参见 Janowitz 1983；Turner 1981）和试图"消除（公共教育的）公民教育功能以支持一种狭隘定义的劳动力市场前景"（Giroux 1987：72）是两个明显的例子，尽管正如我们上文所看到的那样，它们绝不局限于这个时期。

大约从 1990 年开始，针对如何在美国学校中开展公民教育进行了大量研究，以至我们对于目前状况的整体描述有着丰富的信息可以依靠。首先可以说的是"大多数但不是全部学生在他们 14 岁或 15 岁前将会接受某种关于民主、政治制度以及公民权利和义务的正规教学"（Hahn 1999：590）。其次，除一些复杂的普遍原理（detailed generalization）之外，缺乏牢固的系统指导仍是一个特征。用一位杰出的美国研究者的话来说，"即使在同一所学校里的教师遵循相同的书面课程（written curriculum），其被传达的方式也各式各样"，更不用说州与州之间的巨大差异了（Hahn 1999：

589）。另一方面，这一权威还发现提供一种相当共同的课程概要也是可能的：

> 典型的形式是让小学低年级的儿童去学习几首爱国歌曲，用艺术表演和讲故事的形式去庆祝诸如总统日和感恩节这样的全国性节假日，以及每天向国旗致敬。小学低年级的儿童经常学习有关诸如警察和消防员之类的"社区保卫者"以及规则和法律的必要性等方面的知识。4—6年级的孩子，通常要让他们学习美国历史以及《权利法案》和美国宪法的基本原则。大多数中学生大约要花长达一年的时间学习美国历史课程以及一学期的时间学习政府科课程……在许多州，开设州历史、经济、法律和公民科课程的也非常普遍。
>
> （C.L. Hahn 1998：17）

然而，这不是说在世纪之交关于公民教育的内容和教学形式的争论得到了控制，或者说它在一个很高的专业化教学水平上被教授了。争议依然继续，主要涉及多元文化的目标对民族凝聚力的目标、国家公民对世界公民（参见之后的第五章）、学科结构对民主途径的问题（参见 Cogan and Derricott 2000：81-83）、制度学习对公民行为学习、学术性学习对社区服务。正像这段出自英国报纸的一篇报道的摘录所揭示的那样，连忠诚宣誓也成为争议性问题受到了质疑：

> 昨天，在法庭判决忠诚宣誓是违宪的之后，美国变成一团混乱。
>
> 第九美国巡回法庭在旧金山做出判决，要求在校儿童每天向国家进行忠诚宣誓，"以上帝的名义，一个统一的国家"违背了宪法中要求宗教与国家分离的所谓建立条款（establishment clause）。
>
> （*Guardian* 2002）

一位 IEA 研究的全程参与者所得出的结论——我们已经在本书的其他地方进行了引用——是许多美国教育者批评学校实施的公民教育"太薄弱，太微不足道了"（Cogan and Derricott 2000：87）。很少有哪个国家的公民教育在原则上获得了来自政治家和教育家如此多和如此长期的支持，而又在发展完善的过程中遇到了如此多的困难，这就是美国所经历的。

七、殖民地的经验

从根本上来讲，欧洲国家的帝国主义领土扩张政策与公民身份的思想是不相融合的。帝国主义势力在其殖民地上发展教育设施的脆弱而犹疑的态度是对这一判断的一个清晰说明。而且，许多非洲和亚洲国家独立以来在创建有意义的公民身份和公民教育方面，经历了相当多的困难，更不用说形成一种完全自由的模式了，造成这些困难的原因至少部分是由于这些薄弱的公民遗产。另一个非常重要的因素是使他们自身显著不同的社会和政治传统以及希望适应这种本质上的西方思想和制度的问题。在这一部分，我们将首先分析在帝国主义时期的殖民地历史中明显存在的问题。遵循这条线索，我们将简要地比较一些主要帝国主义国家在促进公民身份发展上的有限政策。

对于认为现代帝国主义体制在根本上与完整意义的公民身份的发展不相容这一观点，把它们作为一对矛盾来考察将是十分有益的。首先从最根本的开始，帝国主义统治的实施是建立在这样一个未经质询的假定之上的，即殖民者正在将包括基督教在内的西方文明无法估量的好处带给美洲大陆未开化的民族（尽管在这一节我们将不对这块大陆做以讨论）、非洲部落和亚洲文明。一个法国当权者是这样解释这一思想的：

> （进行殖民）并不是去掠夺，因为殖民者有责任去管理这些"衰弱"的人民，同时去"发展"他们。简言之，他必须……使他们能够参与到这块共同领地的管理、开发和利益中。
> （Grimal 1965：28）

殖民者同时也是给好战的土著人带来和平的使者；英国人有意识地去模仿罗马人，声称要建立一个英国强权下的世界和平（*a pax Britannica*）。这种思想方法与公民身份的观念相去甚远：这是一种对优越性的坚信，一种家长式的统治政策，而不是一种相信公民身份即平等参与公民事业的信念，当然在可预见的未来也不是。

但是这样的话，殖民者从臣民（subjecthood）而非公民的角度来思考问题就是可以原谅的了，因为在亚洲和非洲，传统、社会结构和忠诚与公民教育得以产生和发展的欧洲环境是如此不同。这是另一个矛盾。为什么殖民者应该觉得他们能够很容易地移植这种西方传统，并且为什么当地的土著人应该愿意去学习适应这种外来的观点？带着这个问题，我们遇到另一个矛盾或者说是含混的问题。帝国主义政权下的精英和大众国民对于不希望获得一种公民身份有着不同的原因，即使是通过从帝国的权力下解放出来的方式。一位法国的当权者在1931年写下了中南半岛的情况，他声称土著民中的精英者认为，从法国中独立出来是"一件非常荒谬的事，或者说得好听一点是一件毫无意义的事情"（引自Grimal 1965：29；作者译）。至于大多数人民，阿尔及利亚的精神病学家和革命家弗朗兹·法农①（Franz Fanon）称他们为"地球上不幸的人"，认为他们已经被殖民统治压迫得形成了充满自卑情结和绝望的精神状态，从而丧失了任何政治期待（例如参见Fanon 1967：74）。

然而，帝国主义权力没有完全否认他们在其占领地上建立教育制度的责任，尽管从公民教育的角度看，我们还有两对矛盾或者说是首先要考虑的问题。这些教育设施应该被用来训练精英的土著公民还是向所有人提供一种基本的学校教育以使他们能够理解一些公共事务？而且如果这些教育形式获得成功的话，其结果将会提升他们对所属帝国的忠诚，还是由于公民地位的不公平而加剧了他们的不满？因为这些问题是我们关注的焦点，所以我们需要在这里停留较长一段时间来进行我们的讨论。

帝国主义者的良心——正像下面我们将要看到的那样，非常敏感多变，有时甚至是难以捉摸——促使他们为他们"落后的"臣民提供某种形式的教育。一位美国学者以最朴实无华的语言对这一信念进行了如下概括：

> 只要教育的重点主要在于读写能力（literacy）和3Rs训练将会伴随道德的改进这一盛行的观念，那么就有某种正当理由将一种被认为在任何环境下都有益的教育模式移植给外国文明。
>
> （Kandel 1960：139）

---

① 弗朗兹·法农（1925—1961年），阿尔及利亚的政治理论家，著有：《黑皮肤白面具》《大地的不幸者》等。——译者

同时，对民众政治觉醒后果的不安又使他们在继续推行这一政策上犹豫不决。用一位加拿大学者优雅的语言来说：

> 如果说教育在帝国预算项目中的地位仍然很低，那么这部分是由于，在那些不认为也不知道常识、妥协和接受是明显的美德的人们当中，笨拙的想法被证明是与笨拙的情感相契合的。帝国主义者尽可能地拖延处理这种两难的局面。
>
> （Thornton 1978：63）

对于扎实的教育计划可能产生政治负效应的恐惧不安，是造成广大殖民地人民教育水平普遍发展缓慢的一个原因。一位法国评论者对荷兰的东印度群岛政策直白地陈述到，他们希望"将他们的优越感建立在土著的无知之上"（引自 Grimal 1965：83；作者译）。甚至直到20世纪60年代独立后，据估算超过90%的印尼人是文盲。然而，教育没有取得什么进步也有非政治的原因：从外来文化中移植一种教育模式的困难和语言问题。在每一个殖民地，经常是各种语言和方言混杂地使用（现在依然是这样）。还是以荷属东印度群岛为例，那里大约有300种语言。除了"教化"（civilizing）土著的目标之外，实际还规定了要用殖民者的母语进行教学；然而，学习一种外国语言对于获得读写能力本身就是一种障碍。

掌握帝国的通用语言自然是培养一群精英土著公民的必要条件。而且帝国权力也需要精英公民来使其管理机器的低层平稳运行。职员、教师、律师必须接受教育以填补这些职位，但是，在这里，帝国主义统治者又处于两难的境地。他们对于殖民地的控制依赖于有效的管理；有效的管理依赖于教育大多数有知识和有抱负的土著；这些人容易对他们很低的社会地位不满，并且通过从他们主人自己的文献中学习到自由、民主和民族自决的原则，然后运用他们的受教育成果来要求独立——获得真正的公民身份；这样就会破坏本来教育他们去维持的大厦的根基。学校已经教会他们阅读基础性的启蒙读物，之后他们就可以根据自己的喜好，自己学会阅读布哈林[①]（Bukharin）的《共产主义基础理论》（*ABC of Communism*）——或者是

[①] 布哈林（1858—1938年），苏联政治家和作家，是苏联革命时期和20世纪20年代共产主义运动的主要理论家。——译者

密尔[①]的《自由论》(*On Liberty*)。关于稳定教育(education for stability)转变成颠覆教育(education for overthrow)这一无法预料的后果,最恰当的例子就是突尼斯。在1920年,突尼斯国民党的章程是:

> 议会由法国人和突尼斯人组成,拥有平等的权利和普选权;政府对这个议会负责;立法、执法、司法三权分立;公共服务"突尼西亚化";法国工人与突尼斯工人同工同酬;选举产生地方自治委员会;新闻和结社自由;以及一个义务教育系统。

总结这段话的历史学家又添加了一段自己的评论:"他们所用语言中的所有概念都来自于它源起的帝国背景"(Thornton 1978:66)。

在大多数情况下,这种政治意识明确、积极活跃的人们正是因为未履行公民义务(by default)而理解公民身份含义的。不过,帝国主义国家并不完全拒绝这样的想法,即他们殖民地上的某些臣民,尽管只是很小的一部人,可以培养成为完整和恰当意义上的公民。然而,如果这种情况发生了,就有一个宪法上的问题必须裁决。例如,那些有资格获得公民身份的人应该是殖民地的公民还是整个帝国的公民,是属于黄金海岸的公民还是大英帝国的公民?因此,公民身份问题获得了认真的考虑——尽管一些帝国比另一些帝国考虑得更认真一些——这一点在由这一问题引发的讨论中显而易见。现在又有两对矛盾摆在我们面前:支持和反对帝国公民身份(imperial citizenship)的观点与支持和反对殖民地公民身份(colonial citizenship)的观点。

帝国公民身份观的优势在于它有罗马公民身份范围扩展的先例,以及正像我们下面将要看到的那样,还有统一的法兰西共和国和君主制的大英帝国的理想之先例。如果一种帝国成员资格意味着一切并能吸引忠诚的话,那么公民身份应是与那个政治整体有关的一种社会身份,并且教育也应为此目的而进行型塑。另一方面,相比于宗主国的规模和财富,现代帝国的人口规模庞大并且贫穷。因此,建立一个民主的帝国选举体系将会导致欧洲宗主国公民的政治意愿被其他大陆上公民的意愿所压倒。而且,如果公民身份还包括福利权利的话,那么其所意味的社会经济特征平等化实际

[①] 密尔(1806—1873年),英格兰哲学家、经济学家、著名的自由主义法学家。——译者

上是不可能实现的。由此可知，教给这些帝国公民以期望将会导致危险的失望。本土的、殖民地的公民身份就定义来看规模较小，这样也更加可行。举一个可能实行的例子，要求在独立的塞内加尔享有平等的公民权利比获得分布于五个大陆的法兰西帝国的平等公民权利更具有可能实现的巨大吸引力。然而之后，每一个殖民地都成了一个潜在的独立国家，结果，给予当地人大量的公民权利并辅之以教育的支持，将会比实行帝国公民身份更容易鼓励民族自决的想法。

现在我们需要了解，帝国权力为了将公民权利扩大到他们殖民地臣民的范围，实际上采取了什么政策。可以概括为三点。第一，宗主国政府所采用的方式相互之间差异很大。第二，一些国家尝试一些宪法上的安排，而另一些国家则没有。第三，也是与我们的主题最相关的，教育是政策制定中的关键问题。帝国政策第三个方面的理由是，所有政府因为上文提到的原因而特别关注殖民地的精英公民教育：这些计划的要旨就是将这些人塑造成宗主国本国公民在殖民地当地的复制品——在语言、文化和行为方式等方面。法国人和比利时人希望这些人经历逐步成为法国人和比利时人的过程，成为"受过欧洲教育的非洲人"（*évolués*）；葡萄牙人希望他们殖民地上的人们能够被同化到他们的文化之中，成为"同化民"（assimilados）；英国人的观点表达得直白简单，就是把他们的殖民地臣民教育成为"WOGS"（尤其在印度，后来带有很强的贬义）——西化的东方绅士。

在五个主要的帝国中（在西属美洲解放之后，并且不考虑俄国的扩张，这是两段相当不同的历史），只有法国和英国为教育他们的殖民地臣民做出了认真的努力。尽管，这些问题在荷兰和葡萄牙以及在他们殖民地上的管理者、传教士和教师中间进行了广泛的争论，尤其是在20世纪早期和中期，但这些国家几乎没有取得什么成就。我们已经引用了荷属东印度群岛高得可怕的文盲率。在理论上，葡萄牙的政策和法国的非常相似（参见下文），因为殖民地被看作是大葡萄牙联盟（Portuguese Union）的一部分。而实际上的弱点在安哥拉和莫桑比克取得独立的13年前发表的这段话中得到了很好的概括：

> 非洲殖民地的教育闻名于世，是因为认为教育对促进同化非常重要这一官方立场，因为大众教育是对葡萄牙利益的一种潜在威胁这一也许是无意识的情感，以及因为教会和国家都没有能够

建立一个可以服务于不只是少数的安哥拉和莫桑比克居民的教育系统……萨拉扎①（Salazar）政权犹豫不决并计划了二十年却没有做任何事，并且只是在最后十年里非洲的文盲率才开始从大约99%缓慢下降。

（Duffy 1962：173-174）

当刚果于1960年获得独立时，比利时人留下的遗产更加少得可怜。直到1959年，布鲁塞尔政府的立场依然是，独立是不可想象的。在刚刚独立的国家里，无论是为了什么意图和目的，公民教育或者公民体验甚至对精英公民来说也是根本不存在的。用一位英国学者的话说：

刚果历史上的第一次（全国性）选举是在其独立日之前的几周举行的。那时刚果几乎没有大学毕业生，没有一个刚果人担任了任何比职员或小学教师权力更大的职位，并且每一个军队职权都由比利时人掌管。

（Hanna 1961：32）

公民身份和公民教育的历史在法国殖民地开始于1789年，并且必须说明的是，正是在革命者追求"明晰"clarity的巨大热情中导致了长达一个半世纪之久的"虚伪混乱"（hypocritical confusion）。起点是这样一些原则：法国是"一个完整而不可分割的国家"；所有的法国人都是公民，这一身份之所以能够获得和被接受，是基于所有人都将通过社会化和教育受到伟大的法兰西文化的熏陶这一假设。而且，因为殖民地只是被视为宗主国法国的延伸——"France d'Outre Mer"，"海外的法兰西"——所以这些地区的人民不能被视为这个原则的例外；尽管实际上，他们将需要通过教育来达到文明使命（mission civilisatrice）确定的标准。因此，1794年：

国家公会（the National Convention）宣布在所有殖民地废除黑奴制；结果它规定所有居住在殖民地上的人，不分肤色，都是

---

① 萨拉扎（1889—1970年），葡萄牙人，1928—1932年任财政大臣，1932—1968年任首相。——译者

法国公民，并将享有宪法保证的所有权利。

（引自 Hunt 1996：116）

这一原则一直坚持到20世纪，这一点可从接下来发生的事件中得到证明。1921年，一位法国学者将同化政策解释为"没有分离，相反却使殖民地和宗主国之间成为一个日益亲密的同盟……殖民地在理论上被纯粹看作是母国的一个延伸"（引自 Betts 1991：17）。第四和第五共和国的宪法分别以法兰西联盟（the French Union）和法兰西共同体（the French Community）这样的指称确认了这种关系。第五共和国宪法的第77条规定："只有一种共同体公民身份。"

但是，法国的实际情况到底如何？当然是与理想的设计大相径庭；也不可避免地会是这样。因此一种普遍的惯例是："很多的服从、很少的自治以及少许的同化"（引自 Grimal 1965：64；作者译）。我可以指出许多原因。第一个原因涉及萨赫勒地区[①]（the Sahelian region）和马格里布（Maghreb）地区[②]的伊斯兰人，主要是阿尔及利亚人。在描写大约1870年之后的时期时，一位英国学者解释道：

> 唯一能够进行投票的土著社群就是犹太人……的确，阿拉伯人可以通过归化获得法国公民的所有权利；他们唯一必须要做的就是放弃他们在穆斯林法律中的身份，采纳一夫一妻制，接受公民法典中的全部原则：简言之，按照他们的标准，不再做穆斯林。
>
> （Brogan 1940：222）

显然，如果一个法国公民是一个文化意义上的法国人，包括语言，那么一个阿尔及利亚的穆斯林就能够被教授法语。但是，正如这一评论所解释的那样，几乎没有信奉伊斯兰教的成员愿意接受完整文化意义上的转变，绝大多数人希望他们的孩子上伊斯兰学校。

然而，其他殖民地的人民，例如西印度群岛和西非的人民更愿意接受

[①] 萨赫勒地区位于撒哈拉大沙漠以南，西至毛里塔尼亚，东到埃塞俄比亚，横贯整个非洲大陆。——译者

[②] 马格里布是一个专有的地理名称，阿拉伯语意为"日落的地方"、"西方"，是历史上对北非地区阿尔及利亚、摩洛哥和突尼斯的统称。——译者

一种法国文化的教育。另一方面，推行有效的公民教育和践行除少数法国殖民地臣民外均可习得的公民身份的机会，主要面临两个障碍。一个是白人殖民者在政治体系中占有主导地位。关于西印度群岛，据说"在这些群岛上，代表权只是意味着有色选民以一种愉快和公开的方式将选票出售给最高出价者"（Brogan 1940：222）。另一个障碍是宗主国法国缺乏组织并资助任何在殖民地真正有效的学校系统或者鼓励公民参与的热情，即使在第三共和国恢复了一些殖民地有限的公民权（这一政策在第二帝国时期被废除）和1885年分配给殖民地10个下议院代表席位之后，也是如此。

对于一个受过教育的殖民地土著人——一个受过欧洲教育的非洲人——来说，成为一个积极的精英公民是可能的，尽管这些人数量极少。有两个最著名的例子，一个是象牙海岸的费利克斯·乌弗埃·博瓦尼[①]（Félix Houphouet-Boigny），他在西非接受教育并于1956年至1959年间担任法国政府的一名内阁大臣；另一个是塞内加尔的列奥波尔德·桑戈尔[②]（Léopold Senghor），他在达喀尔和巴黎接受教育，并成为一名下议院议员，为第四共和国宪法的制定做出了贡献。

综观法国殖民地教育的整个图景极其困难，因为无论在地点上还是在时间上都有如此多的不同。首先要说的不同与地点有关。尽管教育世俗化从18世纪开始就一直是法国的一个目标，并且许多政治家也希望在海外施行同样的政策，但是殖民地的宗教学校势力强大，使得教育世俗化不可能实现。因此，例如撒哈拉沙漠以南非洲地区的教会学校（missionary schools）、马格里布地区的古兰经学校（Koranic schools）和中南半岛上的佛教学校（pagoda schools）得以存续。我们还必须把享受公民权利的水平和广度上的差别考虑进来。

塞内加尔是第一个法属非洲殖民地，并且属于一种例外。一位英国历史学家解释道："也许可以认为，相比于同一时期法属殖民地的其他民族来说，18世纪80年代塞内加尔人的公民权利获得了明确的承认"（Hargreaves 1967：71）。尽管也许由于这十年早于法国大革命，但是这并不能说明什么——除了说明它在非洲的独特性之外。此外，该殖民地在政治和教育上始终保持领先。

---

① 费利克斯·乌弗埃·博瓦尼（1905—1993年），1960—1993年象牙海岸总统。——译者
② 桑戈尔（1906—2001年）塞内加尔第一任总统，塞内加尔社会党总书记和非洲社会党国际主席，著名社会活动家，"非洲社会主义"倡导者和代表人物之一。——译者

随着时间的推移而发生的变化主要与巴黎政府和殖民地总督对于加紧设计和实施具体政策的热衷程度的波动有关。在教育的发展中有两个阶段尤其重要：两次世界大战之间和"二战"之后。1924 年，法属西非殖民地总督朱尔斯·卡尔德（Jules Carde）确定了一种双重系统的原则——为了精英的和为了大众。然而，学校设置情况依然分布不均。1935 年，在整个法属西非殖民地，只有 5 万多名儿童进入小学。教师和课程的质量也存在问题。塞内加尔和达荷美仍然处于前沿，即便如此，这里教学内容也不是很恰当。毫无疑问，这个例子来自于 19 世纪的塞内加尔，但它是说明法国化的一个再好不过的例证："在这里，似乎是普遍支持教授小学生有关墨洛温王朝①（Merovingian dynasty）和法国主教的知识的"（Hargrieves 1967：84）。1945 年后学校设置方面的最显著特征就是在法属西非殖民地鼓励发展高等教育，并允许学生在法国接受高等教育。从 1945 年到 1960 年，由于教育系统培养的精英的领导，政治意识在法国殖民地迅速高涨。

然而，我们必须折回头去审视一下独立之前历经数代依然不变的那些原则和目标，尽管我们已经注意到了一些变动（例如参见 Cowan et al. 1965：8-9；Léon 1991：305-307）。一个是对土著民的"教化"（civilizing）和"道德征服"。另一个是提供这样的学校教育设施，这将为大众和精英提供就业机会，前者的教育是非常基础而且是短期的，后者的教育则可以与法国本土的教育相比拟。第三个普遍的目的是"种族融合"（*fusioner les races*），即将所有的族群联系在一起。尽管这是一个有争议的问题，但是法语的推广是寻求这一目标的主要方法，而且它也是"教化使命"的一部分。

与其他国家一样，透过教科书的内容、焦点和倾向可以获得对课堂中传达的信息的一个相当准确的洞察。它们提供给我们的清晰证据是，尽管在序言中都反复提及支持种族融合，但课文却"都普遍把殖民地社会描绘为一个稳定的世界，分裂但却没有激烈的冲突，也没有任何真正的种族之间的交流"（Léon 1991：262；作者译）。例如，一个从 1925 年到 1952 年出版了 14 版的读本《毛萨和吉格拉》（*Moussa et Gi-Gla*），讲述的是这两个儿童长途旅行的故事，这两个儿童一个来自当时的苏丹（现在的马里），一个来自达荷美（现在的贝宁）。书中有一处解释说，白人和黑人都有各自拿手并且相容的技能：

---

① 统治法兰克王国的第一个王朝。——译者

> 白人在文明方面比黑人更加……先进，并且……由于他们，黑人才能……有一天成为真正有用的人……站在他们的一边来看，黑人通过帮助白人做各种手工劳动而为他们提供服务。
>
> （引自 Léon 1991：260；作者译）

[此处最适于提醒读者回想上文提到过的法农（Fanon）的命题。]

事实上，正如我们已经注意到的那样，整个帝国对于建立一个完整的教育体系毫无热情，而这样的教育体系本可以使土著民的假定性公民身份（hypothetical citizenship）提高到与法国本土居民同等的地位。帝国之所以不愿意投入热情，可以举出两个主要原因，这也是整个事业的根本缺陷。第一，要在法国背景下重复前面所做的总体概括，即拥有占压倒性多数的大量海外人口。用政治家、长期担任里昂市市长的爱德华·赫里欧特（Édouard Herriot）朴实的比喻来说，有效的同化政策将会使法国本土成为"殖民地的殖民地"（引自 Léon 1991：253；作者译）。第二个原因将会在存在于殖民地教育政策核心之中的根本性的模棱两可里发现。一位现代法国权威总结道：

> 学校致力于通过塑造人们的智慧和道德规范使殖民地秩序被完全接受，但同样的过程也促使了民族情感的觉醒和对殖民地秩序的质疑。学校通过促进有能力参与到将这个国家从外国统治下解放出来的活动之中的精英人士和新社会阶层的出现，而成为造成殖民地社会完全不安定的一个因素。在更个人的层次上，从理论上来说学生应该从他的双重语言和文化教育中获益，但是他发现……学校忽视或者说贬低了（他的出身），并且拒绝了他……像其他人一样，成为一个公民的前途。
>
> （Léon 1991：305；作者译）

在第二次世界大战结束前，由于平等主义的帝国公民身份是无法想象的，所以选择也呈现出两极分化的趋势，这一点越来越明显。一种选择是继续使广大民众更有效地接近于臣民而不是公民的状况；另一种选择是通过独立来产生一种民族国家的公民身份（national citizenship）。我们知道后一种选择更加普遍。然而，尽管在1951年一个顾问委员会试图通过改革公民教育以使其与新宪法相一致，但是殖民地人民的教育并没有为此结果做好准备。

法兰西帝国的政策经常被拿来与大英帝国的相比较，尽管也有一些相似之处。但英国毕竟没有建立在单一共和政体观念基础上的公民身份传统。尽管英国人（或者英格兰人）对其殖民地人民傲慢自大，但是也并没有把通过教育重塑他们使其成为英国人作为其最终目标；相反，从长远的角度看，他们的培养是为了使殖民地按照适合他们自己传统的形式进行自治统治，甚至是完全独立。分三个部分来考察大英帝国的公民教育政策将是非常适当的：整个大厦的结构、计划和实践；与印度有关的特征；与非洲有关的特征。读者也应该注意到英国本土的帝国教育在本章前面已经提到了，尼日利亚和加拿大将在第五章中介绍。

英国政府只是非常不愿意接受其所有的殖民地应该独立。有如此众多种类不同的领地，即使所有这些地方在地图上都被涂上粉红色[①]。1938年，自治领及殖民地长官马尔科姆·麦克唐纳[②]（Malcolm MacDonald）做了一个关于分步实现自治政策的权威讲话：

> 大英帝国的伟大目标是逐渐将自由扩大到女王陛下的所有臣民，无论他们居住在世界的哪个地方……在一些国家，这一进程要更快些。在帝国的一些地方，在自治领，这一演进的过程已经完成……而对于殖民帝国的一些地方，要达到自治，也许需要几代人甚至是几个世纪的时间。但是，我们总是教育并鼓励他们能够更加独立自主一点，即使对非洲人民也是如此，这是我们政策的一个主要部分。
>
> （引自 Hargreaves 1976：7）

要在实现自治这一目标上取得进展，可以通过两种方式来进行，即由英国管理者直接统治，或者由英国官员对当地的国王或首领的管理活动进行监督的间接统治。这两种方式在印度都被采用了，在印度，各个省被区分为英属印度（British India）和印度土邦（Indian states）。在"二战"结束

[①] 粉红色是地图上用以表示英国殖民地或自治领的颜色。——译者
[②] 马尔科姆·麦克唐纳（1901—1981年），英格兰政治家，在大英帝国殖民地独立中扮演了重要角色。——译者

前的半个世纪中,在殖民地事务中最有影响力的人物是弗莱德里克·卢迦德勋爵①[Frederick（Lord）Lugard]。他担任尼日利亚总督二十年,并且根据他的经验,他坚信被他称为"间接统治"或者"双重管理"的智慧。用麦克唐纳的话说,实施让殖民地最终成为独立国家的政策意味着每一个殖民地的公民教育都应该"教他们自立",成为原始公民（proto-citizen）,并在适当的时候成为自己国家的完全公民。

正像在法国部分里已经提到的那样,还有一种把整个帝国作为一个政治实体并为这个实体开展公民教育的选择。这个在大英帝国无论如何应该设法促成的事情,在19世纪末当大英帝国处于顶峰的时候成了一个讨论的话题。各种法律和规定并存,除了普遍接受的所有出生在帝国的居民都是英国国民外,其他都处于一种混乱的状态中。这一身份在1914年的《帝国法案》中得到了官方认可。

但是,不同于帝国女王臣民身份的共同公民身份（common citizenship）又怎么样呢？它意味着什么？在两次世界大战之间的时期里,英国政治家里奥·埃默里②（Leo Amery）和南非政治家简·史末茨③（Jan Smuts）是帝国的两个强烈支持者。1921年埃默里关于这一问题,特别是关于自治领,写信给史末茨。在信中他认为：

> 这些独立的政治单元是由英国臣民平等地组成的,并因此拥有一个共同的、可互换的公民身份……没有什么比你是南非部长的同时实际上又是英国战时内阁成员的这个事实更能体现这个公民共同体的特点了。
>
> （引自 Hall 1971：376-377）

事实上,确有先例：19世纪90年代,两名印度人作为英格兰选民当选为英国国会下议院议员。然而,试图去定义英联邦公民身份（在第一次世界大战时,"英联邦"这一用语开始替代或补充"帝国"这一用语）性质的努力导致了1948年到1981年间对六部《英国国籍和英联邦移民法令》

---

① 弗莱德里克·卢迦德勋爵（1858—1945年）,英格兰军官,非洲的开拓者和殖民地的管理者。——译者

② 里奥·埃默里（1873—1955年）,英格兰保守党政治家。——译者

③ 简·史末茨（1870—1950年）,南非政治家,曾两度出任南非首相。——译者

（British Nationality and Commonwealth Immigration Acts）越来越严重的法律歪曲。

尤其是在战争期间，要向自治领和殖民地的年轻人传达并激发关于帝国整体的意识。我们已经在本章早些时候阐述了帝国日和年轻人群体，尤其是男、女童子军团体在英国本土关于帝国的教育中所发挥的作用。这些影响在海外也被重演。一位英国历史学家是这样描述帝国日典礼的："整个帝国的学童都聚集在联合王国的国旗下聆听帝国主义者的演说和高喊'希望和光荣的国土'"（Cross 1968：186）。此外，成立于1901年的帝国同盟（the League of Empire）开展了大量旨在促进帝国成员觉悟的工作，尽管重点是自治领这一点的确是事实。它的主要活动是它的教师交流计划。在帝国同盟于1924年为来自全英联邦的教育者在伦敦召开的帝国教育会议上提出的建议之一就是，应该给教师提供更好的培训，"以影响公共生活和文化的水平，以及唤起他们的学生对于帝国公民义务重要性的意识"（引自Gauss 1929：85；另参见97 n.23）。

欧洲殖民地中再没有一个比印度对于政府政策、地方管理和教育供给方面提出更多问题的了，这是由于它的规模和它自身牢固的政治和文化传统以及学校体系所致。从七年战争结束到第二次世界大战结束英国帝权有效实施的两个世纪中，各种政府和管理安排都被尝试了，但教育制度的建立却相当缺乏组织。尽管一些英国人拥有改革热情，大部分印度人都听任服从，但二者之间的关系经常是统治者的傲慢自大和被统治者的抱怨混杂在一起。举两个典型的例子，它们均有广阔的历史前景。科尔森勋爵（Lord Curzon），1898年到1905年间担任印度总督，当时他是一个热心的改革者，尤其是在教育方面，他像一个年轻人一样慷慨陈词，"在世界历史上再没有比大英帝国更伟大的了，伟大到成为为了人类利益的工具"（Stewart 1986：44）：一个维多利亚时代共同拥有的坚定信念。一个受过西方教育的印度人，在"二战"之初描写英国在教育方面留下的遗产时写道：

> 肯定……是历史上最不正常、最不合理的之一。它的目标不是智力发展或者品格塑造或者公民训练或者为教师所熟悉的其他任何"理想"，而是仅仅为了使印度中产阶级的年轻人明白英国的繁荣和威严，训练他们成为外国官僚能干的仆人。
>
> （Shelvankar 1944：43；着重点系作者所加）

因为很多原因，要概括印度独立前的公民教育是极其困难的。各个省在提供教育设施和政治意识方面是不同的；在这样长的时期内不可避免地会发生变化；文化差异，尤其是印度教教徒和穆斯林之间的文化差异，是一个重要的变数；不同的有影响力的个人对于寻求什么样的政策各有主张。关于最后这一因素应该记住，一些英国政治家和官员希望阻止印度人政治意识的任何发展，其他一些人希望培养一种对帝国的认同和忠诚的意识，而另一些人则接受使他们为独立国家做好准备的智慧和正义。在思考这一问题的杰出印度人中，一些人对帝国公民身份的观念表示满意，一些人则盼望按照现代西方化的模式将印度重塑为一个民族国家，而另一些人则相反，他们希望印度摒弃西方的影响，回到它复兴的传统文化中。当然，这些差异因时间和地点的不同而有所变化。

在追溯公民教育的历史以及政治和教育背景时，把整个时间跨度分为四个时期将是十分有益的：即1858年之前，1858—1898年，1898—1921年，1921—1947年（为了对19世纪和20世纪的印度教育历史进行一个有益的考察，接下来的一些段落主要依据这一分期展开，参见Naik and Nurullah 1974。）。

直到1858年，英属印度的管理责任仍然掌握在东印度公司手中，该公司成立于1600年，由于其根本的商业目的，它对教育几乎毫无兴趣。即使这样，它的一个雇员，查尔斯·格朗特（Charles Grant）在18世纪末发表评论说：

> 逐渐地把我们的语言教给印度人；然后通过这一媒介让他们了解我们简单的文学作品……以及……逐渐让他们理解我们的艺术、我们的哲学和宗教中的一些简单元素，这完全属于国家的权力。这些学习将会悄无声息地破坏并且最终颠覆（他们的）观念的结构。
>
> （引自McCully 1966：12）

这一建议充满了教育和政治意蕴。1813年，东印度公司的地位在《特许状法》或《东印度公司法》中得到了修订，这一法案尤其使得印度开始了教会教育活动，并使东印度公司对教育发展负责（例如参见Naik and Nurullah 1974：55-57）。

1835年，著名的英格兰历史学家托马斯·麦考莱（Thomas Macaulay）当时在东印度公司担任职务并被总督要求汇报教育情况，他撰写了关于这一问题的著名备忘录。他超越了格朗特，在一个著名的预言中建议道：

> 印度的民心（public mind）可以在我们的体系下扩张，直到它超出我们的体系为止；通过良好的管理，我们可以教育我们的臣民具备进行更佳管理的能力；在接受了欧洲知识的教育之后，他们可能会在将来的某个时间，要求实行欧洲制度。
>
> （引自 Somervell and Harvey 1959：242）

到目前为止，在支持印度教育要促进印度文化发展的人们和支持格朗特观点的"英国化主义者"之间产生了争论。由于做出了上述的政治预言，他不得不站在"英国化主义者"一边。事实上，他的那部有影响的备忘录对政治和教育的影响已经成为政治学、教育学和历史学争论的问题。1854年，一份叫作《伍德快讯》（Wood Despatch）的文献发表了，它是针对次大陆的教育而提出的一套非常全面的建议。文中写到，用英语进行教学虽然对于少数能够掌握语言的人来说非常重要，但是对于绝大多数人来说是不可行的。不过，《快讯》依然重复了上文引用过的格朗特的话。东印度公司开始执行这些建议中的一部分，但是在1858年，印度的管理权移交给了女王。

在接下来的40年里，也就是我们的第二个时期，从事件或政策方面来看，在教育领域中几乎没有什么重要的事情发生，因为，事实上无论是在伦敦的宗主国政府还是在加尔各答的印度政府，除了支持发展更多的私立学校和促进英语学习之外，对其他任何事情都没有兴趣。然而，一股反英的政治意识却在极少数接受过英格兰式教育的人中稳步增长。在19世纪的最后25年中，民族主义运动迅速地发展起来。重要的事件是1876年印度人协会（Indian Association）在加尔各答的成立和1885年印度国民大会党（the Indian National Congress）的成立，它们成立的目的是争取在管理体系上进行改革和为印度人争取更多的正义。亨利·科顿（Henry Cotton）是在加尔各答任职的一位英国官员，他在1885年对英语教育和民族意识的关系进行了解释：

> 正是教育，按照英格兰的方式和西方文明的路线开展的教育，在起着将印度人民中的各种力量团结起来的作用。其他的联系纽带都不可能……现在英语成为一种途径，通过它……（所有的印度人都能够）表达他们共同的兴趣和愿望。
>
> （引自 McCully 1966：295）

这段引文出自一本小册子，它出版于麦考莱提倡——正像格朗特已经做的那样——推广英语的备忘录问世50年之后，这本小书不仅表达了这一观点，而且包含了他对教育结果的预测。

而且，印度的知识分子阶级已经了解了"英格兰文明和制度的特征，英格兰臣民的权利，以及英格兰公民身份的'教化'（humanizing）作用"（McCully 1966：226，这是对发表于1877年的一份印度报纸的观点的总结）。因此，人们经常说印度人的民族主义是在柏克（Burke）、佩恩（Paine）和密尔的著作培育下形成的。另一方面，这种精英原始公民借助英语这一媒介来获得他们的教育和政治意识，由此使得他们脱离了绝大多数民众，这些民众大多数没有接受过教育，缺少政治觉悟，并且依靠他们的方言来进行交流。

然而，来自具有政治素养者的要求有时会因为动乱而获得额外的助力，这正在引起统治印度的英国当局的关注。最明智和最坚决做出有力反应的是上文已经提到过的科尔森勋爵，他于1898年末到达加尔各答担任总督职务。于是我们就进入到了第三个时期。科尔森的重要性被概括在如下一段话中，其中包括引自他的演讲的话：

> 总督认为教育至关重要，并且在印度"也许是最紧迫的需要了"。因为在这里教育主要不是作为文化的工具或者学习的渠道而需要的……"它是一种社会和政治要求"，甚于智力要求。
>
> （Basu 1974：6）

尽管科尔森在一个宽广的前提下来认识次大陆的教育需求，并且提出他的改革是为了教育的教育，但是，当前的政治不满是教育尤其是高等教育系统的产物这一看法始终萦绕在他的头脑中，并因此构成其计划的动机。他确信"印度政治动荡的首要原因是'我们给这个国家的人民提供的教育'"（Basu 1974：9）。其他人也有同样的看法。国务大臣写信给科尔森说"不可能将他们的观念和对英格兰的仇恨与他们所经历的教育和训练过程分开"（Basu 1974：9；另参见 10—11）。用教育来巩固帝国公民身份的观念就要失败了；而授予印度公民身份，这也是社会上层阶级的教育引导他们所期望的，又是一个太漫长的过程。

正像经常发生的那样，当政府希望改进人民的性情以使他们成为对国家坚定忠诚的人时，科尔森提倡改进道德教育。他在其发表于 1904 年的《教育政策分析》中（Resolution on Educational Policy）表达了他的担忧，他宣称：

> 遏制上面提到的危险趋势的对策，不应在借助道德教科书或者个人道德的启蒙读物来教授品行的正规方法中寻求，而应该更注重经过认真挑选和训练的教师的影响……（以及）教科书的恰当选择，例如以榜样给予人以教益的传记。
>
> （引自 Naik and Nurullah 1974：266）

同时，在 20 世纪早期，要求更大程度自治的运动愈演愈烈，最终导致了伦敦政府同意做出妥协。1917 年，国务大臣宣布了原则性政策。在这一声明发表两年后，《印度政府法》（Government of India Act）颁布，该法案建立了两头政治体系，这是对权力分享的政体改变。然而，尽管从政治方面而言这是在独立道路上迈出的重要一步，但是作为新制度安排的一部分，权力从各省向加尔各答的转移反而带来了教育上的倒退。从 1901 年开始的向各省政府提供相当数量的资金以发展教育的政策，在这些政体革新开始生效之后就中断了。

就在政治要求被提出并得到回应之时，也有很多人思考了印度拥有一种民族教育的必要性。尽管这一运动被解释这种教育形式的意义这一永恒的问题而困扰，但英国和印度的教育家们都倡导这一形式。从 19 世纪 90 年代末开始，那位令人钦佩的英格兰女士，社会改革家和神智学者，后来建立了印度地方自治同盟（the Indian Home Rule League）的安妮·贝森特（Annie Besant）夫人，即使不能说是民族主义教育的倡导者，也是一位格外持之以恒的民族教育的倡导者。她声称：

> 没有什么能够比放任年轻人的教育受制于外国影响和为外来理想所主导更快地弱化民族生活，更确定无疑地削弱民族性的了……
>
> （我们的民族教育）必须由印度人控制，由印度人塑造，由印度人实施。它必须高举印度人关于忠诚、智慧和道德……的理想民族教育必须植根于自豪和荣耀的爱国主义氛围中。
>
> （引自 Rai 1966：6-7）

这段摘录出自一位印度教育家撰写于 1918 年的一部短作，尽管这位教育家钦佩贝森特夫人对印度事务的热情关心，但是却不赞同她对印度传统的关注。这位作者就是拉拉·拉基帕特·瑞①（Lala Lajpat Rai），她的著作被认为是非常切合 20 世纪 60 年代印度教育政策的，所以在它首次出版的 46 年后由信息广播部再次出版（参见 Rai 1966：i-ii；另参见 Naik and Nurullah 1974：354）。瑞则持相反的观点，主张一种现代化的民族教育，这种教育承认"今天的孩子们就是明天的公民"和"所有的生活都是社会的"（Rai 1966：16）。因此，学生们需要的不是传统的印度哲学和文学课程；恰恰相反

> 对现代法律、公民学、现代世界、其他国家盛行的政府形式以及他们的政治和经济状况的学习，是在健康道路上实现未来发展的必要条件。这些东西应该教给每一个男孩和女孩，甚至是在小学阶段。只有它们的广泛传播才能使我们获得政治上的自我意识和觉醒。
>
> （Rai 1966：30）

瑞也完全并雄辩地支持爱国主义的教学（Rai 1966：esp. 57-63）。

现在，我们进入了本考察的第四也是最后一个时期，即 1921—1947 年。主导这一时期政治局面的主要是：为了将更多的权力从伦敦转让给德里（印度的新首都）而进行的宪法改革取得了走向独立的渐进性进步；紧张的谈判；当地的示威运动；以及印度教教徒与穆斯林的日益分裂。作为

---

① 拉拉·拉基帕特·瑞（1865—1928 年），印度作家、政治家、民族主义领袖。——译者

1935年《印度政府法案》一部分的两头政治体系安排在1937年宣告结束。不过，在这16年中，尽管缺少对教育的兴趣和投资，但也有积极的一面可说。因为，尽管教育的质量下降了，但数量却增加了，例如，小学生数从6100万上升到10 200万。事实上，在人民中间对教育的热情也显著增长了。这一情况被为了报告教育状况而成立于1927年的哈托格委员会（the Hartog Committee）注意到了：

> 我们关于教育增长情况的调查揭示了很多对于印度的政治未来有着根本利害关系的地方。大量增加的小学入学人数表明那个大众冷漠的旧时代已经一去不复返了。印度妇女已经有了社会和政治觉醒并能够在教育和社会改革上表达她们自己的要求。
>
> （引自 Naik and Nurullah 1974：325-326）

事实上，大多数省在这一时期都已经通过立法来试图将小学教育义务化。

即使这样，如果人们把读书识字能力作为初等教育进步的一个基本指标的话，没有它公民教育就无法完全开展，那么这个时期的统计数字所呈现的是一种令人悲观的景象。从1921年到1931年的数据仍然停留在7%，并且尽管这一数字在1947年上升到12.2%，但是这一发展看起来与人们对初等教育日益增长的关心程度不相协调。有两个评论也许可以帮助解释这一令人失望的状况。第一个与初等学校的数量有关。这一数量从1881—1882年的82 916所上升到1936—1937年的192 244所，然后又下降到1945—1946年的167 700所。另一个评论是圣雄甘地[①]（Mahatma Gandhi）所做的："花费在初等教育上的钱是一种支出浪费，因为教授的少得可怜的内容很快又被忘记，而且无论对乡村还是城市，几乎没有或完全没有任何价值"（引自 Naik and Nurullah 1974：380；统计数据参见 375—377 页）。

甘地对于这个问题考虑了很多并且提出了基础教育（Basic Education）这一创新概念，1937年，他将基础教育这一概念运用于描述印度的普遍情况中。在那一年，第一届国民教育会议（the First Conference on National Education）召开。这次会议任命了一个由扎科·胡塞恩（Zakir Hussein）

[①] 圣雄甘地（1869—1948年）是印度民族主义运动和国大党领袖，被尊称为印度的国父。——译者

任主席（他后来对拉基帕特·瑞的著作大加赞赏）的委员会去起草一个详细的基础教育教学大纲。基础教育的中心思想是应该教给学生以手艺（crafts），以使所获得的技能对其日后的生存有用，并且出售他们制造的产品所获得的收入将可以支持学校的运转。委员会同时也看到了这种方式的公民意蕴，并且在他们的报告中包含有以"计划中隐含的公民理想"为题的两段内容。这些内容解释说：

> 在学校所做的工作与社会工作之间的紧密联系将……能够使儿童将在学校环境中获得的观点和态度带进更广阔的外部世界中。因此我们正在倡导的新计划将旨在赋予未来的公民以一种对个人价值、尊严和效能的敏锐意识，并将会增强他们在一个合作社会中自我改善和为社会服务的愿望。
>
> （引自 Naik and Nurullah 1974：385）

战争的开始和民族主义者抗议的愈演愈烈负面地影响了基础教育在独立前的岁月中的发展。尽管它的潜力得到了广泛认识，但是经常没有被付诸实施。

成人教育问题在这一时期也获得了关注。例如，1939 年比哈（Bihar）的教育大臣说，成人教育运动的目标"应该是：（1）教授成人文盲读写算的基本技能，并且（2）传授与他的工作生活紧密相关的知识，并在公民身份方面给他打下一个良好的基础"（引自 Naik and Nurullah 1974：391）。另外，他引用了列宁（Lenin）关于读书识字与政治的关系的著名论断（参见下面第四章）。但是，战争再一次打断了这项活动。

然而，战争期间对教育的强烈兴趣和实施改进的决心带来了大量的发展计划。这其中最重要的是 1944 年的《印度战后教育发展报告》（the Post-War Education Development in India report）（亦称萨金特报告，"the Sargent Report"），一份关于国民教育体系的官方计划。报告建议了在初等和中等教育阶段实施一种改造了的基础教育形式，保留了未来公民教育的观念。在学术性高中里，公民科将被包括在课程中。在整个体系中，教学语言将是学生的母语。

英国统治时期的教育遗产可以用两个跨度不等的时期的特征来表达。一个是"从 1813 年到 1937 年，印度的教育政策以英国人'歪打正着地取得成功'（muddling through to success）的才能为特征"（Naik and Nurullah

1974：406；尽管那种成功肯定是非常不完全的）。另一个是一贯的国民教育体系在最后的十年里的姗姗来迟。当1949年印度制定了自己的宪法时，这一宪法为广大成年人提供了普选权并且强调了所有公民平等。为了给所有公民提供有效扮演他们公民角色的机会，巨大的教育任务仍然摆在新国家的面前。

尽管东印度公司，随后是英国政府，从18世纪开始就不断地鼓励一些印度人参与他们国家的管理，但是直到19世纪后期英国才在非洲拥有实质上的殖民地。因此，直到20世纪早期，伦敦政府才开始认真考虑他们的教育需求和弥补传教会工作不足的可取性。1923年，殖民地长官得文郡公爵（Duke of Devonshire）在英属热带非洲领地（the British Tropical African Dependencies）成立了一个本土教育顾问委员会（Advisory Committee on Native Education）。两年后出版的该委员会的报告可以为我们提供很多有关要奉行的经过深思熟虑的政策和在总体建议中被纳入的某种公民教育思想。指导原则是：

> 教育应该适应各种人的智力、能力倾向、职业和传统，尽可能地保留他们社会生活体系中所有合理健康的元素；在必要的时候要使他们适应变化了的环境和进步思想……它的目标应该是使个体在他或她的生活条件下——无论它是什么样子——更加有效率，要通过……（各种手段包括）培养真正的公民身份和服务理想，来促进整个共同体的发展。
>
> （Cowan et al. 1965：46）

对根据非洲的传统和需要来塑造教育的这种关切，也反映在应该替换英格兰的地理和历史教科书这一要求中。但是，与公民教育相关的主要讨论领域是在阐述宗教和品格训练的段落里（Cowan et al. 1965：46-47）。由于欧洲入侵对传统权威和信仰造成的令人不安的影响，教师培训学院和学校的这些方面工作"应该被赋予与非宗教科目平等的地位"。报告继续说，这种教学"应该体现在自制习惯和对国家的忠诚上"。

关于如何取得这些渴望的结果所提出的建议与英格兰公学的传统非常相似，这并不足为奇，因为该委员会的成员们应该就是那个系统的产品。下面的话反映了这一点：

> 历史表明，忠诚于某种精神理想是履行公共义务中最深层的力量源泉。这样的影响应该贯穿整个学校生活。工作磨炼（discipline of work）就是这样一种影响。野外游戏、社会娱乐以及交往至少是与课堂教学一样重要的影响。

委员会认可童子军和少女团可以发挥作用，但是最好的结果是通过吸收学校的精神特质（ethos）和在寄宿学校中行使导生职责（monitorial responsibilities）来取得。这样，殖民当局无意中泄漏了精英主义的秘密。事实上，在之前我们曾提及了"那些作为首领将担任具有特殊信用和责任之职务的人和那些被要求去填充管理和技术服务职位的人的训练"（Cowan et al. 1965：46-47）。

英国对中东和印度次大陆殖民地的掌控在两次世界大战之间的时期里减弱了，而对其非洲殖民地的掌控是在"二战"后不久放松的。然而，无论是战争期间的联合政府还是战后的工党政府，都没有设计任何一项去殖民化的一贯性政策。的确，在战后艾德礼[①]（Attlee）政府担任副首相的赫伯特·莫里森[②]（Herbert Morrison）在"二战"期间宣称，让非洲殖民地独立就"像是给一个十岁的孩子一把门钥匙、一个银行账户和一支猎枪"（引自 Cross 1968：262）。1948年，在黄金海岸（现在的加纳）的首都阿克拉（Accra），由一个惊慌的警察小分队向人数众多但却和平示威的人群开枪而引起的三天激烈的暴动，改变了那种态度。英国，由于六年的全面战争而疲惫不堪，已经不想用帝国主义统治来镇压民族主义者的解放要求了。在12年内，她的非洲殖民地成了独立的国家。

同时，尽管步伐极其缓慢，但殖民地政府（Colonial Office）和殖民地教育顾问委员会（the Advisory Committee on Education in the Colonies）认可应该培养殖民地的人民去承担更大程度的自治，并于1946年决定成立一个公民教育分委员会。它的职责范围是：

> 去研究培养人民承担责任所需的技术，并广泛考察有关建立一种公共责任、宽容、在讨论和实践中保持客观、尊重政治制度

[①] 艾德礼（1883—1967年），英格兰工党领袖，1945—1951年任首相。——译者
[②] 赫伯特·莫里森（1888—1965年），英格兰工党政治家，内阁大臣。——译者

及其发展和进步的意识的问题。

(Colonial Office 1948: 3)

最终,这个小组同意他们的报告应该只局限于对非洲的建议,并且尽管"公民身份"一词在他们的摘要中没有出现,但是他们确信这对描述他们的领域来说是一个至关重要的词汇。实际上,从论述学校公民教育的段落(41—73页)的具体内容和他们的参考文献目录中可以清晰地看到,这个分委员会受到了在本章中已经提到的公民教育协会工作的影响。

报告称赞了英属非洲殖民地自1919年以来通过学校、电影院、无线广播和报纸等媒介实现的公民意识的提升。然而,他们断言,这种进步对于1945年后的世界环境和普遍期望来说简直是太慢了。他们解释道,"殖民地人民"希望获得民主的自治,并且"在这一问题上……(他们)给自己确立了用一代人的时间去经历西方领先国家用两个世纪或者更长时间取得的发展的任务。"结果,"在这样一个快速转变的时期,教育变得比以往任何时候都更重要、更紧迫。""如果政治自由是使所有人而不仅仅是受优待的少数人获益",那么一种有意识的公民培养就是必需的(第3、4段)。

那么,如何去进行呢?首先,当地的民族传统应该尽可能地得到弘扬和保持。但是应当给成年人提供承担责任的新机会,尤其是在当地政府,因为"在课堂上学到的理论"如果不在实践中应用的话,是毫无用处的(第38段)。这段话很明显指的是受过良好教育的成年人,尽管声明要求"使所有人都受益。"

建议的内容对于处于优势地位的少数人和课外活动来说在许多方面都是非常合理的。而另一方面,人们很想知道,在对待各种课堂教学科目的贡献方面(地理和历史的重要性受到重视),分委员会是否忽视了严重的实际困难,不过关于这一点他们确实提醒了读者:

> 我们意识到在许多学校,目前根本没有任何能够给予儿童了解外面世界的材料——没有图片,没有报纸,没有杂志,或者除了橱柜中的少量教科书外没有任何印刷品。在这样的条件下,集体学习必然受口头获得的材料的限制,例如在乡村市场。
>
> (第46段)

从他们所面对的任务的规模这一角度来探询这份报告的完全有效性的另一个理由是,没有解决艰难而又重大的成人文盲问题的空间。尽管这是他们认为需要提供的四种教育之一,但是他们似乎在这一庞大的问题面前感到绝望了,并总结说:

> 由于需要进行大量的讨论,所以公民教育只有相对很少的领导者们才能够去执行……我们认为不可能使大量学生像从家禽、烹饪技术或者耕地的演示中受益那样来对待必然有点抽象的公民材料。
>
> (第80段)

然而,分委员会目的的严肃性不能否定。由102段文字构成的整个报告探讨了非洲的公民教育,这一点代表了自1925年报告以来的一个显著进步,毕竟这份报告离1925年报告发表的时间仅仅13年。而且,这种诚挚的关注也体现在他们在结论中所发出的清澈响亮的呼吁中:

> 公民教育这项任务……(是)如此巨大,如此紧迫,以至于如果要帮助殖民地承担他们在现代世界中的责任的话,那么每个人都将被需要。殖民地政府面临的最紧迫任务之一就是,将其领地上所有有助于实现这一崇高奋斗目标的所有种族的人团结起来。
>
> (第102段)

然而,自英属非洲殖民地(包括加纳)的自治进程从1957年开始以来,就几乎没有时间去进行极为有效的改革了。

八、独立后的亚非国家

依据某人的政治观点,在1945年到1960年这15年间,中东、亚洲和非洲的大多数殖民地,要么被承认了独立,要么获得了解放。本土的领导人几乎没有时间去规划他们自己的教育体系。不过,这些领导人都普遍坚信,教育和公民教育对于他们的新生国家来说是非常必要的。例如,克瓦米·恩克鲁玛[①]（Kwame Nkrumah），未来的加纳总统，在当时的黄金海岸的一所精英学校里向学生们讲话时，非常直白地说："所有真正的教育的目的就是培养好公民"（Nkrumah 1961：57）。这个解释在肯尼亚非洲民族联盟（the Kenya African National Union，KANU）提出的一旦独立即奉行的教育政策大纲中得到了更详细的回应：

> 那种教育的首要目的将是培养好公民，即受服务他人的愿望所激励的公民。我们将要建立的民主不只是一套法律和制度。它将依赖于所有人民对参与民主过程的理解。
> （Cowan et al. 1965：123）

在这种促进此项事业的努力中，政治家和教育家既有有利条件，也有不利条件。

主要的有利条件是独立的激励。许多人欢迎他们的政治解放并且认识到为了使他们的国家取得成功，有必要进一步扩大教育。而且，尤其是一些阿拉伯（和一些其他穆斯林）国家，它们拥有一种文化凝聚力，因此为民族自我意识和忠诚教育提供了一个牢固的基础。这一观点被一个法国学者有力地指出：

> 在影响阿拉伯国家教育的所有因素中，民族主义是儿童教育中的主要意识形态因素。阿拉伯语言及其潜力受到重视，尤其是伊斯兰教出现后的历史被传授，甚至在教授像生物学和心理学这样相距甚远的科目时，其精神也留下了这种民族主义热情的痕迹。
> （引自 Szyliowicz 1973：47）

另一方面，大多数新国家除了他们正在解脱的与帝国的联系之外，再没有这样的文化黏合剂。大的国家像印度（参见下文）、尼日利亚（参见第五章）和（从前比利时属的）刚果在文化上是极度异质的。再者，还有贫穷问题。学校建筑、教师、新教科书、家具和设备都需要花钱，但却几

[①] 克瓦米·恩克鲁玛（1909—1972年），加纳共和国第一任总统，加纳人民大会党主席，非洲著名的社会活动家，"非洲社会主义"倡导者和代表人物之一。——译者

乎无钱支付，当然，对于更贫穷的国家就更加困难了。作为优先事项，也许最大的不利和最难处理的任务就是文盲问题。关于这个问题我们在考察帝国政策时已经做了一些陈述。由于缺乏这样的基本技能，所以个人只能以最原始的方式或通过口头交流来了解他（她）作为一个公民所承担的角色。甚至标语、海报和传单在很大程度上都不能被理解（与第四章中的早期苏联政策比较一下）。这是很多国家刚刚脱离殖民统治后的状况。

伊斯兰国家需要给予特殊的考虑，他们拥有一段相对威权统治的历史。不可避免地，他们支持注重伊斯兰教学习的学校和学校课程——伊斯兰教的历史、古兰经的学习，以及阿拉伯语的学习（即使在阿拉伯语不是母语的地方），以便使他们用自己的母语来准确地解释宗教文本。甚至在非宗教的国家和政府——还有伊朗是现代社会中唯一的完全宗教统治的国家——这些学校计划也许有点忽视用来理解政治和法律结构的公民教育。而且在独裁统治存在的地方，这种学习由于可能导致政治批评，所以会受到阻碍。印度尼西亚和巴基斯坦的历史就是这些情况的有趣实例。

在印度尼西亚，在阿克麦德·苏加诺[①]（Achmad Sukarno）就任总统时期（1945—1968年），伊斯兰教教育是非常大的一股力量，尤其在爪哇，穆斯林教师党（Muslim Teachers' Party，NU）成为一个重要的政治团体。另一方面，总统的"指导下的民主"（guided democracy）政策是用来抑制独立的公民思想的。一位爪哇人和一位澳大利亚学者交谈时所做的如下陈述，揭示了这种氛围对学校的影响："我们的教科书，尤其是在政治、经济、社会和相关科目上的教科书是令人悲哀的——苏加诺主义横行。我们的大脑需要用一些真正的思想来更新"（Grant 1967：172）。

自从联合国建立以来，它的成员国数量增长至四倍，并且大多数新成员都是从前的殖民地。因此，要在像这样的一本书中全面地予以覆盖是不可能的，事实上也是不可取的。因此，为了说明新政权在摆脱殖民统治后如何处理在他们的公民教育遗产上建立自己的公民教育的问题，我们将追溯在前法属西部和中部非洲的活动，同时将对前英属印度和新加坡殖民地进行一个历史阶段的对比。

三个方面的形势构成了这些使用法语的国家的特征：殖民遗产的残余

[①] 阿克麦德·苏加诺（1901—1970年），印度尼西亚的第一位总统，民族主义领袖。——译者

力量，贫穷以及在可怕的或者实际的政治不稳定背景下建立新国家的渴望。除了一个之外（几内亚于1958年独立），所有这些殖民地都在1960年独立了，因此，都有同样长的时间去发展他们自己的教育制度；还是那样，要在这里介绍所有14个殖民地将是冗长乏味的（并且是很难的）。因此，我们将用一些最有趣的实例来分析这一地区公民教育的主要方面。

我们已经介绍了法国是如何决心使他们的殖民地臣服并法国化的。也许可以引用两位评论家对独立后的这些国家的评论以作为这种影响持续的证据，这种影响阻碍了发展新的自主的民族认同。一个评论者认为"前法属殖民地的大多数学校仍然按照从宗主国法国继承下来的模式运行，而且这种模式彻底充斥着法国的权威观念"（引自Harber 1989：142-143，139）。此处的第二段引文最初发表于1979年，是在这些殖民地独立的20年后，因此显示出这些国家在使人民摆脱殖民地烙印方面行动迟缓。愿望是有了，但是只有几内亚和马里拥有改革他们学校的政治文化的驱动力——必须说，是意识形态上的动力。

然而，在考察他们处理问题的方式之前，一些统计数据将会给我们提供一个有益的背景。在独立的时候，即使在最发达的法属西非殖民地，更不用说法属赤道非洲了，儿童的小学入学率差异很大。象牙海岸、多哥和达荷美（现在的贝宁）都有近1/3，而马里、毛里塔尼亚、上伏塔（现在的布基纳法索）和尼日尔都低于1/10（参见Hargreaves 1967：12-13）。体现了坚定地支持教育所取得的成果的例子来自于马里，其小学入学率从1960年的8%增长到1962年的12%和1972年的20%（参见Toure 1982：192）。

1960年至1962年，马里争取独立的民族主义政治冲动重新聚焦到教育上。他们主要考量的是通过学校这个媒介来实现人民政治和文化上的去殖民化——从而扭转法国的政策。这种努力的结果是"一个在本质和目的上区别于殖民地学校系统的马里学校系统。在后殖民时期，教育被看作是国家建构、发展和现代化的有效武器"（Toure 1982：191）。几内亚眼下的改革采用的是一种特殊的形式。新的重点是我们今天称之为社群主义的教育形式。引用我们在上文评论马里时提到的同一个非洲当权者的话来说，学生"应该融入人民的生活，它的痛苦，它的关注，它的斗争和希望中……我们必须记住，那个人死了，但人民还在"（引自Harber 1989：143）。为了实现这一目的，在1961年采取了两种实际措施：要求所有中学生学习一门必修的政治教育课程；中学生和中学后学生的奖学金只发给那些表现出"对 PDG 和国家忠诚"的学生（引自 Harber 1989：143）。因为在这一时期只有适龄人群的 1% 的人在接受中等教育，很明显，这些规定只影响了一小部分人，然而，他们是未来的精英公民。另一个评论：PDG 是几内亚民主党（Parti Democratique de Guinée）的缩写，并且由于它是并且继续是唯一合法的政党，所以政治教育课程——在这门课程中，有关 PDG 的知识占很大部分——和奖学金的标准都实际上意味着对中学生们进行灌输。

在领导人具有足够决心去完全抛弃法国影响（除了语言之外，因为它不能没有）的新兴国家里，国家建构（nation-building）和思想灌输（ideological indoctrination）实际上是同义的。而且，部分是由于这是一个革命过程，部分是由于唯一的援助来自共产主义渠道而不是法国，所以灌输是左翼基调的。在马里，总统塞库·托尔[①]（Sékou Touré）是许多年来意识形态的推动力量，教育的"社群主义"目标与政府敌视个人主义的资本主义密切相关。在几内亚，一门实际上被称为意识形态的课程被作为强制性课程，要求从小学到大学的各阶段都要学习，同时除了课堂教学之外，还包括加入党的青年团体 JDRA（非洲青少年权益革命；注意"革命"一词）。

在构建课程以实现"思想上去殖民化"和左翼革命的过程这一问题上，1980 年左右的刚果（刚果布拉扎维）历史课程计划的例子具有重要意义。应该注意，与苏联的友好关系和工会运动的深刻影响都给这一科目蒙上了一层色彩。这尤其体现在小学第二阶段的课程大纲中，其中列出了五个题目（参见 Muñoz 1982：455；作者译）。甚至在第二、第三阶段，在讨论"我们的国旗"和"我们的国歌"时，也不免体现了这一倾向。关于国旗的教学提及了它"唤起工人起来斗争的启发作用"，还有"统一、和平、友谊"的民族含义。并且在其他一些题目中，国歌反映了"工会"和"PCT[②]的基础"（刚果劳动党，实际上是工人唯一的政党）。其他三个题目涉及了青年先锋队（the Pioneer youth movement）、PCT 和其他大众团体。

喀麦隆是一个主要具有法国背景但具有特殊问题的非洲殖民地。这个国家在 40 年中一直是由法属和英属殖民地组成的，法属殖民地的面积更大

[①] 塞库·托尔（1922—1984 年），1958—1984 年任几内亚总统。——译者
[②] PCT 是 "the Particongolais de travail"（刚果劳动党）的缩写，简称"刚劳党"。——译者

一些。因此，从语言角度看，它是一个颠倒过来的赤道加拿大。此外，它不可避免地继承了两种不同的学校系统。结果，在采取利用学校进行国家建构的政策时，不得不面对这两个主要的复杂问题。为了引领改革，成立了三个课程中心。这些中心的目的在于"将'功能主义'和'实用主义'的观念运用到整个教育系统中，以使教育系统适应国家的经济或生产体系"（Shu 1982：43）。

从上文我们可以清楚地看到，当一些前法属西部和中部非洲殖民地基于一个修正版的自由共和主义的公民观延续法国的教育政策时，那些雄心勃勃地要建立一种新教育的国家则寻求进行一种明显带有激进性质的改革（读者也许因此会质疑为什么将这一问题放在论述自由民主的这一章中，但是他们出自于无疑属于自由民主的法国背景。）。在某个方面，所有的国家都尝试进行"传统"与"现代"形式的结合（关于这些术语的详细解释，例如参见 Harber 1989：127，140 n.1），但是正如像刚果布拉扎维和喀麦隆这样的国家的课程改革所清晰地揭示的那样，首要的关切还是经济方面的。由于现在在自由民主国家里人们越来越认为公民教育必须包含经济理解方面的教育，因此这些非洲国家的故事非常切合我们的研究。

尽管从法属西部和赤道非洲兴起的这些国家在教育和政治发展水平上存在差异，但是他们在规模和财富上差别不大。这在英国的前亚洲殖民地就不同了。因此，将最大但却很贫穷的国家与很小但却很富裕的国家进行一个比较将是很有意义的：庞大的印度和小国新加坡，用一个经典的类比来说，就是将一个名副其实的"帝国"与一个现代城市国家进行比较。为了比较，我们将把注意力集中到 20 世纪 70 和 80 年代这一时期，在此之前两个国家都有时间去设计他们自己独立后的教育政策（印度于 1947 年独立，新加坡于 1967 年独立）。

首先是规模的比较。印度 1981 年的人口普查记录的人口是 68 400 万，新加坡 1982 年的数据是 250 万。印度的面积是 320 万平方公里，而新加坡只有 618 平方公里。由于印度面积巨大，所以其政府结构不可避免地是联邦制的，并且教育在一些邦要比另一些邦发展得快一些；甚至，实际上，在邦内部，城镇与乡村之间，不同地区之间也是如此。政治意识水平上的类似拼凑（similar patchwork）依稀可见。相反，新加坡尽管具有多元文化的复杂性，但却是一个政治上紧密团结的国家。一位新加坡的教育家阐述道：

新加坡很小的面积和大众媒介的浸透表明……（许多）社会

机构都要承担重要的角色。政府本身就是"伟大的教育者"。20多年里,政府领导人广泛运用大众媒体去进行劝导和告知……现在承诺要加大开放程度,将对政府政策的反馈制度化,以及推动大众对国家事务的广泛参与,这些都表明校外教育在继续。

(Gopinathan 1988:136)

这不由得使人联想到亚里士多德限制城邦规模的坚持:"一个国家由太多部分组成……将不得称其为一个真正的国家,原因很简单,那样就会使它很难有一个真正的宪法……谁能向(众多公民)发布命令,除非他有斯滕托耳[①](Stentor)的嗓门?"(Aristotle 1948:1326b)。新加坡政府充分利用对所有人民都触手可及的大众媒体,赋予它一个可以很容易就覆盖这个现代城邦的嗓门。

这种便捷的交流由于这个岛国的富有而成为可能。1980年,它的人均 GDP 是 6515 美元。将其与印度的 240 美元作一比较,不管怎样,平均数字会掩盖极其富有的少数与贫穷的多数之间的巨大鸿沟。新加坡人民已经能够购买通信工具并且有足够的读写能力去阅读印刷媒体。这些条件对于许多印度的下层阶级家庭尤其是农民来说是不可能获得的,他们无法承受让他们的孩子脱离生产劳动而去上学。尽管普及小学教育的要求被写进了印度宪法,但是宪法实行 25 年后,6 岁儿童的辍学率到学年末时达到了 50%(参见 Naik and Nurullah 1974:455-456)。除了贫穷因素阻碍了教育的增长之外,在印度,民众对学校教育的态度也是一个影响因素。政府接二连三地投入大量资金以增加学校的数量,但是教师和课程的质量仍然有很大的改进空间。那些有能力让孩子上学的社会下层阶级的家长发现他们的孩子非常厌烦学校,而且进步缓慢,因此几乎没有以提升社会地位来实现抱负的机会。与新加坡的比较却揭示了一个鲜明的差异,在那里,"无论是在政府还是在个人层面,都完全相信教育几乎可以做任何事情"(Gopinathan 1988:134)。

原则上来说,在公民教育至关重要这一点上,两个国家的政府都有相同的认识。但是他们的分歧之处在于到底需要什么样的教育。在这里我们开始接触到他们分歧的核心,这种分歧是由国家规模和财富的差异所决定

[①] 斯滕托耳,荷马叙事诗"Iliad"中声音洪亮的传令官,声音可抵 50 人。——译者

的。印度当局想要的是扫盲教育，新加坡需要的则是道德教育。

印度到目前为止是世界上最大的民主国家，拥有数亿享有公民权的公民。但是文盲削弱了这一民主体系的效能和正义。因此，独立前扫除文盲的目标在独立后成为更重要的关切。然而，政策上却软弱无力。我们在上文经常引用的两位印度教育家于1974年遗憾地表示："不幸的是，在过去的25年间，在成年人中普及读写能力没有取得很大的进展……这使得家庭中未能建立一种鼓励孩子上学的氛围"（Naik and Nurullah 1974：455，457）。单纯的数字显示，识字率从1971年的29%上升到1981年的36%。然而，由于在这十年中人口增长了14 300万，因此实际的文盲数量并没有减少。教育必须快跑才能追赶上人口的增长，这将继续是个巨大的难题。

新加坡就没有这样的问题：没有普遍的贫穷，没有文盲可担忧。但是在20世纪70年代，伴随非道德的西方青年文化的传入，财富也给它带来了自身的公民问题："当时官方对新加坡青年的态度特质的概括是——拜物主义，不愿意去牺牲奉献，不愿意将国家放在自我之前，甚至是不孝的——言外之意是这种堕落已经根深蒂固"（Gopinathan 1988：134）。公民道德教育已经成为最为紧迫的关切。这是戈皮纳坦（Gopinathan）博士发表于1988年的观点，我们已经引用过他的话了：

> 伴随重点和基本原理的变化，新加坡已经与道德教育问题搏斗了20年。看起来新加坡所持的关于价值教育的观点是，这一问题本质上是一个促成社会整合和共识，建立一套从新加坡各族群的传统中抽取的核心价值的问题。民族的存续被认为取决于道德教育计划的成功。
>
> （Gopinathan 1988：130）

因此，1974年，这个领域的课程政策被进行了深思熟虑的变革。1967年，一个相当老套的公民科课程被引入学校课程；现在它被一种生存教育（education for living, EFL）课程所代替。它是作为一个道德和社会性教育课程而设计的，重点放在将不同的东西方传统注入新加坡社会中从而进行国家建构上。五年后，一个国会委员会发表了一份《1979年道德教育报告》（*Report on Moral Education, 1979*），对公民科教学以及教师和学生对道德教育都缺乏兴趣进行了严厉的批评。结果，针对小学或者中学年龄段学生的教材被开发出来了，尤其是其中一个名为《生活与成长》（*Being and Becoming*）的书，是按照国会委员会的这份报告所坚持的三元组"个人行为、社会责任和对国家的忠诚"编写而成的。此外，另一个计划，名为《好公民》（*Good Citizen*），专门为说汉语的人而设计的（1980年的人口普查显示，人口中的75%是华人）。然而，执行的现实困难依然存在（参见 Gopinathan 1988：138，141）。

从本质上来讲，在这里考察的这一时期里，无论是新加坡人还是印度人，都对任何真正主动意义上的政治事件毫无特别的兴趣。在新加坡，虽然可以明显获得上文提到过的参与手段，但戈皮纳坦已经报告说："尽管西式民主的陷阱依然存在，但人们在很大程度上已经非政治化了，他们相信政治争论、辩论和反对会破坏稳定并有害于更具紧迫性的经济增长和民族统一问题"（Gopinathan 1988：132）。关于印度，著名的瑞典经济学家纲纳·缪达尔（Gunnar Myrdal）于1971年写道，这个国家拥有：

> 一个建立在普选权和相对较高的选民投票率基础上的稳固的议会政体。但是尽管这样，人民大众更多的是政治客体而非政治主体，他们仍然消极而且充满惰性……印度的民主已经证明是稳定的，但在很大程度上是停滞的稳定。
>
> （Myrdal 1977：125）

因此，新加坡人和印度人用他们不同的方式体现出对积极公民（positive citizenship）的无意识，前者是劝阻的结果，后者是源于天生的消极性。在每一个这样的环境条件下，学校在追求一个全面的、充满活力的，使学生为承担公民角色做好准备的教育方面，都只能取得很有限的进步。

在古希腊和现代世界之间建立联系是很诱人的，但却会使人误解。因此，可以假定，用历史的长镜头来看，在自由国家逐渐发展起来的公民身份理论和形式源于雅典的模式，并在适当的时候变得民主了。然而，一个更准确的解释在于咨询制，然后是代议制政体的发展，集中体现为盎格鲁－撒克逊时代的议会议员们（Witans）、中世纪的英格兰国会（Parliament）以及后来对罗马共和国理想的倾慕。同样，尽管存在某种评价和错误的历史，但是在古代斯巴达与我们下一章将要介绍的现代极权主义之间，没有直接的历史联系；恰恰相反，极权主义源于19世纪的民族主义和社会主义。并且如果我们希望在与这些现代政体形式相关的两种公民教育形式之间做一个简单比较的话,尽管与古希腊罗马相类似,那么事实上他们也是对现代国家的特殊需要做出的回应。自由公民身份要求开展参与教育以支持它的制度,极权主义则要求为了动员对独裁者的支持而进行灌输。

第四章　集权或极权国家中的公民教育

一、言辞与现实

"极权主义公民教育"（totalitarian citizenship education）这个术语由三个词组成，如果并置地理解每一个词的话，是不正确的。因此，这个术语本身就不具任何有效性。或者可以这么认为。极权主义作为一个政治术语，最初源于20世纪20年代的墨索里尼（Mussolini）与乔万尼·金蒂莱①（Giovanni Gentile），他们详细阐述了意大利法西斯主义的意识形态（例如参见 Schapiro 1972：13）。后来，极权主义这个词又进一步被用来定义那些受意识形态所驱使的、完全不同的独裁政权的共同特征，例如，法西斯主义的意大利、纳粹德国，这些国家都寻求对其人民的绝对（total）控制。但是，随意地使用"极权主义"这个标签，会忽略那些使这些国家不同的深层差异，会夸大所谓的极权主义国家与其他独裁政体形式之间的差别，也会想当然地认为它们具有无所不能的效能，而实际上它们又未必发挥了这些效能。

另一方面，即使是反对这个术语的那些人也无法否定——至少纳粹德国等是与众不同的，它们以意识形态为支撑，尝试建设政治导向型的社会。然而，如果说公民身份是以形成对于社会和政治事务的个人判断为先决条件，并基于这些独立判断去施加某种影响的能力的话，那么这种严格意义上的公民身份在上述国家中应该是不可能存在的，因为在这些国家中，恐

---

① 乔万尼·金蒂莱（1875—1944年），意大利哲学家，新黑格尔主义者，后为法西斯主义理论家。——译者

怖主义的政治警察、严格的审查制度以及无所不在的宣传活动既压缩了私人生活和精神的空间，也限制了公共生活和精神的领域。

出于同样的原因，（在上述这些国家里）为了公民职责的教育也应该是无法达成的。如果我们还是接受对这个术语的严格意义的理解，如果我们真正同意教育的本质就是人格的均衡发展，尤其是培养学生客观地思考与推理的能力的话，那么，上述国家的确不存在公民教育。这肯定不是这些政权下的学校、青年团体以及政党的必要目的。他们的目的与教育形成对比，是灌输（indoctrination）。正如一位英格兰教育哲学家对这一过程所作的界定那样（White 1967：181），教学被作为设法使学生"相信主张'P'是正确的方法，用这样的方法，没有什么可以撼动那种信念"。实际上，极权主义与对青年进行灌输之间的关系，已被证明具有很深的历史根基。一位英国历史学家认为，从18世纪的法国思想家到20世纪的独裁者，坚持普及教育的主张都具有动员民众的目的，都仅仅是为了教育他们达到无批判的标准，并灌输他们去支持政府的权威；而相信教育是通向自由民主的一种途径这一19世纪的自由信念，是极其天真的（参见Cobban 1939：227–229）。

换一个不同的角度来问：公民身份的感情与仇恨的感情是否相容？如果公民身份意味着一种共同体意识和公民同胞之间的相互尊重的话，那么就不相容。然而，在极权主义意识形态的特有结构（fabric）中就存在这种仇恨。这种仇恨渗透在他们对公民行为的期望之中，渗透在公民所应接受的教育之中。例如，一个对德国纳粹时期出版的一本小学阶段的书的评论说："它一页又一页地没完没了，唯一的目的就是使儿童充满对'德国敌人'的仇恨，除了犹太人以外，也包括与元首（Führer）的计划与方法不保持完全一致的任何人"（Mann 1939：54）。

然而，我们还是必须将"极权主义"作为一个相对而非绝对的术语来理解。对比如下两段引文，并思考一下它们对于阐明"极权主义公民教育"这个短语的有效性的启发。

> 最认真地运用天主教国家教义的就是金蒂莱的公共教育改革。公共学校要像教授其他任何知识一样教授宗教。由正规的教师来从事教学，并指定正规的教科书。教会拥有审批教科书的特权，但在其他方面却对这一事务没有控制权……

> 当然，在学校中教授宗教对于反教权主义者来说是一种沉重的打击。国家内外齐声疾呼的教育已经被移交给了教会。
>
> （Schneider 1968：221）

引文是从一位美国学者的著作中摘录的，源自他对1926年至1927年间意大利的研究。赫伯特·施奈德（Herbert Schneider）的证据说明的是与罗马天主教会的一种妥协安排，借此宗教在学校课程中的地位得到巩固，并且教会被委以监督教材适合与否的权力。罗马教皇六世（Pope Pius XI）在后者的背景中将主观极权主义与客观极权主义作了区分。主观极权主义是宽容的（permissive），承认"公民全体在国家权限范围内的所有事情都应该服从和依赖于国家"；但是客观极权主义则寻求公民的一切生活都服从和依赖于国家，包括精神领域，这是一个"显而易见的谬论"（引自Binchy 1941：330–331）。

由于已经部分地拆解了为达到本章的主要目的所基于的概念，为了给下文的阐述提供理由和支撑，现在我们必须努力将分属不同模式的碎片重新组装起来。

首先是极权主义的观念。20世纪50年代的美国政治科学家卡尔·弗里德里奇（Carl Friedrich）[在与兹比格涅夫·布热津斯基（Zbigniew Brzezinski）合作的一部著作中]以这样一种方式对极权主义进行的界定的确令许多读者满意，他指出极权主义这一术语可以被用作一种有效的分析工具，法西斯主义、纳粹尽管有许多差别，但事实上也共有一些特征。他称之为"综合征"——因此表明一种病态的政治状态——包含六种相关的特征。这些特征是：一个官方的意识形态；由一人领导的单一大众政党；一个恐怖主义的警察控制体系；对大众传媒的技术控制；对一切武装战斗的控制；经济的中央控制（参见Friedrich and Brzezinski 1956：尤其是第3—13页）。我们也许可以加上第七个特征，那就是在学校和青年团体中对青年人进行思想灌输。而且，弗里德里奇和布热津斯基坚持认为极权主义是有别于"过去的独裁政体"的一种"独特的政体"（Friedrich and Brzezinski 1956：3）。

如果接受"极权主义是两次世界大战之间岁月中的一种独特政体形式"这一观点的话，我们就有必要追问它是否产生了一种独特形式的公民身份，如果产生了的话，那种形式是否能够忠实地承受"公民身份"这个称号。

在这个话题上，我们也可能会遇到怀疑论者。我们或许可以通过抵制那种把公民身份定义为一种特殊的公民行为——即为现代自由议会民主所设计的理想——的诱惑来达到目的。让我们来回忆一下亚里士多德有关"相对公民教育"的建议："符合其政体精神的公民教育……正是在于其践行那种使得寡头政治或者民主得以存续的行为之中。"[Aristotle 1948：1310；注意亚里士多德的"政体（constitution）"不仅包括政府形式还包括社会体系（参见前面的第一章）]。"极权主义政体"替代"寡头政治"——或者认同麦勒凡·德基拉斯①（Milovan Djilas）的观点，即政党官员是一个寡头政治的"新阶级"（Djilas 1957）——就能够接受如下观点，在法西斯意大利、纳粹德国、晚期的日本帝国这些国家中，对青年人的思想灌输都是使其政体精神能够被教授，并且都是为了使其政体得以存续的目的。亚里士多德对于公民的阐释的另一方面就是对和谐的需求——是体制中的一致而非不和（参见 Aristotle 1955：Ⅸ，6）。而且，的确是这样，极权主义国家都热衷于压制不和！无疑，对于残忍的极权主义政治警察方法、集中营和劳动营，亚里士多德这位混合政府的倡导者，所皱起的应该不只是焦虑的眉头。但是，对于诸如纳粹群众集会这样的场面巩固了政权这一点，他或许会给予赞许的微笑。

所以，如果公民的本质不能被理解为一种客观的行为，而是应该被理解为小心翼翼地适应公民生活于其中的政体的一种行为，那么就可以说，极权主义国家也存在公民身份。

而且，如果第一章的读者已经同意斯巴达人严密设计的培训能够被合法地称为公民教育的话，那么读者们也就似乎没有什么理由拒绝用这个术语来表示下文中描述的纳粹、日本的计划了。的确，人们可能甚至会指出（尽管在遵从反对把极权主义公民教育看成是毫无害处的观点方面，言不由衷），法西斯、纳粹提供了一种比他们的自由民主体制对手更加有效的公民教育。例如，一位英格兰历史学家于 1943 年在写到东欧时，坚称："他们不懂得议会程序和宪法。他们非常需要公民教育"（Seton-Watson 1962：265）。相反，法西斯主义者坚信政治在学校中的中心地位，绝不愿意宽恕无知和冷漠。因此，金蒂莱在 1925 年断言："不可能在政治上是法西斯主义的，而在学校中……是非法西斯主义的"（引自 Schapiro 1972：36）。

---

① 南斯拉夫联邦人民共和国党和国家主要领导人之一。——译者

但是，在教育与灌输之间还是存在着区别。这实际上是一个比这一简单对比的意味要复杂得多的问题。教学内容（subject-matter）可以通过不同的方式来进行选择、解释与呈现，也可以由教师用许多不同的方法来进行处理。教师可以让各种不同观点得以明确展现，以一种平衡、开放的方式来呈现这些资料，避免带有自身观点的任何暗示。但是，教师或许会觉得如此中立的态度会导致他们放弃帮助学生学习区分对错、道德与非道德的信仰和行为的这种职责。因此，在这些环境下，教师会为了支持道德善而使课程产生偏向。但是，好与坏也许不是客观上就可以确定的；而且，即使是那种努力追求客观的尽责教师，也可能会发现由于无知或者缺乏时间或者缺少教科书，要避免偏向是很难的。无论如何，如果我们接受了上述所引用的约翰·怀特的定义，那么就不能将不带有倾向性的观点强加于学生的偏向等同于蓄意的灌输。

所有这些细微差别都发生在公民教育之中，并源于三个主要原因。其一，对有争议问题的讨论是这一学科的重要部分。其二，道德要求与公民对待自己同胞公民的行为相关，关涉的是引领学生远离自私和反社会的行为。其三，这一学科不可能回避其教学所处的与这个国家和世界的本质有关的政治环境事实。即使是在非极权主义国家，那种完全无偏见的公民教育也从未被期待或者达成过。美国儿童一直被授以共和主义美德和向国旗致敬的义务；英格兰儿童一直被教导大英帝国至高无上；法国儿童则一直被教导自由、平等和博爱的价值无法估量。难道这些教育过程就不是偏见，甚至是轻度灌输（mild indoctrination）的例证吗？难道极权主义的灌输就只是这些习惯的更彻底的延伸和应用吗？或者说，难道在自由的偏向与极权主义灌输之间真的存在一种根据意图和行为结果加以了检验的质的鸿沟吗？一位英国学者关于在苏联感受到的这方面问题所做的如下评论，将有助于我们对这些问题的思考：

> 至于其他体制宣称在目的上是非政治的主张，它用列宁的话来说，他们被斥为"伪善和谎言"。大多数的非共产主义国家在他们的学校中教授宗教，也就是说，他们用一种特殊的世界观来对学生进行灌输；他们也许还会增加一些内容，民族和爱国主义态度在世界各地被以公开或隐蔽的方式进行传授。在苏联看来，他们自己的这种灌输比起其他体制的灌输更加坦率、更加彻底，

也包含更广泛的教学领域，但是他们会否认他们的灌输过程是一种共产主义教育方法的垄断。

（Grant 1964：24-25）

通过回顾德国、日本的历史，本章将对极权主义公民教育的本质进行探讨。而且，我们还将展示，当这些国家在由极权体制过渡到自由民主体制的时候，公民教育模式是如何发生变化的。这些国家的经历在细节上是不同的，因此，也给本章的基本主题带来各种差异。德国在建立德意志第三帝国以前，在1919年至1933年的魏玛共和国期间，有过简短的自由经历，走向自由政体的后极权主义转变发生在两个阶段——第二次世界大战后的德意志联邦共和国和1990年共产主义国家与联邦共和国统一之后的东德。日本又与众不同。即使我们接受"极权主义"是一个弹性的术语，日本通常也不被列在这一范畴之中，这部分是由于其独特的东方传统，包括天皇的神圣地位和缺乏一个有力的政党结构。尽管如此，直到第二次世界大战结束的裕仁天皇统治时期，特别是从1941年至1944年东条英机任首相时期，日本一直体现了法西斯主义的特征；所以将日本纳入这一章也是有一定道理的。而且，从1945年向自由政府的转变也与同一时期的西德构成一个有益的比较。另外，众所周知，苏联是一个中央集权国家，中央集权的政治体制虽与极权体制有本质区别，但在公民教育政策方面却都强调国家权威，故本章也对苏联的公民教育政策加以介绍，至于其教育政策与德国和日本有何共同与不同之处，读者可自行比较。

二、苏联的政策

从"十月革命"开始，苏联的政治家和当政者十分重视（set great store）教育，并将其作为奔向共产主义理想的关键手段。的确，他们有了一个缓慢的开端，在这个世纪四分之三的时间里，实施了许多具体的政策变革。但是，在共产党的总体计划中，始终体现着一套原则。这些原则建立在四个信念基础之上：即共产主义意味着要塑造一种"新人"——新苏维埃人——一种道德和政治上杰出的人；若没有对教育的高度关注，革命就不可能完成；鉴于苏联政权的革命和意识形态精神，教育与政治密不可分地纠缠在一起；由于国家与社会改革需要的迫切性，教育必须以灌输的方式来进行。

列宁本人在重建教育体制方面具有一种强烈的、持续的个人兴趣（参见 Fitzpatrick 1970：esp. xiii，188-203），他宣称："我们并不将教育视为政治之外的事情，我们非常坦率地让教育服从于我们的政治目的"（引自 Harper 1929：xiii）。另外，1918 年的第八次共产党代表大会所起草的教育政策目标一览中包括如下条目："发展共产主义观念的广泛宣传，以及为此目的利用国家资源与工具"（引自 Beredy et al. 1960：54）。别的方式几乎不可能。按照马克思主义的思维，非政治的教育将是一种矛盾：教育是由主导阶级所决定的社会政治上层建筑的一部分，因此共产主义教育必须是反资产阶级的、反资本主义的（例如参见 Short 1947）。而且，对于共产主义者来说，道德也可以从政治意义上来加以解释；因此，道德教育，"*vospitanie*"，字面意义就是"培养"（upbringing），也具有这种色彩。其重要性被列宁在 1920 年的讲话中提出，"当代青年的全部教育问题，"他宣称，"就是必须用共产主义道德对其进行教育"（引自 Counts 1957：109）。逐渐地，这变成了一种实际上与公民教育同义的复杂计划，包括爱祖国、爱劳动、尊重他人（参见 Muckle 1987：2-3）。

不用说，教育的这种根本转向是一项巨大的任务。而且，大量问题阻碍了其启动。最明显、最直接的问题就是内战，直至 1921 年，内战不仅扰乱了整个国家，而且还转移了对其他工作的注意力。萨缪尔·哈普尔（Samuel Harper），一位研究俄罗斯语言和制度的美国教授，在他 1926 年访问该国后出版的一本书中揭示，1921 年是一个很关键的时期，他写道：

> 教育与文化的总体发展，尤其是公民训练和政治教育，近来开始谈起革命的"第三战线"……另外的两个战线——军事和政治——最终在 1921 年赢得了胜利……
>
> 敌对经济思想成长的危险……使公民训练问题变得紧迫而又重要……1921 年后的最初岁月里，苏联公民不得不在其生活中的时时处处面对他的"公民义务"（civic obligations）。这个国家付出了最为深思熟虑的、最为广泛的努力来促进和指导公民行为。
>
> （Harper 1929：xii-xiii）

除了内战以外，还有其他困难迟滞了预定的公民灌输工作的开展。我们可以看到如下五个方面。第一，卢那察尔斯基，1917—1929 年执掌人民教育（或启蒙）委员会（*Narkompros*），是一位知识分子，但对马克思—列宁主义思想兴趣淡薄（参见 Fitzpatrick 1970：esp. 1–10）。第二，这个委员会的工作人员和教师自身仍未接受灌输。第三，许多有影响的人物对教育理论表现出兴趣，包括克鲁普斯卡娅（Krupskaya，列宁的妻子），支持未必有益于灌输的实验学习方式，包括由诸如道尔顿（Dalton）和杜威等美国教育家们所倡导的活动课程与实践学习（project work）。顺便说一句，克鲁普斯卡娅是一位非常杰出的马克思主义教育思想的诠释者（例如参见 Zajda 1980：26–27）。第四，当时最紧迫的需要就是重建整个教育体系，从而实现从幼儿园到大学各级的免费的、普及的教育。第五也是最后，该委员会面临着巨大的文盲问题。

然而，由于第五个难题所导致的大规模扫盲运动，实际上也具有一定的政治目的，其本身就是作为一种灌输的方法而进行的。它所具有的政治目的恰恰出于一个明显的原因，即如果相当大一部分俄罗斯人不具备阅读能力的话，那么他们就不可能成为脱胎换骨的苏联公民。如果人们看不懂的话，即使是那些海报、标语上的口号，即苏联宣传的最基本单元，也会是毫无作用的（应该顺便解释一下，这里用"俄罗斯"这个词，是因为我们所关注的首先集中于俄罗斯联邦，而排除了这个大国的边缘共和国。）。这项计划是由 1919 年末颁布的一部法令而启动的，法令要求 8—50 岁年龄段中的每个人都要能够用俄语或者本民族语言阅读和书写。为此，成立了一个协会、一个出版社并创办了一份杂志，所有这些都带有"消灭文盲"（*Doloy negramotnost*）的名称。从 1919 年到 1939 年的 20 年间，取得了稳步的进展：到 1939 年为止，苏联宣布男性识字率为 95%，女性为 83%。

列宁所做的评论确认了这场扫盲运动的政治目的。"你不能要一个文盲的民族去建设一个共产主义国家"；"一个文盲是处在政治之外的，必须先教他识字；不识字，就不可能有政治；不识字，就只有谣传、流言、传言和偏见，而没有政治。"这些是他的两个非常有说服力的阐述（引自 Bereday et al. 1960：58，作为一个旁白，将这些陈述与 1967 年英格兰的罗伯特·劳威于 1867 年所做的阐述以及欧洲在亚非的殖民地历史做一个比较，是一件非常有趣的事；参见上文的第三章）。而且，哈普尔的观察使他就成人扫盲班提出如下观点：

首先，本书所用的材料总是带有政治性质的，以便这些学习读、写的年龄较大者可以同时被塑造成为更有意识、更为积极的公民。其次，对全国少数民族的扫盲增加了对民族语言的强调。这是为唤醒这些较落后的苏联公民的公民意识而采取的手段之一。

（Harper 1929：273）

即使是文盲，当然也可以从例如工友和国家政治氛围中获得一些政治理解。因此，1926年，当扫盲运动刚刚开始，而且成功主要局限于红军之中的时候，苏联国家主席加里宁（Kalinin）完全参与到教育事务之中，他宣称："在政治教育、群众政治活动和政治渗透方面，我们苏联很有可能站在整个欧洲和非欧洲国家的前列。"（引自 Bereday et al. 1960：60）

哈普尔使用的"积极公民""公民意识"这些术语和加里宁提及的"群众政治活动"，提出了"公民"一词在苏联的含义这一问题，特别是在诸如"农民""工人"这样的功能性称呼被如此普遍地使用的时候。这些带有其阶级与经济内涵的词语在1917年当"*granzhdanin*"（公民）作为一个称呼被引入时，的确构成"公民"意义的基础。只有那种能够以某种方式证明自己具有"生产性"的个人，才被赋予公民权利，并被期望在其自身的生产方式环境下行使公民的职责。家务劳动获得承认，"脑力生产力"（mental productivity）也是如此，不过有点勉强，并且被认为是低人一等。尽管直到1936年苏联宪法才详细地规定了公民的权利、义务，但苏联宪法中终于记载了农民、工人和知识分子的范畴；甚至在那个时候，"劳动者"（toiler）这个词语还闯进了宪法的文本中。由于人的本性，一些公民总是比另一些公民更加认真地履行公民职责，这是公民身份的一个基本特色。在苏联，由于国家与政党之间的紧密联系，使得确定公民身份的形式和承诺的深度（depth of commitment）以及考察帮助个体适应公民角色的教育过程变得更加复杂。随着斯大林加强了对这个国家的控制，集权趋势更为明显，因此，在国家组织内发展成为积极公民的机会即使不说是受到无所顾忌的操纵，也是受到了严重的限制。

苏联的中央集权性质及其阶级意识形态使得公民身份的形式更加复杂，也反常地使得公民教育比这些评论所指出的更加简单。公民身份应被描绘为一个从理想中的信念坚定、热忱奉献的党的工作人员到被否决公民权利的反革命资产阶级的谱系。所以，在教学上，处于这一谱系两端的两类人就各自成为模仿与仇恨的对象。

那种实验式的、雄心勃勃的学校计划被摒弃、削弱，这就为灌输提供了更多的机会，但只是渐进的。用一位英国学者的话来说，"直到20世纪20年代或者更晚的时间，普通学校才被按照政治方式组织起来"（Nettl 1967：112）。但是，随着斯大林巩固了其个人集权并形成了他的"一国社会主义"理论，灌输机构就越来越强调对斯大林的个人崇拜，越来越重视斯大林对国内外政治形势的诠释，越来越关注民族的——即使不说是民族主义的——历史。从1938年出版的历史教科书中摘录如下一段内容，请想象一下其对学生观念的影响，他们被封闭得听不到其他任何解释：

> 人民的可鄙敌人，法西斯的代理人托洛茨基（Trotsky）及其可鄙的朋友们……在苏联组织了谋杀、破坏者和间谍团伙，只要苏联被资本主义统治的国家包围着，那么间谍和破坏者就会不断地渗透到我们的国家中，并给我们带来危害。
>
> （引自 Bereday et al. 1960：75）

负责任的年轻公民的义务是很清楚的。因而，在20世纪30和40年代，道德教育特别是其爱国主义元素成为学校的一个首要职责。的确，后来成为苏联教育部长的凯洛夫（Kairove）在20世纪40年代所主编的教育学理论与实践标准教科书中，用了七章的内容来探讨这一话题（参见Counts 1957：11；另请参见117—123页）。也正是在这一时期，20世纪30年代中期，关于苏联宪法的学习也被纳入到学校课程中，用凯洛夫的话来说，这是为了使青年公民能够"有意识地参与到国家的社会政治生活之中"（引自 Counts 1957：95）。坚持政治知识的重要性，这一点也反映在20世纪30年代对共青团（Komsomol）和少先队（Pioneers）的指示中（参见 Counts 1957：106）。

在1953年斯大林去世后，特别是从1956年"去斯大林化"进程开始后，为了削弱斯大林著作的重要性和他关于马克思主义信条解释的合法性，重新编写了历史教科书。而且在1954—1964年的10年间，学校的灌输课程出现了明显松动，部分原因在于西方方式逐渐地影响到了苏联。这种变化的征兆就是青年追求西方时髦热（the stilyagi craze）的出现。爱德华·格兰克肖（Edward Grankshaw）首先在西方报道了这一现象，他将这些追逐时尚者（chasers after style）描述为"反抗大环境的耀眼年轻女郎，她们将其含糊不清的渴望全部集中在摇摆舞和浮华服装上",精确地模仿了美国的"阻特装"①(zoot suits)和英格兰泰迪男孩②(Teddy Boys)的着装习惯(Grankshaw 1959：133)。

更重要的是,青年中的流氓行为愈演愈烈。作为回应,1961年,党的章程被重新修订,该文件突出了学校在建设共产主义和培育公民意识方面的作用。恢复青年对党及其意识形态和祖国的热情承诺被作为所有教育机构的主要责任。教师杂志《苏联教育学》(Sovetskaia Pedagogika)上的一篇文章对该章程进行评论时宣称：

> 共产党提出了一项关于今后20年公共教育发展的宏大计划,给学校分配了伟大的任务；学校必须实现使人们接受共产主义和高水平教育的培养和训练,他们既能从事体力和脑力劳动,也能够积极参与公共和政府生活、科学和文化不同领域的工作。
>
> (Ablin 1963：18)

而且,苏联领导人赫鲁晓夫(Khrushchev)非常直率地指出,对于马克思、恩格斯、列宁主义的理解远远落后于需要(参见 Ablin 1963：156)。1964年所启动的一项关于学校课程的高级(high-powered)研究,强化了必须加强政治教育的信息。奉行1961年党章所规定的灌输目的的决心也许可以在随后的举措中得到体现。新党章颁布10年后,在英国出版的一部关于苏联教育的著作中,我们发现了这样的陈述："今天,政治热忱(commitment)不是更弱了,而是比以往任何时候更强了"(Tomiak 1972：124)。一位美国记者在出版于1975年的一本书中给我们提供了另外一个类似但却温和的印象。这本书建立在他对苏联社会三年的亲身观察的基础上：

> 托儿所、幼儿园以及学校所宣传的政治内容,特别是以列宁

---

① 20世纪40年代流行于爵士音乐迷等类人中的上衣过膝、宽肩、裤肥大而裤口狭窄的服装。——译者

② 20世纪50年代,受战后婴儿潮的影响,西方青少年开始成为社会的重心,这也造就了年轻人文化的崛起与发展。在英国就出现了以十多岁青少年为对象,俗称泰迪男孩"Teddy Boys"的次文化群体。从这个群体的服装款式模式中,包括发型、外套上衣、领结、紧身长裤、胶鞋等,都让我们看到了青少年在穿着行为上表现出的自我选择的主张。"Teddy Boys"的独特衣着符码也为日后以年轻次文化为重心的年代服装发展揭开了序幕。——译者

思想为基础的内容，让大多数西方人大为吃惊，俄国人都说这没有斯大林统治时期那样高压，孩子们常常要演唱忠心崇拜的圣歌，或者在冷战的最紧张时期，学习反对西方的政治口号歌谣。

（Smith 1976：201-202）

在勃列日涅夫（Brezhnev）的最后岁月里（他于1982年去世），他反复重申坚持开展政治教育仍然是很必要的。在1976年召开的第二十五届党代会上，他报告道，在之前的五年里，"思想教育问题和塑造新人即共产主义的有用建设者的问题，已经在我们的所有工作中占据了重要位置"（引自 Morison 1983：145）。然而，仍然有更多的工作需要做。三年后，共产党中央委员会发布了一项命令，指示党和教育部长们需要采取更加有效的措施以改进青年人的政治知识与承诺。此后，在1981年召开的第二十六届党代会上，勃列日涅夫又回到这一主题，强调必须使灌输活动多一些趣味，少一些理论。其中的一个主要关切就是，由于对苏联以外世界的更多关注，对祖国及其有自身特色的共产主义的支持和承诺仍然在弱化（关于这一时期，参见 Morison 1983：144-152）。更不用提那种流氓行为依然横行了。

三、苏联政策的制定机构

建基于整体主义意识形态（holistic ideology）之上的政权，必然不满足于仅仅让学校来开展公民教育。这种不言而喻的道理使我们有必要指出苏联所采用的各种方法和开展公民教育的机构，并解释它们之间的关系。首先，显而易见的是，由国家管理的学校。第二，红军战士的政治教育。第三是各种成人教育方法。第四，我们可以指出通过各种媒体扩大宣传的非直接的教学方法，在中央委员会宣传鼓动部（*Agitprop*）的指导下通过党的活动而被发展成为完美的艺术。这又将我们带到第五个方面，即党无所不在的活动，主要是通过青年团体来实施的。我们将依次检视这五种途径，通过这些途径，苏联公民学习他们被期望在公民知识和理解领域里所掌握的东西，当然是经过意识形态过滤的。

然而，在正式着手这个分析之前，读者们应该注意两件事。第一，我们所建构的上述五种类型，虽然很方便，但却带有某种人为性质；在实践中它们之间在很大程度上是重合的。另一个问题源于苏联的双重权力体制，即在实施公民教育任务过程中国家与政党之间的关系这一最主要的问题。苏联共产党从一开始就寻求落实其支配地位，甚至是国家教育部长卢那察尔斯基也对这种相对权威的紧迫必要性毫无疑义，他甚至建议他自己的部应该附属于共产党。在1921年的某个时间，他说，党的中央委员会必须"征服整个政府机构……党必须无处不在，就像上帝的圣经精神一样"（引自 Fitzpatrick 1970：244-245）；不过，他的观点过于激进，在当时未被接受。但是，教育政策的主动权确实交给了苏联共产党，苏联共产党确实将其影响渗透于从教育部一直到乡村学校的所有层次。用一位权威的话来说："在30年代期间，苏联共产党开始要求成为所有与教育相关事务的全知者"（Zajda 1980：25）所有的政策都由苏共党中央制定，然后安排给政府去执行和采取立法活动（例如参见 Pennar 1960：45-56）。

让我们从学校开始来考察五种公民教育情境。但在进入这个话题内容之前，我们应该注意三点。第一，关于苏联共产党对学校的参与，将在下文考察党的总体作用时进行探讨。第二，就是我们必须再一次解释，正如马克思主义辩证哲学自称对生命和社会有一个全面整体的理解一样，苏联的教育学也宣称学校的全部科目与活动都应该满怀着让年轻人全盘理解和尊重接受这一意识形态的目的。因此，任何将学校公民教育工作的主题划分成不同部分的做法都是人为的。特别是学术教育、政治教育和手工劳动经验起初都是被融入一个单一的教育过程中来考虑的。第三，由于我们要概括的这个时间段里苏联的学校体制与课程组织的结构频繁变动，使得对其进行概括非常困难。尽管由于第二条的附加条件（proviso），但我们还是服从于方便的设计，在六个想象的标题之下来展现苏联学校对公民教育的贡献。这六个标题为：整体课程的组织；历史教学；社会科教学（包括政治）；马克思主义理论的教学；军事训练；爱国主义的传授。

在十月革命后的早期岁月里，采取了协同努力以使学校与其经济环境联系起来，事实上，马克思本人也提出了这样的建议（例如参见 Zajda 1980：202）。远足、参观与体力劳动成为学生学校生活的组成部分。哈普尔的观察提供了言简意赅的例证：

> 儿童被带去参加工人俱乐部或者委员会的正规会议。年龄大一些的儿童或许会通过帮助扫盲或建立托儿所来实际参与到附近的工厂、车间或国家农场的生活之中。对于劳动的强调并不仅仅

意味着要学习劳动过程和组织方法，而且还意味着在每个特定年龄的体力和脑力水平允许的范围内实际地参与其中。

（Haper 1929：254-255）

到20世纪20年代晚期，克鲁普斯卡娅所特别推崇的带有木头和金属车间的"多科技学校"（politechnical school）被组建起来。这些学校伴随斯大林发布提高学术水平的指示而呈衰落趋势，但是在20世纪50年代，又因赫鲁晓夫而获得复兴，他也鼓励恢复学校与工作环境之间的关系。

1966年以后的20年是课程改革的集中时期，一直作为苏联教育史上持续主题的四项原则在这一时期再次得到强调。它们是：学校的整个经历都应该有助于塑造共产主义者；小学是这种过程的基础；列入课程表的所有科目都要促进这一过程（例如参见 Morison 1983：157；Zajda 1980：139-142）；历史和社会科能够做出最有力的贡献。先搁置最后而且也是显而易见的一个原则，留待后面进行考察，而对这一时期的小学和中学阶段各做一个评论也许是很有趣的。在小学（7—11岁），传授共产主义道德是一种要求："正义、诚实、友谊、忠诚、爱国主义、国际主义的观念"是通过故事的形式教授给7岁孩子的（Zajda 1980：135；大致参见131—138页）。至于中学的例子，让我们以1970年颁布的《中等普通教育学校法令》（the Statute of the Second General Education School）为例。法令列举了三个主要任务，其中第二个任务就是：

在青年一代中树立马克思—列宁主义的世界观，逐步培养学生的苏联爱国主义情感，培养学生热爱祖国、热爱人民、热爱苏联共产党，并随时准备捍卫社会主义祖国。

（引自 Tomiak 1972：59）

历史是任何一个国家进行公民教育的关键科目之一。苏联也不例外。的确，正如马克思主义本身就植根于历史哲学一样，如果苏联教育者没有充分利用使这一学科发挥公民教育作用的良机的话，会是非常奇怪的。

布尔什维克执掌政权以后，由于国家内战的进一步破坏和贫困的制约，"资产阶级"历史课本的更换工作在相当程度上被迟滞了。解决的办法是什么？历史课可以被用作批判、摧毁这些"偏向"版历史的训练。标准的替代课本是由 M.B. 沃尔福森（M.B. Volfson）主编的《社会研究纲要》（*Outline of the Study of Society*），1926 年的版本已经是该书的第十版了。在其导论中，作者宣称他将"很开心，如果这本书能够向青少年提供马克思主义、无产阶级世界观的武器的话"（引自 Harper 1929：260），并且在 17 页之前，已经引入了阶级斗争的概念。1934 年和 1959 年的两个法令明确了历史作为一门学校课程的明确政治目的。后者要求课程大纲进行实质性的变革，其中包括引入一门教授苏联和欧洲以外国家历史的课程。而且，与此同时，一门有关"政治知识原理"的新课程也被引入，以对修订后的历史课程予以补充。

当时的两位苏联教育家在《历史问题》（*Problems of History*）杂志中所做的评论揭示出这些课程改革明确的意识形态目的。这些简短的引用就是一种表征：

> 历史教学本身并不是目的。它应该有助于形成共产主义建设者的品格……
>
> （教授苏联历史的）这门课程将展示共产主义建设者的精神财富与崇高的道德性格，并体现苏联人民的道德特征……
>
> 历史课程新大纲和政治知识原理的主要特征是它们都被期待在培养青年一代有意识地、积极地参与国家生产和社会生活方面发挥主要作用。
>
> （Ablin 1963：147，148，150）

不言而喻，需要编写新教材以支持修订后的历史课程大纲。当这些变革得到巩固之时，这些教科书的内容和苏联学者所作的注释为我们提供了有关这一学科公民教育目的的清晰图景（关于 19 世纪 80 年代的情况，参见 Morison 1983：158-60；Zajda 1980：142-144）特别是这些教科书都以牺牲较早时期的历史为代价而倾斜于近代。而且，一些材料从智力水平上来看要求相当高。例如，要求理解从马克思到勃列日涅夫的共产主义阐释者的著作和掌握"资本主义"、"剥削"之类的词汇——尽管在实践中，学习共产主义词汇中关键词的定义已经成为普遍做法。

另一种普遍做法自然就是借助历史，还有其他科目进行的共产主义理论的教学。的确，哈普尔在 1926 年就注意到："以'从马克思主义观点来看'这样的短语开始对所有问题的回答,"已经成为"学生的一种习惯"。这位美国学者被一位杰出的苏联教育家请来倾听这样的声明:"未来的苏联公民……必须是辩证唯物主义者"(Harper 1929:268)。一代人之后,上文引用的《历史问题》一文的作者宣称:"历史课教学的目的在于对马克思—列宁主义理论的不懈宣传"(Ablin 1963:147)。尽管如此,由于学习马克思主义学说有一定难度,所以对更具理论性的方面的强调就不可避免地被推迟到高年级。

除了历史以外,社会科学尤其是政治,当它们被纳入到学校课程中的时候,也为直接的公民教学提供了素材。在苏联政权早期,名为"社会研究"或"社会与历史科学"的中学课程合并了社会科学科,包括法律。但是,上文所提到的1960—1961年引入"政治知识原理"课程是一个非常重要的发展。这门课程的设计意在利用多个学科,并且还包括实践活动。伴随20世纪60年代课程改革的开展,针对10年级学生设立了一门统一的社会科学课程。这包括马克思—列宁主义理论、政治和时事的教学。然后,大约到了1980年,社会科学课程对公民教育的贡献更加全面、更加多样(参见 Morison 1983:书中各处)。例如:一门有关"苏联国家与法律的基本原则"的课程被引入,而且1977年新宪法的颁布也为政治学习提供了一本恰当的教材。年幼的儿童学习他们的政治,特别是党的无穷美德和不懈工作,就像列宁生活所体现的那样。也正是在这个时候(大约1980年),生物和地理教师也被鼓励去让他们的学生意识到生态问题。因此,这种发展为世界公民教育(education for world citizenship)注入了一种非常不同的视角,因为迄今为止它们的公民教育一方面集中在列宁主义学说的教学和与帝国资本主义之间星球大战的冷战解释上,另一方面集中在摆脱镣铐和剥削的共产主义革命解放上。

用列宁主义的术语来说,苏联学说中的这种对抗性元素使得它看起来就好像存在两个相互敌对的阵营,用斯大林的术语来说,苏联正在遭受"资本主义包围圈"的威胁。所得出的结论就是,除了教会学生"正确"解释世界事务以外,学校还有两种责任:培养学生的爱国主义精神;为学生提供初步的军事培训。无论如何,将个人的忠心献给祖国,并用所获得的技能来保卫祖国,这已经成为公民身份概念和地位的一种古老特征。那么,培养与维持爱国主义是苏联教育和对其评论中的永恒主题,也就不足为奇:"Rodina"(祖国)这个词到处回荡。爱国主义教育与道德教育完全重合。

正如一位道德教育专家在 20 世纪 50 年代所表达的那样,"我们希望未来的苏联国家公民能够按照公共义务意识行事,拥有面对祖国的责任感"(引自 Bereday et al. 1960:410)。而且,在历史课中,共产主义的爱国主义——以无可比拟的形式展现在内战与伟大的卫国战争期间——当然也不可避免地被宣扬为优于沙俄或者资产阶级国家所体现的爱国主义。尽管如此,俄国的历史和文学还是被用来展示,即使是在前共产主义时期,俄罗斯人也拥有一种无私的爱国主义优良传统;因为难道不是英勇的俄罗斯人民在数世纪里抵御了外敌入侵的吗?

爱国主义以及需要和准备服兵役的意识,显然而且特别是在男孩中间,也许与教育课程更加紧密地联系在一起。这种情况在苏联也是一样的。探讨学校课程的这一特征,最好联系我们所说的第二个环境即军队服役来进行。现在我们就来开始讨论这一环境。鉴于苏联红军的庞大规模,通过军队这个机构进行的公民教育的重要性是不容低估的。数百万的年轻人参加了义务军事训练和服兵役,在红军创立的早期,由当时对士兵的"公民卫士"这种称呼就可以看出军训和服兵役的公民目的和方式。公民意识与活动、政治教育、党的作用,红军中的这三个元素之间的内在关系可以以几种方式呈现出来。军事培训被纳入学校课程和共青团的活动之中,以便服兵役能够成为苏联男性公民生活中倍受期待的一部分。服兵役期间,士兵要接受组织精良的政治教育课程,并且在苏联政权早期,士兵还被要求参加所在单位俱乐部和"列宁角"(Lenin Corner)的夜间讨论活动(informed evening discussions)。士兵还被鼓励参与到兵营所在地的社区事务之中。依据他们的年龄,他们被积极地吸收为共青团员或党员。

另外,军队还成为一种处理苏联历史中两个特殊重要问题的重要机构。其一是苏联的多元文化组成。1938 年,先前按照民族同质性的编团方式组建军队单位的做法被摒弃了。结果,用法国社会学家的话来说:"军队已经变成了一个大熔炉和俄国化的工具,它超越了特殊主义(particularism)"(Kerblay 1983:168)。其二是第二次世界大战的恐怖危机。1942 年,为了改进学校中的军事训练与爱国主义情感,颁布了两项法令。推动上述两项法令出台的原因在于他们意识到,学校未能履行其培养学生坚强意志、毅力、沉稳及其他对于未来战场上的战士所必需的道德品质的职责(引自 Bereday et al. 1960:82)。换句话说,德国人入侵的危机突显了缺乏斯巴达式的军人公民素质(military citizenship)这一问题,这种公民素质本应在

"爱国战争"（the Patriotic War）中更好地服务于苏联：学校在这方面并未表现出足够的热情与效率。这种政策在一代人之后（大约1970年）又一次被重申。1968年，所有15岁以上的男孩子都被要求参加军事训练以备他们在军队服役。一系列的指令指示学校履行他们的职责。例如，一项法令包含了这样的目标："使学生做好捍卫祖国的准备"和"加强学校与军队之间的友好关系"（引自Zajda 1980：209）。

在军队服役期间接受公民教育也是成人教育的一种形式——这就是我们所要说的第三种公民教育机构。从苏联早期开始，就出现了教育非军人的成人（civilian adults）担负公民责任的举措。我们已经提及，许多超过学龄的成年人在扫盲运动中被重新召集起来学习。但是，正如哈普尔所解释的那样，这些学习中心"所代表的仅仅是校外教育工作的入门。在大城市，半文盲学校、高年级成人学校以及工人大学正在被组织起来，它们在夜间和星期日发挥作用。"在这些机构中，特别强调的是"社会—政治和文学"主题，主要学习阶级斗争的历史、共产党的历史以及马克思主义和列宁主义理论（Harper 1929：273）。半个世纪后，有了更多的学校后教育机会，包括由党和工会所提供的。"成人教育文化工作"的目的之一被阐释为"就是为了在人民大众中加强共产主义意识和政治活动"（Tomiak 1972：103）。

苏联的大学也是公民教育的一种手段。的确，无论学生的专业是什么，政治和经济学课程都是所有学生的必修课（关于1961年的典型的时间分配，参见Tomiak 1972：95，99）。例如，1974年实施的一部《教育基本法》（Basic Law on Education），以及如下的早期政策陈述，将这些任务包括在其目的之中：

> 培养受过马克思主义思想训练的高水平专家……
> 　培养学生具有高尚的道德品质、共产主义觉悟、文化、社会主义的国际主义、苏联爱国主义、捍卫祖国的意愿，对学生开展体力训练。
>
> 　　　　　　　　　　　　　　　（引自Zajda：1980：94）

现在让我们进入到苏联开展公民教育的第四种环境——或者说这是一套环境。这些复杂多样的环境可以简短地概括为：大中小学生的课外活动、远足、仪式以及大众媒体的作用。由于苏联是一个中央集权社会，因此，人们会想当然地认为,苏联会尽可能地提供大量机会以鼓励各种年龄层次的公民提升他们的公民意识。学校、各种国家机构以及共产党都致力于提供大量的参与、学习与宣传的计划,因此在此我们所能提供的仅仅是单纯的列举而已(关于20世纪20年代早期的情况,详见Harper 1929:chs 5,7,8,9,11,14,15)。报纸、杂志、广播、剧院、电影院、博物馆、贸易组织、合作团体都提供了无数鼓励和激励人们去服从的讯息和思想。20世纪20年代最显著的发展也许就是远足活动的广泛组织,特别是到博物馆的远足。农民、工人、士兵、学校学生所举行的聚会使如流的参观者来参观展览,这其中的大部分参观都具有公民教育或者意识形态教育的目的。

远足对于学校学生来说只是课外活动形式的一种而已,远足活动既有学校自己组织安排的,也有各式各样校外机构组织安排的。这些安排被稳固地建设成为一种包罗万象的课程(programme)。而且正如一位美国观察者所写的那样:"全部课外课程事业的主要目标就是'以爱国主义和在学习、劳动、社会活动中的互助合作的精神来对儿童进行共产主义培养'"(Mareuil 1960:133)。请注意"劳动"这个词。在整个苏联历史中,公民被期望具有的美德之一就是从事"劳动",尤指体力劳动,部分是作为一种集体锻炼(group discipline)(正如1977年宪法第60条所建议的那样)。在校内,"组"(俱乐部)为满足许多兴趣提供了机会,在校外,"站"(点)为户外活动提供场所,许多学生还会参加夏令营。与我们的目的特别相关的是一种所谓的红色儿童团(Red Scouts)的团体。他们参与自然资源的保护活动,帮助农场干农活,但主要是为了保存苏联的英雄传统。例如,在1977年,十月革命60周年的时候,红色儿童团的1400万名成员"发起建造了40 000多座历史博物馆和战绩室(rooms of military glory)。他们还建立并维护了大约25 000座战争纪念碑"(Zajda 1980:214)。

然而,最有影响的课外公民教育提供者是苏联共产党。确实是这样,从革命以前的时期开始,苏联共产党就认为,以共产主义学说与共产主义生活方式来教育全体人民是其最为重要的任务之一。因此,我们现在来谈谈提供公民教育的第五个渠道。尽管我们倾向于用"宣传"这个词来表示这种活动,但是实际上普列汉诺夫(Plekhanov)与列宁将对共产党精英的"宣传"(propaganda)与对广大人民群众的"鼓动"(agitation)之间做了区分。二者结合叫作"宣传鼓动"(Agitprop)。标准的俄文字典对"agitation"(鼓动)的定义为:"一种面向广大群众的口头或者书面活动,其目的是为了对群众开展政治教育,为吸引他们解决更重要的社会和政治任务而传授他们一定的思想和口号"(引自 Carew Hunt 1957:3)。用共产主义的术语来说,这是关于广义"公民教育"的一个非常好的定义。

在苏联,对成年人开展公民教育的最有力机器就是新闻传媒。实际上,在勃列日涅夫时期,苏联党中央将报纸的重要作用之一描述为:"不懈地培养所有苏联人一种对待工作的认真和创新态度、一种国家主人翁意识和一种对社会的高度责任感"(引自 Kaiser 1977:207-208)。拥有最大发行量的报纸是《真理报》(*Pravda*),由党中央主办。

只有在人们年轻时,通过教学和有影响的个人对其进行思想训练(conditioning of minds)才能够最有效。依据这种原理,苏联共产党既确保其对学校的影响,又创建了青年团体。我们已经阐释过,苏联共产党在规定学校中教授哪些科目以及如何教授方面,逐渐地比教育部拥有更多的权力。到了20世纪50年代,一位美国的苏联事务专家提及了"共产党控制的迷宫"(a maze of the Party Controls),并断言:"苏联的教育体系被共产党员所渗透"(Pennar 1960:45,47)。全苏联的党中央拥有自己的教育部,其职能基本上就是确保共产主义原理在所有教育机构中得到有效、正确的教授。这种监督自然也包括密切注意教材的内容。社会科学科目必然是一个特别敏感的领域,如果不是共产党员,则很难获得该领域的教学岗位。指示命令是公然的。1957年在伏尔加河下游的一个州(oblast)发布的一个命令就是一个例证,该命令的部分内容是:"州、市、地区的党委会应该加强对社会科学中教学内容的控制"(引自 Pennar 1960:52)。

在苏联存在期间,数以亿计的年轻人通过成为共产党下属的三种青年团体的一员获得了共产主义原理和被期望的共产主义行为方面的训练。对于学生,这三种青年团体的基层组织就建立在学校。共青团,针对年龄在15—28岁之间的青少年,是于1918年第一个建立起来的。为满足低于共青团年龄的儿童(10—15岁),1922年成立了少先队。两年后,7—10岁的儿童也有了自己的组织,即十月儿童团(the Octobrists)(青少年团体所覆盖的年龄段不断变化,这是1957年时的情况。)。

首先从两个最小的群体开始。设立十月儿童团是出于两个主要原因:教给儿童社会道德(渐渐增加政治内容);为少先队提供预备队员。的确,他们的五项规则中第一条就是"十月儿童是未来的少先队员";尽管每一个儿童都必须证明他(她)自己能够胜任更高一级组织的成员身份(见

Zajda 1980：148—154）。一旦获准加入少先队，新队员要做如下宣誓：

> 我，一名苏联的少先队员，在我的同志们面前庄严承诺，全心全意热爱我的祖国苏联，像伟大的列宁叮咛我们和共产党教导我们的那样去生活、学习与斗争。
>
> （引自 Tomiak 1972：86）

尽管是一种志愿组织，但只有少数人不会加入该组织。例如，1970 年的这一适龄人口为 2970 万人（参见 Kerblay 1983：29），其中大约有 2400 万人是该组织成员（参见 Tomiak 1972：85）。最受少先队员欢迎的主要吸引力就是他们的"宫"（palaxes）和"家"（houses）。这些最大、最现代的建筑物都非常辉煌，被慷慨地指定为开展大量课外活动的场所。的确，并不是所有这些都具有直接的公民教育目的，但是这一组织的基本社会化功能一直是非常明显的（参见 Zajda 1980：154—163）。

尽管共青团（全苏列宁共产主义青年团）所覆盖的年龄段人口比加入少先队的成员要少得多，但是共青团是青年组织结构的砥柱。这主要有两个原因：不变因素是共青团采用了比少先队更严格的加入标准；变化因素就是受特定时期社会、政治条件和氛围的影响，青少年的意识形态热情和他们献身于共青团严格制度的意愿波动不居。共青团对公民教育的参与（共青团还有许多其他功能）具有两面性：教育自身，并教育他人。用列宁的术语来说，共产党是无产阶级的先锋队。如果他们欲在通往共产主义之路上提供正确的领导，那么他们就必须特别精通马克思主义哲学。因此，共青团员，党的预备成员，就需要掌握其原理的坚强基础，同样还要体验从社会和公民意义上来看是有益的工作，并从中学习。当列宁在 1920 年的共青团代表大会上致辞时，他说的是："学习，学习，再学习"（引自 Harper 1929：44）。确实如此，《共青团章程》中的确包含这样一条："认真学习马克思—列宁主义"，它还包含了如下准则："向'广大青年群众'阐释党的政策"（引自 Bereday et al. 1960：397）。

于是，共青团要学习和宣传共产主义信条。的确，1971 年勃列日涅夫将这后一个目的描述为"中心任务"（引自 Tomiak 1972：87）。那么它是怎样行使这一职责的呢？主要通过三条路径：通过出版物、它的代表大会以及在教育机构中有其成员。共青团为年轻人出版了大量书籍，为少先队员和共青团员发行了许多报纸,其中最著名的就是《共青团真理报》(Komsomolskaya Pravda),一个党的主要喉舌的初级版。共青团代表大会的代表讨论教育问题,并向下一级传达他们的决定与指导方针。他们对学校的政治影响可以被恰当地概括为这段引文:"学校支部……选出委员会以帮助俱乐部和社团的工作,他们组织辩论和会议,他们讨论纪律和道德教育问题……充当少先队的领导"(Grant 1964:72)。在所有这些环境中,它们传递的是共产主义,尤其是共产党关于可接受的、合作行为的信条。他们在高等教育机构中的积极表现带有更大的权力(参见 Zajda 1980:163-174)。

在公民教育的过程中,苏联青少年组织发挥了重要作用。有一位权威写道:"伴随苏联儿童由十月儿童团到少先队和共青团的进步,政治社会化也按照明确的阶段进行着",目标就是使青少年"完全忠于共产主义政权"(Zajda 1980:176)。

四、新俄罗斯风格

实际上,早在20世纪80年代中期开始的戈尔巴乔夫(Gorbachev)时代,企盼变革的氛围就已经很明显了。1984年,戈尔巴乔夫成为学校改革委员会(the School Reform Commision)主席,并在1985—1991年期间,担任苏联共产党中央委员会(CPSU)总书记。他所掌管的学校改革委员会所提出的建议主旨就是加强劳动培训与工作经验,但是请注意,它并不以削弱马克思—列宁主义理论的教学为代价。这一新的苏维埃教育改革于1985年形成法律。第二年,苏共第27次代表大会通过了关于政治教育八个主要目标的明确声明。它提供了一个关于苏联公民教育本质的最全面图景:马克思—列宁主义教学、为公共利益而工作、共产主义道德、爱国主义与共产主义的国际主义、尊重法律、无神论—唯物主义哲学、与敌对意识形态做斗争、理解苏联在反对资产阶级意识形态中的作用(参见 Morison 1987:26-27)。

当戈尔巴乔夫成为党中央总书记以后,他发起了一项以"*glasnost*"和"*perestroika*"(开放与改革)为标志的改革计划。这一议程对教育以及社会生活的其他方面产生了影响。确实,他在1987年一本名为《改革》的书中宣称:"必须最大限度地关注年轻人和共青团"(Gorbachev 1987:115)。不幸的是，放松（革命前奏的历史经常都是这样揭示的）导致了崩溃；国家陷入了混乱，1992年陷入真正的危机。苏联解体使得俄罗斯联邦从先前的苏联共和国中分离出来，现在成为其外围的独立国家。共产主义权力坍塌了，经济崩溃了，政治热忱和道德都让位于冷漠和犯罪。用一位俄罗斯流亡学者的话来说，"公民身份的感觉，对公共事务的参与，并没有像许多人想当然地认为的那样，会伴随苏联体制及其压制机器的坍塌而提升，而是迅速地衰退"（Shlapentokh 1998：28）。虽然人们对于苏联政权的不满和失望从1980年左右就开始蓄积起来，但正是变革的突然性带来了如此有害的影响。重塑公民意识，一种完全不同的公民意识，即使在有利的环境下也是很难的，更何况俄罗斯正处于问题成堆的形势下。

在教育方面，《1992年教育法》（1992 Law on Education）第十四条就实际上要求变革过程包括撤除政府和共产党对学校和高等教育机构的影响。这个计划提出了一些术语，不幸的是，这些术语通常被直译为英语的"depoliticization"（去政治化），甚至是"deideologization"（去意识形态化）（以下在本书中将不会让读者见到这些术语）。然而，这本质上就是一个否定的过程，而且导致了一个非常不幸的间断（hiatus），直到新模式的公民教育被建立起来为止。在大中小学校拆除共产主义意识大厦的举措主要包括取缔学校中的青年组织、废除马克思—列宁主义思想考试和重新编写历史教科书等明显举措（参见Sutherland 1999：137-140；Webber 2000：33-37）。最令俄国教育家们担忧的是，变革之后随之而来的道德教育框架的丧失，这使得教师阻止全国公民水准严重崩溃的工作变得极度困难。莫斯科青年研究院的院长于1993年解释道：

> 正如整个社会一样，俄罗斯青年正在经历一场价值危机。极权主义的终结使得先前的理想与价值——这原本是人们内心世界的一部分——被毁坏……形成了一个精神上的真空。
>
> （引自Sutherland 1999：140-141）

在学校中，十月儿童团、少先队以及共青团为苏联式的道德培养（*vospitanie*）做出了很大的贡献，以至于他们的终结使得校内和课外所提供的公民学习活动严重缺失。

由于存在种种困惑，新的教学大纲、教科书、教师指南以及教学风格的引入不可避免地是一个缓慢、犹豫不决的过程。一群教育家在1999年提及转变过程中所遭遇的"巨大困难",包括"过去的因素依然存留的事实。例如,一些工作在教育领域的人所拥有的'苏维埃'和'超级大国'思维继续发挥着一定的影响"(Bogolubov et al. 1999:524)。当我们想起在公民教育这一领域所录用的教师大部分都是共产党员的时候,也就不感到奇怪了。20世纪90年代,名为"*grazhdanovedenie*"的新课程被引入到学校课程之中,尽管这个词有时候被译为"公民科"(civic studies),但是由于"*grazhdanin*"的意思是"公民",所以"公民教育"或许是一种比较好的翻译。在这一领域建立了一个教师专业联合会,俄国教育科学院(Russian Academy of Education)还为社会科学学科起草了九点目标(参见Bogolubov et al. 1999:527-528)。出版历史、社会科以及以公民教育为主要取向的课程的新教科书自然需要一定的时间与资金。尽管如此,到了20世纪90年代中期,由于诸如《政治与法律》(*Politics and Law*)、《社会科学导论》(*Introduction to the Social Sciences*)、《人类与社会》(*Human Being and Society*)和《公民科》(*Civics*)之类教科书的出版,教师们开始获得他们所需要的帮助,更不用说《教师报》每周出版的公民教育增刊了(参见Bogolubov *et al.* 1999:534-538,531)。但是,即便在那个时候,要获得这些教材也不一定是没有困难的。一位英国学者讲了如下轶事:

> 一位校长……告诉我,他曾经去过首都一家主要出版社的书店,在那里她惊奇地发现,有她已经被告知因尚未印刷出来所以不能发到她的学校的大量教科书……据悉,出版者将其中的一些书高价卖给公众,但同时也储存了大量图书,以期望再将这些书发行到学校时高通货膨胀率能够保证其获得最大的利润。
>
> (Webber 2000:124)

确实,俄罗斯一直缺乏强大的公民社会基础,成人也缺乏公民意识,学生们一直生活在冷漠与离心离德的环境之中,因此,教授新公民身份仍然任重而道远。换一种比喻方式,到20世纪末,俄国教师急需形成一种良性的公民循环:年轻一代的公民教育将促进整个国家的氛围,反之,这也将推动学生更愿意接受他们的公民教育。世纪之交,这种目的的教学正在获得稳步改进,所以俄罗斯的教师应得这样的互惠(reciprocity)。

五、纳粹体制及其背景

德国公民身份在极权与自由模式之间摇摆的历史比较复杂。这种不同的原因可以简单地从 20 世纪德国更加复杂的历史中获得解释。其基本情况如下：1918—1933 年，德国是一个自由政体，即魏玛共和国时期；1933—1945 年，它是一个极权主义的独裁政体，即纳粹第三帝国时期；1945—1949 年，国界缩小，国家被作为四个占领区进行管理；1949—1990 年，两德共存："西方的"自由的 FRG（德意志联邦共和国）和共产主义的 GDR（德意志民主共和国）；1990 年开始，两德统一为自由的德意志联邦共和国。

在考察 20 世纪德国公民教育的这种自由—极权模式之前，对 19 世纪德国公民教育的发展进行一些简短的评论是非常有益的。我们将从 1815 年开始（紧接我们在第二章中已经考察过的时期），一直持续到第一次世界大战时期。在直至 1890 年左右的时期内，德国政府对于任何有关政治事务的教学都持一种敌视的态度。这种教育带有革命潜力的意味，因此在梅特涅[①]（Metternich）时代遭到取缔。即使是有关近代史和宪法制度的教学也都实际上遭到禁止。也许当局是正确的：1830 年和 1848 年起义期间，要求开展公民教育的呼声再次浮出水面。在革命后的反动进程中，又不可避免地恢复到了原状。这种神经紧张（nervousness）的后果在 1906 年的法国报纸《费加罗报》（Le Figaro）刊登的一篇文章中得到了阐明，作者在文章中宣称："我起初非常惊讶，德国的中产阶级（艺术家、商人、店主）对于德国的政治机构，或者甚至是他们自己所在的社区，都几乎一无所知"（引自 Kosok 1933：131）。由于这个法国人对德国的访问是在费里法案使公民教学在法国成为必修的 20 年之后（参见上文的第三章），所以这种对比反差应该是非常鲜明的。

德国之所以坚持禁止公民教育一直持续到 1871 年以后的德意志帝国时期，主要原因之一就是，以社会民主运动和政党（SPD）的形式对现行社会政治结构形成的挑战越来越强。有人提出这样的怀疑，即许多教师越来越相信社会主义者的改革要求的正义性；如果允许开设公民课程，那么他

[①] 梅特涅（1773—1859 年），奥地利政治家，奥地利帝国外交大臣（1809—1848 年），首相（1821—1848 年）。——译者

们就很有可能受到左翼学说的危险污染。然而，具有讽刺意味的是，正是因为 SPD 的力量——到 1890 年已经在德意志帝国国会（Reichstag）拥有 35 位代表——才使得威廉二世①（Wilhelm Ⅱ）决定扭转这一危险政策。他在 1889 年发布了一个命令，要求利用学校通过其组织网络，警告学生社会主义教学的危害性，从而阻止这一正在萌生的社会主义潮流。德国皇帝也展现出一种积极的动力，即要求学校通过精心教授普鲁士和德国历史，教育学生深怀对帝国和霍亨索伦王朝②（Hohenzollern dynasty）的爱国承诺。

与此同时，另外一种形式的压力正在推动公民教育走上前台。无论是教育思想家还是商业群体都认识到需要使青年人更加积极地参与到社区之中。我们可以从这两个领域中引证几个有关这种趋势的例证。

1901 年，巴伐利亚教育家乔治·凯兴斯泰纳（Georg Kerschensteiner）的一篇论文获得了奖励，其题目为"我们如何才能在小学毕业与服兵役之间的时间内更好地对青年进行公民教育？"（How can we best educate our young men for citizenship in the years between the end of elementary school and conscription?）。而且，论文一经发表，就引起很大反响。凯兴斯泰纳认为公民教育是头等重要的事情，年轻人进行体力劳动的体质和公民能力对于国家的健康发展都是至关重要的。换言之，凯兴斯泰纳将教育中的政治因素与职业因素建立起联系，这种联系在当时受到普遍提倡。从他论文中摘录的如下片段展示了其论点的主旨。他主张个人应该：

> 能够并愿意依据其能力在国家组织中各司其职……（这是一件）必须清楚明白、令人信服地向学生说明（的事情），即个人的经济和社会职业利益主要取决于其他公民个体的利益和国家的利益……（应该培养的）基本美德包括：良知、勤奋、坚韧、责任感、意志力，和专心于勤奋的生活。
>
> （引自 Englund 1986：133）

值得注意的是，将公民身份这一政治概念与劳动这一经济概念结合在

---

① 威廉二世（Wilhelm II von Deutschland），全称弗里德里希·威廉·维克托·艾伯特·冯·霍亨索伦（Friedrich Wilhelm Viktor Albert von Hohenzollern，1859—1941 年），是末代德意志第二帝国皇帝和普鲁士国王，1888—1918 年在位。——译者
② 德国普鲁士王室，1701—1918 年。——译者

一起，在苏联和纳粹时期的德国也具有类似的解释。在这一领域商业人士的鼓励之下，1909年成立了一个名为公民训练与教育协会（the Association for Civic Training and Education）的团体，并于第二年成立了促进公民训练进入学校教育商业委员会（the Business Committee for Introducing Civic Training into Schools）。

所有上述活动都产生了效果。1911年，普鲁士教育部发布了在中学设立公民科（Staatsbürgerkunde）的指示，该课程既包括课堂教学，也包括参观公共机构和会议；第二年，又引进了教师培训课程。巴伐利亚如法炮制，但是规定性没有那么强。然而，正如德国皇帝所期待的那样，这项工作的基调是：强调义务而非权利，强调对统治者的忠诚而非培养一种质疑精神。

战争时期，公民教育的爱国主义主题必然得到强化。确实如此，用一位权威写于魏玛共和国末期的话来说，"战争期间，德国的整个学校体系变成了扩大爱国主义宣传的最积极的手段之一。"而且，他还写道："学校生活渗透着如此爱国主义训练与体验的这一代人，现在已经长大成人了，他们成为赋予德国政治生活以鲜明民族主义色彩的助长因素"（Kosok 1933：167–168）。即使托马斯·曼（Thomas Mann）可以在1918年写道："德国人的本性基本上是反对任何政治化的，德国的教育概念中不含有政治因素"（引自 H.-J. Hahn 1998：27）。当然，这取决于你如何解释"政治的"这一词的含义。

魏玛共和国是在反对帝国政权和回应战后混乱的背景下建立起来的，它也因为未能唤起国民对国家的热情奉献而闻名于世，并令人悲哀。不过，魏玛共和国的确努力利用学校来鼓舞没有帝国时期那么刺眼的一种民族主义忠诚。甚至宪法——每一个毕业离校者都获得一本宪法——在148条中作了如下规定：

> 第一款，在所有学校，都应致力于培养公民情操，个人和职业行为以及德国民族性和国际和解的精神……
> 第二款，要在学校开展公民与职业教学。每位学生完成义务教育时都将获得一本宪法。
>
> （引自 Kosok 1933：172）

将这些陈述纳入宪法之中是一个非同寻常的决定——也许在宪法史上是独

一无二的。现行的德国宪法（《基本法》）中肯定没有类似的条款，迄今内容最为全面的现行南非宪法也同样没有。

但是宪法并未决定实现其意图的手段。魏玛共和国遭受的两次威胁——1920年力图颠覆政府的卡普政变[①]（the Kapp Putsch）和1922年反犹太人民族主义者暗杀外交部部长拉蒂诺（Rathenau）事件——令政府感到震惊，并促使其采取行动，以至于到20世纪20年代中期，大部分教师培训课程都将公民科作为一门必修科目。联邦的大部分州都发布了课程指引，其中最为详细的当属普鲁士颁布的中学课程指引。课程指引覆盖了大量科目，历史与公民（被归于一类）自然占据最大的部分。这些文献除了在下列句子中所强调的短语之外，没有什么能够令人惊奇的。第一句摘自关于历史与公民科的概述，第二句引自普鲁士关于生物学的陈述：

德国人民的历史（包括境内外的德国人）是作为德国民族政治、社会、经济和精神生活发展的表现，按照不同的阶段来组织资料的（引自 Kosok 1933：174）。

如果联系其经济价值来讨论殖民地的植物与动物生产的话，德国拥有殖民地的必要性就显而易见了（引自 Kosok 1933：177）。

德国民族（*Volk*）具有一种"精神"或者"超验的本质"——为生活于《凡尔赛和平条约》所规定的德国边境之外的这个民族的成员所共有——这种观念，是希特勒在谴责这一条约中所阐述的一个概念。同时，他也抱怨德国被剥夺了殖民地。的确，希特勒日益高涨的声望和课程大纲中所提出的这两条内容，证明了德国人对《凡尔赛条约》的领土规定的怨恨的加深。进而，正如我们下面将看到的，伴随新教科书的出版，也传播了同样的信息。

但是，除了发行宪法文本以外，并没有专门采取措施以使年轻人与魏玛共和国联系起来。直到1927年，德国才有意识地努力使宪法纪念日（Constitution Day）成为一个盛大的人民庆祝集会。然而，由于教师职业中几乎没有几个人愿意给予政权以任何热情的支持，因此，忠于魏玛共和国的这种思想也不可避免地成为一种无声的歌唱。

[①] 卡普政变是一场企图推翻魏玛共和国、恢复君主政体的政变，其导火线是魏玛政府签署了《凡尔赛条约》。——译者

在魏玛共和国时期，年轻人也从 20 世纪之初迅速增加的青年组织中获得某种公民培训与情感。由于革命时期（1918—1919 年）的巨变和《魏玛宪法》将选举权的年龄由 25 岁降至 21 岁，这一趋势得到进一步推进。到魏玛共和国末期，大约有 100 个这样的组织，其成员总数大约为 500 万，兴趣点从教会到工会不一，多种多样。总体上来说，它们——尽管是以它们自己的、间接的方式——都鼓励对国家的忠诚。最为重要的是名副其实的远足制度，经常去那种能够产生爱国主义共鸣的地方，途中步行者唱着爱国主义歌曲。只要是一种自觉的政治青年团体，就是社会民主党的青年部（section）。然而，随着人们对政府处理政治特别是经济问题的方式的失望日增，共产党和纳粹党的成年人成员的总数也随着膨胀，随之而来的是，其青年分支的成员也在增多。但是，当然这些团体是致力于破坏魏玛政权的——很少带有公民目标（citizenly objective）。

既然纳粹希特勒青年组织成为支持第三帝国的强大力量，所以它在魏玛共和国时期的发端尤其切合本章的主题。正是在 1922 年，希特勒创建了一个当时名为国家社会主义青年联盟（N.S.-Jugenbund）的组织。在经历了各种兴衰变迁之后又被重新命名为希特勒青年团（"Hitlerjugend"，缩写为 HJ），并于 1929 年完全成形。两年后，希特勒让年轻的巴尔杜·冯·席腊赫（Baldur von Schirach）主管该组织。当希特勒 1933 年组建政府的时候，他安排教育部负责管理青年活动；不过，三年后，他通过法律让席腊赫个人向作为元首的他负责，该法律还使得加入这个团体成为参与青年活动的唯一途径——其他所有联盟均被合并其中，或者是被废止。剥离成人和青少年对魏玛自由政治的忠诚，并使他们忠诚于国家社会主义的极权政治，这是希特勒优先考虑的一项任务。除了席腊赫的希特勒青年团（HJ）工作以外，希特勒还要求伯恩哈德·鲁斯特（Bernhard Rust）的科学、教育与国民文化部在它的职责范围内改变公民教育的性质。尽管同属典型的纳粹体系，但是这两个领域也未达成和谐的配合，席腊赫确实表达了这样的理想目标，即"未来的青年领导者与教育者将是国家社会主义信条的布道者，是国家社会主义部门的官员"（引自 Bracher 1978：330）。此外，对成年人思想的影响是通过戈培尔（Goebbels）的国民启蒙宣传部的操纵和汉斯·凯勒（Hans Kerrl）的教会事务部所行使的控制来实现的。家庭作为一种机构也未能豁免于引导青少年态度的责任。1934 年颁布的一条政令清楚地表明了这一点，它宣称："当家庭、学校以及希特勒青年团，都在各自范围内各司其职的时候，它们将会……看到这种三重安排所产生的进展"（引自 Brady 1937：108）。

因此，让我们来考察一下学校在这个整体模式之中所发挥的作用。激进变革的步伐快得惊人，这表明纳粹不容忍任何反抗的决心。国家社会主义者掌权之后，学校马上就被淹没在瀑布般的宣传册之中。用当时一位观察者的话来说，"国家社会主义者的世界观（Weltanschauung）……很快就强行进入了学校，改变学校，制定规则，禁止，革新，在几个月之内便完全改变了学校的性质"（Mann 1939：38）。学习的每一方面都被调整到可以最大限度地支持政权。一位历史学家引用内政部长弗里克（Frick）的话解释道："学校现在被授权开展培养有政治意识的德国青年的教育……'这些德国青年的每一种思想与行为必须植根于为人民服务、牺牲之中，他们与其国家的历史和命运有着不可剥夺、不可分离的联系'"（H.-J. Hahn 1998：79）。由于《魏玛宪法》除了作为自由民主政府模式的一种提示以外，实际上已经变得毫无意义，因此，分发宪法文本给毕业离校者的做法由于这两个原因而被终止了。正如在帝国时代一样，教师再一次被划分为公务员。因此被录用者可能是依据其政治"可取性"（desirability）而被遴选出来的，无论如何，整个教师队伍都被威逼利诱地加入了纳粹党。课程也被迫进行大规模修订。新教材被编写出来——事实上，到了1941年，教材的出版发行比以往任何时候都容易控制了，因为教材仅限于一个出版社出版。

纳粹时期，主导学校课程与教科书的主题有三个。它们是：军事优势的重要性与荣耀；敬佩与尊重元首；"种族"（race），作为某些学科——尤其是生物与历史——中的解释因素和作为感受"自身"优越性和憎恨有威胁的"他者"的动力的基本重要性。甚至是为幼小儿童所提供的课程和初级读物也都反复重申这样的思想。1940年对小学的一项指示以如下的方式强调了这些机构的基本政治目的：

> 小学……必须发展和控制青少年的所有体力和脑力，使之服务于人民和国家。因此，在学校课程中应该设置的仅仅是可以实现这一目标的科目。所有由陈旧教育思想所生发出来的其他科目必须被抛弃。
>
> （引自 Samuel and Hinton Thomas 1949：83）

在中学，历史是一门关键性科目，它所讲述的内容是为了展示德意志种族的英勇事迹，以及纳粹党在将历史推向英雄的高潮中所发挥的无可比拟的重要作用。

除了通过学校培养广大德国儿童以外，国家社会主义党还创建了三种机构以培养纳粹精英分子。这就是：秩序城堡（Order Castles）、国家政治教育机构（Napolas）以及阿道夫·希特勒学校。每种机构都以其独特的方式提供政治灌输和军事训练，这使人想起了斯巴达人的"agogē"（教育），尽管没有斯巴达的教育那么无情残忍（关于纳粹对于斯巴达的兴趣，参见第一章）。

对于一般的年轻人来说，集体灌输最强有力的凝聚体验是由希特勒青年团（HJ）和相应的女子青年团体德国少女团（Bund Deutscher Maedel，BDM）提供的。由6岁至10岁，然后是10岁至14岁，一个男孩要加入青年团，需要经历两个见习期，先是成为被奇怪命名的男童团（Pimpf）成员，然后是少年团（Jungvolk）。两个见习期之间的过渡是以一句誓言"向我们国家的救世主，阿道夫·希特勒致敬"为标志的（引自Shirer 1964：315）。从14岁至18岁，德国的青少年经过再次向元首宣誓之后，将成为一个完全的希特勒青年团成员，尽管誓言在这个时候已经拓宽到将上帝作为证人，并承诺"为了德国人民的共同福祉而履行我的职责"（引自Mann 1939：114）。这最后一句，至少提供了一种公民元素。女孩子的组织按照年龄被划分为女童团（Jungmaedel）和较年长的德国少女团（BDM），退团的年龄为21岁。在加入这些组织成为义务之前，青少年加入到希特勒青年团体各个组织之中的社会和心理动机，可以由其大致的成员数目来说明：1933年，10万人；1934年，350万人；1938年，775万人。

希特勒青年团所开展的活动是以下各种要素的综合：政治灌输，身体训练，对训练有素的集体友谊的必要性和美德的不懈坚持，以及首要的就是军事训练。这些青少年所经历的军人般的锻炼，或许真的可以看作是由这样一种思想——即名副其实的真男儿愿意为祖国、人民和元首而战——所主导的儿童期的顶点，当然这最初是通过有关战争的幼儿园诗歌和玩具来体现的。

因此，男性纳粹青年团体在公民教育历史中的意义，就在于它有力地强化了对年轻一代进行灌输与军事化训练这一决心。关于这一点，并不是很复杂，但是对于我们的目的来说，有半数的女性加入了德国少女团（BDM），这是比较有趣的。这个团体也为成员提供体力训练，并向她们注入义务意识，始终强调健康生活方式的重要性。不过，这种经历会给德国年轻女性带来更多还是更少的公民认同呢（参见 Reese 1997：102-120）？在帝国统治之下，尽管拒绝给予妇女投票权，但是问题还是出来了，作为与男人必须服兵役相当的义务，和作为她们享有被赋予的公民权利的交换物，她们是否将被要求去承担社区社会的服务呢？通过参与德国少女团（BDM）的活动，特别是在第二次世界大战期间被招募起来从事必要的农业、工业、军事工作，应该说，此后的一代妇女，确实成为与男性具有同等公民责任的人，她们经常施展从德国少女团（BDM）中学到的经验与技能。她们也学习同志之谊（comradeship）的生活。另一方面，这种征召剥夺了她们的个人自由，而这是她们的祖先在家庭环境下一直享有的。而且，纳粹不断地发布命令，强调女人最重要的职责就是尽可能多地生育子女，这是格外地以性别为区分对公民身份本质的一种解释。虽然德国少女团（BDM）的领导者并不一定非常重视这一观念，但是将希特勒青年团（HJ）和德国少女团（BDM）混合组成夏令营的制度的确提供了这样的实践机会。

对纳粹极权主义公民教育的这一考察，提出了两个重要问题。其一，纳粹时期与魏玛时期的公民教育安排在根本上存在多大差异？其二，纳粹的计划真的是公民教育吗？

鉴于我们已经报告的这些变革的速度和广度，提出第一个问题看似有些奇怪。不过，还是可以指出二者之间存在的连续性的。将带有强烈民族主义－回归民族原初（nationalist-völkisch）特性的纳粹教育计划解释为与19世纪费希特之后的那些倡导者具有直系的联系，也不是不可以的（参见第二章）。而且，很有可能的是，许多在这种氛围中长大的教师们自己也在魏玛共和国时期传播着这些信念。另外，德国人对于《凡尔赛条约》条款的屈辱和非正义感非常普遍，不仅仅局限于纳粹党成员。20世纪20年代所使用的历史和公民教科书明显包含这方面的课程。例如：一本公民课本将战争美化为"唯一公正的判断和自然的选择，通过战争，那些健康、健全的国家将打败那些软弱的、劣等的国家，并为他们自己提供了空间和繁荣"（引自 Samuel and Hinton Thomas 1949：78），毫不隐讳对《凡尔赛条约》的愤恨和对魏玛共和国的蔑视。由本书引起人们对这种气氛下编写的教科书的关注。该书的作者总结道：

> 正是这些书，体现了反动的社会和政治理想，并经常蓄意培养战争和复仇的精神、仇恨和种族傲慢，这有助于形塑恰好在希特勒掌权时长大成熟的这代人的精神面貌。
>
> （Samuel and Hinton Thomas 1942：82）

我们过后还将回到魏玛时期的教科书问题。同时，必须理解的是，这些观察并不是有意在争论纳粹将其意识形态要求强加于学校的独断强度。相反地，它要表明的是，他们的公民教育观点并不涉及对以前取得的成就的迅速扭转。

纳粹时期与魏玛时期的公民教育之间的一个独特区别就在于，以青年团体的体验来加强学校学习这一无所不包的——的确是极权主义的——方式。目的是对年轻人进行灌输，使他们毫无置疑地接受将其生命奉献给他们所属的共同体，即民族。但是，共同体意识与公民意识是等同的吗？这就是我们的第二个问题。这个问题得到了很好的平衡。

一方面，公民身份所具有的一个功能就是促进公民形成——用专业语言来说——在垂直层面上对国家和在水平层面上对同胞公民（fellow-citizens）的认同与归属感。确实如此，社群主义倾向的公民理论比自由主义倾向的公民理论更倾向于强调这一特征；尽管如此，后者的解释中也并不乏关于这一特征的探讨。当前，在整个教育理论的历史中，有两个思想流派竞相付诸实施，即为了个人发展的教育与为了履行社会成员职责的教育。大约从1800年开始，这两个目标分别体现在洪堡和费希特的观点中，并在德国教育思想与实践中形成一种张力。我们再次引用弗里克的观点，他促使人们从纳粹的观点关注这一问题。他宣称：

> 个人主义的教育观念一直都是破坏国家和社会范围内民族生活的主要因素，特别是战后这一观念的泛滥已经表明它绝对不适合作为德国教育的指导原则。
>
> （引自 H.-J. Hahn 1998：74）

相反的观点——人民的共同体意识与公民身份格格不入——由一位德国教育家于1939年通过将纳粹政策描述为"拿走公民身份，给予同志之谊"而简练精辟地表达了出来（引自 Schiedeck and Stahlmann 1997：72）。

为了保证雅利安人的纯洁与完整性，犹太人被剥夺了公民身份。为了保证民族的化身——元首与纳粹党——的独裁权力，公民的政治权利受到压制。为了将青年人塑造成民族的顺从成员，特别将希特勒青年团组织作为民族的微观世界，青年人被拒绝了学习和践行对社会和政治事务进行自由判断的公民权利。而且，应该让年轻人在共同体中进行学习以使其绝对相信共同体无可限量的价值，这一观念被最具影响力的纳粹教育理论家之一，恩斯特·克里克（Ernst Krieck），特别在其1932年和1933年出版的《国家政治教育》(*National Political Education*)与《国家社会主义教育》(*National Socialist Education*)两本书中，以一种充满感情的神秘语气详细地进行了阐释。在前一本书中，克里克写到了通过"灵魂地狱"和"国家社会主义的大众唤醒和群众运动的艺术"来追求这种教育目的，注意到"众人在一个集合的群体中会熔成一个心理单元，形成情感的一致，形成共同体。"（引自 Schiedeck and Stahlmann 1997：70）。这是非理性的共同体，而并非理性的公民身份。

六、1945年以来的德国体制

因此如下的观点是具有合理性的，纳粹公民教育是源于上个世纪初[①]的趋势的一种夸张式延续，而且对这一传统的野蛮曲解实际上是一种为了塑造畸形公民的教育。如果我们接受这种论断，那么显而易见，第二次世界大战之后的1945—1949年间，管理四个占领区的国家拥有一个无与伦比的机会去肃清这种曲解，并建立起更加真实的公民教育体系。事实上，战后德国的"教育重建"或者"再教育"计划，在战争期间就已经开始了（例如参见 Schmidt-Sinns 2000：15-16）；在1945年夏天同盟国（Allied Power）召开的波茨坦会议上，一致认为"德国教育应该被如此控制，以利于完全消除其纳粹和军国主义思想，并使民主思想的发展成为可能"（引自 Hearnden 1974：29；关于1945年至2002年这一时期，参见 Robert 2002）。关于最初的任务，美、英、法、苏四国达成如下共识：第一项任务，作为整个去纳粹化政治方针的一部分，那些曾经具有效忠纳粹党污点背景的教师应该被解雇，但在实际上各个占领区被解雇的教师人数不尽相同。例如，俄国清除了半数教师，

---

① 指19世纪初。——译者

而英国只解雇了四分之一。去纳粹化计划的第二项主要任务就是销毁带有意识形态偏见的教科书。这一政策的另一方面就是积极的"再教育"——招募和培训更加合适的教师，出版更加适用的教科书。

在短时间内满足这样巨大的需求本身就很困难，再加上四个同盟国的占领当局之间，特别是西部占领区的每个占领国与德国的官员、教师、教会和家长之间的激烈争吵，使得这些需求变得更加错综复杂。其中一个根本问题就是，抵制对传统德国教育形式进行任何实质性的变革。许多反对美、英、法做法的人，都憎恨这些国家试图去除学校教学中的军国主义、民族主义色彩的企图，这些都是从威廉皇帝时期，经魏玛共和国时期，一直到纳粹时期德国学校教学持续不变的特征。任何关于综合学校的思想对于那些在反民主传统中长大的中产阶级来说都是令人讨厌的。但是，正如我们下面将要看到的，在苏联占领区没有出现那么明显的对抗。

替换旧的灌输性教科书的明显必要性生动地说明了同盟国所面临的困难。这一问题在历史学科中尤为尖锐。这一科目的所有教科书均被撤回，以至于学校中的历史教学——一个对于公民教育来说至关重要的学科——曾经一度没有一本合适的教科书。有两种可能的解决办法。一个就是委托编写新的教科书，但是编写、审查和出版这些教科书需要时间；另一个就是重印魏玛共和国时期的教科书，这至少可以在新教科书启用之前使学校渡过难关。奉行每一项这样的政策都显现出对 20 世纪前半叶许多德国人心态的生动印证。因为，难道德国人的性格和学校的精神氛围中不是渗透了威权主义而非民主主义倾向吗？如下评论来自英格兰占领区的经验。占领当局拟定了一个由七个特征所构成的清单，教科书中如果出现这七个特征，就将被禁止出版。其中包括："炫耀民族主义"，"敌视联合国，或者趋向于散播联合国之间的不和"（引自 Hearden 1978：114）。然而，当审查 1933 年前学校使用的大约 400 种教科书的时候，发现它们的内容如此公开地宣扬军国主义与民族主义，结果只有 8 本被认为适用于小学课堂教学（参见 Hearnden 1978：108）。更让人担忧的是一些准备用作新教科书的书稿。例如，一个被推荐的后纳粹时期的教会历史，包含了有关犹太人的这样一句话："自世界诞生之初，从来没有一个民族如此作恶多端"（引自 Hearden 1978：117）。

由于在西部占领区——1949 年以后被合并为德意志联邦共和国——所有这些潮流都与稳定实施民主路线的公民教育逆向而动，所以直到 20 世纪

60年代中期才开始出现真正认真的民主承诺和关于纳粹统治时期教育的有益讨论也就不足为奇了（H.-J. Hahn 1998：105）。进一步来说，正如许多教育家所思考的那样，德国人向民主公民所必需的思维方式的转变，是一个"先有鸡还是先有蛋"的难题：学校能够影响社会变革吗？或者说除非人民大众发生态度上的改变，否则学校就会无能为力吗？鉴于所有这些对西方同盟国家目标实现的阻碍，一位德国政治教育方面的权威所做的以下评论尤其具有启发意义：

> 再教育这一概念本身也许就是有问题的，因为它包含着回归到之前状态的观念，但是德语翻译的"Umerziehung"——"通过教育实现转变"（turning through education）——看起来更贴切，因为1933年以前的魏玛民主并不是德国人想要恢复的那种民主文化形式……1949年德意志联邦共和国成立以后，同盟国的任何影响手段几乎都没有在文化领域中留有影响。
>
> （Schmidt-Sinns 2000：15）

但是，在考察德意志联邦共和国公民教育蹒跚而又错综复杂的发展历史之前，我们必须谈一谈苏联占领区或德意志民主共和国的情况。向苏联政权所支持的教育风格的转变，在某种程度上比西方同盟国经历的要平稳得多。其原因有如下几个：第一，在敌对状态结束前，就已让狱中的德国战犯编写新的历史教科书。第二，俄国人在招募流亡的前德国共产党员作为代课教师（replacement teachers）方面的能力。第三个原因就是，这些教师和占领人员都更加愿意并能够无视那种西方同盟国觉得是令人尴尬的、意外的反对。到1946年夏天，一部新的《德国学校体系民主化的法律》（Law for the Democratization of the German School）已经被苏联占领区的所有州（länder）所采纳。其总体目的就是建立一个使个人"能够并且乐于使自己听命于社会和人民"的教育系统（引自Samuel and Hinton Thomas 1949：171），因而强调了其公民目的的首要性，并为实现这一目标，建立了一种综合学校教育（Einheitsschule）。因此，东德自夸其在执行波茨坦会议关于民主学校教育的要求方面，比西方占领区的学校设置更为精确。然而，不可避免的是，"民主"是按照马克思—列宁主义意识形态进行诠释的，这种意识形态是由新历史教科书来广泛传播的，这些教科书通过中央所控制的人民与知识（Volk und Wissen）出版社获得快速且大量的出版。

除了像苏联模式一样坚持公民要以劳动为荣、认识社会主义经济学的美德和理解马克思—列宁主义的基础之外，1949年成为一个独立国家的德意志民主共和国，其公民教育计划不得不处理好两个问题。这些问题主要源于两德共存，并关系到民主和民族（nationhood）的问题。两个德国都宣称自己是真正的民主国家，德意志民主共和国的教师很明显必须坚持社会主义的民主才是真正的民主。如果德国人在文化意义上构成一个民族，那么怎么可能存在两个真正的德国呢？是应该教育学生追求建立一个统一的人民民主国家？还是应该告诉他们中欧和东欧的人民民主才代表了一种新的、独特的民族国家？

尽管有国民教育部（the Ministry of National Education）和德国中央教育研究所（the German Central Institute of Education）对意识形态上获准的课程实施中央控制，但是在德意志民主共和国存在的四十年间，公民教育历史实际上并不像对之前的占领区之间所做的比较那样看起来那么简单。在东德，并没有采取推进综合学校体系的直接措施，意识形态在教学中的比重也各不相同，并且在起草持久的课程与教学大纲方面存在着困难。直到1957年，新的公民科目才被引入学校，其特征是学习政治经济学、马克思—列宁主义哲学、社会主义国家理论以及保卫国家的爱国主义义务。这应该会对迎合1958年一位教育官员所提出的批评有一定作用："尽管自1952年开始，就为学校工作确立了社会主义的教育目的，但在接下来的若干年里并未有目的地去实现它"（引自Hearden 1974：131）。1958—1959年，新的学校教学大纲被引入，但即使是新的公民科课程也并不能令人满意：因此，20世纪60年代早期，它被延长了2年，扩展为一门6年课程，重点在于强调德意志民主共和国相对于德意志联邦共和国的优越性。而且，到1968年，随着重新关注意识形态的需求，一个新的原则被付诸实践，即通过所有科目来开展政治意识形态的教育。例如，化学课程大纲宣称，有关化学工业的学习，"既被用来进行爱国主义教育，也被用来宣传与苏联及其他社会主义国家的友谊"（引自Hearden 1974：200）。

但是，通过不同科目来传达政治思想，特别是当意识形态立场发生变化时，可能是一项需要慎重对待的复杂事务。例如，1974年当新的课程大纲被引入时，官方的路线是德国的再统一是不可取的——实际上，"德国民族"这个术语已经在1968年从宪法中被删去了。对1949年新成立的社会主义国家——德意志民主共和国的忠诚,并引以为荣,这既是当时的通例,同时也被写入新的公民教科书中,以便于将这种解释教授给学生。即使如此,正如一位德国教育家所指出的那样,"10年级的历史教科书中仍然包含着许多德意志民主共和国政府在20世纪50年代为德国再统一所开展的活动"。直到1977年,之前的推理方法,能够使学生想起以前政策的所有事件、所有名称才被"消除"(Waterkamp 1990:328;关于历史教学方面,例如参见H.-J. Hahn 1998:150–152)。1983年又颁布了新的公民科与历史课程大纲,强调了德意志民主共和国的性质与经济政策。尽管如此,这些课程变革没有一个产生了使学生形成对国家的承诺的预期效果。大多数年轻人都暴露出深刻的政治冷漠。因此,还设计了一些其他策略——例如包括在这个国家存在的最后大约十年岁月中,自由德国青年(Free German Youth)组织的成员增加到原来的三倍。莱比锡青年研究中央研究所(Leipzig Central Institute for Youth Research)在20世纪70年代晚期开展了一项富有启发性的调查,结果已被总结如下:

> 对国家的认同并非总是以意识形态为基础……而是往往建立在普遍的人道主义——也就是反法西斯主义——和对本地环境或者自己国家的普遍的爱的基础之上。这两种动机都不能令教育家们满意,因为它们并未反映出对德意志民主共和国历史使命的信念。
>
> (Waterkamp 1990:331)

植根于意识形态的极权主义公民教育几乎不会获得支持。1989年至1990年这个国家的垮台与再度统一就说明了这一点。一位权威所称的"东德人"与社会主义国家和文化国家的"精神分裂关系"(schizophrenic relationship)在有利于后者的结局中获得了解决(参见Führ 1997:25)。

与德意志民主共和国国家教育部对课程事务的指导细致到颁布详细的课程大纲相比,波恩的联邦政府则实际上发挥不了任何影响,因为用《基本法》第7条第1款的话来说,"整个学校系统应该处于州的监管之下"。州的自治与权力实际上是得到西方占领当局批准的,以作为对纳粹所行使的中央集权的一种反动。事实上,反常的是,一些西部的州在联邦国家成立以前就已经拥有了宪法。而且,这些文书(instrument)比联邦宪法关于教育目的的第 7 条规定更为详细。因此,《黑森州宪法》(the Hesse Constitution)第 56 条就包括了这样的陈述:

> 教育的目标就是要把青年人塑造成有道德的人,为其获得职业能力,并通过养成敬畏和睦邻之爱、尊重宽容、诚实和坦诚来履行为国家和人类提供自主而值得信赖的服务的政治责任感而扫清道路。历史课必须以忠实、不歪曲地描述历史为目的……那些危及民主国家基础的观点是不能容忍的。
>
> (引自 Führ 1997:20)

因此,设计并执行自己的学校政策,由各州自己负责,这种安排由于阻碍了改革而被认为是制造了"混乱与混淆","更多的是祸害而并非恩惠"(H.-J. Hahn 1998:115,117)。这就不可避免地给试图对公民教育进行概括的努力带来了困难,特别是由于各个州政府的政治态度可能会给其下发到学校的指导方针打上相应的色彩。更糟糕的是,在很多问题上产生了争论,涉及选拔性学校教育对综合学校教育、教学方法与课程内容等方面。所有这些都包含对公民教育的意蕴。首先提出的是民主教育的恰当形式问题。第二是培养公民态度与行为的最有效方法。第三个就是政治上屈服于并因此教授有关第三帝国和冷战方面知识的问题。意见的分歧导致了严重的争论。联邦政治教育中心(the Federal Center for Political Education)的一位前成员就认为:"正是因为在联邦共和国而非其他地方有这种政治氛围,才导致了各种说教阵营(didactic camps)的形成,它们之间一方反对另一方的争论比政治党派之间还要激烈"(Schmidt-Sinns 2000:67)。甚至公民教育领域的相关科目,即社会科学和历史,有时也会向学生提出相互矛盾的解释。的确是这样,州力图通过创建政治教育中心(Centres for Political Education)来提供专业指导。

也曾为了进行某种联邦协调而开展过努力。除了建立地区中心之外,还建立了联邦政治教育中心(Bundeszentrale für politische Bildung)。教育部长常务会议(the Standing Conference of Education Ministers)有时也会发布这一领域的指南,并且许多专业方面的专家已经发表了一些解释说明以供全国范围应用。举几个例子:1961 年,教育部长常务会议发布了关于当代史的教学指南;1976 年,《布特尔斯巴契尔共识》(Beutelsbacher

Consensus）为争议问题的教学提供了指导方针；1995 年，《达姆施塔特呼吁》（Darmstadt Appeal）鼓励教师通过吸收诸如全球化、政治极端主义的新话题来更新他们的课程（参见 Robert 2002：561-563）。

现在从对德意志联邦共和国的制度背景进行的这种分析转入到对其进行年代学考察，我们可以将其有效地分为四个阶段，即 1949 年至 20 世纪 50 年代中期，20 世纪 50 年代中期至 20 世纪 60 年代中期，20 世纪 60 年代中期到 1990 年，1990 年至今。

早年的联邦共和国被经济重建的需要和一种政治失望所主导，这是导致 1943—1945 年大灾难的一种活动。公民教育也反映了这种状态。1951 年弗里德里希·欧廷格尔（Freidrich Oertinger）出版了《伙伴关系：政治教育的任务》（Partnership: the Task of Political Education）一书。这本书产生了很大影响，"伙伴关系"这一概念也被教科书与指南所采纳。教给学生的是共同体和伙伴关系的重要性，而不是政治争论和政治活动的重要性。许多学校都使用一本名为《彼此一起——为了彼此》（With One Another-For One Another）的教科书，这本书被广泛使用，实际上，到 1967 年，它已经出版了第 12 版。其题目本身就反映了这种教学的特征。然而，这种温和的公民教育的确也招致了批评；即使如此，欧廷格尔在新联邦德国首先提出政治教育的问题，这使得人们普遍认识到"好公民教育"是绝对必要的（参见 Duczek 1977：5-7）。

到了第二个时期，即从 20 世纪 50 年代中期开始的 10 年，联邦德国已经获得了自信，教授有关这个稳定国家的机构和民主过程方面的知识，根本没有被认为是危险的，而是作为教育和政治健康而得到普遍的鼓励。然而，这种假定的、传授社会和谐与政治和谐的时期并未持续太久。

学校不可能不受高涨的政治情绪影响。到了 20 世纪 50 年代后期，课堂中的反共产主义教学反映了冷战的紧张状态，并且新纳粹反犹太主义的爆发令人震惊地提醒人们想起不久前的过去。后者的经历激发了政治家敦促人们更多地关注培养良知公民（conscientious citizenship）的政治教育。进入 20 世纪 60 年代，也就是我们所说的第三个阶段，出现了社会道德观念与政治意识的巨大转变。德国并未像法国和美国那样采取了激烈的方式，而是以自己的方式成功地避免了这些震动。作为社会现实的反映，公民课程体现了社会和谐，公民的作用仅仅停留于消极的睦邻友好（neighbourliness）这个层面，这种状况显然不得不面临挑战与变革。尝试了许多新的方法：例如，传播一种民族认同感；开展社会科学分析方面的教学；20世纪70和80年代引入了环境学习。参与这些实验活动的教师得到了1965年所建立的 DVPB（公民教育委员会）的支持。此外，20世纪60年代的激进氛围产生了对坚持"非民主"的选拔性中学制度的愤怒批判。20世纪70和80年代的一个关键概念是判断（judgement）与参与（participation）之间的联系。出自1979年出版的一本书的引文体现了这一观点的思路："政治教育的目的就是塑造批判意识和形成独立观点的能力。二者都应该导致政治参与"（引自 Meyenberg 1990：216）。更强的现实主义与物力论正是从这些新生的观念中脱胎而来的。但是，所有这一切涉及的内容太多了，以至于学校无法消化。因此，到1990年，一位政治科学家不得不评论说："政治教育被认为处于危机之中……政治教育的教学法已经度过了动荡的阶段……（但是）政治教育的现状看起来并不太光彩夺目"（Meyenberg 1990：216，218）。

就在这些悲观的话语发表的同一年，东西两个德国统一了，因此提出了更多的问题有待解决。首先，最重要也是最显著的就是原东德地区公民教育的共产主义传统问题，而东德现在已经成为扩大后的德意志联邦共和国的新联邦州。就全章覆盖的所有转变而言，这个转变涉及谁来教、教什么和在什么样的学校教这三个层面。

> 统一后，20%的教师和从事与政治或决策有关问题研究的大多数学者……都被解聘了。公民教育的教师失去了继续教授这一科目的机会。相反，其他科目的教师却被培训来教授公民教育。
>
> （Händle et al. 1999：261）

通过向东部联邦州学校发送西部州已经在使用的教科书这一临时手段而实现了教材"西方化"。并且德意志民主共和国的综合学校系统被废除了，取而代之的是德意志联邦共和国的选拔性三轨制（selective tripartite system）。

强加于东部地区的，不可避免地还有德意志联邦共和国的教育管理责任下放体制（带有上述的附加条件），以至于对现在的15个联邦州进行概括比以前要困难得多。但是，还是可以发现若干共同的主题。第一，所有的中学都以这样或那样的形式开设了显性的公民教育课程，通常是在7、8

年级（参见 C.L. Hahn 1998：12；Händle et al. 1999：260-261）。第二（尽管这个引证只是取自西部联邦州所开展的研究），社会科（或是社会科学）课程通常建立在教师带领下详述复印文章的基础上。课堂讨论的做法也比较盛行，在讨论中，学生可以找出围绕某个问题的不同观点（C.L. Hahn 1998：13）。第三，"公民科"一词得到了极其宽泛的解释。第四，作为对一项重要研究项目的回答，发现"对于 90% 的专家而言，了解'正规'的民主功能（言论自由权、自由投票权、三权分立）是公民教育的核心目标"（Händle et al. 1999：264）。德国公民教育在经过一个世纪令人眼花缭乱的变化之后，至少达成了一定程度的一致。

七、日本

德国与日本在 1870 年至 1950 年这一时期的政治史显示出极大的相似性。我们可以看出这样一种变动彷徨：从君主独裁到第一次世界大战后的政治自由化，到因为战争而强化的法西斯专制主义，再到第二次世界大战后由同盟胜利者施加的自由民主。然而，尽管日本从 19 世纪中期开始引入西方方式，其东方传统仍然无处不在，这必然使日本的公民教育经验带有其自身特色。

1867 年到 1868 年，明治天皇即位和王政复古，开启了日本一个异乎寻常的变革时代，尽管并非是毫无疑虑的。在政治、社会以及教育事务方面，必须在传统主义与西方化之间保持适当的平衡，这也成为一个激烈争论的问题。就可以从日本传统意义上来谈论公民教育而言，它与儒学、日本武士的生活规则相关。武士官僚从儒学课程、从其家庭对勇气与忠诚的期望中，学习道德原则和政治技能。因此，在 19 世纪晚期，当学校向广大民众子女开放的时候，当宪法改革引入了选举产生的国会的时候，那些希望广泛地提供道德—公民教育的教育家，很自然地就会想到基于日本武士的学习方式来进行一种调整。

明治时代（1867—1912）和大正时代（1912—1926）的政治和教育变革速度从如下的划时代事件中可见一斑。1871 年，建立了文部省，其职责就是掌管国家提供的教育。从 19 世纪 70 年代中期到 19 世纪 80 年代中期爆发的轰轰烈烈的自由民权运动尽管最终被镇压，但是它不仅要求更大的政治权利，而且还建立了上千所自己的学校以开展政治教育，并且出版了自己的教科书。之所以产生编写替代性教科书的需要，是由于民权运动人士反对国家指导下编写的课本中"毫无掩饰的儒教主义与民族主义"，反对收回福泽谕吉（Yukichi Fukuzawa）之类作家所撰写的更受欢迎的著作（参见 Aso and Amano 1972：12）。非常多才多艺的福泽谕吉是明治时期最杰出的教育思想家。他敏锐地注意到教育与政治之间的潜在联系，注意到受过教育者的舆论的至关重要性（参见 Passin 1965：208）。1872 年，他出版了一本名为《劝学篇》的著作。在这部著作中，他表达了如下激进的思想：

> 如果（人民）对政府有一点点抱怨，他们应该……寻求一种正确的渠道来冷静地、坦率地陈情。如果实情符合天理与人情，那么就应该为之而战，甚至付出生命的代价。这正是在一个文明国家中所谓的公民应该负有的义务……如果我们不希望有严酷的政府，那么我们必须确保人民受到教育。
>
> （引自 Passin 1965：209）

同样重要的人物是森有礼（Arinori Mori），尽管他同时也是一位政治家。作为对 19 世纪 70 年代和 19 世纪 80 年代动乱的反应，天皇于 1885 年任命了一个内阁，于 1889 年颁布了一个成文宪法，规定设立通过选举组成的国会，并于 1890 年发布了《教育敕语》。他任命了非常有能力的森有礼作为内阁文部大臣，森有礼坚信学校的公民教育功能。他宣称学校[①]层面的教育目的就是"培养国民，使每一个人都能充分理解其作为日本臣民的责任，实践伦理道德，并有资格去享受国家的福祉。"（引自 Aso and Amano 1972：20）。而且，他有意识地利用日本武士的准则作为其教育所有人民具备道德公民义务意识的典范（参见 Cummings 1987：16-17）。他的简短语言广为人知："我们将要去做的事情，并不是为了学生，而是为了国家"（引自 Passin 1965：150）。还有，森有礼所创建的教育体系一直沿用到第二次世界大战结束。他的理念被铭刻在 1890 年的《教育敕语》中，其中包含了相当于官方有关公民和公民教育的宣言的内容，尽管是在非常有限的意义上而言。天皇命令他的臣民们：

[①] 森有礼这里所说的"学校"，指的是基础教育阶段的学校，不包括高等教育。——译者

广行公益，开辟世务；常遵宪法，时守国法；一旦危急，则义勇奉公，以扶翼天壤无穷之皇运。

（引自 Passin 1965：151）

但是，天皇的观点与公众舆论都不会支持那种接近于同一时期美国、法国所开创的公民教育方面的教学，尽管森有礼和其他一些日本教育家与这些国家有着极为密切的联系。相反，真正的极权主义的保守迹象、极端民族主义的情绪已经清晰可见。由于他的重心都放在爱国主义上，森有礼被许多人认为是不够胜任的民族主义者。正因为这个原因，他于 1889 年被暗杀。就在同一年，天皇的肖像被派发到学校供师生敬仰，两年以后《教育敕语》的副本也以同样神圣的方式被提供展示。可以指出的是，皇室肖像的展示，不仅是日本学校，而且也是英格兰学校公民氛围的一部分，在美国和日本都同样引入了向国旗致敬的做法。但是，正如下面的描写所揭示的那样，日本学校的氛围更加无比虔诚：

阅读《教育敕语》与其说是在诵读世俗的文件，还不如说是在朗诵一种宗教咒语……这些象征是如此的神圣（即也包括"御真影"），以至于万一发生火灾，这些肖像会比其他东西更先受到保护，甚至人们会为之付出生命的代价。有许多戏剧性的事件，学校的教师或者校长由于不小心出现了一些不适当的行为——例如，掉落了《教育敕语》，或者在阅读《教育敕语》时出错——而自杀。

（Passin 1965：155）

在课堂中，带有民族主义倾向的道德教育渗透于课程之中；它不仅被作为一个具体的科目来进行教学，而且还给其他学科染上了这一色彩，尤其是历史。

在大正天皇的短暂统治时期，政治改革的实施是至关重要的，以致人们发明了"大正民主"这一术语来描述这一时代（大正，"伟大的正义"，是天皇对其统治的描述。）。1919 年的一个《改革法案》使选民的数量翻了一番，六年后提出了赋予成年男性以普选权。

尽管如此，虽然在这些改革的岁月里，教师被赋予了更多的课堂自由，一些新教科书也明显地反映了这种现代化和自由化，但是历史教科书却仍然坚持着一种坚定的民族主义叙述。而且，任何缓和对《教育敕语》的极端民族主义解释的希望，都因1931年军人和极端民族主义政客们从裕仁天皇手中实际接管了权力而破灭。改革者们诚惶诚恐地行走于右倾的法西斯政府与左倾的早期改革趋势之间；因此，便有了从1931年侵略中国到1941年攻击珍珠港这十年的名称，"*Kurai tanima*"——"黑色峡谷"（参见 Storry 1961：182）。1932年，文部省成立了一个国民精神文化研究所（Institute for the Study of Moral Culture）来实施思想控制；两年后，文部省内还成立了具有奥威尔式①名称的思想局（Bureau of Thought）。从1937年开始，在一个新的教育审议会（Education Council）的推动下，进一步加快了沙文主义教育的步伐。该审议会的一个建议就是，将青年学校义务制扩大到19岁，课程包括军事训练（参见 Kobayashi 1976：38-39）。

1941年，陆军大将荒木贞夫（General Sadeo）被任命为文部大臣。学校中的思想灌输现在是由军部控制的，教科书变得越来越具有民族主义色彩。同时，还建立了国民学校来提供超过六年义务教育年限的教育。管理这些机构的《国民学校令施行规则》第二条的陈述中有这样一部分内容：②

> 国民科以习得我国的道德、语言、历史和地理，特别是以明晰国体之精华、养成国民精神、形成皇国使命之自觉为要旨。应该使其感受到生在皇国之喜悦，体会敬神、奉公之真意。
>
> "国民科"要使他们理解我们的历史和国土的特质，正是这些特征培养了优秀的国民性。

（引自 Passin 1965：267）

例如，第一段话放在英格兰似乎也不会不合适；然而，第二段话却好像更高声地附和了纳粹德国。而且，随着美国扭转了太平洋战争的局势，在日本，战争逐渐优先于生活的其他任何方面。但是徒劳无益。伴随美国于1945年的对日占领，为了改变日本教育的性质，占领当局强行实施了根本的变革。

在日本投降仅仅两个月后，盟国最高司令官就发出了一份教育备忘录。

---

① 是指英国小说家、新闻记者奥威尔（George Orwell，1903—1950年）小说中描述了受严酷统治而失去人性的社会的特征。——译者

② 以下的翻译参照了该法令的日文原文。——译者

与我们主题密切相关的段落包括如下内容：

> 禁止传播军国主义、极端国家主义思想，终止所有军事教育与训练……
> 所有曾经积极拥护军国主义和极端国家主义以及积极反对占领政策的……教师和教育官员，将会被开除……
> 尽快……设计出新的课程、教科书、教师参考书以及教学材料，以培养有教养的、和平的、负责任的公民。
>
> （引自 Passin 1965：270–272）

此外，在这一年的最后一天，又发布了一个强制性指令，核心内容就是"所有的道德……日本史和地理方面的课程都应该立即被中止"（引自 Passin 1965：273）。美国决心通过政治和教育手段按照自己的设想重建一个民主的日本，这一力量是无法抵挡的。因此，1947年的《教育基本法》阐述了建设一个新的民主国家的理想"将在根本上依靠教育的力量"，正如第8条中所规定的那样，包含了如下要求：

> 政治教育。成为一个有良知的公民所必需的政治教养，在教育上应该予以重视。法律所规定的学校不应该开展支持或反对任何特定政党的政治教育及其他政治活动。
>
> （引自 Passin 1965：301–302，303）

尽管"二战"结束后采取了一系列果断措施以改变日本的政治和教育文化，并将公民教育（无论在什么样的标签之下）作为一种重要的辅助，但是所有这些努力在实施过程中绝非那么顺利。首先，由中央政府定期提出的《学习指导要领》所规定的教学方式发生了许多变化。起初，社会科课程是被作为一种核心课程而引入的。1955年，还有在1960年，社会科又分成若干科目。1958年，道德教育成为一个独立的科目（参见 Cummings et al. 1988：82）。之后，于1968年，社会科改名为"公民科"。然而，在此之前，文部省的中央教育审议会（the Central Council of the Ministry of Education）于1966年发表了一份报告，界定了"理想的日本人形象"，这份报告构成了1971年至1972年更多课程改革的重要参照点。在之后的几年中，又进行了更多的修订。另一方面，公民教育的基本目的由文部省于1970年确定，并依然不变地作为指导方针。其内容涵盖：日本的民族主权；地方社区；民族文化、经济和国际关系；了解个人的权利与义务；根据这些权利与义务行动的能力（参见 Cogan and Derricott 2000：68）。到世纪之交的时候，小学在3—6年级教授社会科（地理/历史），初中在三年级教授公民科（现代社会生活、国家生活和经济的改进、民主政府与国际社会）。高中教授当代社会或者伦理与政治/经济（参见 Cogan and Derricott 2000：69-70）。

然而，在所有这些内容和科目关系变化的背后，隐藏着20世纪后半叶公民教育更多不幸的特征。其一，以事实记忆为中心的呆板教学方式，使得一些公民教育课程不受学生欢迎。其二，在政府的指导下，传统主义的、民族主义的内容和解释在逐渐增加，这导致了国家内部的分歧和其他国家的不满，最显著的就是中国和韩国，因为它们认为日本的历史教科书存在曲解。正如我们所看到的那样，在框架上1970年的指导方针并没有什么可值得反对的；而是他们的解释，特别是在历史方面的解释，导致了攻击与争论。

这种问题根源于教科书审定制度和发布"学习指导要领"制度的安排。第一种策略在战后本来是一种暂时性措施，但却一直被用来审查教科书中的偏向和向教科书引入偏向。而且，这种安排因为1966年《教科书国家控制法》（Textbook State Control Law）的颁布实施而得到进一步加强。第二种策略也逐渐被用来给教师提供带有倾向性的建议。两位英国权威于1973年评论说，历史课的学习指导要领"经历了不断的、倒退性的修订，民主的、和平主义的、科学的元素逐渐地被削减"（Halliday and McCormack 1973：187）。政府干预教科书内容的最著名例子就是对家永三郎（Saburo lenaga）教授所写的历史书的审查。他被文部省的修正要求所激怒，将政府告上了法庭，否认政府要求他做出的320处改动的合法性。这一案件旷日持久，犹如英格兰的维多利亚民法程序（参见 Cummings 1986：22；Halliday and McCormack 1973：187，189）。作为家永所面临的困难的一种说明，我们可以引证1970年一位负责教科书审查的文部省高级官员所做的评论。他宣称，当前所有的教科书都是"有偏见的、无知的"；并且在揭示他做出这种判断的依据理由时，他解释道："我宁愿被称为右派。我是一个极端国家主义者"（引自 Halliday and McCormack 1973：190）。

日本比德国更能说明由极权主义向自由模式的公民教育转变的困难，尽管这三个国家的教师都曾面临巨大的困难。年轻人始终对政治态度冷漠，他们更感兴趣于青年文化而不是公共事务。相比于公民责任，成年人对他们的生活水平和职业生涯更感兴趣。对过去的状况、伟大与耻辱的记忆已经培育了人们对自由、宽容的公民观的怀疑与怨恨。对于一些德国人来说，面对移民，新纳粹主义似乎具有吸引力，而1945年的战败被看作是一场灾难。对于一些俄罗斯人来说，在面对经济崩溃与犯罪率上升时，回首共产主义似乎也并非是一种那么糟糕的体制。日本的情况稍稍有些不同，他们的问题实际上一直是一种文化冲突：对传统日本价值观与西方价值观进行协调，从明治时期就已经开始经历的这一难题至今尚未得到解决。我们所考察的所有国家都致力于开展自由模式的公民教育，这实际上已经变得很普遍了。尽管如此，在这样一种带有某种倒退特征的背景下，学校要取得成效是受到一定限制的。

与此同时，俄国人对公民身份的感受与理解不得不考虑到民族（ethnic）问题的存在，特别是穆斯林和少数民族。德国人则必须将欧盟的公民身份纳入到他们的公民理解之中。这些国家都必须学着和与日俱增的世界公民意识建立起联系。

第五章 多元公民教育

一、国家—公民模式的不足之处

无论是在城市－国家、民族－国家、共和国、公国，还是在帝国中，公民身份始终是一个国家授予个人的法律和政治身份与个体对国家负有忠诚义务的约定。因此，公民教育力求使个人具备这一身份，并密切这种义务关系。的确，这种关系看起来是如此的不言而喻，以至于在理论与实践中，由国家来按照自己的设想提供公民教育经常被认为是极其自然的、有远见的和必要的。随着时间的推移，及从18世纪起社会前进步伐的不断加速，更多的因素使得公民理念和实践日趋复杂起来。然而，国家—公民的联系犹存，直到现在。如果国家要求道德和心理纽带优先于社会和伦理关系，那么，万一出现对其他关系和忠诚的强烈意识，国家对公民忠诚的垄断就将受到质疑。这样，国家就有可能仅仅被解释为人类群体的社会—道德—政治层面中的一个单位；于是，人们就可以找出证据证明，公民还应该共享其对国家之下和国家之上（below and above the state）的理想、群体或制度的忠诚。总之，公民身份必须被看作一个多元而非单一的概念和身份（参见 Heater 1990：ch.9）。在这种情况下，公民教育也就变得更加复杂了。

来自国家层面之下对一国公民身份（sole state citizenship）的挑战，源于国家内部的种族和文化上的少数者族群（minority），他们希望国家能够承认他们的认同。在少数者族群的地理分布比较集中的地方，对他们的回应可以是分权的或联邦制的政治形式。在少数者族群的地理分布比较分散的地方，也可以承认其法律和共有权（communal rights）。来自国家层面之上对一国公民身份的挑战可能源于提供公民身份的跨国机构，诸如欧盟；或是源于世界公民意识或对世界公民身份概念的信念，这种世界公民身份具有一种超越国家法律义务的道德准则,甚至具有建立世界性法律和政治机构的要求。存在一种补充性的世界公民身份,这一观念实际上首先是由古代斯多亚学派提出来的。来自国家层面之下对只有国家才能授予并决定公民身份性质这一观念提出的挑战还是更近的事。它源于国家(state)与民族(nation)的合并。因为政治国家与文化民族必须是同义的这一主张在实践中是不可能实现的,所以文化意义上的少数者族群对公民身份必须由这种谎言来加以塑造这一意蕴越来越不满意。

然而,这些复杂的情况增加了公民理论所面临的困难。可能会有人认为,而且事实已经有人这么认为了,将"公民身份"这一术语扩展到包含"世界公民身份"是一种语义上的混淆。公民身份的真正含义涉及一种个人—国家关系;没有世界国家,因此就不存在世界公民。至于欧盟公民的身份,尽管它被载入了国际法,但依然是对这一术语的一种不幸淡化,因为同样也不存在一个统一的欧洲国家(an European state)。反对为适应多元文化国家内部的分歧而变更公民身份,涉及重要的可行性。采纳联邦制的方法是可以接受的,因为按照宪法定义,联盟成员国是国家,它们拥有确定公民身份这种政治身份的基本立法和政治机构。但是在宪法上统一的国家内部承认少数者族群具有不同的法律的,甚至是政治的权利,就会削弱公民身份的地位。公民身份应该至少在理想上建立在所有公民基本平等的基础上。我们将联邦制(和欧盟公民身份的准联邦特性)先放在一边,以上复杂情况的出现是因为人们认为,公民身份不仅事关法定的身份、权利与义务,同样也涉及——作为一个好公民的——承诺、忠诚与责任。如果世界公民身份概念具有有效性的话,那么它在很大程度上也是在全球公民美德(global civic virtue)这个意义上而言的。一个国家中的多元文化主义问题也会对公民身份产生衍生性影响,同样也是因为归属感——因为传统、语言或是宗教的原因——使得少数者族群不同于多数者族群。当这些情感——不管它是世界性的还是文化上的——被充分而又牢固地植入人们心中,它们必然能够挑战公民身份作为整体性地位的特性。

原初意义,亦即希腊意义上的简单公民身份概念的混乱,势必会影响到公民教育。本章的目的就是根据当时的历史状况来解释这些影响。在这里先概括一下这种复杂状况将是十分有益的。让我们从接受这一观点开始:将传统的公民教育描述为学习和理解自己国家的法律,尤其是政治运转的过程,并不算太大的讽刺;它涉及认知和情感学习两个方面,其目标乃至方法论都相当简单明了。增加多元文化教育、欧洲公民身份教育（在其成员国内）、全球或世界教育这些额外的维度，扩大了教学内容总量，也提起了有关多元认同和忠诚教育的争论。

在教学大纲的编写和呈现主题的方法上，会不可避免地出现问题。要求被包括进来的潜在主题越多，选择工作也就变得越困难。在全球教育中，由于对世界公民身份含义界定的不确定性，这个问题就变得更加突出。但是绝对数量只是其中的一个问题而已。在各种公民身份间找到适度的平衡，也是一个问题。多元公民教育工作也变得危险起来，因为解决这些问题的方法还不完善，书面的教学大纲和课堂教师都可能会受到这样的批评：培养国家公民的教育工作被淡化了和（或是）选择的资料或传授的方式带有偏见。况且，多元文化教育议题具有自己特殊的政治难题，政府必须解决这一有别于教育难题的政治难题。它包括：是否应该命令学校保存或破坏组成国家文化的少数者族群文化；接受一个马赛克式的公民群体，还是试图把各种差异融合成文化上一致的公民群体。另一方面，无论一个人是在考虑多元文化教育，还是欧洲公民教育或全球教育，有一种发展是显而易见的：所有这些方式都增强了教育家们这样一种意识，即公民教育必须优先考虑学会宽容，并教授关于人权性质的知识。

二、公民身份、文化和种族性

最初，公民身份与族裔（ethnicity）几乎没有联系。虽然，希腊人习惯于将自己与"野蛮人"区别开来，但公民之所以成为公民，不是由于他们的希腊文化，而是由于他们是某一个特定城邦的成员。同样，如意大利城市国家的公民身份是佛罗伦萨人或威尼斯人的公民身份，而不是意大利人的公民身份。从奥古斯都时代起，罗马公民身份越来越多地授给了非拉丁人，虽然克劳迪亚斯（Claudius）把公民身份给予了希腊人、高卢人、西班牙人和不列颠人引发了西尼卡①（Seneca）嗤之以鼻的评论（他自己就是西班牙裔的！）（参见 Sherwin-White 1973：237 页及其他地方）。

---

① 塞涅卡（Lucius Annaeus Seneca，公元前4年—公元65年），罗马哲学家。出生于西班牙科都巴的显贵人家，父亲是修辞学家。他从小就学习修辞学、演说术、哲学。他虽然志在从政，对斯多亚学派也颇有心得，写过思想性与道德性的文章《道德书信集》，也有讽刺诗文和科学性著作传世，是公元 1 世纪中叶罗马学术界的领袖人物。——译者

不过，我们必须在城市国家和罗马帝国的背景下区分族裔和文化。没有受过希腊文化教育，就不可能成为雅典公民；没有接受拉丁文化教育，也不能成为佛罗伦萨公民。变化莫测并极端复杂的罗马政治极好地说明了这个区别。我们在第一章中已经看到了教授拉丁语和文化的学校如何变成了使地方精英罗马化的积极政策的代理人。也存在一个谢赛因-怀特（Shercin-White）所谓的"自我罗马化"（self-Romanization）过程，主要是出于提升生活水平的考虑（Sherwin-White 1973：222）。有两个例子可以证明，为了成为一个罗马公民必须要掌握拉丁语。一个据说是克劳迪亚斯的观点："让一个不懂罗马语的人成为罗马人是不合适的"（引自Sherwin-White 1973：246）。另一个是利班纽斯[①]（Libanius）——公元4世纪的一位修辞学教授——的评述：以东方的拉丁民族人排挤希腊人（尽管希腊人不久又重新恢复了他们的优势）是戴克里先（Diocletian）(d.306)和他的继任者的政策（参见Marrou 1956：257）。另一方面，卡拉卡拉（Caracalla）的《安东尼宪法》（Antonine Constitution）在公元212年就已经将罗马公民身份扩大到帝国的所有自由民，而不再考虑他们的教育背景。于是，在进入现代之前，人们设计了公民教育，以使年轻人符合参与其国家生活——而不是其部落或民族生活——的资格。

然而，在民族主义时代初期，一种新的思想出现了，即应该培养年轻人使其具备民族意识；尽管民族和国家并不一致。我们在第二章看到了费希特是如何努力通过教育的方法将普鲁士国家与德意志民族联系起来的。而且，到19世纪末，国际法开始承认"国籍"和"公民身份"是同义语，特别是在1930年美国—墨西哥综合诉求委员会（the United States-Mexico General Claims Commission）的意见中，它们就是被这样定义的：

> 一个人的国籍是主权国家和公民之间的持续性法律关系。一个人国籍的根本基础是他作为一个独立政治实体的成员资格。这种法律关系涉及双方的权利和相应的义务——公民与国家所享有的权利和承担的义务同等重要。
>
> （引自Starke 1947：180）

[①] 诡辩家利班纽斯（314—390年）生于东部的首府，在尼斯、尼柯米地亚、君士坦丁堡、雅典教授修辞学和演讲术。——译者

与法律上的这种发展相伴而随的是确信国家应该是一个双重意义上的"民族"：一个主权政治实体和一个在族裔和文化上同质的共同体。即便有国家符合后一定义，也是寥寥无几，所以人们实际上已普遍接受这一观点，即应采取一些步骤以实现这种必要的同质性。这些步骤主要是教育方面的，尤其是利用学校向少数者族群的儿童传授主流民族的语言和传统。除了国家应该是一个文化意义上的民族这一意识形态上的假定，还有其他两个思想也影响了这种教育政策。一是文化凝聚力是保证国家所有公民的爱国忠诚和国家安全所必不可少的信念。另一个是这样一个观点：在一个民主社会中，如果人们不能掌握所属国家的法定语言，那么他们将不能享有他们的公民权利和履行相应的义务（因为在这里我们是在进行历史透视，所以使用了过去时；但这些观察现在仍然正确。）。我们可以简略地解释这两个思想。在19世纪，俄罗斯化和力度稍逊的德国化政策被这两个国家用于同化它们的波兰臣民。例如，在1863年反对沙皇专制统治的波兰叛乱之后，

> （波兰）语被完全从学校、行政管理和公共生活中驱逐出去了，甚至使用拉丁文字或波兰式驾马车的方法（！）都被禁止。在波兰本土，所有的学校都被俄罗斯化，在校园内学生们被禁止说自己的母语。
>
> （Macartney 1934：132）

关于参与的实际问题，密尔（J.S. Mill）对此做过精彩的阐述：

> 在一个由不同国籍的人组成的国家里实行自由制度几乎不可能。人们之间没有同胞之情（fellow-feeling），特别是如果他们说不同的语言，就不可能存在代议制政府运转所需的统一的公众舆论。
>
> （Mill 1910：361）

厄内斯特·盖尔纳（Ernest Gellner）更进一步主张，在现代世界中，公民身份、语言民族性和教育之间必须具有紧密的联系。他沿着下面的路线论证了自己的观点。读写能力是行使公民身份的最低条件；只有民族国家能够配置建立完善的教育体系所需的资源；教育必须用所有公民都能够

理解的语言来进行。他总结说："只有教育才能培养完善的人和公民，而且教育必须通过某种语言媒介来进行。这说明了为什么民族主义能够而且的确感染了绝大多数人"（Gellner 1983：48）。

我们可以将这一论点进一步扩展为一个综合分析，并确定民族国家可以做出特殊努力以促进具有公民目的的教育的五种情况。第一种情况发生在世俗化的过程中。人们普遍认为，教育应该具有道德目的，如果宗教不能提供这方面的教育，用一个蹩脚的词来描述，其替代物就是比如"公民精神"（civism）之类的东西。第二种情况发生在革命之后，此时新政权通过教育来巩固其地位并达到其目的。纳粹德国就是这样一个例子（参见第四章）。第三种情况是在新建立的国家中出现的，尤其是那些从帝国主义统治下获得独立的国家。非洲国家提供了这样的例子（参见第三章）。第四种情况出现在所谓民族国家事实上是由一个以上拥有文化或种族自觉的群体所组成的时候，在这种情况下，国家觉得在将这些群体融合成一个有凝聚力的"民族"时需要谨慎从事。1789年后的法国体现了这种情况（参见第二章和第三章）。第五种情况是移民的经历。美国的历史展现了这种情况（参见第三章）。然而，显而易见的是，在一个特定的国家里，决定其教育政策的可能不只是以上的一种情况。

建构文化上同质的民族公民（national citizenry）的国民教育体系准则，在19和20世纪被广泛接受，但最近又被认为过分简单，甚至是不受欢迎和不切实际的。这种旧模式的简单性已经因为理论和实践两方面的原因而遭到普遍质疑（例如参见Delanty 2000），所以在这里只要能够说明特别切合我们目的的主要观点即可。目前三个主要思想流派并存，即以古代为基础的公民共和观念，它强调义务；现代自由主义观念，它主要强调权利；和新近提出的社群主义观念，它尽管与公民共和学派共有一些特征，但是强调对其所在社群的认同承诺。由国家民族主义主张的失败衍生了一些实际问题。理想的民族国家，即便曾经真正存在过，现在也由于亚国家（sub-state）的、地方性的族裔和文化意识的勃兴以及大量外国人的涌入所造成的压力而正在瓦解。

公民理论和人口多样性以下列方式相互影响。自由主义公民理论认为，公民是平等的个体，作为一个政治国家的成员而生活；公民共和理论认为，归属于国家的爱国公民构成人民的基本组成部分；社群主义理论认为，公民是不同群体中联系在一起的成员。然而在典型的21世纪国家里，文化上具有如此鲜明的异质性，因此问题就产生了，是否能够设计出一个整合的公民理论，是否能够制定出一个可行的种族间（inter-communal）社会政策，教育体系是否能够应对新的要求。核心问题在于政治家在设计他们的政策时从三个可能的基本模式中选择出一种合适的模式的智慧（例如参见 Delanty 2000：103—104，尽管有一些社会学家偏爱复杂的分析：例如参见 Esser 1991：45—49）。首先是同化（assimilation）还是整合（integration）的选择——19世纪的美国"熔炉"政策就是很好的例证，借助这种政策，少数者族群被引导或强迫与主流族群形成文化上的一致。第二种选择就是边缘化（marginalization），即让少数者族群的人民居于二等公民地位的政策——例如，1950年前美国黑人和最近的苏丹基督徒的地位。第三种模式是多元主义（pluralism）还是多元文化主义（multiculturalism），即在一个国家里容忍多元的种族特点（ethnicity），确信在当代世界通过这个巧妙的方法可以更好地实现忠诚和社会稳定。英国对其犹太人、黑人、亚洲人和穆斯林公民的政策就是这种政策的例证。

很明显，学校的角色因国家的需求而不同，而这取决于所采用的教育模式。即使这样，如果奉行的是多元主义的政治政策，那么这样一个问题依然有待回答：学校是应该被建成满足多元文化社群中所有儿童需要的共同机构，以便他们长大后能够理解并宽容其他社群成员；还是作为种族分离的机构（segregated institutions），以便每个族群的儿童都能够保持他们独立完整的文化认同。这是一个曾被伊蒙·卡兰（Eamonn Callan，1997）最透彻地讨论过的问题，他决定支持统一的公立学校（common school）。简要地回顾一下卡兰关于这个问题的复杂论点，即：一个建立在自由主义美德基础上的社会要面对协调家长们教育孩子的权利和儿童作为未来公民的权利这一难题。这个问题与分离的学校和统一学校的诉求之间的紧张关系有关。因为前者的存在是出于对家长和少数者族群权利的尊重，而后者由于在构成上更庞杂，所以可以为学生在多元社会中生活提供更好的基础。对于解决这些问题，他持悲观态度，但是公民道德的培养意味着优先支持统一的公立学校。

就像已经指出的那样，因为种族单一、文化一致的国家在某种程度上是一种神话，所以很多国家能够选来做案例研究。我们选择了匈牙利和以色列主要作为同化和边缘化的例证，选择加拿大和尼日利亚，主要作为多元文化主义的例证，仅仅匈牙利就可为我们提供一个合理的历史跨度，但是之所以这么选择，是为了提供更广的地理覆盖面。不过，为了更全面地感受它们的经验,并提供广泛的例证,其他国家的政策在上文和其他章节也已经提及。

三、某些多元文化国家的政策

从匈牙利开始是适当的,因为这一段时间里它正在忙于民族维度的公民教育。观察其在一个半世纪里的政策历史,我们发现了决定这个国家公民教育政策的四个主要阶段,即哈布斯堡王朝统治时期(Habsburg Imperial regime),豪绥(Horthy)摄政时期,第一次和第二次世界大战中右翼活动时期,共产主义制度及后共产主义政府时期。

1848年,在考苏斯(Kossuth)领导下的匈牙利起义,是由双重民主主义目的促成的:把匈牙利从奥地利哈布斯堡的霸权下解放出来,并把匈牙利霸权强加给它自己的少数民族。因为奥地利帝国的匈牙利一半本身也是一个多民族的大拼盘——马扎尔人(Magyars)、罗马尼亚人、鲁塞尼亚人(Ruthenes)、斯洛伐克人、克罗地亚人和德国人,是一个范围比现今的共和国大得多的王国。1867年,双方实现了和解(Ausgleich),由此,这个帝国成为双重君主制的奥匈帝国,它归还了匈牙利从前的内部主权。在这个条约之前,人们在如何解决国籍问题上存在意见分歧:用今天的术语来说,王国的政策应该是同化还是多元主义呢? 1848—1867年间的趋势更倾向于前者,即马扎尔人化,匈牙利民族、语言和文化占有优势。因此,伴随和解而来的是,布达佩斯政府获得了确定其立场的机会。在第二年,承认少数民族权利的《国籍法》被通过。但很快它就被忽视。统治阶级坚定地认为,匈牙利应该成为有凝聚力的民族国家,就像19世纪民族主义意识形态所明确指出的那样。对于这种雄心所具有的令人着迷的力量,一个专家是这样概括的:

> 这个国家所有的道德和精神力量都被投入到民族同化、中央集权化和团结统一这个唯一的目的上了。整个国家的教育体系都几乎带着宗教般的狂热服务于民族统一这一最高信条。
>
> (Jászi 1961:440)

因此,通过上述对匈牙利民族问题的回顾,我们得出了这样一个教育意蕴:

公民教育就是民族主义教育。

  影响学校的马扎尔人化政策是一项企图强迫所有儿童了解被确定为马扎尔民族的匈牙利的伟大并以作为其成员为荣。这一政策是由具体的立法和地区压力所致。主要的重大事件如下（例如参见 Macartney 1937：24-25）。1874年，关闭了三所斯洛伐克中学。1879年通过了一项规定每个教师都必须具备马扎尔人的知识，每所小学都要教授乌戈尔语①的法律。1833年，14所保留下来的非马扎尔人中学都被置于严密监管之下，所有国立中学中的教学语言都变成了乌戈尔语。高潮出现在 1907 年，大臣康特·阿波尼（Count Apponyi），一个积极的民族主义者，制订了一系列的《教育法案》。这些法案将国家的控制扩大到了教会学校，并通过要求他们举行效忠宣誓和威胁解雇那些其学生不懂乌戈尔语的教师等手段，对教师施加了进一步的影响。的确，这些法令并没有被完全执行，并且在鲁塞尼亚（Ruthenia），政府对那些其学生讲乌戈尔语的教师给予一百克朗奖金的诱惑；尽管如此，独裁主义的意图依旧昭然若揭。

  现在让我们再来稍微具体地看一看这个马扎尔人化计划的实践效果。首先，是一件小事。1909年阿波尼发布命令，要求所有教科书、地图、地球仪都要把奥地利-匈牙利君主政体或奥地利-匈牙利人表达合称为"匈牙利和奥地利"！正如经常在民族主义鼓舞下的教育中所看到的那样，历史与乌戈尔语一道变成了塑造和宣扬马扎尔人公民意识的主要工具。但是，当然它是一段被简化和歪曲成有关过去英勇团结奋斗的民族主义神话的历史。一个地方当局的资深管理者描述了其结果：

> 一种浪漫主义的象征充斥在全部教学之中……一般而言，整个中小学教育都具有这样的特征，即儿童们被迫面向过去，他只能看到过去的事情。他丝毫不能看到与现在有关的自我。过去的历史是一个人为设计的画面，其中心是被众多敌人包围而只有少数几个朋友的、英勇的马扎尔民族。因此，毋庸置疑，学生们不知道任何涉及祖国真实文化和经济力量的知识，以及各个不同民族另一面的历史传统。

（引自 Jászi 1961：442）

---

① 马扎尔人所说的语言，亦称匈牙利语。——译者

因而，如果一个多种族国家内的公民教育应包括培养对这种社会多样性的移情性理解的话，19 世纪的匈牙利所坚持的恰恰是一个截然相反的日程。统计资料也告诉我们同样的情况，尽管不同的来源提供了稍有不同的数字，并且存在定义的问题。两组数字还是清楚地说明了这一趋势。用斯洛伐克语教学的学校的数量，在 1874 年是 1971 所，1919 年是 327 所；用鲁塞尼亚俄语教学的学校数量，1871 年是 33 所，1915 年是 0 所（参见 Macartney 1937：90，90n.，221n.）。

但是，这个通过学校实施的强制马扎尔化计划成功了吗？这一努力的确带来了变化，尤其是在城市学校。可是这种变化是不均衡的，在某些方面是表面的，而在另一些方面，则产生了预料之外的结果。特别是关于小学，嘉斯兹（Jászi）曾在 1927 年写道："在民族聚居的地方，在与马扎尔人交往比较少的地方，小学中的马扎尔化训练就只是有利于通过背诵来学习爱国诗歌和歌曲"（Jászi 1961：330）。而且，学校中用于学习这一繁难语言的时间使学生们失去了接受其他学科教育的足够时间，所以嘉斯兹在 1912 年下结论认为"学校中强制实施的马扎尔化是使非马扎尔民族出现可悲的文化倒退的主要原因之一"（引自 Jászi 1961：330）。表达不满的人不止他一个。如 1918 年在布达佩斯，一本名为《我们的大众教育之罪》（*The Crimes of our Popular Education*）的书出版了，作者是斯基斯蒙德·昆非（Sigismund Kunfi），他在第一次世界大战结束后立刻成为公共训导部大臣（Minister of Public Instruction）。此外，中学里的马扎尔化招致了各种不同的逆反效应。一些学生越来越不满，并成为民族主义运动的支持者，这导致了 1918 年到 1919 年大匈牙利分裂的结局。不知道究竟有多少人知道这个警句："一种语言、一套习俗的王国是脆弱而不稳定的"（引自 Macartney 1934：iii）。这是圣斯泰芬（St Stephen）写的，他是 11 世纪早期匈牙利王国的有力奠基者。

然而，在进入 1918—1945 年这一阶段之前，有必要就培养马扎尔民族公民意识的校外环境说几句。节日、文学事件以及社会机构全都被用来达到这个目的，所以新闻界自然也不能例外：马扎尔人的报纸成为令人难以容忍的民族主义者；而非马扎尔人的报纸如若胆敢发表独立的观点，就会遭到起诉。

1919 年的《特里亚农条约》（Treaty of Trianon）所确定的匈牙利国境线使匈牙利的国土急剧缩减，以致其 90% 的人口都是马扎尔人，除了"二战"

期间临时重新获得特兰西瓦尼亚（Transylvania）以外，基本就这样保持了下来。不过，正是因为失去了大量的领土，公民教育依然保持民族主义色彩，并且通过历史课程来进行。学校的职责是通过保持对逝去的荣耀的自豪回忆来弥补《特里亚农条约》所带来的耻辱。这种羞耻感的刻骨铭心程度可以从政治组织的发展中获得证明。用一位权威的话来说："在两次世界大战之间的欧洲所有国家中，或许只有匈牙利人均拥有的各种法西斯、半法西斯、极右，或者仅仅是独裁的民族主义群体和团体最多"（Payne 1980：110）。虽然如此，但针对匈牙利国内的少数者族群，政府在1923—1935年间通过法令，赋予了他们一些教授其母语的权利（参见Macartrey 1937：448-449，454-455）。

从第二次世界大战开始，开展了更多有意识的努力，以发展综合性的、取得共识的公民教育计划。尽管如此，这些计划只是获得了部分成功，主要有三个原因。一是政治气候由斯大林式的共产主义（1949—1956）到宽松的民族共产主义（1956—1989）再到议会制民主（从1989年起）的变化。第二是在最适合公民教育的学科——历史、公民科、社会科——方面，存在着混乱，随之而来的是官方政策的变动不定，直到1996年开始实行国家核心课程（National Core Curriculum）。第三是对公民身份理念没有多大热情，因此对公民教育也热情不高（参见Békés 1990；Čsepeli 1990；Mátrai 1998，1999；Cogan and Derricott 2000）。我们所关心的是，民族性（nationhood）问题是如何继续影响匈牙利公民教育的。最新出版的教科书不大重视这一要素，并且教学方式总体而言也"单调乏味"（flat）：一位权威说，"民族相关主题的教学和民族认同教育，是以一种单纯描述的方式（descriptive-homogeneous approch）展开的"（Mátrai 1999：356）。另一方面，1996年进行的一场民意测验显示，65%的教师认为历史和文学应该保留为最终考试的必考科目，以便民族主义主题在这两个学科教学内容的影响能够得以维持。此外，在整个十年义务教育期间，国家核心课程为马特利（Mátrai）称之为的"民族相关主题"提供了宽松的时间（参见Mátrai 1999：356）。

与匈牙利的领土变化缓慢而又异常不稳定不同，以色列于1948年建国，而且，除了1948年至1949年和1967年在中东战争中占领的土地之外，领土保持了相对稳定。由于土著居民主要是阿拉伯人，所以以色列从一开始就必然成为一个多民族的国家，而且穆斯林和犹太人这两个主要群体一直生活在紧张关系之中。然而,由于大量的巴勒斯坦阿拉伯人逃离和被驱逐出已变成以色列领土的土地,1949年犹太人成为主流民族,穆斯林仅占二十分之一不到。但是,1967年的六日战争中占领的阿拉伯土地戏剧性地改变了这种平衡,尽管在过渡期大量犹太人移居入境:又有100万阿拉伯裔巴勒斯坦人实际上进入了以色列这个国家中。后来,特别是20世纪90年代早期,犹太人的进一步移入扩大了犹太主义信奉者的比例。然而,这些移居浪潮提出了另一个多元文化的问题,因为他们来自于地理、文化、政治以及语言背景不同的地方。虽然原则上所有族群都享有平等的公民权,但是要对出身国复杂多样的学生开展公民教育,困难是可想而知的。此外,因为以色列人口构成色彩斑驳,所以发展起了各种各样的学校——为人口极少的德鲁兹教派穆斯林(Druze)设立的学校,为阿拉伯人(设有用阿拉伯语授课的课堂)设立的学校和为犹太人(强调学习希伯来语和希伯来文化)设立的学校;还因为在犹太民族内部也存在不同,也发展起了三种犹太人的学校体系:公立教育(state education),带有强烈宗教内容的公立教育和为极端正统派所设的私立学校(例如参见 Iram 2001:214-215)。

不过,我们应该从头追忆,从一个悖论开始。一些犹太人在拥有一个属于犹太人自己的国家之前,就接受了公民教育。在19世纪到20世纪初这个被称作伊休夫①("Yishuv",希伯来语的含义是"安顿")时代的时期里,在巴勒斯坦实施的"犹太复国主义公民教育"具有使年轻人意识到民族象征的功能,以便"将来自全球各地的犹太移民融合成一个民族"(Ichilov 1998b:70;这一考察主要根据 Ichilov 1998b and 1999)。学生们被告知,他们是即将建立的犹太复国主义国家的"先驱",但是这种教育应该指向心灵还是头脑?情感还是智力呢?对此,人们产生了意见分歧。其中,主张培养情感的人获胜了,因此,到以色列建国为止,所有的学科都致力于犹太复国主义的灌输,以至于"每一个学校科目都用大量的篇幅和时间来致力于这个犹太复国主义事业"。今天每个读本都包含一些精选的犹太复国主义的奠基人、领袖和梦想家的遗产,目的就是为了在年轻人的意识中"形成根深蒂固的和深信不疑的犹太复国主义信念"(引自 Ichilov 1998b:71)。而且,这种民族意识深深扎根于年轻人的心中,靠的不仅仅

---

① "伊休夫"是以色列建国前的巴勒斯坦犹太社团,也是犹太人的"民族之家"。它作为犹太人的机构,对内可以处理犹太人自身事务,对外可代表犹太人在经济、社会等方面的事务。——译者

是课堂，还有他们对犹太主义复国庆典、劳动营以及许多其他公民活动的参与。

以色列国家的建立使得对这些公民教育过程进行调控成为可能，随后，具有不同背景的新公民的涌入也使得这种调控成为必需。然而，在本质上，以上概述的这种教育在1948年后仍然延续了下来：为争取国家地位（statehood）所需的教育也就是巩固国家地位所需的教育。不过，我们又遇到了另一个悖论。伊休夫时代的公民教育是由许多相互之间缺乏协调的团体提供的，每一个团体都有它自己特殊的，经常是党派性的目的及其对这项工作的解释。因此，延续1948年以前的安排就阻碍了公民教育应该提供的和以色列政府需要的那种凝聚力。虽然如此，但变革仍然实现了。用奥里特·伊奇洛夫（Orit Ichilov）的话来说：

> 然而，"政治课"逐渐被禁止，公民教育开始只关注国家制度的结构和法律特征。而且，伊休夫时期教育中占主导的情感成分变得边缘化了，而认知和评价成分倒是变得突出了。公民教育开始主要依赖于社会科学中的概念，犹太人传统已失去了其作为民族和普遍理想源泉的霸权地位。
>
> （Ichiliv 1998b：74）

我们暂时将考察限定在1948—1967年期间，这样就会发现阿拉伯裔以色列人是个特例。他们是以色列公民，理论上和犹太人是平等的。但是，他们的公民权利受到制约，他们是宗教上截然不同的少数者族群，并且有充分理由可以怀疑他们憎恨占领和统治他们土地的犹太人。实际上，只有很少一部分阿拉伯裔以色列人可能将自己看作是真正的以色列公民。

六日战争直接而且长期的后果是进一步恶化了这种在公民身份和教育方面本已不稳定的共存局面。以色列之外的加沙和约旦河西岸的小片阿拉伯土地也被占领，尽管它们最终一起以巴勒斯坦权力机构的形式获得了一定程度的自治。犹太移居者开始渗透到这些地方；政治仇视两极化，并且暴力不可避免地激发出巴勒斯坦法塔赫（"intifadas"，"起义"，字面意思是"完全摆脱"）的游击式恐怖主义和以色列为报复而采取的国家恐怖主义。阿拉伯裔以色列人几乎不可能不受这些事件的影响，他们的孩子、占领区的孩子们，还有犹太人的孩子们，都不能幸免。的确，对儿童思想的最强烈影响发生在加沙地带和约旦河西岸，在那里，他们用扔石头的方式参与到巴勒斯坦人不顾一切的不妥协之中。这种经历给他们提供了最难忘的公民学习：对占领他们土地的犹太人的仇恨（例如参见 Mazawi 1998）。

犹太裔或阿拉伯裔的教师们如何才能不以招致分裂的宗教－民族主义方式教授公民课，而又维持其学生及学生家长们的信任呢？换言之，1967年后的形势使得"1967年以前'中立的'公民教育毫无意义（irrelevant）"（Ichilov 1998b：77）。尽管如此，在犹太人学校，学习关于当前尚存争议的问题的知识于1983年获得教育与文化部的批准。两年后，教育与文化部颁布了关于民主教育的命令，该命令规定，犹太复国主义和普遍的人类价值都要得到传授。而且，这个文件宣称人类价值比特殊群体的价值更重要，犹太儿童和阿拉伯裔儿童都要接受相互尊重的教育。为了反击与这些公民价值观相反的流行看法，教育与文化部要求学校在1986年和1987年进行特殊努力，以大力传播这些思想，并且于1988年发布了姗姗来迟的教师指南。这些举措效果甚微。利用教育促进公民和谐这一任务就一直交给了小规模的私人努力。有两个例子可以证明这点。一个被叫作"游戏规则"，是20世纪80年代末用希伯来语和阿拉伯语编写的跨学科课程材料（参见 Felsenthal and Rubinstein 1991）。另一个是在一所招收各种文化背景学生的大学中开展的一个名为"民主与宽容教育"的计划，主要是针对实习教师开展的一系列专题研讨会（参见 Iram 2001：221-225）。

虽然在一个残酷分裂的国家中一直在努力开展积极的公民教育，但是，它们并没有对整体局面产生实质性影响。到了20世纪末，无论是在犹太人学校还是在阿拉伯人学校，根本不存在令人满意的公民课教学计划或高质量的教学材料（尽管在量上并不匮乏）。用一个在20世纪90年代末期曾研究这个问题的以色列学者的话来说："正规课程似乎只能提供不系统的和零散的公民教育。作为学校课程的公民科处于边缘化地位。"而且在传统学科中，教科书普遍"把阿拉伯人的形象定型化，并忽视许多生活在以色列的犹太人和非犹太人社群的丰富文化传统"（Ichilov 1999：390）。但是，在这样一个政治问题如此棘手复杂的国家里，在这样一个两极分化如此尖锐的社会里，人们在绝望之余不禁要质疑：无论在教育上做出多大、多好的努力，到底能对公民的态度和行为产生多大影响呢？

与以色列的经历形成鲜明对比的是加拿大，除了1970年魁北克解放阵线［the Front de Libération du Québec（FLQ）］——一个要求魁北克从加拿大分离出来的恐怖主义组织——制造的暴力事件以外，这个国家中多元文化群体之间的关系非常平静。加拿大比以色列拥有更多样化的民族，包括土著人（因纽特人和几个美洲印第安民族）、早期的欧洲殖民者后裔（主要是英国人和法国人）和更多新近的移民（来自亚洲、拉丁美洲和加勒比海地区）。然而，最重要的是，加拿大是一个规模非常大、可以实行有效联邦制的国家，居住着大部分十分宽容的公民，他们的爱国主义没有给人耀眼刺耳的感觉（例如参见 Sears et al. 1999：114-115）。

加拿大的宪法安排在两个方面对公民身份和公民教育产生了影响。第一个是 1867 年自治领的成立导致省际联邦的产生。正如其南部邻邦一样，教育被规定为省而不是联邦的责任。所以，在渥太华的中央政府只能间接地、以鼓励的方式来对公民教育施加影响，尽管在 20 世纪后半期这种影响确实有益而强劲（参见 Sears et al. 1999：120-124）。影响公民教育的另一个宪法安排是加拿大作为英国殖民地和在 1867—1982 年间作为大英帝国和英联邦自治领的地位。1947 年以前，加拿大人是英国国王的臣民，从 1947 年起他们既是加拿大公民，又是英国臣民，直到 1976 年英国臣民身份被撤销。通过宽容和联邦制的结合，魁北克和因纽特文化认同的问题在 20 世纪后期被和平调解，尽管美洲印第安人仍然被边缘化。1971 年颁布的法令平息了法裔加拿大人的不满，该法令宣称加拿大是使用两种官方语言和多元文化的国家（这一特征得到 1988 年《加拿大多元文化法案》的进一步确认）；魁北克省实现了承认差异的"平静革命"（例如参见 Kymlicka 1997：87-88）。1999 年，因纽特人的独特生活方式因为他们的北冰洋地区被组建为联邦政府独立的新省份而获得承认。多元公民身份的地位和情感——除了国家层面之外，还包括省 / 文化族群层次——终于成为加拿大政治生活中被接受的特色，这个因素不可避免地会促进公民教育的型塑。

现在我们要问，在这样的社会背景下，公民教育是如何发展的呢？因为加拿大自治领是大英帝国的成员之一，而且有英国血统的人构成主流族群，所以在说法语的魁北克地区以外的学校，在 19 世纪和 20 世纪早期不可避免地会传播一种英国意识（sense of Britishness）。因此，据描述：

> 对说英语的儿童，是用有关英国民族主义的历史神话来进行培养的，正如通过《爱尔兰民族读本》和麦考莱（Macaulay）、亨缇（G.A. Henty）等各种作家作品的改编版所传播的那样。单纯的

加拿大公民身份怎么能够同纵横全世界的帝国权利竞争呢？
（引自 Sears et al. 1999：116）

不过从自治领成立之初开始，这里就普遍认为，学校对塑造一种泛加拿大人意识和公民意识负有主要责任。因而，1913 年曼尼托巴省省会温尼伯市（Winnipeg）的教育委员会宣称：应该在学校中"培养社会和公民义务意识，激发民族和爱国精神，促进公共健康，并为职业生活做好直接的准备"（引自 Cogan and Derricott 2000：57-58）。比较加拿大和英格兰在同一时期将公共健康包括在内，是件有意思的事情（参见第三章）。

虽然如此，加拿大公民教育的质量和成效仍然存在许多有待改进之处。它作为"加拿大化"（一个不值得去掉引号的词）手段的作用也不成功。引用一位权威的话：

> 公立学校教育，尽管是义务教育，但对冲破种族排他主义微不足道。歌唱"上帝拯救国王"（God Save the King），"统治大不列颠"[①]（Rule Britannia）和"枫树永在"[②]（The Maple Leaf Forever），以及背诵爱国诗歌本身，对于教授关于更大的加拿大共同体的价值作用不大。
> （引自 Sears et al. 1999：119）

课程在培养加拿大人有效履行民主公民身份方面也没有取得多大的成果。它们的目标是精英主义的，而不是提高大众的公民水平：

> 从 19 世纪加拿大西部（安大略）实施公共教育的初期开始，"教育主要关心的就是培养政治臣民……他们被他们的统治者按照容易管理的人民形象进行塑造"。
> （引自 Sears et al. 1999：125）

1968—1971 年间，有两个事件导致了加拿大公民教育的调整。1968 年，

---

① 英国的一首军歌。——译者
② 加拿大国歌。——译者

民族历史计划（the National History Project）的一部有重大影响的著作——《什么是文化？什么是传统？加拿大公民教育研究》（*What is Culture? What is Heritage? A Study of Civic Education in Canada*）出版了，作者是该项目研究的负责人霍杰茨（A.B. Hodgetts）。1971年，正如上文所指出的那样，众议院宣布了多元文化主义政策。第一个事件使那些负责公民教育的人摈弃了公民教育是一项稀松平常的工作的看法；第二个事件促进了多元文化和人权教育成为修订后教学大纲组成部分的发展。霍杰茨的报告充满了指责。大部分历史教学是由以枯燥的方式学习有关政治和军事事件的知识所构成的。他对这种"淡而无味的共识版历史"和关于"令人愉快、简洁明了的小型国会法案"的机械学习进行了尖刻的评论（引自 Sears et al. 1999：125）。教师很少让学生进行讨论。更糟的是，他注意到说英语和说法语的加拿大学生被授以不同甚至相互矛盾的加拿大国家历史。他声称，其后果最令人遗憾：

> 我们的两个使用不同语言的群体间缺乏理解，在很大程度上直接源于年轻人在学校中获得的教育……在对我们历史的不一致看法中成长起来的、一代代说法语和英语的年轻加拿大人，他们也许不能相互理解或不能理解他们所居住的国家。
>
> （引自 Hodgetts and Gallagher 1978：1）

在这方面，教学具有潜在的危险性。更普遍的问题是教学绝对地令人厌倦，霍杰茨认为，原因在于历史教师未能将他们的资料与现代问题联系起来，这是与公共课程指南相悖的。报告的总体结论是，被调查的教学是"一种民族耻辱"（Hodgetts and Gallagher 1978：1）。

霍杰茨批评性报告的直接影响是建立了一个私人资助的加拿大研究基金会（Canada Studies Foundation），该基金会的工作就是致力于改进有关加拿大的教育，从1970年一直持续工作到1986年。结果，另一个影响是联邦政府资助"代理组织"（surrogate organizations）以改善公民教育（参见 Sears et al. 1999：122-123），并且一些在20世纪70年代变得常见的、属于公民身份范畴的"子题目"开始被引入课堂（如政治、环境和全球教育）（参见 Cogan and Dverricott 2000：60-63）。于是有两个问题立即浮现在我们的脑海里。一个是，多元文化教育到底在承认这个国家的多元文化主义性质方面走得多远？另一个是，1968年以后的改革到底产生了多大效果？

在加拿大，多元文化教育和人权教育课程的联合在20世纪最后25年里受到极大的关注（参见Mcleod 1991：164-188）。这些议题的解决方式可以被分为四个主要政策：

> 使新移民熟练掌握一种官方语言的计划。
> 文化保存的计划……
> 作为传统的种族群体形象的解毒剂，实施多元文化教育……
> 寻求对有价值的多样性的承认。
> 反种族主义教育。
>
> （Moodley 1986：59）

在实施这些政策的过程中，公认的课程标准逐渐成形。一位加拿大学者确定了七个这样的标准。简单地说，这些标准是：要求将多元文化主义融入所有课程之中；均衡地描述不同族群之间异同点的重要性；回避或小心地处理教材中存在的偏见；应该在学校的日常计划中安排一些特殊的日子；教学内容必须适应学生们的智力和道德推理水平；必须既包括认知学习，也涵盖情感学习；教学方法必须将认知学习和情感学习有机结合起来（参见Mcleod 1991：175）。这几乎是显而易见的，但还暗示了在所有省份之间在这个领域中取得共识的问题，就是说要让这些指南被普遍认同和接受，需要花费时间。

这个观察将我们引入到了我们的第二个问题：改革取得成功了吗？不用说，成功是一个相对的术语。然而，有点令人惊讶的是，可以发现有多种不同的批判。霍杰茨对他的报告所产生的影响相当满意。他在报告发表十年后写道："很显然，在《什么是文化？什么是传统？加拿大公民教育研究》中的众多发现现在已经不再适用于描述加拿大的教育了"（Hodgetts and Gallagher 1978：2）。在他做出这个评价十年后，另一个重要权威在撰写政治教育领域的著作时，写道："复兴的兴趣和行动……在近些年里开始改变着政治教育"（Osborne 1988：291）。或许，这些判断都过于乐观或过于轻率，因为到了20世纪末，针对公民教育而进行的一个最精心设计、最具权威性的研究，得出如下结论：

> 在官方政策和实际实践之间经常存在很大差距……自霍杰茨报告发表之后,尽管课程强调多元主义理想、批判性探究、对当代问题的讨论、让学生参与社区活动,但是课堂实践似乎并没有多大变化。
>
> (Sears et al. 1999: 128, 130)

与尼日利亚的种族、语言和宗教差异相比,加拿大是一个简单而有凝聚力的国家。接近20世纪末,大约是在1980年,据估计,尼日利亚有三倍于加拿大的人口,包括235个种族族群,他们说400多种不同的语言。19世纪,帝国主义势力在非洲地图上臭名昭著的绘制边界的人为性,没有比在这个英国殖民地更明显的了(至于大英帝国的一般性政策,参见第三章)。传统上武装冲突不断的各部落于1960年从英国获得了独立地位,发现自己属于同一个"民族"国家。另外,信奉伊斯兰教的北部地区抵制现代化和基督教化进程,这一现代化和基督教化的进程至少部分地改变了这个国家南部地区的生活方式和期待。然而,英国的管理是松弛的,以至于酋长统治、对亲友的义务,以及对分配给部落和家庭成员利益的预期,均作为社会上认可的甚至是具有美德特征的习惯而被保留了下来。但是,这些习惯显然与西方政治生活方式不一致,以致在独立后导致了腐败和裙带关系(例如参见Arikpo 1967: 114-117)。

由于公民教育需要通过学校来提供民族团结的凝聚力和植入好公民的品行,所以尼日利亚的教育体系在满足这些要求方面会异常艰难,这一点显而易见。由于强有力的、整合的中央政府和办学主体的多样性使得问题更加恶化,英国人通过为不同的地区建立不同的制度结构确立了基本模式。首先是针对北部和南部各省,然后是北部、东部和西部地区,在松散联邦的整体中,后者的制度安排基本上维持到独立后的1960—1978年间。至于学校,大约到了1900年,大体上有三类:北部为穆斯林儿童设立的古兰经学校,南部传教士建立的基督教学校和一些刚开办的政府学校。然而,直到1930年,才任命了一个掌管全尼日利亚教育的教育部长(Director of Education)。这个拼盘式的教育体系能够在什么意义上提供公民教育呢?我们必须首先理解殖民地时期尼日利亚教育发展所受到的重大限制:统治阶层的紧张。一个尼日利亚的教育家作了如下解释。即使在"二战"之后,

> 统治尼日利亚的英国殖民政权的这些基本假设依然或明或暗地存在：离尼日利亚有能力自治还要许多年；当然，教育的进步对于这样的自治是重要的；但是第三，如果你加速发展教育，那么你就是在加速大英帝国的快速解体，特别是英国在尼日利亚的统治。
>
> （Okeke 1964：13）

我们可以发现在这种令人沮丧的背景下开展的殖民地时期公民教育具有三个特征。首先是为了通过纪律、道德教学和确保学校拥有"正确的风气"（参见 Peshkin 1967：324-325；另参见 Okeke 1964：10）来培养良好的——即温顺的——公民，塑造了一种英国公学风气（参见第三章）。第二是把公民认同解释为英国的臣民。例如，1932 年制定的历史教学大纲，列出小学高年级开设的尼日利亚和大英帝国的历史是为了培养"对权威和好公民的尊重"（引自 Peshkin 1964：325）。一个尼日利亚教育家在独立 20 年后所著的书中承认：

> 我们必须承认，无论早期的教会和政府学校具有什么样的缺陷——我们全部都是它的产品——他们成功唤起我们对英国女王的效忠。帝国日庆典上，我们歌唱"统治大不列颠，大不列颠统治大海的浪涛"和"大英帝国将永不凋谢"。他们教我们敬畏上帝，尊敬我们的长辈和权威。
>
> （Adeyoyin 1979：165）

早期公民教育的第三个特色是强调培养精英，按照英国方式和要求忠诚地参与管理。

到了 20 世纪 40 年代后期，随着民族主义运动的扩大，情况开始发生变化。领导人们绝对坚信，如果作为独立国家的尼日利亚要想取得成功，受教育人数的大量增长和教育质量的巨大改善势在必行。西部地区教育部宣称："教育发展……必须被视为民族的紧急事宜"（引自 Ukeje and Aisiku 1982：210）。不管怎样，人们极度渴望受教育，要是教育机会能够被广泛获得的话就好了。1955 年，一个被叫作普及小学教育（UPE）的计划得以启动。该计划规定小学教育为免费教育，以作为实现 10% 就学率这一目标的一个手段。

就这项政策所具有的公民教育目的而言，它既引起了后续的问题，也产生了事与愿违的后果。这个问题是，如何改革课程使之成为非洲和尼日利亚的课程，而不是英国的课程。这是一项很简单的工作。另一个问题更严重，而且事实上不可能解决。小学入学率的确迅速增长，但是绝不是公民的自觉行动，

> 大多数（学校毕业生）流入了城镇，并很快在那里成为一个稳定的失业群体，从而为政治暴力和违法行为提供了养料……由半文盲、无所事事、愤懑不平的年轻人组成的大军不断壮大，其中潜在的危险性无论怎么说也不为过。
>
> （Arikpo 1967：106）

用美式英语来说[①]，尼日利亚人陷入进退维谷的境地（in a Catch-22 situation）。为了做好成为一个20世纪的议会民主国家的准备，他们需要有具备政治意识的选民，而这样的人需要用一种在多语言混用的国家中通用的交际语言来接受教育，即英语。这一要求意味着需要投入大量的经费发展教育，能够提供就业机会的经济发展因此就被牺牲了。小学毕业者由于所受教育仅仅局限于读、写、算，因而心生不满，而且他们所受教育不足以使他们理解教育政策更大、更长远的公民目的，更不用说让他们为了这一政治目的而忍受极度的贫穷了（参见 Arikpo 1967：106）。

当部落间的冲突于1967年达到爆发点并激起了一场可怕的内战的时候（在本节选择作为案例的其他国家里不存在这样的情况），没有足够的受过教育并且忠诚于泛尼日利亚民族的年轻人可以结束这场冲突。战争是由于东南部的伊博人（Ibos）试图脱离尼日利亚建立新的国家比亚法拉（Biafra）而引起的，并一直持续到1970年。他们失败了。在战后重建（美国的类似情况也是很有意思的，参见第三章）中，制定了一项关于加强公民教育内容和目的的教育计划。

20世纪70年代的尼日利亚历史充满了各种计划（例如参见 Mehlinger 1981：304—311）。宪法也有多处被修改。这些变化包括试图通过将国家重

[①] 这里指的是"in a Catch-22 situation"这一用法。——译者

组成 19 个州和在 1976 年建立第二共和国来缓和部族主义的分裂后果。另外，1972 年联邦政府获得了对教育的更大控制权。在宣布启动这项改革的文件中，也可以发现与我们的目标相关的简洁陈述：

> 通过共同的教育、法规、政策和课程，这个国家所有地方的尼日利亚儿童都将从他们进入小学的这一天起被教导成为一个尼日利亚人，珍视他们的公民身份，并为他们的祖国而自豪。
> （引自 Oyovaire 1985：149）

1976 年又出台了另外两个重要文件。一个是信息部（Ministry of Information）发表的《国家教育政策》（National Policy on Education），它试图通过鼓励中学吸收不同部落成员来减少部落对抗的恶劣后果，但显然没有取得成功。另一个是教育部的《尼日利亚联邦共和国的教育政策》（Ferderal Republic of Nigeria Policy on Education）。为了民族团结的教育是一个清晰的主线。一位研究非洲教育的专家解释说：

> 第一节是关于尼日利亚教育的理念的，谈到了"……培养民族意识和民族团结。"第四节是关于中等教育的，提出了教育应当"……有助于尼日利亚人的团结，应该重点关注在多样性中将我们团结在一起的共同纽带"。这一节接下来还谈道："教育应该有助于培养年轻人的团结意识、爱国主义精神和对祖国的爱。必须尽一切可能去促进他们形成民族归属感。"
> （Harber 1989：16）

通过重复达到使人确信的目的。

20 世纪 70 年代真正取得了什么成果？1969 年，还是在内战结束之前，召开了一次国家课程研讨会，它被称为"为改变尼日利亚教育体系的殖民地取向而首次做出的全国性努力"。这次会议的报告中阐明了小学教育的七个目标之一应是"通过公民责任促进有效的公民身份意识"，12 年后两名专家估计"这些观点正逐渐地渗透到小学课程中"（Ukeje and Aisiku 1982：230）。这一进展还得益于尼日利亚教育研究会（the Nigerian Educational Research Council）于 1971 年提出的小学指导大纲。该指导大纲将需要"发展儿童对公民身份的积极态度"写入社会科部分（引自 Bray and Cooper 1979：35）。

公民教育不只是课本学习。尤其是在内战结束后，尼日利亚人增加了学童要参加的仪式数量。结果到了1979年，当实行向国旗致敬并背诵民族誓言的时候，已经形成了如下的模式。这些仪式和歌唱尼日利亚国歌标志着学校每一天的开始和结束。誓言如下：

> 我向我的祖国尼日利亚宣誓，
> 我将守信、忠诚、诚实，
> 以我全部的力量为尼日利亚服务，
> 捍卫她的统一
> 并维护她的荣誉和辉煌；
> 因此请上帝帮助我。

（引自 Bray and Cooper 1979：36）

另外，一年当中的某些日子，特别是独立日和民族儿童节，一直通过举办各种爱国活动来加以庆祝。在大学层次上，从1973年开始，要求毕业生花一年时间参加全国青年服务团（National Youth Service Corps，NYSC）的社区工作，以便"在我们的年轻人之间发展共同的纽带和促进民族团结"（引自 Bray and Cooper 1979：36）。

但是所有这些努力都取得成功了吗？由于这项工作非常庞大，如果一个人能够非常确信地给出积极的回答，那倒确实是令人惊讶的。布雷和库珀尔（Bray and Cooper 1979：37-39），在20世纪70年代末写了一本书，其中列举了一系列的失败：在1976年政府计划中受到高度重视的普及小学教育计划，因为经费短缺和教师队伍素质低下而苍白无力；在大学和中学中实施的部族混合的政策遭到抵制；宣誓遭遇惨败——在许多学校中被忽视，而且对于那些通过背诵方式说出誓言的儿童们来说，誓言或许是没有意义的。的确，政治不稳定和部落间暴力冲突的不断爆发损害了这个国家在20世纪最后20年的历史，伊斯兰在北部各州地位的巩固，包括推行严格的伊斯兰教教法，扩大了北部地区和南部地区之间的文化差异。

虽然如此，20世纪末，依然在采取改进初等教育的努力。到1999年，成人识字率上升到62.2%，并且一个旨在向全体6—15岁公民提供免费和义务教育的普及基础教育计划已经在实施；尽管如何使这些进步趋势对民族团结的情感和公民责任意识产生有益影响依然很成问题。每一届尼日利亚政府都试图推行种族和文化多元主义政策——的确，上述曾阐述过的其他选择（整合或边缘化）中的任何一种都根本不可行——但是这项政策预设的一定程度的社会和政治团结使得尼日利亚政府在很大程度上避开了这两种选择。

与此同时，1914—1918年和1939—1945年间在欧洲大陆内部爆发的两场战争迫使人们下决心不让这样的大灾难重演。欧盟正在被建立起来。但是，尽管自相残杀的冲突几乎肯定是一种过去的习惯，但是培养一种共同的、超国家的公民身份意识被证明是一个缓慢的过程。

四、欧盟

"欧洲公民教育"（education for European citizenship）这个术语不大容易说清楚。我们能够区分出三个主要的不同用法。一个用法是，有时被用来指称鼓励"欧洲意识"（European awareness），或者更经常地被用来指赋予教育以"欧洲维度"（European dimension），后一术语曾于1976年被首次用于欧共体。这一方式没有明确的焦点，"欧洲"并不一定局限于那些一直是或现在是欧共体（EC）和欧盟（EU）成员的国家。第二个用法也是如此，但是与欧共体或欧盟成员国有明确的相关性。这个术语的第三个用法是一个严格意义上的欧盟公民身份教育，也就是说，培养年轻人为法律身份地位（欧盟公民身份）做好准备，这源于1993年欧盟作为一个名称和实体在大部分意义上取代了从1967年开始使用的常用名——欧共体之时。

具有欧洲维度的教育涉及学校安排到各国旅行，并保证在教学大纲中安排充足的时间用于主要是历史和地理中有关欧洲大陆的主题学习，还有欧洲研究中的跨学科课程教学。这种关于欧洲的学习是由建于1949年的欧洲议会（Council of Europe）和成立于1956年的欧洲教师联合会（Association Europeene des Enseignants）等开展的杰出活动而发展起来的。的确，在20世纪80年代，当"公民教育"的术语流行的时候，这些组织声称在为促进欧洲公民身份意识的普及而工作。1983年，欧洲议会发布了一个建议，陈述如下："我们的教育计划应该鼓励所有欧洲年轻人不只是将自己视为本地区和国家的公民,而且也将自己看作欧洲和世界的公民"(引自 Ross 2000：183)。1989 年欧洲教师联合会发行了一本小册子,明确了如何开展其建议的欧洲公民教育。即使如此,虽然这两个组织所从事的工作的确为作为"欧洲人"的意识打下了基础,对打造欧洲公民身份所必需的要素做出了有益的贡献,但肯定还不是它的全部。

为此,我们必须转向考察关于欧共体或欧盟的教育,因为尽管欧盟的成员即使在 21 世纪初还没有包括欧洲大陆所有的民族和国家,但是成员国的公民已经通过各种方式成为欧盟的公民。然而,即使在这种背景下,我们必须区别"欧洲公民教育"这一术语的两种用法。即:一是为了理解一个人作为成员国的公民同时也是欧盟一员而开展的教育;二是学习 1993 年签署的《马斯特里赫特条约》中所规定的欧盟公民地位的含义(条约第 8 条中规定了欧盟公民的权利,显然是有限的)。不过,即使在这样的教学中,也必须承认,前者意义上的许多工作几乎与我们的第一个用法无法辨别。的确,欧盟是"欧洲维度"这一术语的杰出普及者。

当我们关注欧盟情况时,对在非官方和法律意义上促进联盟公民教育的过程中欧盟机构与成员国的活动进行区分,是十分有益的(参见 Davies 1997：97–113)。

尽管建立某种形式的欧洲合作体制的构想有着悠久的历史,但是直到第二次世界大战结束才开始建立这样一个体制。到了 20 世纪 60 和 70 年代,热衷于此的政治家们逐渐认识到民众的支持对于这一体制的成功是必要的。口号是建立"一个公民的欧洲"(a People's Europe)——用法语"Europe des Citoyens"(欧洲公民)来表达更到位。而且,民众的支持需要从成年之前就开始接受相关教育。1976 年,欧洲议会(即成员国部长会议)通过了一个刺激教育行动计划的决议,包括鼓励增加学校大纲中关于欧洲的内容。

从 20 世纪 80 年代早期起,欧洲议会和委员会发布了众多强化欧盟(或欧共体)决议的文件。1982 年出版的小册子中主张:

> 在学校,在教科书中唤起欧洲观念,学习当代欧洲历史,学习外语,上学或做学生的时候访问国外,这些都是决定成年公民对欧共体和欧洲观念的未来态度的因素。
>
> (引自 Heater 1992：55)

这是一个官方建议,并且的确出现了"公民"一词,尽管它所说的是显而易见的事,而且说的是欧洲维度教育而非严格意义上的欧洲公民教育。

的确,1998年发布的一个极其重要的文件中谈及了教育的欧洲维度。这个陈述是以议会决议的形式被提出的,其目的和背景很具有启发性:

> 重申他们依据在斯图加特发表的"欧盟神圣宣言"(1983年6月)、欧洲议会在枫丹白露①(Fontainebleau)的协定(1984年6月)和欧洲议会在米兰通过的"公民的欧洲"(People's Europe)报告(1985年6月),加强教育中的欧洲维度的决心。
>
> 把提升教育中的欧洲维度视为有助于欧共体发展和建立统一的内部市场的要素。
>
> (European Council and Ministers of Education 1988)

决议宣布了一些措施,以"增强年轻人的欧洲认同意识"并"增进他们关于欧共体及其成员国的知识"。虽然这里没有公开提及欧洲公民身份,但是我们越来越近了。在第二年,欧洲委员会果断推出一个关于教育指引的文件,提请议会讨论,其目标之一是:

> 促进成员国共享民主价值,增进对欧共体多元文化特性和培养年轻人为履行公民身份做好准备的重要性的理解,这种公民身份除了涉及他们对国家、区域和地方的归属之外,还包括欧共体维度。
>
> (引自 Heater 1992:56)

在实践中,除了以间接方法促进学生的交流和语言学习之外,在促进欧洲公民教育这一有别于其他教育创举的活动方面,欧共体/欧盟收效甚微。20世纪90年代,这些计划,主要包括针对高等教育的伊拉斯莫斯(Erasmus)计划、"Lingua"语言计划和针对中小学的夸美纽斯计划,被整合成苏格拉底计划。然而,对于我们来说重要的是,提供给申请国的指导方针是"苏格拉底计划的目标包括在所有层次的教育中发展欧洲维度,以

---

① 法国北部城镇,位于巴黎东南,有著名的宫殿。——译者

便增强欧洲公民精神"（引自 Ross 2000：184）

事实上，有令人信服的理由可以认为，对欧洲公民教育的模糊承诺与欧共体存在岁月里公民特性的模糊性是相匹配的。这一概念，几乎没有地位（status）的意味，可以认为是由四个要素组成的。最准确的一个要素就是从 1979 年起享有的选举欧洲议会议员的权利。第二是逐步建立了一批指令和判例法，主要涉及就业权。第三个要素是这样一种观点，即所有成员国公民都共有一个共享的文化传统和生活于自由民主社会。第四个要素与欧共体/欧盟无关，即由欧洲议会颁布的《欧洲人权公约》及其相关的法律程序的存在。教师所集中关注的正是这些特征——实际上主要是第三个。并且在这项活动中，尤其是历史教学中，他们获得了欧洲议会的帮助（参见 Osler et al. 1995：149-160）。

期望更加果断坚决、更加准确地实施欧洲公民教育，也许只有在 1993 年《马斯特里赫特条约》生效以后才有实现的可能。然而，任何期望从条约本身得到支持的教育家都会大失所望。该条约建立了欧盟，标志着由欧共体向成员国更加紧密的联系转变（A 条）。不过，它关于教育的规定（第 126 条），尽管宣称欧盟公民身份为一种法律地位，但是仍然延续了一贯迟疑的做法，即回避"欧洲公民教育"这一术语，相反再次重申了"尤其是通过"语言教学和"鼓励学生和教师的流动"来"发展教育的欧洲维度"的目的。缺乏更积极的目的这一点体现在第 3 条 b 款中，这一款确认了欧盟的辅助原则（the principle of subsidiarity）的承诺。这是在宣告欧盟的行动应该保持在政治和管理金字塔最低的适当层面上。因此，欧盟必须充分地尊重"成员国在教学内容和教育体系组织方面的责任"。

因此，自然会有人提出这样的问题：成员国都是如何应对的呢？应该注意的是，1988 年的决议要求所有成员国编纂一个文件，以阐明他们将欧洲维度融入教育之中的政策，并将其传达给他们的所有教育机构。执行了这个指令的国家为数极少。德国是个特殊的例外，各联邦州的部长们共同起草了一个态度非常明确的文件［参见 Davies and Sobisch 1997：225-227；应该记住的是，在联邦框架内，教育是联邦州的责任，而不是中央政府的责任。（参见第四章）］。例如，该文件提到了对一体化进程和欧洲认同的认识、关于欧洲制度的知识以及对欧洲法律和人权的尊重。

相对而言，人们对一个英国教育家于 20 世纪 90 年代中期所做的询问的回答，揭示了更大范围的情况。他从自己的调查中得出结论：

很显然，尽管有欧洲主义的华丽辞藻和源于欧盟的大量创举，这个领域仍没有受到民族国家的大量关注。一些国家根本没有发送过资料，而当通过电话催促政府办公室的时候，通常的回答是，没有欧洲公民教育方面的文件可以提供。

（参见 Davies 1997：106）

1994 年另一个英国研究者报告说：

重要的是，法国教育部的高级官员并没有因为不能报告任何有关 1988 年的决议给其教育体系带来的变革而感到烦恼。

（引自 Davies 1997：108）

另外，20 世纪 90 年代末，国际教育成就评价协会（IEA）开展的一项权威研究课题，有八个欧盟成员国参加（Torney-Purta et al. 1999）。尽管大多数文稿提到他们国家的成员身份，但是很少有成员国认为这项针对公民教育的调查应该包括欧洲公民身份。葡萄牙和荷兰则是主要的例外。意识到这一缺陷，欧盟委员会于 1996 年启动了一个新的举措，并将之命名为欧洲儿童的认同（Children's Identity in Europe，CiCe），作为伊拉斯莫斯计划大学教育系主题网络的一部分。两年后，它发表了《欧盟的主动公民教育》（*Education for Active Citizenship in the European Union*）建议。

然而，总结性的调查证据并不一定显示出政府与非政府的教育支援的不同。虽然显而易见的是由于缺乏官方的指南，后者在某种程度上处于不利境地，但有证据表明还是有一些热情洋溢的工作的。让我们举四个不同机构的不同类型的例子，以说明处理这一主题方法的多样性。

第一个例子证明了德国联邦州的承诺，它是黑森州政府的一个计划（参见 Bell 1997：223-251）。在这里，1992 年启动了一个"欧洲学校"计划，起初包括 5 所学校和一个由 14 所联合学校（associated school）组成的网络。"欧洲学校"是在革新学习方法方面的一个勇敢试验，它强调同其他学校的合作关系和在其工作中促进欧洲维度的发展。第二个例子与促进政治教育的官方研究机构的行动有关。1995 年，荷兰的政治教育与交流中心（Instituut voor Publiek en Politiek）和德国的联邦公民教育机构（Bundeszentrale für politische Bildung）联合实施了一项名为"面向欧洲民主的政治教育"（Political education towards European democracy）计划。我们的第三个例子是另一个合作计划，这个计划通过欧盟伊拉斯莫斯计划获得资助，名为"新欧洲的公民教育：学习民主、社会正义、全球责任和尊重人权"（Education for citizenship in a new Europe：learning democracy, social justice, global responsibility and respect for human rights），主要是为实习教师设计的。这项个案研究可以自由获取，它主要涉及一个与牛津大学有联系的学院的学生在 20 世纪 90 年代利用一所与意大利一组乡村小学有联系的规模很小的农村小学。这一计划的欧洲特色是通过资料交流和有限的教师交换来实现的，其目的在于培养学生对于在某些方面有别于英格兰的另一种欧洲生活方式的移情性理解。当然，主要意图是让学生有机会了解这种教学形式，以便一旦他们获得任命能够使之适应自己的学校。第四个例子是我们见识到使用现代通讯方法的便利。这就是那个"大声说出来！关于欧洲公民"网站（www.citizen.org.uk/speakout）。这个计划是公民身份研究所（the Institute of Citizenship）于 2000 年在英国开始实施的，也包括德国、意大利、瑞典，它是一种让欧洲学生学习和讨论有关欧洲公民身份问题的方法。

我们一直强调人们对通过赋予"公民身份"一词以精确意义来界定欧洲公民教育相对缺乏兴趣。在我们的调查中强调这一点出于两个原因。一个原因是显而易见的问题，即如果这一领域的教学局限于培养个体的欧洲认同意识，并传授对欧洲民族集体文化认同的理解，那么，从公民身份这一观念而言就会失去更多大量的东西——例如地位、权利、义务、责任——这些都是学生应该学习的东西。第二个原因是，强调共同传统回避了与其他种类认同的关系的难题。这个问题在若干方面表现了出来。例如，欧洲公民身份对于《马斯特里赫特条约》和法律意义上的欧洲公民——他们的出身和家庭传统不同于某些欧洲核心文化，如穆斯林公民意味着什么？个人该如何处理国家公民和欧洲公民的双重身份？一些教育家开始关注这类问题的意蕴，并认为传授欧洲维度意识的命令是过于简单化的做法。上文提到的 1983 年的欧洲议会建议至少承认了多元公民教育（education for multicitizenship）的重要性，也包括世界公民教育（Education for world citizenship）。

五、世界公民身份：理论起源

按一般说法，"世界公民"（citizen of the world）和"世界主义者"（cosmopolitan）这些术语，就像它们所具有的不确切的含义一样被广泛应用。如此模糊而又天真的乌托邦主义笼罩着这个概念，以至于讲求实际的政治哲学家们或是轻蔑地忽视或是鄙夷地拒绝了它。但是，人们对世界公民理想的实践效力和道德价值所怀有的信念却经久不衰，在2500年的西方政治思想史中变化无常地涌现出来：古代的早期、中期和晚期斯多亚学派（Stoa）时期[①]，文艺复兴和启蒙运动时期的新斯多亚主义（Neostoicism），以及20世纪的几个时期里。

必须承认，并不是所有这种思想都伴随有相关的教育论述。而且，当试图发挥这一基本思想的教育意蕴时——一个仅仅局限于20世纪的过程——信奉这一思想的教育家们会因为我们曾经提到的世界公民身份这一术语含混不清而受到阻碍。在这一点上，世界公民教育受困的方式类似于欧洲公民教育，尽管世界公民教育面临的障碍更巨大。世界公民身份不能作为法律身份来教授，因为，与欧盟公民身份不同，它在任何适当意义上都不存在；在我们这样一个文化多样化的世界中，教授全球认同感（feeling of global identity）比要求"一个欧洲维度"要困难得多；由于世界公民教育通常涉及教授世界主义道德和和平伦理，所以从事全球教育（global education）的教师们不得不承担反驳国家强加于学校的公民教育要求——即灌输爱国主义——的责任。

读者可能会发现人们已经使用了两个不同的术语，即"世界公民教育"和"全球教育"。在有关这个主题的英语文献中，还使用了"全球研究"（global studies）、"世界研究"（world studies）和"国际理解教育"

[①] 雅典城有一个用希腊著名画家波立戈诺特的绘画装饰起来的富丽堂皇的画廊。大约在公元前308年，希腊哲学家们在这个地方创立了一个学派。画廊在希腊文中叫斯多亚（stoa），所以，这个学派就叫斯多亚学派，也可以叫画廊学派。斯多亚学派存在的时间很长，一般分为三个时期：早期斯多亚学派（从公元前308年—前2世纪中叶），代表人物有芝诺、克雷安德和克吕西波。它的特点是在自然哲学和认识论中有较多的唯物主义因素。中期斯多亚学派（公元前2世纪中叶—公元1世纪末），代表人物有巴内修斯和波塞唐纽斯。它的特点是抛弃了早期斯多亚学派的唯物主义成分，引进了相当多的柏拉图主义的理论。晚期斯多亚学派（公元1世纪—2世纪），代表人物是辛尼加、爱比克泰德和奥里略。它的特点是着重发展了宿命论和禁欲主义的伦理学。——译者

(education for international understanding），在下文中我们还将碰到这些术语。然而——再次使用这个类推——正如我们已经在欧洲维度教育与完整、精确意义上的欧洲公民教育之间做了区分那样，我们也必须防止产生所有这些术语均是同义的假定。成为20世纪用语混乱之条件的因素掩盖了世界主义理想在政治－哲学和教育认识中所具有的基本二元性。我们可以将它们称为斯多亚学派和夸美纽斯学派，分别建立在对人类的同一性（oneness of humankind）和绝对需要世界和平的（absolute need for universal peace）的信念基础上，前者被希腊、罗马的斯多亚学派哲学家详细阐述过，而后者则源于17世纪波西米亚教育家夸美纽斯的思想。

我们必须再次从古希腊开始我们的论述，而且，同样是在雅典。公元前310年，在亚里士多德创立了他的吕克昂学园25年后，基提翁（Citium）的芝诺在他的画廊（Stoa Poikilē）建立斯多亚学派，他的哲学因此而得名。芝诺从他位于塞浦路斯的家乡小镇移居到雅典，斯多亚学派后来的发展者和倡导者都来自小亚细亚。在公元3世纪末期将斯多亚哲学体系化的克吕西波（Chrysippus）来自西里西亚（Cilicia），西里西亚的主要城市是塔苏斯（Tarsus），这是基督教圣徒保罗（Paul）的故乡，保罗使斯多亚学派适应了基督教背景。的确，到了他的时代，在那个城市的教育机构已经成为斯多亚派教学的繁荣中心。斯多亚派跨越了众多知识分支，其中之一是发展了"*kosmopolis*"，即世界城邦（the city of universe）或世界即国家（the universe as state）的概念。其基本观念是所有人类和上帝都要受世界道德法则的支配。因为城邦公民身份的主要特征是让全体公民服从于城邦法律，所以斯多亚哲学家们以类推的方式主张，世界借助它自己的法律在很大程度上可以比作一个城邦；因此，所有人都是"*kosmopolitēs*"，即世界公民（citizens of the universe）。如此，人类应该过有道德的生活，把所有的他人均视为他们的亲人。这只是将神和整个宇宙从其设计中排除的一小步，因此将这一理想称作世界公民——就是说，只限于人类和这个星球。教育的推论是明确的：应该给青年人灌输关于善的这种解释，即伦理生活。

对于开展这种教育的指引，一个特别著名的阐释出自最杰出的、最优雅的散文作家——蒙田（Montaigne），在他的《论儿童的教育》（*On the Education of Children*）中，他写道：

> 与世界相处对人的判断具有一种初期的净化效应。我们都局

限和禁锢于我们自身之中，我们的眼界已缩短到只能看到我们的鼻子那么远。当有人问苏格拉底，你属于哪个国家时，他并不回答说"来自雅典"，而是说"来自世界"。他的想象更丰富、更广阔；他将整个世界接纳为他的城邦，他将他的相识、他的社会和他的爱扩展到全人类；不像我们，只看到自己的脚下……

如果我们想要正确地看待自己的话，这个伟大的世界……是一面我们必须观照的镜子。事实上，我将把它作为我的学生用书。有这么多的倾向、学派、意见、舆论、法律和风俗都教我们清醒地评判我们自己的观点，教我们理解如何认识这个世界的不完善和天生的弱点；这绝不是可有可无的课程。

（Montaigne 1958：63-64）

正是以这样的语言，古代斯多亚派的世界主义哲学在公元6世纪末被转化为教育目标。

此外，蒙田的散文不仅在他的祖国法国，而且还在其他国家被人们诵读，尤其是英格兰，在这里，才华横溢的弗朗西斯·培根（Francis Bacon）也通过散文表达了他的思想。在其中的一篇《论善》[①]（*Of Goodness, and Goodness of Nature*）里，他提出了他的思想："如果一个人对外邦人也能温和有礼，那么这就表明他是一个'世界公民'，他的心是与五洲四海相通的"（Bacon 1906：39）。在他的乌托邦，即三十年后的1627年出版的《新大西岛》（*New Atlantis*）中，他提出了拥有世界职员的高级研究学院的观念。萨缪尔·哈特里布，一个非常关心教育的国会议员（参见第二章），就胸怀在英格兰建立这样一个机构的抱负。作为未来的负责人，1641年，他邀请摩拉维亚教会的一位主教——一位培根思想的仰慕者和正遵循相似路线发展自己思想的人来到伦敦。这个人就是约翰·阿莫斯·夸美纽斯（John Amos Comenius）。虽然培根的学院没有建设起来，也很少有教育著述，但我们还是可以把他的计划解释为，培根是要在世界主义教育思想的两个思路——斯多亚派和夸美纽斯派——之间建立联系。

夸美纽斯（Comenius）是"Komensky"这个名字的拉丁语形式，他出

[①] 有好几种不同的译法，如"善良""善""善与人性的善""善与善性""善与本性的善""善举与良心""善事与善心"等等。——译者

生于 1592 年。在三十年战争中，新教派在波西米亚的失败迫使他——摩拉维亚兄弟会（the Unity of Moravian Brethren）的一位牧师，过着颠沛流离的生活。于是，他开始了教育著述，包括教科书，这一活动使他在整个欧洲声名远扬。譬如，《打开语言之门》(Gateway to Language Unlocked)，初版于 1633 年，刊行了数百版，还有他出版于 1657 年的《大教学论》(Great Didactic) 据皮亚杰（Piaget）所言，"被认为是每一种系统教学赖以建基的一部经典著作"（Piaget 1967：66）。我们的兴趣集中在他的重要著作，七卷本的《人类事务改进通论》(General Consultation concerning the Improvement of Human Affairs)，这部巨著到他 1670 年逝世时尚未完成，直至 20 世纪才完全出版。他的目的在于创建一种通过深信的基督教原则承担起世界道德重建工作的机构。和谐将代替战争，教育将会确保这一事业的成功。他对自己的梦想充满激情，这丝毫不足为奇，因为三十年战争在欧洲大陆的大部分地区传播着恐惧。这场冲突也体现在夸美纽斯自身的经历中：他的妻子和孩子死于随后的瘟疫，而他本人沦为难民。由于他的牧师背景，他的整个思想必然充满强烈的宗教信仰色彩。因而，他用下面的一段话结束了他的一部著作——"*Via Lucis*"（《光明之路》）：

> 祝愿你的统治就像在天堂中一样能够在现在的整个地球上实现。愿你的统治遍及整个欧洲、整个亚洲、整个非洲、整个美洲、麦哲伦大陆和所有海岛。
>
> （引自 Sadler 1969：196）

但是很自然，令我们关注的是他在《人类事务改进通论》中具体提出的教育计划。第六部分的一章 "*Panorthosia*"（或 "泛智改革"）和整个第四部分 "*Pampaedia*"（或 "泛智教育"）是与此相关的内容。夸美纽斯的主要思想是 "泛智教育"，一个带有诸多含义的术语，它包括在 "泛智教育" 中的建议，即 "所有人都应该走在一致的路上……他们可以使持有不同意见的人重新团结起来"（Piaget 1967：119）。

此外，正如 "泛智教育" 中的关键一段所阐述的那样，因为明显的世界主义理由，教育必须向所有民族传播智慧和仁爱。夸美纽斯主张：

> 任何不希望显露出某些愚蠢或是不好愿望的人，必须给所有

人以美好的祝愿，而不仅仅是给他自己、他身边几个亲近的人或是他自己的民族。因为如果这样，它就无法很好地和它的所有成员一起和独自相处。所以，不真诚祝愿全人类好运就等于伤害全人类。

（Piaget 1967：126）

正如世界应该是人们生活的道德尺度一样，世界也应该是他们的老师。在蒙田之后，夸美纽斯断言："整个世界对于全人类来说是一所学校"（Piaget 1967：184）。

夸美纽斯是如何建议人类应该按照这种方式接受教育的呢？他设想了一个由三部分组成的一套全球性机构：负责政府事务的迪卡斯特里法院（Dicastery），负责宗教事务的教会议会（Consistory），负责教育事务的光明学院（Collge of Light）。这所学院（或这些学院：他用了复数）将监督全世界所有公费建立的学校。光明是智慧之光，基督是它的源泉。在"泛智改革"的第16章中被描述的整个教育大厦（参见 Comenius 1995：223-230）确保所有人的思想都能够感受到泛智智慧的光芒。光明学院将监管所有与教育有关的事务——学校、教学方法、课本的生产——以及利用一切手段将智慧启蒙推广于全世界。

但这是人成为世界公民所需教育之准则吗？在弱、强两层意义上都可以这么解释。在弱的即非政治意义上，全人类都将获得到同样的教育，并会认识到上帝智慧的道德是普遍的道德。另外，这一世界主义思维方式由于夸美纽斯的进一步建议——应该发明世界语（universal language）而得到加强。而且他写到"由于……我们都是一个世界的共同公民（concives），受制于相同的法律，这将使我们不再是某一个共和国的成员"（引自 Heater 1996：62），此时他实际上也揭示了一种斯多亚派的世界城邦概念。

夸美纽斯持有政治意义上的世界公民概念，这一点可以由他所设想的在光明学院与监管他所谓的新世界政治体系的迪卡斯特里法院之间存在紧密联系得到证明（参见 Comenius 1995：186-193），这种关系是通过智慧的获取和实践来连接的。他在"泛智改革"中提出，在这一新世界共同体的所有成员国中，"所有明智的人……都应该照例担任一定的职务，轮流充当护卫员和督察员，以确保秩序和正义在所有地方得到维持，这是一个不错的主意"（参见 Comenius 1995：189）：可以说，这是一个柏拉图哲学王式的精英公民身份和亚里士多德所说的治与被治互为转换的公民身份的混合物。然而，夸美纽斯的政治公民体可能没有那么狭隘，因为把新的世界政治体系设想为"一个和平之王是人类事务的最高掌控者的世界……在那里，公民们有知识、意愿和权力来管理他们自己——并教导、启蒙自己和他们的同伴"（参见 Comenius 1995：193）。通过实现泛智，所有人都有机会成为世界公民。

我们该怎样评价夸美纽斯对世界公民教育的贡献呢？他在这个领域的作品，可能会因为即便对今天最具超现实鉴赏力的人来说也是不可思议和不切实际的而不被人理睬。1960 年，牛津大学的历史学钦定讲座教授，已故的休·特莱佛-娄珀尔（Hugh Trevor-Roper），选择了"疯癫"（dotty）这个绰号作为最贴切的词来削弱他的学术锋芒（引自 Sadller 1969a：123）。不过，对历史背景有一个更细腻的理解的话，就会提供一个更友善、更具赞赏性的评判。17 世纪是这样一个时代，当时欧洲对于和平的渴盼促使人们转而思考起草同盟计划——萨利（Sully）、派恩（Penn）和克鲁斯（Cruce）是其中最著名的任务，克鲁斯把非欧洲国家也纳入了他的计划。这条思想之河，如果不是像夸美纽斯理论一样的乌托邦，那么也是理想主义的，出现了分流，并最终转变成联合国和欧盟的制度现实。17 世纪的其他思想者——实际上是梦想家——没有为他们的政治建构考虑一个教育支撑。然而，正如我们将在下文看到的那样，夸美纽斯计划的这一重要特征，在全球维度上被国际联盟（League of Nations）和联合国组织的设计者们，在同样可怕、并被贴切地称为第二次三十年战争的背景下复兴了。当联合国教科文组织——联合国专门教育机构——创立的时候，其章程宣称："战争起源于人之思想，故务须于人之思想中筑起保卫和平之屏障。"这个声明可能应该是夸美纽斯的座右铭，所以 1970 年联合国教科文组织在他逝世 300 周年时纪念他的贡献，就不足为奇了。

在夸美纽斯之后，直到 18 世纪之交，没有任何思想家关注过以世界主义为目的的教育设想。不过，到了这个时代，民族主义势力和由国家提供教育以满足其自身利益的切身需求，与世界公民教育处于紧张状态。具有世界主义启蒙理想的最著名哲学家是康德。他如此坚守这条思想路线，以至于建立了他们自己的民族信条的德国浪漫主义新生代纷纷宣称放弃，实际上是公开指责他的哲学。而且康德自己也对教育的政治和道德潜力表示出了悲观的看法。他于 1798 年写道：

> 希望以知识和道德文化来教育年轻人……首先通过家庭教育，然后通过连续的学校教育……最终将不仅把他们培养成好公民，同时还将培养他们践行一种能够不断进步和自我保持的善，这是一个几乎不能取得预期结果的计划。
>
> （Reiss 1991：188-189）

因此，任何将康德同阐述教育的世界主义和民族主义目的的思想过程相联系的企图都注定是徒劳无益的。但他在 1803 年出版的名为《教育》（*Pädagogik*）的文章还是值得一读的。在这里，他对于国家公民教育和世界公民教育都提出了积极的想法。在这篇文章中，他区别了"家庭"教育和"公共"教育，后者指的是学校教育，尽管不是由国家提供的。总之，他认为"作为对公民责任感的培养"，公共教育是最好的（Kant 1960：25）。在此基础上他进一步展开说：

> 在这样一个体系下，我们学会将我们的权力与他人的权力进行比较权衡，并知晓他人的权利对我们施加的限制。这样，我们才能够不偏向自己，因为我们随处都会遭到反对，我们只能并凭借真正的才能达到我们的目的，获得对他人的优势。公共教育是培养未来公民的最好学校。
>
> （Kant 1960：29）

但是，他已经在其前文中暗示说，集中的国家公民教育忽略了应该如何真正地设计教育这一点：

> 儿童应该接受教育，不是为了现在，而是为了未来人类条件的改善；在适应博爱思想（idea of humanity）和人类整体命运的意义上说……个教育计划的基础必须是世界主义的。
>
> （Kant 1960：14-18）

因此，由此得出的结论是，因为统治者"并不像关注国家福祉那样考虑世界的利益"（参见 Kant 1960：16-17），所以就像巴斯多之类的人所建议的那样，学校不应该由国家来设置（参见 Kant 1960：16；关于巴斯多，参见第二章）。很遗憾，康德没有努力去提出如何能够使公民教育实践和世界主义教育理想融合在一起。

他的年轻同胞费希特的确开展了这样的尝试。费希特是德意志民族主义思想的杰出倡导者，而康德则强烈反对民族主义。费希特摆脱了他早年对康德思想的固守；不过他继续信奉世界主义理想，在他的政治和教育哲学中，他努力融合这两种显然相反的思想。在费希特的作品中，多处提及爱国或民族主义目的的教育和支持国家办学的论点（参见第二章）。不过，他是于 1800 年在一次对柏林共济会全体会员的讲演中表明了自己的理想的。这是一个旨在形成一个单一的人类精神联盟的道德教育方式，这个精神联盟是一个由志同道合的国家组成的和谐的世界政治同盟（这里有附和康德之处）。所以，"受到完善教育的人才会成为一个最完善、最有用的公民"（引自 Engelbrecht 1968：74）。两个要素都是必不可少的：没有爱国主义的世界主义是冷漠的、无用的、荒谬的；而没有世界主义的爱国主义就是狭隘和自私的。他因此将个体描绘成按照如下方式接受全面和正确的教育："在他的思想中，爱国和世界主义是紧密相连的，两者处于非常明确的关系之中。爱国是他的行动，世界主义是他的思想"（引自 Engelbrecht 1968：74）。尽管如此，他依然不相信国家能够提供这样的教育，它必须交由诸如共济会这样的私人启蒙社团来进行。

在 18 世纪 90 年代和 19 世纪的最初 10 年里，使世界主义与爱国主义（或民族主义）和谐一致的努力相当常见，但此后并非如此。意大利爱国者马志尼[①]（Mazzini）在他写于 19 世纪中期的文集《人的义务》（*The Duties of Man*）中也持有类似的目标，因此有点不合时代潮流。但与费希特不同，他没尝试将两者结合在一起。一方面，他主张："不对全体公民实施共同的国民教育，义务和权利的平等就是一个没有任何意义的公式；关于义务的知识和行使权利的能力就听天由命了"（Mazzini 1907：87）。另一方面，在对意大利劳动者讲话时，他宣称：

[①] 约瑟夫·马志尼（Joseph Mazzini，1805—1872 年），近代意大利资产阶级革命家，意大利民族解放运动中和派领袖。出生于意大利的热那亚，1827 年参加烧炭党，1831 年在法国建立意大利青年党，积极领导意大 1848 年革命，1849 年罗马共和国成立，成为共和国三位政治领导人之一，失败后他继续为统一意大利而斗争。《人的义务》是他阐述自己政治主张的主要著作，全书 12 章，前 4 章写于 1844 年，后 8 章写于 1858 年。——译者

对于你来说最重要的是，（你们的儿子们）应该从小就感觉到，在平等和热爱公共目标的精神下，他们同上帝赐予他们的千百万兄弟团结在一起。

　　能够教给你们的孩子这些东西的教育，只能来自于国家。

（Mazzini 1907：87）

　　运用我们的二元分类，我们可以将康德视为一个本质上的夸美纽斯派——他的目的是和平，尽管他熟知斯多亚派哲学。我们也可以将费希特视为一个本质上的斯多亚派——他的目的是确保人被承认为理性的道德存在，尽管他不喜欢斯多亚哲学，因为他认为他们是无神论者。并且我们也可以把马志尼看作是一个斯多亚主义者，尽管他也不接受那种哲学，因为他的世界主义建立在这样一个虔诚信念之上：上帝的意愿是人类应该生活在和睦的兄弟关系中。

六、世界公民：实践与理论的回归

　　19和20世纪，民族主义的迸发和蔓延对世界公民教育产生了矛盾性影响。首先，它的思想吸引力和影响力严重地削弱了费希特和马志尼之类人士的理想主义希望，即举办同时实现民族主义和世界主义目的的教育。的确，正如我们在第三和第四章所看到的一样，在这两个世纪里，学校教育的主要功能显然就是服务国家的需求。不过，与此同时，民族主义以若干不同形式加剧了国家和种族间的敌对与仇恨，使得战争更加持续不断而且更加惨烈。作为一种反动，人们再次思考这样一种可能性：学校也许可以成为安定和人类和谐的代理人。导致这种思想产生的因素，还有对邪恶的纳粹主义和随后美苏之间核竞赛威胁的恐惧，第三世界的贫穷所暴露出的不公以及人类对生态系统的破坏，所有这些，在许多人看来都为世界主义提供了不可否认的动力。

　　世界公民教育是如何被引入学校的呢？当国家发现培养有知识的公民对自身有益时，公民教育通常就会在实践中坚定地扎下根来。再次重申一下上一节阐述的观点，即从来不存在一个只为了世界公民教育的世界国家，并且任何试图推行世界维度的公民学习的努力都会很容易引起这样的反对，即它往往会弱化为了真实存在的国家服务的公民教育。因此，学校中的世界公民教育的历史一直是作为国家公民教育的羸弱伙伴而发展着的。它取决于教育行业成员、具有全球影响的教育机构、超国家的政治机构，以及愿意协助教师开展世界主义事业的组织和团体的支持和投入。或许可以令人信服地指出，以这些方式所实现的教育只不过是世界意识教育（education for world-mindedness）而已——使用最有用的表述——并非完全或真正意义上的世界公民教育。陈述这一立场，我们并无意否认这类教育的重要性，而是为了阐释这些目标的性质，无论如何，这些目标与斯多亚学派和康德的目标并无多大的不同。既然公民教育是生活教育（education for living），并且在一个国家范围内进行，所以人们强烈而且合乎情理地主张，世界公民教育可以说是只发生在教师向学生解释建立世界国家理由的时候——这是一个很少见而且可能也是不足取的活动。事实上，关于"世界公民教育"术语有效性的争议只不过是教育学领域当下姗姗来迟的关于"世界"这一术语或"世界公民身份本身"的学术争论之前兆（参见 Hutchings and Dannreuther 1999；Heater 2002）。

在过去的一个世纪中，刺激教育引入全球视野的最持久动机就是对世界和平教育的夸美纽斯式渴望。事实上，我们可以将通过教育达到跨国和平目的的现代运动的实际起源追溯到导致第一次世界大战的二十年前，德国实力的增强和随之而来的军备竞赛加剧了人们对哈米吉多顿（Armageddon）[①]的担心，这促进了大众和平行动的发展和1899年、1907年海牙和平会议的召开。教育家几乎不可能不受到这种氛围的影响（参见 Scanlon 1960：7-13）。英国、法国、荷兰和美国成立了学校和平联盟（the School Peace Leagues）。从今天的视角来看，关于英国这一团体目的的部分描述所显示的观念是何等的现代：

> 通过学校促进国际和平、仲裁和友谊；在集会和会议中，学习研究种族关系的问题和消除偏见的最好方法；学习国际和平运动史；利用公民科的课程教学，促进理性的、人道的国家生活和爱国主义，以及对人类的相应义务意识。
>
> （Scanlon 1960：7-8）

[①] 基督教《圣经》中所说的世界末日善恶决战的战场。喻指善恶大决战或大规模战争。——译者

在美国，人们对和平教育投入的精力和热情最大。在这里，学校和平联盟通过州和地方分部来开展工作，帮助中小学运用 1912 年全国教育协会向全体教师推荐其"出色效力"（excellent work）的技能来从事这种教学。凡尼·弗恩·安德鲁斯（Fannie Fern Andrews）是其中的重要人物，她很快就认识到，如果教师要开展为了国际主义目的的教育，那么就应该有一个国际组织将他们团结起来。这绝不是一个新颖的理想。从后拿破仑时代开始，欧洲人，尤其是马克 – 安东尼·朱利安（Marc-Antoine Jullien）、赫曼·莫·肯波尔（Hermann Mo Kenbore）和弗兰西斯·凯梅尼（Francis Kemeny）已经提出过这样的建议。安德鲁斯小姐逐步将她的计划扩展到一个更雄心勃勃的规模：建立一个与仲裁国际争端的海牙法庭同等的国际教育局，以研究和交流信息与思想。她不断努力，获得了美国政府的支持，但其他国家却犹疑不决，不冷不热，直到后来，她的首创被战争爆发所淹没。

"一战"期间，强有力的游说集团倡导，在"一战"结束时应该建立一个国际组织以防止再次发生这样的恐怖冲突。包括安德鲁斯小姐和法国的里昂·博基奥伊斯（Léon Bourgeois）在内的教育家们主张，这一组织应该在其纲领内包括教育。终于国际联盟（League of Nations）这一组织建立了。这个国际联盟的协约中对教育这一主题却只字未提。直到 1925 年，先驱者们的朴实愿望才因为国际教育局（the International Bureau of Education）——这是一个总部设在日内瓦的私人组织——的建立而部分地得到实现。

与此同时，在一些国家中，一些教师正在学校中赋予他们的教育以国际和全球视野，主要是针对 16—18 岁年龄段的学生。在 20 世纪 30 年代进行的一项研究中，一位英格兰学者在评论中学的国际关系教学时，判定"绝大多数学生在中学毕业时对于他们所生活的这个世界的性质依然缺乏系统而客观的认识"（Bailey 1938：141）。不过，他将丹麦、荷兰、挪威、瑞典和英国作为这个结论的部分例外。在一些国家中，设立具有国际意义的特殊纪念日是重要的教育时机。如在捷克斯洛伐克，从 1926 年起，每年 3 月 6 日，通过一节和平运动课——仅仅花费半个小时！——的方式庆祝夸美纽斯诞辰的周年纪念日（参见 Bailey 1938：107 n.）。在国际联盟建立以后，一些国家建立了协会以支持它的工作（甚至在没有加入国际联盟的美国也都建立了协会）。

尽管如此，只有在英国，这样的团体——在这里，这个团体被称之为国联联盟（League of Nations Union）才得以稳固建立，通过它的教育委员会，成功地传播了一些有关国际联盟和国际事务的一般性知识。此外，到了20世纪20年代中期，这类学校工作在英国被称为"世界公民教学"（teaching for world citizenship），这是一个著名国际政治学教授在1926年所做的讲演的题目，他利用那个场合对在这一领域开展更系统的教学进行辩护。尽管凭良心而言，他所提出的建议对世界公民身份的解释很苍白无力（Webster 1926）。不过，国联联盟教育委员会还是为中小学做了大量令人钦佩的工作，尽管是遵循国际联盟的指导来进行的，而这些指导主要体现为国际联盟大会于1923年到1924年间通过的决议：

> 鉴于在第四个普通会期（1923年）大会通过的决议涉及鼓励不同国籍的年轻人之间相互接触，涉及以国际联盟的理想来教导年轻一代……
>
> 命令秘书处研究一些方法，以便为促进接触和教育所有国家年轻人建立世界和平与团结的理想的努力能够得到进一步发展和协调。
>
> （引自 League of Nations Union 1937：133）

注意其中提及了世界和平，还有这段引文出自的那本出版物的标题——《教师与世界和平》（Teachers and World Peace）：夸美纽斯式的世界公民教育概念延续了下来。按照这些路线，"20世纪20年代国际联盟在学校中的工作是极其出色的……1927年，600多名地方教育当局的代表汇聚在一个全国性会议上，并讨论了如何在学校中进一步促进有关国际联盟的教学。"（Birn 1981：139）

然而，到了20世纪30年代后期，由于政治原因，中小学和地方教育当局开始为与国际联盟如此直接相关的教育活动感到焦虑不安。因此，决定应该将此类教学援助分离出来交给一个独立的团体来做，尽管仍然与国际联盟保持密切的联系。因而，需要一个新的名称。经过若干讨论，采纳了"世界公民教育委员会"（the Council for Education in World Citizenship）这个名称（不久被缩写为CEWC）。这样一个具有全球意味的公民身份概念被大胆地采用了。但是它引起了麻烦（关于CEWC的历史，参见Heater 1984）。"世界公民身份"，一个众所周知的内涵不清的术语，不得不被界定为并且可能很容易被理解为是不切实际的、灌输性的，在"二战"爆发之初爱国主义空前高涨的危险年代里，几乎涉嫌叛国。政治家、公务员和新闻界对这个委员会的成立报以强烈敌视的反应。甚至直至1944年在委员会创立过程中的最著名人物，吉尔伯特（Gilbert），写道："关于'世界公民身份'……我不是很喜欢这个措辞。它似乎宣称得过分了"（引自Heater 1984：47）。CEWC陷入了这个术语的模棱两可之中：拥有一个松散的道德意义，还是拥有精确的政治意义。必须承认，其章程条款的起草者似乎试图驾驭这两匹马，而为了防备对他们的诋毁，声言他们骑的只是非政治之马。因为他们宣称：

> 委员会的主要目的是在整个教育系统内部促进可能最有助于不同民族之间的相互理解、和平、合作和善意，并导致一个世界共和国（a world commonwealth）的建立的学习和教育。
>
> （引自Heater 1984：195）

不过，这个组织继续开展宝贵的工作，在长达半个多世纪的时间里赢得了千百万年轻人的感激。

世界公民教育委员会在战争期间还为创建被称为联合国教科文组织（UNESCO）的机构发挥了重要作用，这一机构的创立使得凡尼·弗恩·安德鲁斯种下的种子得以开花结果。自从1945年建立起来，它就成了致力于国际理解教育（EIU）——使用其喜欢的缩略语——的真正全球性组织。为了避开"世界公民教育"这个标签，并认识到全球研究（global studies）的方式日渐增多，它于1974年采用了"国际理解、合作、和平教育和有关人权、基本自由的教育"这个混合短语。1995年，这个用语又改称"和平、人权和民主教育"，虽然这个简短的目录好像可能看起来削弱了联合国教科文组织教育活动的世界公民身份意蕴，但启用了新措词的宣言的确包括了诸如"一种关于普遍价值和多种行为模式的意识""包含世界维度的公民教育"这样的短语。不过，宣言的基调稍微有些悲观：它列举了可怕的、堆积如山的全球性问题；并实际上承认了联合国教科文组织所倡导的这种教育要么是失败了，要么就是未被采纳，所以这种形势"呼唤对传统形式的教育行动进行改革"（参见Reardon 1997：附录2）。

联合国教科文组织支援学校所采用的主要途径之一就是始于1953年的

联系学校项目（Associated Schools Projects，ASPRO）。起初在15个国家实施，10年内其成员国数增加到43个，到1993年增加到114个，遍及所有大陆，尽管应当承认的是，各国的积极性有所不同，并且该计划只涉及极少数的学校。联合国教科文组织的一位资深官员对上述项目作了一个有趣的评论：

> 必须记住的是，从没有打算将联系学校项目本身作为目的。目的在于通过这个国际网络中诸多机构的工作来对整个教育产生影响。的确在产生这种影响，任何地方都没有比在印度更显著。
>
> （Indian National Commission for UNESCO 1965：12）

关于项目学校数少的问题，联合国教科文组织的政策是这样的：一旦联系学校项目的工作被"评价为有效而且富有创新，（这些计项目）将被引入教育体系的主流，以便（联系学校项目）对于这个国家的其他学校的利益产生多倍的影响"。（UNESCO 1993：52）

最初，参与联系学校项目（ASPRO）的机构（到1964年之前，是教师培训机构和中小学）被要求教授三个主题中的一个或更多，即联合国的工作、人权或另一个国家/其他一些国家，后来因为增加了环境而得到了扩展。的确，该项目在参与的机构数和参与世界主义理解的学生的多样性方面所取得的发展，可以从以下关于20世纪90年代中期德国工作的描述中得到说明：

> 在遍及联邦共和国的90个市镇中，有100所联合国教科文组织的示范学校。这些学校……参与到结成友好学校、跨学科教学、国家研讨班、营地和交流计划中。它们的自愿贡献支持着以战胜贫穷和赋予所有人人权为目的的世界性教育项目。
>
> （Führ 1997：237-238）

联合国教科文组织所倡导的主题的范围不断扩展就是学校中全球研究的复杂性不断增长的一个反映。到了20世纪70年代，至少可以确定七个主题或途径：世界研究（World Studies）、国际理解教育、和平研究（Peace Studies）、第三世界和发展研究、多元文化研究、人权教育、环境研究

（例如参见 Heater 1984：26）。一些途径在某些国家受到特别的青睐，而另一些途径则在不同的国家受到欢迎，尽管国家间的教育（"inter-national education"，注意中间的连字符——关于其他国家和国家间关系的教学）已经相当普遍。接下来，简单地说明一下这一概括。在挪威，一个西欧最强大的和平教师团体于1952年成立。1984年，他们在这个领域中为四学年制的中学生成功设立了一门选修课，这在欧洲是首个全国一致认可的教学大纲（参见 Rathenow 1987）。相比之下，法国的教师们对和平教育几乎不感兴趣，而更致力于人权教育（参见 Rathenow 1987；Starkey 1992）。英格兰对待多元文化教育尤其认真，例如，早在1967年，英联邦移民国家委员会（the National Council for Commonwealth Immigrants）出版了一本关于这个主题的小册子（NCCI 1967；另参见，DES 1985 和前面的第三章）。在苏联，直到大约1980年，环境研究开始逐渐地得到教授。因此，研究苏联事务的一位权威在1983年写道：

> 到目前为止，环境教育主要是在少先队和共青团夏令营、青年自然主义者团体和其他校外活动过程中进行。现在，它正被纳入自然科学、文学和生产劳动课中。
>
> （Koutaissoff 1983：92）

至于发展研究，我们可以引用下面的评述："一份1977年的联合国儿童基金会（UNICEF）讨论文件声称，发展视野已经成为荷兰课程的'发面酵母'"（Wilson 1986：106）。这些例子背后的原因是很明显的。在冷战时期，挪威是北约（NATO）中唯一一个和苏联接壤的国家；法国以宣称天赋人权的革命性首创为荣；英国从20世纪60年代起接收越来越多来自英联邦国家的有色移民；当例如咸海缩小和贝加尔湖受到污染已经世所共知时，生态问题在苏联变得很严重；荷兰政府倾向于支持海外援助，部分是因为荷兰的帝国历史。

但是，一些国家的一些教师开始赞成更全面的世界或全球研究的方式——一个在最近更为广泛普及的兴趣——尽管这些课程上呈现的材料的选择和教学大纲的设计均困难重重。罗伯特·汉维（Robert G. Hanvey）的《一个可行的全球视野》(*An Attainable Global Perspective*)（1976）和格拉汉姆·派克（Graham Pike）、大卫·塞尔比（David Selby）的《全球教师，全球学习者》(*Global Teacher, Global Learner*)(1988),或许是两个最著名的、并被经常再版的试图解决这些问题的著作。不过派克和塞尔贝坦陈他们重复了汉维的视野意识(perspective consciousness)的五个维度:地球状态意识、跨文化意识、全球动态知识(knowledge of global dynamics)和对作为现代整体主义方式之真正基础的人类选择的意识。然而,他们采取了更坚定的姿态:

> 哈维的工作是开创性的,但是在我们看来,在促进对全球视野的需要方面却不够有力。我们宁愿称我们的全球视野为不可缩减的(irreducible),而不是可行的(attainable)。在两个意义上,它是不可缩减的。首先,这五个维度中的每一个都必须在要求提供全球视野的学校里呈现。其次,如果学校没有提供这五个维度,那么它就没有使它的学生们做好在相互依存和急剧变化的世界中参与进去的适当准备。
>
> (Pike and Selby 1988:37)

二者都强调了意识和认知,这些也应该是公民身份的属性。但汉维的观点与派克和塞尔贝不同,突然在那里停止不前了,没有发展到为了"发展在多个层次上——从草根到全球——有效参与民主决策与组织所必需的社会和行动技能"而开展教学的阶段(Pike and Selby 1983:35),参与也是公民身份中另外一个属性。与前者松散的世界意识相比,后者更接近于世界公民身份,这一点可以归因于这两本出版物在年代和(或)地理起源上的不同,即美国和英格兰,或者只是其中之一。

然而,不可否认的是,在美国,从大约20世纪60年代起以综合形式开展的世界公民教育活动尽管经历了很多挫折和失望,但仍比在其他任何国家都强有力而且更坚持不懈。这种教育活动的规模和多样性已经被概括如下:

> 学院和大学、学校社团和教育组织、地方学区和非利益社区组织开始了成百上千个项目和计划……课程编写者开发了成千上万份补充材料和若干"全球"教科书……全国性教育组织发行了许多出版物,并主办了各种会议(等)。
>
> (Smith 1991:224)

然而，这么多的帮助得到的结果与所付出的努力不相匹配。有证据表明，尤其是自20世纪80年代中期以来，赋予社会科课程以全球维度的教师相对很少。此外，一些人对于全球教育的基本原则充满了强烈的敌视。例如，全国社会科委员会在1979年的课程指南中写道：这类课程的目的应该是"把学生培养成为这个相互依赖不断加深的世界的理智、仁慈和参与型公民"（引自Hahn 1984：240）；即便如此，该机构的主席于1983年仍抱怨道："应该透过教给他们许多关于他们自己国家的知识来把年轻人培养成好公民，这种看法无处不在"（尽管她补充说"美国不是独一无二的"）（引自Hahn 1984：240，242）。这次讲话的三年后，一份名为《给全球教育喝倒彩》(Blowing the Whistle on Global Education)的报道认为这项工作是带有偏见的和叛国的。这份报告被广泛传播，激起了人口中极端保守者的类似观点和对全球研究的强烈批判（参见Heater 2002：160）。

对世界公民教育的反对，不管是在什么名称下，也不仅在美国，建立在若干论点基础上，但是在本质上可归结为两点：政治的和教育的。政治方面的理由主要由右派学者们提出，他们主张学校政治功能的基本优先事项应该是巩固国家的稳定、实力和安全。他们声称，教授有关人类的同一性、国家间的相互依赖性以及保护地球环境的必要性等观念——简短地说，去教授一种世界主义伦理——会很危险地削弱学生对于国家的忠诚。这在第二次世界大战和冷战的关键岁月里感受特别突出。这些教育目标再次被那些具有保守倾向的人公开提出，而且是出于两个不一定相关的原因。首先是这样一种看法：教授有关世界的事实会提出选择的巨大问题，以至于它只能在最表层上进行，结果会牺牲学术水准。如果说通过世界史而不是国史来进行的方式就已经够糟糕的话，那么整合的世界研究就更糟糕了，因为那些在知识上有价值的、受尊敬和认可的学科都已经被搅成无法区分的一锅粥了。第二，还有个更糟糕的。许多世界公民教育的倡导者深信，情感培养比事实教学更重要。应该给予情感学习以应有的重视，甚至应该优先于认知学习。保守派的教育家和大众评论者不能容忍这种对"刻苦"（hard）学习的淡化。双方的争论冲突在20世纪七八十年代产生了尤其具有震动性的影响。

政治议题——爱国主义与世界主义的态度与情感能否同时拥有并保持平衡——是遥远的过去哲学家们思考的一个核心问题（参见Heater 2002：37–52），近年来也引起了社会和教育心理学家们的思考。许多世界公民教育的阐释者都认为，解决这一问题的主要手段就是，把来自不同文化和种族背景的年轻人聚集起来，让他们共同学习和生活一段时间，以便他们能够理解根本一致性存在于人类的多样性之中。为实现这一理想，安排了国际营（international camps），并建立了国际学校。可以举出若干个例子。例如，1933 年英国的国际联盟启动了他们称之为南森先锋营（Nansen Pioneer Camps）活动，这个先锋营是以著名的挪威国际联盟官员弗里德交夫·南森（Fridtjof Nansen）的名字命名的。这些是为 12 至 16 岁年龄段学生安排的活动。引用国联联盟的教师手册里的话来说，"来自于各个国家的男孩和女孩们参加了进来，这个项目提供露营术培训和各国的游戏，还有野营篝火晚会谈论各国和联合会的工作"（LNU 1937：130-131）。几十年以后，一个大胆的倡议导致了若干所联合世界学院（United World Colleges）的创立，起初于 20 世纪 70 年代在温哥华、南威尔士和新加坡建立。这些学院招收来自世界各地的学生：例如，在威尔士的大西洋联合世界学院招收的 1977 名学生中，包括了来自 42 个国家的年轻人。

我们已经指出了"微弱的"世界意识教育与"强大的"世界公民教育之间的不同。非常显而易见的是，无论使用了什么样的术语，严格来讲，后者的教学在内容、方法和目标上都非常罕见。罕见的原因之一很可能在于，一直没有任何将对世界主义政治思想的清晰和深刻理解与相媲美的教育思想联系起来的认真努力。直至 20 世纪 90 年代，才有一位美国哲学家马萨·纳斯鲍姆（Martha Nussbaum）写了关于这一问题的东西（参见 Nussbaum et al. 1996），从而推动了重要知识分子对这一问题的思考。然而，如果没有对全球化现象，包括近期的人口流动的大量学术兴趣的话，也不可能这么容易产生响应。在教师和学生们的眼中，这一发展也给世界公民教育提供了紧迫相关性，因此也给公民教育的世界维度提供了一个明显的激励。

纳斯鲍姆的世界公民教育观点的基本思想体现在她所称的三种能力和四个论点之中。这些能力是："批判性地审视自我和自身的传统"；"把自己不仅看作是某一地区的公民，而且首要的是把自己视为借助认知和关切的纽带与他人息息相关的人"的公民能力；"叙述性想象"（narrative imagination），即"站在不同于自己的他者的立场去思考问题的能力"（Nussbaum 1997：9-11）。四个论点是："通过世界主义教育，我们更加了解自身"；"我们能够在需要通过国际合作解决的问题上取得进展"；"我们承认对真实存在的世界其他部分的道德义务,否则将不会获得认可";"在已经准备好加以捍卫的差别基础上,我们的观点要始终如一、保持连贯。"(Nussbaum 1996:11-15)。她认为三种能力的教育是培养人性——她将其等同于世界主义——的根本所在。尽管她没有明确提出二者之间的联系,但是我们还是必须假定,通过学习这三种能力,我们就将具备四种论点的必需之物。纳斯鲍姆将这些教育主张牢牢地建立在古典哲学所阐释的原则之上,即苏格拉底的追求自我知识的训诫和斯多亚派的世界公民概念的表述。从苏格拉底那里,她提取了世界公民基本能力的前两方面——情境理解(contextual understanding);从马库斯·奥莱留斯(Marcus Aurelius)以及他的斯多亚派前辈那里,她提取了第三种能力——移情。她所关注的是提供严密论证的观点,而非具体的课程,尽管她也费心尽力地强调在教学计划中应该体现的三个关键特色。首先,这种教育应该在儿童一入学就开始(Nussbaum 1997:69)。第二,带有多元文化内容的科目应该尽可能地多一些(Nussbaum 1997:68)。第三绝不是为了世界维度而抹去本土维度,世界公民教育需要公民对本土社会和文化有一个全面的掌握,只有这样,才能便于个人代理世界的利益(参见 Nussbaum 1996:135-136;Nussbaum 1997:68)。

纳斯鲍姆的立场可能并且已经受到挑战,主要体现在世界主义与爱国主义关系这一政治问题上(Nussbaum et al. 1996)。但是,在此我们所关心的是她关于教育的世界主义观点的价值。事实上,她在三个方面受到批判。首先是没有证据能够表明她了解或真正知晓在这一领域甚至自己国家所开展的大量工作[除了提及一种高级课程之外(Nussbaum 1997:81-83)]。考虑到此前别人已经开展的工作,他所提出的建议似乎并不那么具有原创性。二是她所写的实际上是不同于世界公民身份的世界意识,这表明她自己对于那些希望公民身份能够拥有更精确含义的批评者不屑一顾。三是她将世界公民教育建立在世界主义伦理和政治理论基础上的诉求,被她关于后者的解释所存在的弱点瓦解。一名塞浦路斯学者指出了若干这种缺陷(参见 Papastephanou 2002),提出了若干力度不同的批评。最具说服力的批评或许关涉世界主义关于人类的本质同一性的观点。她解释说:

> 如果存在一种虽然有着非本质的差异,但却是我们所有人共有的、可定义的人性,那么我们离按照各种文化与"人性的原初

设计"（original design of humanity）的远近程度来对他们进行评价就只有一步之遥了。

（Papastephanou 2002：74）

至少纳斯鲍姆有足够的勇气尝试给全球教育提供坚实的世界主义哲学基础。教育专家们可以将她的思想作为有益的基础，并引入"世界主义民主"（cosmopolitan democracy）概念的新增成分（Held 1995），以达成一个绝对必要的关于世界公民教育的一致性定义。然而，那种公式化的表述会给人形成一种这一任务相对简单的错误印象。绝非如此，正如本章前几节所表明的那样，相对近期的政治和社会发展也要求在公民教育计划中予以关注。可以说，纳斯鲍姆指的是认为人生活于若干同心圆中的斯多亚学派观念（参见 Nussbaum 1996：9）。事实上，这是一个直到今天也依然极其流行的想象（参见 Heater 2002：44–52）。这一理念概括地说就是，我们拥有多元认同和忠诚，近从亲密的家庭关系开始，远至整个人类的关系。用现代术语来说，地区、国家、欧盟（就适用的地方而言）、宗教联系以及世界都可以被认为处于这一几何图形之中。在解决涉及的心理学问题的同时，强化这一古老概念，使之现代化，并将其转换为教育术语（参见 Torney 1979），也许会以 20 世纪教育家所阐释的类似思想为基础，以最终达到为后代人构建一种真正全面而又一贯的公民教育的目的。如此，一种历史意识将会把过去与未来联系在一起。

参考文献

Ablin, F. (ed.) (1963) *Education in the USSR: A Collection of Readings from Soviet Journals, Vol. 2,* n.,p., International Arts and Science Press.

Adeyoyin, F.A. (1979) 'The Role of the School as a Politicizing Agent through Citizenship Education', *International Journal of Political Education,* 2.

Advisory Group on Citizenship (1998) *Education for Citizenship and the Teaching of Democracy in Schools* (Crick Report), London: Qualifications and Curriculum Agency.

Archer, M.S. (1977) 'Education', in J.E. Flower, *France Today.*

Ardagh, J. (1982) *France in the 1980s,* Harmondsworth: Penguin.

Arikpo, O. (1967) *The Development of Modern Nigeria,* Harmondsworth: Penguin.

Aristotle (trans. and ed. E. Barker) (1948) *Politics,* Oxford: Clarendon Press.

Aristotle (trans. J.A.K. Thomson) (1955) *The Ethics of Aristotle,* Harmondsworth: Penguin.

Aristotle (trans. H.G. Apostle) (1975) *The Nicomachean Ethics,* Dordrecht: Reidel.

Aristotle (trans. P. J. Rhodes) (1984) *The Athenian Constitution,* Harmondsworth: Penguin.

Arnold, M. (1962) *Democratic Education,* Ann Arbor, MI: University of Michigan Press.

Aso, M. and Amano, I. (1972) *Education and Japan's Modernization,* Tokyo: Ministry of Foreign Affairs, Japan.

Association for Education in Citizenship (1936) *Education for Citizenship in Secondary Schools,* London: Oxford University Press.

Avis, G. (ed.) (1978) *The Making of the Soviet Citizen,* London: Croom Helm.

Aziz, K.K. (1976) *The Making of Pakistan: A Study in Nationalism,* London:

Chatto & Windus.

Bacon, F. (1906) *Essays,* London: Dent.

Baczko, B. (ed.) (1982) *Une Éducation pour la Démocratie: Textes et Projets de l'Époque Révolutionnaire,* Paris: Éditions Garnier.

Baglin Jones, E. and Jones, N. (eds.) (1992) *Education for Citizenship,* London: Kogan Page.

Bailey, S.H. (1938) *International Studies in Modern Education,* London: Oxford University Press.

Bamford, T.W. (1960) *Thomas Arnold,* London: Cresset Press.

Banks, J.A. and Lynch, J. (eds) (1986) *Multicultural Education in Western Societies,* London: Holt, Rinehart & Winston.

Barnard, H.C. (1947) *A Short History of English Education from 1760 to 1944,* London: University of London Press.

Basu, A. (1974) *The Growth of Education and Political Development in India, 1898-1920,* Delhi: Oxford University Press.

Becker, J.M. (ed.) (1979) *Schooling for a Global Age,* New York: McGraw-Hill.

Békés, Z. (1990) 'Some Results of Hungarian Youth Research and Dilemmas of Political Education', in B. Claussen and H. Mueller, *Political Socialization of the Young in East and West.*

Bell, G. H. (1997) 'Towards the European School: Educating European Citizens Through Whole School Development', in I. Davies and A. Sobisch, *Developing European Citizens.*

Bereday, G.Z.F. (ed.) (1966) Charles E, Merriam's *The Making of Citizens,* New York: Columbia University Teachers College Press.

Bereday, G.Z.F. and Pennar, J. (eds.) (1960) *The Politics of Soviet Education,* New York: Praeger, and London: Stevens.

Bereday, G.Z.F., Brickman, W.W. and Read, G.H. (eds) (1960) *The Changing Soviet School,* Cambridge, MA: Riverside Press.

Betts, R.F. (1991) *France and Decolonisation 1900-1960,* Basingstoke: Macmillan.

Bicât, A. (1970) 'Fifties Children: Sixties People', in V. Bogdanor and R. Skidelsky, *The Age of Affluence.*

Binchy, D.A. (1941) *Church and State in Fascist Italy*, London: Oxford University Press.

Birn, D.S. (1981) *The League of Nations Union 1918-1945*, Oxford: Clarendon Press.

Board of Education (1944) *Teacher and Youth Leaders* (McNair Report), London: HMSO.

Bogdanor, V. and Skidelsky, R. (eds) *The Age of Affluence 1951-1964*, London: Macmillan.

Bogolubov, L.N., Klokova, G.V., Kovalyova, G.S. and Poltorak, D.I. (1999) 'The Challenge of Civic Education in the New Russia', in J. Torney–Purta *et al.*, *Civic Education Across Countries*.

Boyd, W. (1932) *The History of Western Education* (3rd edn), London: A. & C. Black.

Bracher, K.D. (trans. J. Steinberg) (1978) *The German Dictatorship*, Harmondsworth: Penguin.

Brady, R.A. (1937) *The Spirit and Structure of German Fascism*, London: Left Book Club.

Bray, T.M. and Cooper, G.R. (1979) 'Education and Nation Building in Nigeria since the Civil War', *Comparative Education, 15*.

Brennan, T. (1981) *Political Education and Democracy*, Cambridge: Cambridge University Press.

Briggs, A. (1959) *The Age of Improvement*, London: Longmans.

Briggs, A. (1960) *Chartist Studies*, London: Macmillan.

Brogan, D. (1940) *The Development of Modern France (1870-1939)*, London: Hamish Hamilton.

Brown, B.F. (ed.) (1977) *Education for Responsible Citizenship: The Report of the National Task Force on Citizenship Education*, New York: McGraw–Hill.

Buisson, F. and Farrington, F.E. (eds.) (1921) *French Educational Ideals of Today*, London: Harrap.

Burke, E. (1910) *Reflections on the French Revolution*, London: Dent.

Burston, W.H. (1973) *James Mill on Philosophy and Education*, London: Athlone Press.

Burtt, S. (1992) *Virtue Transformed: Political Argument in England, 1688-1740,* Cambridge: Cambridge University Press.

Butts, R.F. (1988) *The Morality of Democratic Citizenship: Goals for Civic Education in the Republic's Third Century,* Calabasas, CA: Center for Civic Education.

Butts, R.F. (1989) *The Civic Mission in Educational Reform: Perspectives for the Public and the Profession,* Stanford, CA: Hoover Institution Press, Stanford University.

Butts, R.F. and Cremin, L.A. (1953) *A History of Education in American Culture,* New York: Holt, Rinehart & Winston.

Callahan, R.E. (1964) *An Introduction to Education in American Society: A Text with Readings,* New York: Knopf.

Callan. E. (1997) *Creating Citizens: Political Education and a Liberal Democracy,* Oxford: Clarendon Press.

Calliess, J. and Lob, R. (eds) (1987) *Handbuch Praxis der Umwelt-und Friedenserziehung,* Düsseldorf: Schwann.

Carew Hunt, R.N. (1957) *A guide to Communist Jargon,* London: Bles.

Castle, E.B. (1961) *Ancient Education and Today,* Harmondsworth: Penguin.

Cavanagh, F.A. (ed.) (1931) *James and John Stuart Mill on Education,* Cambridge: Cambridge University Press.

Chaffee, S.H., Morduchowicz, R. and Galperin, H. (1998) 'Education in Democracy in Argentina: Effects of a Newspaper–in–School Program', in O. Ichilov, *Citizenship and Citizenship Education in a Changing World.*

Chevallier, P. and Grosperrin, B. (eds) (1971) *L'Enseignement Français de la Révolution à nos Jours, II: Documents,* Paris: Mouton.

Cicero (trans. C.W. Keyes) (1928) (a) *De Re Publica,* (b) *De Legibus,* London: Heinemann, and Cambridge, MA: Harvard University Press.

Cicero (trans. E.W. Sutton) (1948) *De Oratore,* London: Heinemann, and Cambridge, MA: Harvard University Press.

Clarke, P.B. (1994) *Citizenship,* London: Pluto.

Claussen, B. and Mueller, H. (eds) (1990) *Political Socialization of the Young in East and West,* Frankfurt am Main: Peter Lang.

Cobban, A. (1939) *Dictatorship: In History and Theory,* London: Cape.

Cobban, A. (1957) *A History of Modern France,* Vol. 1, Harmondsworth: Penguin.

Cobban, A. (1960) *In Search of Humanity,* London: Cape.

Cobban, A. (1964) *Rousseau and the Modern State (2nd edn),* London: Allen & Unwin.

Cobban, A. (1965) *A History of Modern France, Vol. 3: 1871-1962,* Harmondsworth: Penguin.

Cobban, A. (1970) *France Since the Revolution and Other Aspects of Modern History,* London: Cape.

Cogan, J.J. and Derricott, R. (eds) (2000) *Citizenship for the 21st Century (2nd edn),* London: Kogan Page.

Colonial Office and Advisory Committee on Education in the Colonies (1948) *Education for Citizenship in Africa,* London: HMSO.

Comenius, J.A. (trans. A.M.O. Dobbie) (1995) *Panorthosia or Universal Reform,* Sheffield: Sheffield Academic Press.

Commission on Citizenship (1990) *Encouraging Citizenship,* London: HMSO.

Counts, G.S. (1957) *The Challenge of Soviet Education,* New York: McGraw-Hill.

Cowan, L.G., O'Connell, J. and Scanlon, D.G. (eds) (1965) *Education and Nation-Building in Africa,* New York: Praeger.

Cowell, F.R. (1948) *Cicero and the Roman Republic,* London: Pitman.

Crankshaw, E. (1959) *Khrushchev's Russia,* Harmondsworth: Penguin.

Crick, B. (2000) *Essays on Citizenship,* London: Continuum.

Crick, B. (2002) 'Education for Citizenship: The Citizenship Order', *Parliamentary Affairs,* 55.3.

Crick, B. and Heater, D. (1977) *Essays on Political Education,* Lewes: Falmer.

Crick, B. and Porter, A. (eds) (1978) *Political Education and Political Literacy,* Harlow: Longman.

Cross, C. (1968) *The Fall of the British Empire 1918—1968,* London: Hodder & Stoughton.

Crossman, R.H.S. (1937) *Plato To-day,* London: Allen & Unwin.

Csepeli, G. (1990) 'Political Socialization of Hungarian Youth', in B. Claussen and H. Mueller, *Political Socialization of the Young in East and West.*

Cummings, W.K. (1987) 'Samurai Without Swords: The Making of the Modern Japanese', in E.B. Gumbert, *In the Nation's Image.*

Cummings, W.K., Gopinathan, S. and Tomoda, Y. (eds) (1988) *The Revival of Values Education in Asia and the West,* Oxford: Pergamon.

Curtis, S.J. and Boultwood, M.E.A. (1956) *A Short History of Educational Ideas (2nd edn),* London: University Tutorial Press.

Davies, I. (1997) 'Education for European Citizenship: Review of Relevant Documentation', in I. Davies and A. Sobisch, *Developing European Citizens.*

Davies, I. and Sobisch, A. (eds) (1997) *Developing European Citizens,* Sheffield: Sheffield Hallam University Press.

Davies, I., Gregory, I. and Riley, S.C. (1999) *Good Citizenship and Educational Provision,* London: Falmer.

de la Fontainerie, F. (ed. and trans.) (1932) *French Liberalism and Education in the Eighteenth Century,* New York: Burt Franklin.

Delanty, G. (2000) *Citizenship in a Global Age: Society, Culture, Politics,* Buckingham: Open University Press.

DES (1985) *Education for All* (Swann Report), London: HMSO.

Dewey, J. (1961) *Democracy and Education,* New York: Macmillan.

DfEE/QCA (1999) *The National Curriculum: Citizenship,* London: DfEE/QCA.

Dickinson, H.T. (1977) *Liberty and Property,* London: Methuen.

Djilas, M. (1957) *The New Class,* London: Thames & Hudson.

Duczek, S. (1977) *Political Education in Germany* (unpublished mimeo), York: University of York Political Education Unit.

Duffy, J. (1962) *Portugal in Africa,* Harmondsworth: Penguin.

Dupeux, G. (trans. P. Wait) (1976) *French Society 1789-1970,* London: Methuen.

Dynneson, T.L. (2001) *Civism: Cultivating Citizenship in European History,* New York: Peter Lang.

Edmonds, J.M. (trans.) (1961) *Elegy and Iambus,* London: Heinemann, and Cambridge, MA: Harvard University Press.

Engelbrecht, H.C. (1968) *Johann Gottlieb Fichte: A Study of his Political*

Writings with Special Reference to his Nationalism, New York: AMS Press.

England, J.M. (1963) 'The Democratic Faith in American Schoolbooks, 1783–1860', *American Quarterly,* 15.

Englund, T. (1986) *Curriculum as a Political Problem,* Uppsala and Lund: Chartwell-Bratt.

Esser, H. (1991) 'The Integration of Second Generation Immigrants in Germany: An Explanation of "Cultural" Differences', in R.S. Sigel and M. Hoskin, *Education for Democratic Citizenship.*

European Council and Ministers of Education (1988) *Resolution on the European Dimension in Education* (88/C177/02)

Fafunwa, A.B. and Aisika, J.U. (eds) (1982) *Education in Africa: A Comparative Study,* London: Allen & Unwin.

Fanon, F. (1976) *The Wretched of the Earth,* Harmondsworth: Penguin.

Felsenthal, I. and Rubinstein, I. (1991) 'Democracy, School and Curriculum Reform: 'The Rules of the Game" in Israel', in R.S. Sigel and M. Hoskin, *Education for Democratic Citizenship.*

Fenton, E. (ed) (1966) *Teaching the New Social Studies: An Inductive Approach,* New York: Holt, Rinehart & Winston.

Fitzpatrick, S. (1970) *The Commissariat of Enlightenment,* Cambridge: Cambridge University Press.

Flower, J.E. (ed.) (1977) *France Today: Introductory Studies* (3rd edn), London: Methuen.

Fogelman, K. (ed.) (1991) *Citizenship in School,* London: David Fulton.

Frazer, E. (2000) 'Citizenship Education: Anti-political Culture and Political Education in Britain', *Political Studies,* 48.

Friedrich, C.J. and Brzezinski, Z.K. (1965) *Totalitarian Dictatorship and Autocracy,* Cambridge, MA: Harvard University Press.

Führ, C. (1997) *The German Education System since 1945,* Bonn: Inter Nationes.

Gaus, J.M. (1929) *Great Britain: A Study of Civic Loyalty,* Chicago, IL: University of Chicago Press.

Gellner, E. (1983) *Nations and Nationalism* (4th edn), Oxford: Blackwell.

Gildea, R. (1983) *Education in Provincial France 1800-1914,* Oxford: Clarendon

Press.

Giroux, H.A. (1987) 'Citizenship, Public Philosophy, and the Retreat from Democracy in the United States', in E.B. Gumbert, *In the Nation's Image.*

Godechot, J. (trans. H.H. Rowen) (1965) *France and the Atlantic Revolution of the Eighteenth Century, 1770-1799,* New York: Free Press, Collier–Macmillan.

Gollancz, V. (1953) *More for Timothy,* London: Gollancz.

Gopinathan, S. (1988) 'Being and Becoming: Education for Values in Singapore', in W.K. Cummings *et al., The Revival of Values Education in Asia and the West.*

Gorbachev, M.S. (1987) *Perestroika: New Thinking for Our Country and the World,* London: Collins.

Grant, B. (1967) *Indonesia,* Harmondsworth: Penguin.

Grant, N. (1964) *Soviet Education,* Harmondsworth: Penguin.

Grimal, H. (1965) *La Décolonisation 1919-1963,* Paris: Armand Colin.

Gross, R.E. and Dynneson, T.L. (eds) (1991) *Social Science Perspectives on Citizenship Education,* New York: Teachers College, Columbia University.

Guardian (2002) 27 June.

Guilhaume, P. (1980) *Jules Ferry,* Paris: Encre.

Gumbert, E.B. (ed.) (1987) *In the Nation's Image,* Atlanta, GA: Georgia State University.

Gwynn, A. (1964) *Roman Education: From Cicero to Quintilian*, New York: Russell & Russell.

Hahn, C.L. (1984) 'Promise and Paradox: Challenges to Global Citizenship', Social Citizenship, April.

Hahn, C.L. (1998) *Becoming Political: Comparative Perspectives on Citizenship Education,* New York: State University of New York Press.

Hahn, C.L. (1999) 'Challenges in Civic Education in the United States', in J. Torney-Purta *et al., Civic Education Across Countries.*

Hahn, H.-J. (1998) *Education and Society in Germany,* Oxford: Berg.

Hall, H.D. (1971) *Commonwealth: A History of the British Commonwealth of Nations,* London: Van Nostrand Reinhold.

Halliday, J. and McCormack, G. (1973) *Japanese Imperialism Today,*

Harmondsworth: Penguin.

Halocha, J. (1995) 'Promoting Citizenship through International College–School Links', in A. Osler *et la., Teaching for Citizenship in Europe.*

Händle, C., Oesterreich, D. and Trommer, L. (1999) 'Concepts of Civic Education in Germany Based on a Survey of Expert Opinion', in J. Torney-Purta *et al., Civic Education Across Countries.*

Hanna, A.J. (1961) *European Rule in Africa,* London: Historical Association.

Hanvey, R.G. (1976) *An Attainable Global Perspective,* New York: Center for Global Perspectives.

Harber, C. (ed.) (1987) *Political Education in Britain,* London: Falmer.

Harber, C. (1989) *Politics in African Education,* London: Macmillan.

Hargreaves, J.D. (1967) West Africa: The Former French States, Englewood Cliffs, NJ: Prentice Hall.

Hargreaves, J.D. (1976) *The End of Colonial Rule in West Africa,* London: Historical Association.

Harper, S.N. (1929) *Civic Training in Soviet Russia,* Chicago, IL: University of Chicago Press.

Hayes, C.J.H. (1930) *France: A Nation of Patriots,* New York: Columbia University Press.

Hearnden, A. (1974) *Education in the Two Germanies,* Oxford: Blackwell.

Hearnden, A. (ed.) (1978) *The British in Germany: Education Reconstruction after 1945,* London: Hamish Hamilton.

Heater, D. (1984) *Peace Through Education: The Contribution of the Council for Education in World Citizenship,* Lewes: Falmer.

Heater, D. (1990) *Citizenship: The Civic Ideal in World History, Politics and Education,* Harlow: Longman.

Heater, D. (1992) 'Education for European Citizenship', *Westminster Studies in Education,* 15.

Heater, D. (1996) *World Citizenship and Government: Cosmopolitan Ideas in the History of Western Political Thought,* Basingstoke: Macmillan.

Heater, D. (1998) *The Theory of Nationhood: a Platonic Symposium,* Basingstoke: Macmillan.

Heater, D. (2001) 'The History of Citizenship Education in England', *The Curriculum Journal,* 12.

Heater, D. (2002) *World Citizenship: Cosmopolitan Thinking and its Opponents,* London: Continuum.

Heater, D. and Gillespie, J.A. (eds) (1981) *Political Education in Flux,* London: Sage.

Held, D. (1995) *Democracy and the Global Order: From the Modern State to Cosmopolitan Governance,* Cambridge: Polity.

Hobbes, T. (1914) *Leviathan,* London: Dent.

Hodgetts, A.B. and Gallagher, P. (1978) *Teaching Canada for the 80s,* Toronto: The Ontario Institute for Studies in Education.

Holmes, B. (1956) 'Some Writings of William Torrey Harris', *British Journal of Educational Studies,* 5.

Honeywell, R.J. (1931) *The Education Work of Thomas Jefferson*, Cambridge, MA: Harvard University Press.

Hooghoff, H. (1990) 'Curriculum Development for Political Education in the Netherlands', in B. Claussen and H. Mueller, *Political Socialization of the Young in East and West.*

Hornblower, S. and Spaworth, A. (1998) *The Oxford Companion to Classical Civilization,* Oxford: Oxford University Press.

Horvath-Peterson, S. (1984) *Victor Duruy & French Education,* Baton Rouge, LA: Louisiana State University Press.

Hunt, L. (ed.) (1996) *The French Revolution and Human Rights: A Brief Documentary History,* Boston, MA: St Martin's.

Hutchings, K. and Dannreuther, R. (eds) (1999) *Cosmopolitan Citizenship*, Basingstoke: Macmillan.

Ichilov, O. (ed.) (1998a) *Citizenship and Citizenship Education in a Changing World,* London: Woburn.

Ichilov, O. (1998b) 'Nation-Building, Collective Identities, Democracy and Citizenship Education in Israel', in O. Ichilov, *Citizenship and Citizenship Education in a Changing World.*

Ichilov, O. (1999) 'Citizenship Education in a Divided Society: The Case of

Israel', in J. Torney-Purta *et al., Civic Education Across Countries.*

Ikejiani, O. (ed.) (1964) *Nigerian Education,* Ikeja: Longmans of Nigeria.

Indian National Commission for UNESCO (1965) *Report of the National Seminar on International Understanding (Education for International Understanding),* Delhi: Indian National Commission for UNESCO.

Iram, Y. (2001) 'Education for Democracy in Pluralistic Societies: The Case of Israel', in L.J. Limage, *Democratizing Education and Educating Democratic Citizens.*

Janowitz, M. (1983) *The Reconstruction of Patriotism: Education for Civic Consciousness,* Chicago, IL: University of Chicago Press.

Jarolimek, J. (1981) 'The Social Studies: An Overview', in H.D. Mehlinger and O.L. Davis, *The Social Studies.*

Jászi, O. (1961) *The Dissolution of the Habsburg Monarchy,* Chicago, IL: Chicago University Press.

Jones, P. (1997) *The Italian City-State: From Commune to Signoria,* Oxford: Clarendon Press.

Kaestle, C.F. (1983) *Pillars of the Republic: Common School and American Society, 1780–1860,* New York: Hill & Wang.

Kaiser, R.G. (1977) Russia: *The People and the Power,* Harmondsworth: Penguin.

Kandel, I.L. (1960) 'Education and Colonial Dependencies', in D.G. Scanlon, *International Education.*

Kant, I. (trans. A. Churton) (1960) *Education,* Ann Arbor, MI: University of Michigan Press.

Kennedy, E. (1989) *A Cultural History of the French Revolution*, New Haven, CT: Yale University Press.

Kerblay, B. (trans. R. Swyer) (1983) *Modern Soviet Society,* London: Methuen.

Kerr, D. (1999) 'Re-examining Citizenship Education in England', in J. Torney *et al., Civic Education Across Countries.*

Kitto, H.D.F. (1951) *The Greeks,* Harmondsworth: Penguin.

Kobayashi, T. (1976) *Society, Schools and Progress in Japan,* Oxford: Pergamon.

Kosok, P. (1933) *Modern Germany: A study of Conflicting Loyalties, Chicago,*

IL: Chicago University Press.

Koutaissoff, E. (1983) 'Environmental Education in the USSR', in J.J. Tomiak, *Soviet Education in the 1980S.*

Kymlicka, W. (1997) *Multicultural Citizenship: A Liberal Theory of Minority Rights,* Oxford: Clarendon Press.

La Chabeaussière, P. (1794) *Catéchisme Républicain, Philosophique et Moral,* in *Du Culte Religieux en France, Recueil 1791-94.*

Lang, P.H. (1942) *Music in Western Civilization,* London: Dent.

Laslett, P. (1983) *The World We Have Lost-Further Explored,* London: Methuen.

Lawton, D., Cairns, J. and Gardner, R. (eds)(2000) *Education for Citizenship,* London: Continuum.

League of Nations Union (LNU) (1937) *Teachers and World Peace* (5th edn), London: LNU.

Léon, A. (1991) *Colonisation, Enseignement et Éducation: Étude Historique et Comparative,* Paris: Éditions L'Harmattan.

Limage, L.J (ed.) (2001) *Democratizing Education and Educating Democratic Citizens: International and Historical Perspectives,* New York: RoutledgeFalmer.

Linton, M. (2001) *The Politics of Virtue in Enlightenment France,* Basingstoke: Palgrave.

Lister, I.(1991) 'Civic Education for Positive Pluralism in Great Britain', in R.S. Sigal and M. Hoskin, *Education for Democratic Citizenship.*

Locke, J.(ed. J.W. and J.S.Yolton) (1989) *Some Thoughts Concerning Education,* Oxford: Clarendon Press.

Lutz, D.S.(1992) *A Preface to American Political Theory, Lawrence,* KS: University Press of Kansas.

Macartney, C.A. (1934) *National States and National Minorities,* London: Oxford University Press.

Macartney, C.A.(1937) *Hungary and Her Successors: The Treaty of Trianon and its Consequences 1919-1937,* London: Oxford University Press.

McCully, B.T. (1966) *English Education and the Origins of Indian Nationalism,* Gloucester, MA: Peter Smith.

Macedo, S. (2000) *Diversity and Distrust: Civic Education in a Multicultural Society*, Cambridge, MA: Harvard University Press.

MacKenzie, J.M. (1984) *Propaganda and Empire: The Manipulation of British Public Opinion,1880-1960*, Manchester: Manchester University Press.

MacKenzie, J.M. (ed.) (1986) *Imperialism and Popular Culture*, Manchester: Manchester University Press.

Mcleod, K. (1991) 'Human Rights and Multiculturalism in Canadian Schools', in H.Starkey, *The Challenge of Human Rights Education*.

Mann, E. (1939) *School for Barbarians: Education under the Nazis*, London: Lindsay Drummond.

Mareuil, I. (1960) 'Extracurricular and Extrascholastic Activities for Soviet School Children', in G.Z.F. Bereday and J.Pennar, *The Politics of Soviet Education*.

Marquette, H. and Mineshima, D.(2002) 'Civic Education in the United States: Lessons for the UK', *Parliamentary Affairs, 55*.

Marrou, H.I. (trans. G. Lamb) (1956) *A History of Education in Antiquity*, London: Sheed & Ward.

Mátrai, Z. (1998) 'Citizenship Education in Hungary: Ideals and Reality', in O. Ichilov, *Citizenship and Citizenship Education in a Changing World*.

Mátrai, Z.(1999) 'In Transit: Civic Education in Hungary', in J.Torney–Purta et al., *Civic Education Across Countries*.

Mazawi, A.E.(1998) 'Contested Regimes, Civic Dissent, and the Political Socialization of Children and Adolescents: The Case of the Palestinian Uprising', in O. Ichilov, *Citizenship and Citizenship Education in a Changing World*.

Mazzini, J.(1907) *The Duties of Man and Other Essays*, London: Dent.

Mehlinger, H.D. (ed.) (1981) *UNESCO Handbook for the Teaching of Social Studies*, London: Croom Helm,and Paris: UNESCO.

Mehlinger, H.D. and Davis, O.L. (eds)(1981) *The Social Studies: Eightieth Yearbook of the National Society for the Study of Education, Part II*, Chicago, IL: University of Chicago Press.

Mehlinger, H.D. and Patrick, J.J.(1972) *American Political Behavior*, Lexington, MA: Ginn.

Merriam, C.E.(1934) *Civic Education in the United States*, New York: Scribner's.

Mesnard, P. (ed.)(1951) *Oeuvres Philosophiques de Jean Bodin*, Pairs: Presses Universitaires de France.

Meyenberg, R. (1990) 'Political Socialization of Juveniles and Political Education in Schools of the Federal Republic of Germany', in B. Claussen and H. Mueller, *Political Socialization of the Young in East and West.*

Mill, J.S. (1910) *Considerations on Representative Government in Utilitarianism, On Liberty, and Considerations on Representative Government,* London: Dent.

Montaigne, M. de(trans. J.M. Cohen) (1958) *Essays*, Harmondsworth: Penguin.

Moodley, K.A. (1986) 'Canadian Multicultural Education: Promises and Practice', in J.A. Banks and J. Lynch, *Multicultural Education in Western Societies.*

Morison, J. (1983) 'The Political Content of Education in the USSR', in J.J. Tomiak, *Soviet Education in the 1980s.*

Morison, J. (1987) 'Recent Developments in Political Education in the Soviet Union', in G. Avis, *The Making of the Soviet Citizen.*

Morley, J. (1903) *The Life of William Ewart Gladstone*, Vol. II, New York: Macmillan.

Morrissett, I. (1981) 'The Needs. of the Future and the Constraints of the Past', in H.D.Mchlinger and O.L.Davis, *The Social Studies.*

Morrissett, I. And Williams, A.M. (eds) (1981) *Social/Political Education in Three Countries: Britain, West Germany and the United States*, Boulder, CO: Social Science Education Consortium/ERIC.

Morrow, G.R. (1960) *Plato's Cretan City: A Historical Interpretation of the Laws*, Princeton, NJ: Princeton University Press.

Muckle, J. (1987) 'The New Soviet Chid: Moral Education in Soviet Schools', in G. Avis, *The Making of the Soviet Citizen.*

Muñoz, J.A. (1982) *La Educación Política como Función de Gobierno en el Estado,* Pamplona: Ediciones Universidad de Navarra.

Myrdal, G. (1977) *Asian Drama: An Inquiry into the Poverty of Nations*, Harmondsworth: Penguin.

Naik, J.P. and Nurullah, S. (1974) *A Students' History of Education in India*

(1800-1973) (6th edn) , Delhi: Macmillan.

NCCI(1967) *Education in Multi-racial Britain*, London: National Committee for Commonwealth Immigrants and Race Relations Committee of the Society of Friends.

Nettl, J.P. (1967) *The Soviet Achievement*, London: Thames & Hudson.

NGLS/Geneva(1986) *Development Education: The State of the Art*, Geneva: United Nations Non Governmental Liaison Service.

Nkrumah, K. (1961) *I Speak of Freedom*, London: Heinemann.

Nussbaum, M.C. (1997) *Cultivating Humanity: A Classical Defense of Reform in Liberal Education*, Cambridge, MA: Harvard University Press.

Nussbaum, M.C. et al. (1996) *For Love of Country: Debating the Limits of Patriotism*, Boston, MA: Beacon.

Okeke, P.U. (1964) 'Background to the Problems of Nigerian Education', in O.Ikejiani, *Nigerian Education*.

Oldfield, A. (1990) *Citizenship and Community: Civic Republicanism and the Modern World*, London: Routledge.

Osborne, K. (1988) 'A Canadian Approach to Political Education', *Teaching Politics*, 17.

Osler, A., Rathenau, H.-F. and Starkey, H. (eds) (1995) *Teaching for Citizenship in Europe*, Stoke-on-Trent: Trentham Books.

Oyovbaire, S.E. (1985) *Federalism in Nigeria: A Study in the Development of the Nigerian State*, London: Macmillan.

Ozouf, M. (1963) *L'École, l'Église et la République 1871-1914*, Paris: Armand Colin.

Palmer, R.R. (1959, 1964) *The Age of Democratic Revolution: A Political History of Europe and America, 1760-1800* (2 vols) , Princeton, NJ: Princeton University Press.

Palmer, R.R. (1985) *The Improvement of Humanity: Education and the French Revolution*, Princeton: Princeton University Press.

Pangle, L.S. and Panle, T.L. (1993) *The Learning of Liberty: The Educational Ideas of the American Founders*, Lawrence, KS: University Press of Kansas.

Papastephanou, M. (2002) 'Arrows Not Yet Fired: Cultivating Cosmopolitanism

Through Education', *The Journal of the Philosophy of Education of Great Britain*, 36.

Passin, H. (1965) *Society and Education in Japan*, New York: Teachers College, Columbia University.

Payne, S.G. (1980) *Fascism: Comparison and Definition*, Madison, WI: University of Wisconsin Press.

Pennar, J. (1960) 'Party Control over Soviet Schools', in G.Z.F. Bereday and J.Pennar, *The Politics of Soviet Education*.

Peshkin, A. (1967) 'Education and National Integration in Nigeria', *Journal of Modern African Studies*, 5.

Peters, R.S. (ed.) (1967) *The Concept of Education*, London: Routledge & Kegan Paul.

Philp, M. (ed.) (1993) *Political and Philosophical Writings of William Godwin, Vol.3: An Essay Concerning Political Justice*, London: William Pickering.

Piaget, J. (ed.) (1967) *John Amos Comenius on Education*, New York: Teachers College Press, Columbia University.

Pierce, B.L. (1930) *Civic Attitudes in American School Textbooks*, Chicago, IL: University of Chicago Press.

Pike, G. and Selby, D. (1988) *Global Teacher, Global Learner*, London: Hodder & Stoughton.

Plato (trans.A.E.Taylor) (1934) *The Laws of Plato*, London: Dent.

Plato (trans.F.M.Cornford) (1941) *The Republic of Plato*, Oxford: Clarendon Press.

Plato (trans.W.K.C.Guthrie) (1956) *Protagoras and Meno*, Harmondsworth: Penguin.

Plumb, J.H. (1950) *England in the Eighteenth Century*, Harmondsworth: Penguin.

Plutarch (trans.F.C.Babbitt) (1960) *Plutarch's Moralia* I, London: Heinemann, and Cambridge, MA: Harvard University Press.

Plutarch (trans.R.Talbert) (1988) *Plutarch on Sparta*, Harmondsworth: Penguin.

Priestley, J. (1788) *Lectures on History and General Policy to which is prefaced, An Essay on a Course of Liberal Education for Civil and Active Life*, London: J.

Johnson.

Prost, A. (1968) *Histoire de l'enseignement en France 1800-1967*, Paris: Armand Colin.

Quintilian (trans.H.E.Butler) (1920, 1921 and 1922) *Institutio Oratoria* I, Ⅶ and Ⅻ, London: Heinemann, and Cambridge, MA: Harvard University Press.

Rai, L. (1966) *The Problem of National Education in India,* Delhi: Ministry of Information and Broadcasting.

Rathenow, H.-F. (1987) 'Fredenserziehung in Staaten West -und Nordeuropas', in J.Calliess and R.Lob, *Handbuch Praxis*.

Rawson, E. (1969) *The Spartan Tradition in European Thought*, Oxford: Clarendon Press.

Reardon, B.A. (1997) *Tolerance—The Threshold of Peace: Unit 1: Teacher-Training Resource Unit*, Paris: UNESCO.

Reese, D. (1997) 'Emancipation or Social Incorporation: *Girls in the Bund Deutscher Mädel*', in H.Sünker and H.U.Otto, *Education and Fascism.*

Reiss, H. (ed.) (1991) *Kant: Political Writings*, Cambridge: Cambridge University Press.

Riesenberg, P. (1992) *Citizenship in the Western Tradition: Plato to Rousseau*, Chapel Hill, NC: University of North Carolina Press.

Roberts, G.K. (2002) 'Political Education in Germany', *Parliamentary Affairs*, 55.

Robinson, D.W. (ed.) (1976) *Selected Readings in Citizen Education*, Washington, DC: Department of Health, Education and Welfare.

Robiquet, P. (ed.) (1895) *Discours et Opinions de Jules Ferry*, I, Paris: Armand Colin.

Ross, A. (2000) 'Citizenship Education: An International Comparison', in D.Lawton *et al., Education for Citizenship.*

Rousseau, J.-J. (trans.B.Foxley) (1911) *Émile,* London: Dent.

Rousseau, J.-J. (trans.M.Cranston) (1968) *The Social Contract,* Harmondsworth: Penguin.

Rueda, A.R. (1999) 'Education for Democracy in Colombia', in J.Torney-Purta *et al., Civic Education Across Countries.*

Sadler, J.E. (ed.) (1969a) *Comenius*, New York: Collier-Macmillan.

Sadler, J.E. (ed.) (1969b) *Comenius and the Concept of University Education*, London: Allen & Unwin.

Samuel, R.H. and Hinton Thomas, R. (1949) *Education and Society in Modern Germany*, London: Routledge & Kegan Paul.

Scanlon, D.G. (ed.) (1960) *International Education: A Documentary History*, New York: Teachers College, Columbia University.

Schapiro, L. (1972) *Totalitarianism*, London: Pall Mall Press.

Schiedeck, J. and Stahlmann, M. (1997) 'Totalizing of Experience: Educational Camps', in H.Sünker and H.U.Otto, *Education and Fascism*.

Schmidt-Sinns, D. (2000) *Political Learning in Historical Context*, Glienecke, Berlin: Galda & Wilch.

Schneider, H.W. (1968) *Making the Fascist State*, New York: Howard Fertig.

Sears, A.M., Clarke, G.M. and Hughes, A.S. (1999) 'Canadian Citizenship Education: The Pluralist Ideal and Citizenship for a Post-Modern State', in J.Torney-Purta *et al.*, *Civic Education Across Countries*.

Seton-Watson, H. (1962) *Eastern Europe between the Wars 1918-1941*, Hamden, CN: Archon Books.

Shelvankar, K.S. (1940) *The Problem of India*, Harmondsworth: Penguin.

Sherwin-White, A.N. (1973) *The Roman Citizenship*(2nd edn), Oxford: Clarendon Press.

Shirer, W.L. (1964) *The Rise and Fall of the Third Reich*, London: Pan.

Shklar, J.N. (1969) *Men and Citizens: A Study of Rousseau's Social Theory*, Cambridge: Cambridge University Press.

Shlapentokh, V. (1998) 'Russian Citizenship: Behaviour, Attitudes and Prospects for a Russian Democracy', in O.Ichilov, *Citizenship and Citizenship Education in a Changing World*.

Shoemaker, E.C. (1966) *Noah Webster: Pioneer of Learning*, New York: AMS Press.

Short, M.J. (1947) *Soviet Education: Its Psychology and Philosophy*, New York: Philosophical Library.

Shu, S. (1982) 'Education in Cameroon', in A.B.Fafunwa and J.U.Aisiku,

Education in Africa.

Sigel, R.S. and Hoskin, M. (eds) (1991) *Education for Democratic Citizenship: A Challenge for Multi-Ethnic Societies*, Hillsdale, NJ: Lawrence Erlbaum Associates.

Silver, H. (1975) *English Education and the Radicals 1780-1850*, London: Routledge & Kegan Paul.

Simon, B. (ed.) (1972) *The Radical Tradition in Education in Britain*, London: Lawrence & Wishart.

Smith, A.F. (1991) 'The International Perspective: American Citizenship in an Interdependent World', in R.E.Gross and T.L.Dynneson, *Social Science Perspectives on Citizenship Education.*

Smith, H. (1976) *The Russians,* London: Sphere Books.

Smith, R.M. (1997) *Civic Ideals: Conflicting Visions of Citizenship in U.S.History*, New Haven, CT: Yale University Press.

Somervell, D.C. and Harvey, H. (1959) *The British Empire and Commonwealth,* London: Christophers.

Spencer, H. (1929) *Education*, London: Watts.

Starke, J.G. (1947) *An Introduction to International Law*, London: Butterworth.

Starkey, H. (ed.) (1991) *The Challenge of Human Rights Education*, London: Cassell.

Starkey, H. (1992) 'Education for Citizenship in France', in E.Baglin Jones and N.Jones, *Education for Citizenship.*

Steele, I. (1976) *Developments in History Teaching*, London: Open Books.

Stewart, R. (ed.) (1986) *The Penguin Dictionary of Political Quotations*, Harmondsworth: Penguin.

Storry, R. (1961) *A History of Modern Japan*, Harmondsworth: Penguin.

Sünker, H. and Otto, H.U. (eds.) (1997) *Education and Fascism: Political Identity and Social Education in Nazi Germany*, London: Falmer.

Sutherland, G. (1971) *Elementary Education in the Nineteenth Century*, London: Historical Association.

Sutherland, J. (1999) *Schooling in the New Russia: Innovation and Change, 1984-95*, Basingstoke: Macmillan.

Swanson, J.A. (1992) *The Public and the Private in Aristotle's Political Philosophy*, Ithaca, NY: Cornell University Press.

Sylvester, D.W. (1970) *Educational Documents 800-1816*, London: Methuen.

Szyliowicz, J.S. (1973) *Education and Modernization in the Middle East*, Ithaca, NY: Cornell University Press.

Talbott, J.E. (1969) *The Politics of Educational Reform in France, 1918-1940*, Princeton, NJ: Princeton University Press.

Thomson, D. (1958) *Democracy in France: The Third and Fourth Republics*(3rd edn), London: Oxford University Press.

Thornton, A.P. (1978) *Imperialism in the Twentieth Century,* London: Macmillan.

Tomiak, J.J. (1972) *The Soviet Union*, Newton Abbot: David & Charles.

Tomiak, J.J. (ed.) (1983) *Soviet Education in the 1980s*, London: Croom Helm.

Tomoda, Y. (1988) 'Politics and Moral Education in Japan', in W.K.Cummings et al., *The Revival of Values Education in Asia and the West.*

Torney, J.V. (1979) 'Psychological and Institutional Obstacles to the Global Perspective in Education', in J.M.Becker, *Schooling for a Global Age.*

Torney–Purta, J., Schwille, J. and Amadeo, J.–A. (eds) (1999) *Civic Education Across Countries: Twenty-four National Case Studies from the IEA Civic Education Project*, Amsterdam: IEA.

Toure, A. (1982) 'Education in Mali', in A.B.Fafunwa and J.U.Aisiku, *Education in Africa.*

Toynbee, A. (1969) *Toynbee's Industrial Revolution*, New York: Augustus M.Kelley.

Turner, M.J. (n.d.) *Materials for Civics, Government, and Problems of Democracy*, Boulder, CO: APSA, University of Colorado and Social Science Consortium.

Turner, M.J. (1981) 'Civic Education in the United States', in D.Heater and J.A.Gillespie, *Political Education in Flux.*

Tyack, D. (1966) 'Forming the National Character: Paradox in the Educational Thought of the Revolutionary Generation', *Harvard Education Review*, 36.

Ukeje, O.and Aisiku, J.U. (1982) 'Education in Nigeria', in A.B.Fafunwa and J.U. Aisiku, *Education in Africa.*

UNESCO (1993) *Worldwide Action in Education*, Paris: UNESCO.

Vaughan, M. and Archer, M. S. (1971) *Social Conflict and Educational Change in England and France 1789-1848*, Cambridge: Cambridge University Press.

Warfel, H.R. (1966) *Noah Webster: Schoolmaster to America*, New York: Octagon Books.

Waterkamp, D. (1990) 'Education for Identification with the State in the German Democratic Republic', in B.Claussen and H.Mueller, *Political Socialization of the Young in East and West*.

Wayper, C. L. (1954) *Political Thought*, London: English Universities Press.

Webber, S. L. (2000) *School, Reform and Society in the New Russia*, Basingstoke: Macmillan.

Weber, E. (1976) *Peasants into Frenchmen: The Modernization of Rural France 1870-1914*, Stanford, CA: Stanford University Press.

Webser, C.K. (1926) *The Teaching of World Citizenship*, London: League of Nations Union.

Welter, R. (1962) *Popular Education and Democratic Thought in America*, New York: Columbia University Press.

White, J. P. (1967) 'Indoctrination', in R.S.Peters, *The Concept of Education*.

Whitmarsh, G. (1972) *Society and the School Curriculum: The Association for Education in Citizenship, 1934-57*, M.Ed.thesis, University of Birmingham.

Whitmarsh, G. (1974) 'The Politics of Political Education: An Episode', *Journal of Curriculum Studies, 6*.

Williams, M. (ed.) (1971) *Revolutions 1775-1830*, Harmondsworth: Penguin.

Wilson, M. (1986) 'In–School Development Education: In The Netherland', in NGLS/ Geneva, *Development Education*.

Winstanley, G. (ed.L.Hamilton) (1944) *Selections from His Works*, London: Cresset.

Wong, J. (1997) *Red China Blues*, London: Bantam.

Xenophon (trans.W.Miller) (1914) *Cyropaedia*, London: Heinemann, and Cambridge, MA: Harvard University Press.

Zajda, J.I. (1980) *Education in the USSR*, Oxford: Pergamon.

译后记

　　部分源于对公民教育重要性的体认,部分源于自身一直从事的道德教育研究与公民教育具有千丝万缕的联系,在进入新世纪之后我就开始对公民教育产生浓厚的兴趣,并自2003年起为研究生开设《公民教育专题研究》(后来改为《公民与道德教育专题研究》)课程。在与研究生共同学习和探讨公民教育的过程中,因为缺乏充分的可供研究生阅读的公民教育中文文献而苦恼,因为阅读公民教育方面的外文文献对于很多研究生来说并非易事。由此产生了翻译一点公民教育方面著作的想法。

　　在做出这一决定之后,经过广泛而又认真的筛选,我们觉得德里克·希特所著的《公民教育发展史》是一部值得向大家推荐的著作。德里克·希特是公民身份和公民教育研究领域中非常有影响的一位学者,在此领域著述颇丰,主要有:《通过教育实现和平:世界公民教育协会的贡献》(*Peace through Education: The Contribution of the Council for Education in World Citizenship*,1984);《公民身份:世界历史、政治和教育中的公民理想》(*Citizenship: The Civic Ideal in World History, Politics and Education*,1990);《世界公民身份和政府:西方政治思想中的世界主义思想》(*World Citizenship and Government: Cosmopolitan Ideas in the History of Western Political Thought*,1996);《世界公民身份:世界主义的思想及其反对者》(*World Citizenship: Cosmopolitan Thinking and its Opponents*,2002);《公民教育发展史》(*A History of Education for Citizenship*, 2004);等等。《公民教育发展史》是其研究国际公民教育的一部力作,而且据我所知,这也是目前国际上最系统、全面地研究国际公民教育历史的一部著作。

　　关于翻译本身,有以下几点需要向读者作一交代:第一,书中出现的一些事件和人物对于一般读者来说可能比较生疏,因此,为了便于读者理解,添加了译者注;第二,对于部分术语,尽管我们力求准确理解和传达作者所要表达的意思,但是仍然担心有理解偏差,因此,在这些术语第一次出现时，都尽可能标注上原文，敬请读者参照理解。

这部译作是集体合作的产物。全书翻译分工如下：前言（饶从满）、第一章（宋春、饶从满）、第二章（曲畅、饶从满）、第三章第一至四节（饶从满、侯艳芳）、第三章第五至八节（范微微、饶从满）、第四章（赵明玉、饶从满）、第五章（付轶男、饶从满）、索引（杨顺）。全书最后由饶从满负责审校。在审校的最后阶段，范微微、曲畅和杨顺协助我做了文字通读，并为部分章节添加了译者注。此外，回俊松和马英武承担了参考文献的文字录入工作。

本书从开始翻译到正式出版经历了大约14年的时间。其实早在2008年4月本书的翻译工作即已完成，由于若干原因，一直未能出版。倾注所有翻译人员心血的本书能够与广大读者见面，要感谢商务印书馆的大力支持，特别要感谢商务印书馆的苑容宏主任的关心。最后也要感谢所有参与本书翻译工作的相关人员，感谢你们的辛勤付出和耐心的等待。

尽管一开始就深知翻译此书并非一项简单的任务，但是，在翻译的过程中，还是感觉到其难度远远超出了我的预期。该书所覆盖的内容历史跨度非常大，上至古希腊、罗马，下至最近；涉及的国家繁多，横跨欧、美、亚、非四大洲的20多个国家。而且公民教育研究是一个交叉领域，其涉及的知识领域之广——涉及政治学、教育学、社会学、历史学、宗教学、法学，等等——对译者有限的知识储存构成极大的挑战。因此，尽管译者自认非常认真，力求"信、达、雅"，但是不足之处在所难免，敬请广大读者批评指正。

饶从满

2019年4月于东北师范大学

图书在版编目（CIP）数据

公民教育发展史 /（英）德里克·希特著；饶从满等译. — 北京：商务印书馆，2023
ISBN 978-7-100-19958-2

Ⅰ. ①公… Ⅱ. ①德… ②饶… Ⅲ. ①公民教育—教育史—世界 Ⅳ. ①G519

中国版本图书馆 CIP 数据核字（2021）第 094475 号

权利保留，侵权必究。

公民教育发展史

〔英〕德里克·希特 著
饶从满 等 译

商 务 印 书 馆 出 版
（北京王府井大街36号 邮政编码100710）
商 务 印 书 馆 发 行
艺堂印刷（天津）有限公司印刷
ISBN 978-7-100-19958-2

2023年1月第1版	开本 710×1000 1/16
2023年1月第1次印刷	印张 20

定价：98.00 元